WALTHER L. BERNECKER
KRIEG IN SPANIEN 1936–1939

WALTHER L. BERNECKER

KRIEG IN SPANIEN 1936–1939

WISSENSCHAFTLICHE BUCHGESELLSCHAFT
DARMSTADT

Einbandgestaltung: Studio Franz & McBeath, Stuttgart.

Einbandbild: Pablo Picasso (gest. 1973), Guernica,
© VG Bild-Kunst Bonn 1991.

Die Deutsche Bibliothek – CIP-Einheitsaufnahme

Bernecker, Walther L.:
Krieg in Spanien 1936–1939 / Walther L. Bernecker.
– Darmstadt: Wiss. Buchges., 1991
ISBN 3-534-08021-1

Bestellnummer 08021-1

Das Werk ist in allen seinen Teilen urheberrechtlich geschützt.
Jede Verwertung ist ohne Zustimmung des Verlages unzulässig.
Das gilt insbesondere für Vervielfältigungen,
Übersetzungen, Mikroverfilmungen und die Einspeicherung in
und Verarbeitung durch elektronische Systeme.

© 1991 by Wissenschaftliche Buchgesellschaft, Darmstadt
Gedruckt auf säurefreiem und alterungsbeständigem Werkdruckpapier
Gesamtherstellung: Wissenschaftliche Buchgesellschaft, Darmstadt
Printed in Germany
Schrift: Times, 9.5/11

ISBN 3-534-08021-1

INHALT

Einleitung 1

1. Hintergründe und Anlässe: Strukturen und Konjunkturen . 5

2. Die militärische Dimension: Kriegsphasen und Operationen, Milizen und Heere 25

3. Die internationale Dimension: Intervention und Nichtintervention 47

4. Die politische Dimension: Einheit und Vielfalt 115

5. Die sozioökonomische Dimension: Revolution und Reaktion 153

6. Die ideologische Dimension: Kirche und Kultur 187

7. Schlußbetrachtung: Gesamteinschätzung und Folgen . . 210

8. Der Bürgerkrieg und die spanische Gesellschaft – 50 Jahre danach 216

Anhang

Tendenzen und Desiderate der Forschung 227

Hilfsmittel: Archivführer, Lexika, Bibliographien 239

Abkürzungsverzeichnis 249

Literatur 251

Personenregister 259

EINLEITUNG

Der Bürgerkrieg von 1936 bis 1939 gehört bis heute zu den zentralen Themen der neueren spanischen Geschichte. Trotz der unübersehbaren Fülle an bereits vorliegender Literatur muß er als immer noch nicht aufgearbeitet betrachtet werden. In den letzten Jahren ist vor allem der Ruf nach theoretisch orientierten, empirisch abgesicherten und systematisch angelegten Analysen laut geworden, die sowohl vom methodischen Zugang wie von der inhaltlichen Aufarbeitung her eine Zusammenschau politisch-diplomatischer, wirtschaftlich-sozialer und waffentechnisch-militärstrategischer Fragen in Angriff nehmen. Derartige Synopsen dürften allerdings auch in Zukunft zu den Desideraten der Forschung gehören. Da die relativ gute Ausgangsposition für ein solches Unterfangen – eine große Menge an Detailstudien zu nahezu allen Fragenkomplexen des Bürgerkrieges – zugleich dessen größtes Hindernis darstellt, ist es für einen heutigen Historiker doch nur nach jahrelanger Einarbeitung möglich, sich einen Überblick über die Quellenbasis, den Gang und den Stand der Forschung sowie die methodischen Probleme zu verschaffen. Dabei bieten sich dem Forscher, was den Zugang zu archivalischen Quellen betrifft, seit einigen Jahren bessere Bedingungen denn je zuvor. Die spanische Verwaltung ist nämlich im Hinblick auf die Öffnung staatlicher Archive – allerdings nicht, was Militärarchive betrifft – außerordentlich liberal: Gegenüber dem vorhergehenden Regime haben die Regierungen der Monarchie eine radikale Kehrtwendung vollzogen und die Sperrfrist der meisten Archive auf den im internationalen Vergleichsmaßstab wohl einmalig niedrigen Zeitraum von 20 Jahren gesenkt; die Benutzungsmöglichkeiten sind ebenfalls drastisch erleichtert worden.

Noch in anderer Hinsicht sieht sich der heutige Forscher einer – verglichen etwa mit zehn Jahren zuvor – radikal veränderten Situation gegenüber. Seit Francos Tod sind zu dem historiographischen „Dauerbrenner" Spanischer Bürgerkrieg eine Unmenge neuer Veröffentlichungen erschienen, die es immer schwieriger werden lassen, sich im Labyrinth dieses kontroversen Themas zurechtzufinden – dies um so mehr, als neben der quantitativen Aufblähung, vor allem bei spanischen Publikationen, eine ideologische Diversifizierung zu konstatieren ist, die früher nur für die ausländischen oder die im Ausland erschienenen Forschungen galt. Die außerordentliche Nachfrage nach zeithistorischen, politologischen und soziologischen Publikationen über die jüngste spanische Geschichte und Gegenwart führte unmittelbar nach 1975 zu einem nie dagewesenen Bücherboom. Die Öffnung der Archive, die Abschaffung der Zensur, das Mitteilungsbedürfnis jener, die jahrzehntelang zum Schweigen verurteilt waren, sowie das Informationsbedürfnis derer, die ebenso lange kritische Literatur nur unter dem Ladentisch oder im Ausland kaufen konnten, die durch Orientierungslosigkeit im politischen Alltag (der plötzlich mitbestimmt werden durfte) bedingte Suche nach historischen „Modellen" und verschütteten Alternativen, sicherlich auch verlegerische Rührigkeit, die die günstige Konjunktur auszunützen verstand: diese und andere Faktoren haben das Anschwellen der spanischen Bücherproduktion mitbedingt. Angesichts dieser verwirrenden und verwirrten Situation erscheint ein strukturierender Überblick über Gang und Stand der Erforschung des Spanischen Bürgerkrieges gerechtfertigt und erforderlich, wobei die Fülle an Literatur zu einer strengen Auswahl nötigt.

Die Geschichtsschreibung über den Spanischen Bürgerkrieg weist einige Eigentümlichkeiten auf: In Spanien selbst wurde die Forschung jahrzehntelang nicht als historisch-kritische Wissenschaft betrieben, sondern (zumindest teilweise oder notgedrungen) als Legitimation des Siegerregimes verstanden. Während engagierte Literaten auf republikanischer Seite und ein Großteil der Linken im Bürgerkrieg den „weltweiten Entscheidungskampf unseres Jahrhunderts zwischen Aufstieg im Sozialismus und Untergang in der Barbarei" (Alfred Kantorowicz) sahen, wurde der Kampf von den Siegern als antibolschewistischer „Kreuzzug" und „nationaler Befreiungskrieg" interpretiert. Kommunistische Darstellungen wiederum haben den „nationalrevolutionären" Aspekt des „Befreiungskrieges des spanischen Volkes" gegen die faschistischen Interventen, anarchistische Deutungen den sozialen Charakter des revolutionären Aufbruchs betont. Ein sehr großer Teil der kritischen Bürgerkriegshistoriographie erschien außerhalb Spaniens; erst das Ende des Franquismus brachte eine grundsätzliche Änderung.

Zum einen verlagerte sich der um viele junge Nachwuchskräfte erweiterte Kreis der Wissenschaftler nach Spanien; zum anderen zeigen auch Thematik, Fragestellungen und Methoden der spanischen (und internationalen) Forschung deutliche Unterschiede zu der Bürgerkriegsforschung auf, wie sie bis Ende der 60er Jahre betrieben wurde. Konzentrierte sich bis dahin das Forschungsinteresse an den historischen Problemen des Bürgerkrieges fast ausschließlich auf die internationalen, diplomatischen und militärischen Aspekte des Kriegsgeschehens, so ist inzwischen ein deutlich wahrnehmbarer Wandel der Forschungsschwerpunkte in Richtung auf struktur-, wirtschafts- und sozialhistorische Fragestellungen sowie auf mentalitäts- und kulturgeschichtliche Probleme feststellbar. Diese Veränderungen und Tendenzen werden im vorliegenden Band ausführlich diskutiert.

Im folgenden soll es darum gehen, den Bürgerkrieg auf seinen verschiedenen Ebenen zu untersuchen, die Hauptprobleme zu identifizieren und die wichtigsten historiographischen Debatten zu analysieren. Umstritten ist bis heute die gesellschaftliche „Bruchlinie", die 1936 durch die „zwei Spanien" ging und es eindeutig ermöglichen würde, bestimmte soziale Gruppen und Schichten dem einen oder dem anderen Lager zuzuordnen. Sicherlich war der Krieg im Grunde und primär ein Klassenkonflikt; dieser wurde allerdings von vielen sekundären Konflikten überlagert, so daß die Konfliktachsen nicht mehr ausschließlich entlang der Klassenlinie gezogen werden können. Sie wurden überlagert und durchkreuzt von nationalen und religiösen, wirtschaftlichen und kulturellen Problemfeldern; schließlich sprechen einige Autoren auch vom Phänomen der „geographischen Loyalität", was darauf verweist, daß in vielen Fällen die Option für die eine oder die andere Seite alles andere als eine frei getroffene Entscheidung war. Soweit wie möglich wird diese komplexe Situation in den folgenden Kapiteln aufgegriffen und in ihrer Verschränkung analysiert.

Angesichts der außerordentlichen Fülle an Literatur sowie der inzwischen höchst aufgefächerten und differenzierten Forschungslage kann es im folgenden Überblick nur darum gehen, Tendenzen und Fragestellungen der Historiographie vorzustellen, Themen und Schwerpunkte herauszuarbeiten. Literarhistorische Aspekte wurden bewußt ausgeklammert, da dieser Bereich wegen seines Umfangs inzwischen ein eigenständiges Forschungsgebiet darstellt und außerdem eines besonderen methodischen Zugangs bedarf. Der Titel des Bandes (›Krieg in Spanien‹) soll darauf hinweisen, daß die Auseinandersetzung von 1936–1939 nicht nur ein *Bürger*krieg war, sondern stets auch Elemente eines (nicht erklärten) internationalen Krieges aufwies; die Bedeutung des Krieges – darüber waren sich bereits Zeitgenossen einig – ging weit über Spanien hinaus.

Hinsichtlich der Terminologie wurde eine pragmatische Lösung gewählt: Zur Verwendung kommen zumeist die Eigenbezeichnungen der beiden kriegführenden Seiten, ohne damit irgendeine Wertung vornehmen zu wollen. Die rebellierenden Truppenteile werden für die

Anfangsphase die „Aufständischen" und für die Zeit nach Oktober 1936 „die Franquisten" bzw. – wie sie sich selbst nannten – das „nationale" oder „nationalistische" Lager genannt. Die Gegenseite wird als „republikanische Zone" bezeichnet. In beiden Fällen lassen sich zwar begründete Einwände gegen diese Terminologie vorbringen; sie hat sich aber mittlerweile in der Historiographie allgemein durchgesetzt.

Falls in einem der folgenden Literaturhinweise in den Anmerkungen nur der Name des Autors (Herausgebers) und das Erscheinungsjahr angegeben sind, ist die vollständige bibliographische Angabe im Literaturverzeichnis am Ende des Bandes zu finden. Wird in einer Anmerkung ein Titel mit sämtlichen bibliographischen Angaben zitiert, so ist dieser Titel nicht mehr in das Literaturverzeichnis aufgenommen worden.

Für das Korrekturlesen der Fahnenabzüge und die Erstellung des Registers danke ich Frau Iris Nussbaum und Frau Regine Zürcher, für die Reinschrift des Manuskriptes Frau Regine Zürcher.

Walther L. Bernecker

1. HINTERGRÜNDE UND ANLÄSSE: STRUKTUREN UND KONJUNKTUREN

Jede Studie über den Spanischen Bürgerkrieg wird bei der Analyse der Ursachen, die schließlich zum Krieg führten, auf die geschichtlich gewachsenen Problemfelder und Konfliktachsen verweisen müssen, die zumindest seit dem 19. Jahrhundert die spanische Geschichte mitbestimmten. Im Vergleich zu Mitteleuropa erlebte die spanische Gesellschaft in den letzten beiden Jahrhunderten eine deutliche Verzögerung ihres Modernisierungsprozesses, was sich in Verschiebungen und Ungleichzeitigkeiten zwischen den verschiedenen (ökonomischen, sozialen, politischen, demographischen) Ebenen bemerkbar machte. Die daraus resultierenden Spannungen mündeten in Konflikte und Krisen, die schließlich zu Antagonismen wurden. In einem Großteil der Literatur sind diese Antagonismen als die „Gegenüberstellung der zwei Spanien" bezeichnet worden. Aus gesellschaftlichen Widersprüchen wurden ideologische, und diese führten zu gewaltsamen Konfrontationen. Ausdruck der „zwei Spanien" war die vor allem von konservativer Seite genährte Vorstellung der Existenz und Gegenüberstellung zweier antagonistischer Lager: des urban-progressiven, antiklerikal-liberalen, republikanisch-demokratischen auf der einen, und des ländlich-konservativen, autoritär-monarchischen, katholisch-traditionalistischen auf der anderen Seite.

In der Forschung über die Ursachen des Bürgerkrieges besteht weitgehende Einigkeit darüber, daß sie in Spanien selbst zu suchen sind. Diese Erkenntnis ist alles andere als selbstverständlich, denn lange Zeit waren in der Diskussion über den Bürgerkrieg zwei Verschwörungstheorien vorherrschend, denen zufolge der Krieg primär auf eine exogene Anzettelung zurückzuführen war. Die eine sprach von einer faschistischen Entfesselung, die andere von einer kommunistischen Bedrohung Spaniens als Kriegsursache. In beiden Fällen jedoch ist für die Zeit vor Kriegsbeginn die innenpolitische Bedeutung der faschistischen Falange bzw. der kommunistischen Bewegung sehr übertrieben worden.[1] Nicht Faschismus oder Kommunismus waren die entscheidenden Triebkräfte der zum Bürgerkrieg führenden spani-

---

[1] Vgl. Schieder/Dipper (Hrsg.) 1976, S. 9.

schen Krise der 30er Jahre, sondern weit eher Militarismus und Rechtskonservatismus auf der einen, Anarchismus und Sozialismus auf der anderen Seite in ihrer jeweils spezifisch spanischen Ausprägung. Die sozialen Konflikte und politischen Gegensätze, die schließlich im Bürgerkrieg kulminierten, waren viel älter als die faschistische bzw. Kommunistische Partei und lassen sich bis weit ins 19. Jahrhundert zurückverfolgen.

Die Historiker sind sich auch darin einig, daß in der Vorgeschichte des Bürgerkrieges verschiedene Komplexe untersucht werden müssen: zum einen langfristig wirksame Ursachen, die sog. „Strukturen", zum anderen kurzfristig-aktuelle Anlässe, die sich eher aus politischen und wirtschaftlichen Konjunkturen ergaben. Die historische Analyse hat dabei auf verschiedenen Ebenen zu erfolgen, die sich gewissermaßen im Bild der konzentrischen Kreise erfassen lassen: Auf dem äußeren Kreis sind jene Strukturprobleme anzusiedeln, die sich als durchgängige Konfliktachsen über viele Jahrzehnte hinweg, bei durchwegs wechselnden Konstellationen, verfolgen lassen. Auf dem mittleren Ring sind die eher konjunkturellen Hintergründe des Krieges angesiedelt, die zeitlich im wesentlichen die Jahre der Zweiten Republik umfassen und mit den Wechselfällen der Politik in den 30er Jahren zu tun haben. Auf dem innersten Ring schließlich befinden sich jene Ereignisse, Zwischenfälle, Konstellationen, die als unmittelbarer Anlaß des Krieges, sozusagen als Auslöser im Frühjahr 1936, fungierten. Nur die Berücksichtigung aller drei Ebenen vermag eine befriedigende Erklärung für den Bürgerkrieg zu liefern, wobei die Betrachtung von außen nach innen zu erfolgen hat.

Bei einer systematischen Betrachtung der Strukturprobleme sind zumindest vier Konfliktbereiche zu berücksichtigen: die überaus komplexe Agrarfrage, war doch die Struktur der Agrarverhältnisse nicht nur eine der bedeutendsten Voraussetzungen für die Entstehung sozialrevolutionärer Bewegungen, sondern zugleich der am heftigsten umstrittene Problemkomplex in den Jahren der Zweiten Republik; das Verhältnis zwischen bewaffneter Macht und Staat, d. h. der Einfluß des Militärs auf die Politik, nachdem die Armee seit den Napoleonischen Kriegen sich immer mehr die Funktion eines politischen Schiedsrichters angemaßt hatte und direkt oder indirekt hinter den meisten der zahlreichen Regierungswechsel seit dem 19. Jahrhundert stand; das Verhältnis zwischen Staat und (katholischer) Kirche, zwischen Gesellschaft und Religion, denn trotz (oder wegen) des zumeist engen Verhältnisses zwischen diesen beiden Machtfaktoren führten die mangelnde Säkularisierungserfahrung im Zeitalter der Aufklärung und die Verquickung von Politik und Religion zu unerbittlichen gesellschaftlichen Frontstellungen; die Dynamik des Regionalismus und der Entstehung peripherer Nationalismen, nachdem die seit Jahrhunderten spannungsgeladenen Beziehungen zwischen der Madrider Zentrale und den Küstenregionen durch die ungleiche Wirtschaftsentwicklung seit dem 19. Jahrhundert in eine neue, verschärfte Phase eingetreten waren.

Diese zentralen Konfliktbereiche ließen sich durch zahlreiche weitere Problemfelder ergänzen. Eine Untersuchung des spanischen Geisteslebens im 19. und 20. Jahrhundert etwa läßt deutlich werden, daß die Spaltung der intellektuellen Spanier in jene zwei Gruppierungen, die sich unter wechselnden Bezeichnungen erbarmungslos bekämpfen sollten, bis in die Zeit der Französischen Revolution zurückzuverfolgen ist. Die Bedeutung des spanischen Geisteslebens für die Spaltung des Landes hat auch Bernhard Schmidt herausgearbeitet, der in seiner ideologiekritischen Analyse literarischer Werke zu dem überraschenden Ergebnis gekommen ist, daß es das „andere", das fortschrittlich-liberale Spanien im Sinne des Mythos von den zwei Spanien nicht gegeben hat, daß im Gegenteil die meisten der von ihm untersuchten Autoren „fleißig an dem Mythos mitgeflochten [haben], daß die Spanier zur Selbstbestimmung unfähig und zur Demokratie nicht reif seien. Sie haben selbst, *auch* motiviert durch Eigenliebe und Klasseninteresse, ihre Landsleute entmutigt und ihr Mündigwerden verhindert. Das spanische Geistesleben ist insofern *mit*verantwortlich für die politischen und sozialen Verhältnisse in Spanien."[2]

Daß die „zwei Spanien" alles andere als ein Intellektuellenproblem waren, läßt ein Blick auf den sozioökonomischen Bereich erkennen. Der Agrarsektor zeigt paradigmatisch die Spaltung des Landes auf: Die Dichotomie des Landeigentums in Latifundien und Minifundien (bei weitgehendem Fehlen bäuerlicher Mittelbetriebe gerade in den Konfliktzonen des Südens) führte zu sozialen Auseinandersetzungen und Konflikten, die in der Vorgeschichte des Bürgerkrieges eine endemische Erscheinung darstellten. Die Grenze zwischen dem Gebiet der Latifundien (Neukastilien, Andalusien, Extremadura) und dem der Minifundien (vor allem Galicien, León, zum Teil auch Altkastilien) und Mittelbetriebe (Katalonien, Baskenland, levantinische Ostküste) hat in der Geschichte Spaniens eine kaum zu überschätzende Bedeutung erlangt. Es war dieselbe Grenze, die im 19. und 20. Jahrhundert das Spanien der Agrarrevolution von dem des ländlichen Konserva-

---

[2] Schmidt 1975, S. 326.

tismus trennte. Bis zum Bürgerkrieg implizierte die Kontrolle über den Boden die Verfügungsgewalt über die wichtigste Quelle des nationalen Reichtums und bestimmte die soziale, sehr häufig auch die politische Stellung der Bevölkerungsmehrheit. Die hohe Konzentration des Landbesitzes, die Kluft zwischen der Masse der Landbevölkerung und den oberen Schichten in bezug auf Einkommen, Bildung, soziales Ansehen und politische Partizipationsmöglichkeiten sowie die Unzufriedenheit der landlosen Agrarbevölkerung erklären die auf dem Land viele Jahrzehnte lang vorhandene, teils latente, teils manifeste Neigung zu Revolten und Umstürzen, von denen die Umverteilung des Eigentums und die Aufteilung des Großgrundbesitzes erwartet wurden.

In der Literatur ist immer wieder darauf hingewiesen worden, daß das ungelöste Agrarproblem einer der entscheidenden Gründe, wenn nicht der Grund schlechthin für den Bürgerkrieg war. Der liberale Reformer und „Regenerationist" Joaquín Costa hatte bereits zu Beginn des 20. Jahrhunderts auf der dringenden Notwendigkeit einer Agrarreform insistiert. Wie wenige vor ihm hatte er die Phasenverschiebung erkannt, unter der das Spanien des 19. Jahrhunderts litt, die später auf die Formel „politische ohne wirtschaftliche Modernität" gebracht worden ist. Costa wies in seinen Schriften darauf hin, daß langfristig die „politische Modernisierung" in einer Sackgasse enden müsse, wenn sie auf einer archaischen Agrarstruktur aufbaue. Seine Vorstellung einer dringend erforderlichen Agrarreform aus *politischen* Gründen – d. h. mit dem Ziel der Systemerhaltung – lief auf eine Erhöhung der landwirtschaftlichen Produktivität hinaus, die durch eine Rückgängigmachung der liberalen „Desamortisation" und eine Rückkehr zu den traditionellen agrarkollektivistischen Produktions- und Besitzformen erreicht werden könne. Falls eine derartige Agrarreform nicht durchgeführt würde – so prophezeite er bereits 1906 –, bliebe das Land „von einem Klassenkrieg bedroht, der Blutströme fließen lassen wird und schließlich in eine ausländische Intervention einmündet."[3]

Die zweite, historisch weit zurückgreifende Problemachse der spanischen Geschichte im 20. Jahrhundert betrifft das Verhältnis zwischen der zentralistischen Regierung und den Regionen an der Peripherie des Landes. Die seit Jahrhunderten spannungsgeladenen Beziehungen zwischen der Madrider Zentrale und den Küstenregionen

---

[3] Zit. nach Manuel Martínez Cuadrado, Cambio social y modernización política, Madrid 1970, S. 11.

lassen sich allerdings für die Zeit vor dem Bürgerkrieg im wesentlichen auf die klassischen Fälle politischer Regionalismen reduzieren: auf Katalonien und das Baskenland. Diese beiden Regionen wiesen bereits vor 1936 einen politischen Regionalismus auf und überschritten damit eindeutig die Stufe eines primär sprachlichen Kulturnationalismus. Dabei lag das Baskenland in der regionalistischen Bewußtseinsentwicklung im Vergleich zu Katalonien durchweg um einige Jahrzehnte zurück.

In beiden Fällen wiesen die Regionalismen überaus komplexe soziale, historisch-politische und ideologische Begründungszusammenhänge auf. Beide Regionen waren die reichsten und die am meisten entwickelten Gegenden Spaniens, deren wirtschaftlicher Fortschritt sich zu ihrem politischen Gewicht im gesamtspanischen Staat allerdings umgekehrt proportional verhielt. Es war die Spannung zwischen der nie verwundenen politischen Entrechtung einerseits und wachsender wirtschaftlicher Leistungsfähigkeit und Prosperität andererseits, in der in beiden Regionen der Regionalismus sich ausgeprägt hat und allmählich auch politisch wirksam geworden ist. Dabei hatte die regionalistische Bewegung Kataloniens eine Art Vorreiterfunktion für die anderen Autonomiebestrebungen in Spanien. Wirtschaftliche und geistesgeschichtliche Faktoren, nämlich die Industrialisierung und die Romantik, begründeten im 19. Jahrhundert einen katalanischen Nationalismus, der sich zuerst literarisch und kurze Zeit später auch politisch in der Forderung nach Autonomie äußerte. Gegen die Übermacht der konservativ-bürgerlichen Erscheinungsformen des katalanischen Regionalismus konnte sich erst gegen Ende des Ersten Weltkrieges ein linker Katalanismus herausbilden, der zuerst unter der Führung von Francesc Macià die Unabhängigkeit Kataloniens anstrebte und zu Beginn der Zweiten Republik in die linkskatalanistische republikanische Partei *Esquerra Republicana* einmündete.

Im Gegensatz zu den Katalanen mußten die Basken erst im Verlauf des 19. Jahrhunderts auf ihre Sonderrechte *(fueros)* verzichten. Der eigentliche gesamtbaskische Nationalismus ging Ende des 19. Jahrhunderts aus der kulturnationalen Erweckungsbewegung unter Sabino de Arana hervor, der 1895 die Baskische Nationalistische Partei *(Partido Nacionalista Vasco)* gründete. Zur Zeit seiner Entstehung war der baskische Nationalismus eine in doppelter Hinsicht antimoderne Bewegung: Zum einen richtete er sich gegen die Industrialisierung und Modernisierung, zum anderen gegen den politisch-zentralistischen Liberalismus, der von Madrid aus für die Abschaffung der baskischen Sonderrechte verantwortlich war. Die ursprüngliche Forderung nach Selbständigkeit des Baskenlandes wurde allmählich zugunsten einer umfassenden Autonomie und Baskisierung der Gesellschaft aufgegeben. 1931 entschied sich die Baskische Nationalistische Partei, trotz ihrer ständisch-konservativen, antiliberal-klerikalen Orientierung, für die Republik, da nur von dieser die erstrebte Regionallösung zu erwarten war.

Die übrigen Regionalismen – etwa die Galiciens oder Andalusiens – waren vor dem Bürgerkrieg bei weitem nicht so ausgeprägt wie die Bewegungen in Katalonien und dem Baskenland. Für die Zeit vor dem Bürgerkrieg gilt somit, daß das Regionalismusproblem vor allem als Auseinandersetzung zwischen Peripherie und Zentrum auftrat, zwischen industriell weit überdurchschnittlich entwickelten, politisch aber entrechteten Randregionen einerseits und einem agrarisch geprägten, industriewirtschaftlich rückständigen, politisch aber dominierenden Zentrum andererseits. Dabei blieb der baskische Regionalismus konservativ und religiös geprägt, während der katalanische Nationalismus einen starken links von der Mitte stehenden Flügel besaß.[4]

Läßt sich das Spannungsverhältnis zwischen Zentralregierung und nach Autonomie strebenden Regionen letztlich bis auf die Entstehung des modernen spanischen Staates zurückführen, so ist der Problemkomplex Staat/Kirche mindestens genauso alt. Seit der Herrschaft der Katholischen Könige, d.h. seit der staatlichen Einigung des Landes im ausgehenden 15. Jahrhundert, galten in Spanien politische und religiöse Einheit als Synonyma; die Könige benutzten die Religion zur Legitimierung ihrer als Gottesgnadentum aufgefaßten Herrschaft und setzten sie zur Festigung der bestehenden Ordnung ein. Die katholische Kirche wurde zu einem Integrations- und Stabilitätsfaktor ersten Ranges. Im gesellschaftlich-politischen wie im kulturellen Bereich war die Kirche allgegenwärtig, ihre Veräußerlichung (etwa in Form kultischer Prunkentfaltung oder religiöser Selbstdarstellung) trug dazu bei, daß in der Amtskirche eine Verbündete der Mächtigen erblickt wurde. In der Restaurationsära war allerdings bereits der Bruch zwischen der Amtskirche und dem Proletariat, das sich den sozialistischen und anarchistischen Organisationen mit ihrem stark ausgeprägten Antiklerikalismus zuwandte, nicht zu übersehen. Vielmehr führte die Stellung, die die katholische Kirche in den Augen der Arbeiterklasse als Verbündete des herrschenden Blocks einnahm, dazu, daß

---

[4] Zur Herausbildung der regionalistisch-politischen Nationalismen vgl. Brunn 1978; González Casanova 1979; Puhle 1982; Waldmann 1989.

die Empörung der verarmten Massen sich nicht nur gegen Grundbesitzer und Kapitalisten, Staat und Bürgertum, sondern auch gegen Kirche und Klöster wandte; identifizierten die Arbeiter die Kirche doch in zunehmendem Maße mit den kapitalistischen Ausbeutern. Während der Diktatur Miguel Primo de Riveras (1923–1930) wurden die geistlichen und erzieherischen Forderungen der Kirche weitestgehend erfüllt, ihre Ansprüche stets bevorzugt befriedigt. Sicherlich blieb diese enge Verbindung zwischen Kirche und Staat nicht ohne Auswirkungen und trägt zur Erklärung der kirchenfeindlichen Reaktionen in den ersten Jahren der Republik bei. Wegen der soziogeographischen Unterschiede innerhalb des Klerus und der regionalen Differenziertheit des Landes war die Kirche zwar in verschiedene Gruppen gespalten, zählte insgesamt jedoch zu den beharrenden Kräften im Staat.[5]

Ebenso wie die Kirche nahm auch das Militär eine Ausnahmestellung im Staat ein. Denn kaum eine zweite Institution hat in der spanischen Geschichte des 19. und 20. Jahrhunderts eine derart herausragende Rolle gespielt wie das Militär; dessen Einfluß auf die Politik blieb ein wesentlicher Faktor der Instabilität. Bis zur Schaffung des künstlichen Zweiparteiensystems mit seinem mechanischen Alternieren in der Regierungsausübung während der Restaurationsära (1875–1923) wurden Regierungswechsel fast immer durch Militärpronunciamientos herbeigeführt. Als auslösendes Moment der Entwicklung, in deren Verlauf sich das Militär in die Politik einmischte und zu einem beherrschenden Faktor im staatlichen Leben Spaniens wurde, wirkte der Unabhängigkeitskrieg gegen Napoleon (1804–1814). Er zwang die Offiziere zu politischen Entscheidungen, politisierte damit das Heer, das sich auch in seiner geistigen Struktur wandelte. Der Armee fiel eine neue politische Rolle zu, das Offizierskorps übernahm in vielerlei Hinsicht die Funktion der bis dahin politisch führenden Schicht. In der „Ära der Pronunciamientos" galt das Offizierskorps mehrheitlich als liberal und reformfreudig. Im Vergleich zu den strukturellen Wandlungen in Spaniens Wirtschaft und Gesellschaft änderten sich jedoch Haltung und Verhalten der bewaffneten Macht zwischen 1830 und 1930 nur wenig. Zu dieser – wie zu jeder anderen – Zeit wurde das Denken der Offiziere von der Sorge um die nationale Einheit und Einigkeit beherrscht. Diesem Ziel schien in der ersten Hälfte des 19. Jahrhunderts am besten die konstitutionelle Monarchie zu dienen,

---

[5] Zum Verhältnis Staat–Kirche in der Neuzeit vgl. Cuenca Toribio 1978, 1979, 1985.

zu deren Gunsten die Offiziere wiederholt putschten. In dem fortschreitenden wirtschaftlichen, sozialen, politischen und geistigen Wandel, der das Gesicht Spaniens seit Beginn der Industrialisierung des Landes wesentlich änderte, sahen die Offiziere sodann eine Gefährdung der nationalen Ordnung und fühlten sich zu Hütern der Tradition und der überlieferten nationalen Werte berufen.

Zur weiteren Entfremdung zwischen der militärischen Hierarchie und der zivilen Regierung trug sicherlich die vollständige militärische Niederlage Spaniens im Krieg mit den USA 1898 bei. Die militärische Niederlage bekundete zugleich den Bankrott des politischen Regimes der Restauration und hatte eine weitreichende geistig-moralische Krise des Landes zur Folge, die am deutlichsten von den Vertretern der philosophisch-literarischen *Generation von 1898* artikuliert wurde. Außenpolitisch suchte Spanien in Marokko einen Ausgleich für die an die USA verlorenen Kolonien, was zu einem erneuten jahrelangen Krieg in Nordafrika führte. Das gegenseitige Mißtrauen zwischen Armee und ziviler Verwaltung, der unpopuläre Charakter des Marokko-Feldzuges, die dauernden Beschwerden über niedrige Besoldung und schlechte Ausrüstung und der ständige Streit um die Zielsetzungen des Krieges ließen im Offizierskorps eine Atmosphäre der Unzufriedenheit reifen, die langsam in eine erklärte Gegnerschaft zum parlamentarischen System und in eine Politisierung konservativer oder restaurativ-reaktionärer Ausrichtung einmündete. Da zugleich und verstärkt seit 1917 das politische Spektrum infolge der Zerstückelung der traditionellen Parteienlandschaft immer unübersichtlicher wurde und der Staat zusehends in eine Krise geriet, übernahm durch einen klassischen Staatsstreich der Generalkapitän von Katalonien, Miguel Primo de Rivera, 1923 ohne Blutvergießen und mit dem Wohlwollen der Krone die Macht. Die Armee vertrat gegenüber den separatistischen Tendenzen in der Peripherie die unbedingte Einheit der Nation; gegenüber den organisierten Kräften der Arbeiterschaft erschien das Heer als der Garant der bestehenden Ordnung; und gegenüber dem diskreditierten parlamentarischen System verkörperten die Streitkräfte die Werte der Effizienz, der Entschlossenheit und des Patriotismus.[6]

Die paternalistische Diktatur Primo de Riveras war für die spätere kriegerische Lösung der gesellschaftlichen Konfliktivität von größter Bedeutung. Shlomo Ben-Ami sieht in ihr einen wichtigen Wende-

---

[6] Zum Militär im 19. Jahrhundert vgl. Busquets 1982, 1984; Payne 1967; Seco Serrano 1984.

punkt in der neueren Geschichte Spaniens, da sie für das Verschwinden einer gemäßigt-liberalen Rechten verantwortlich war und den Weg für eine autoritäre Rechte vorbereitete, die 1936 die militärische Konfliktlösung wählte. Primo de Rivera schuf das „Phantom des Ancien Régime" (Miguel de Unamuno), durch das „Politiker" ein Schimpfwort wurde und das keinen Raum mehr für einen liberal-konstitutionellen Monarchismus ließ. Im Gegensatz zu der von Primo de Rivera selbst propagierten Auffassung und der Meinung vieler Historiker, es habe sich bei der Diktatur um ein Übergangsregime, um eine temporäre Lösung zur Wiederherstellung von „Ruhe und Ordnung" gehandelt, vertritt Ben-Ami die Meinung, Primo de Riveras Regime sei ein weit direkteres und kohärenteres Projekt einer institutionalisierten Diktatur gewesen, als bisher angenommen; es habe mit Stil und Rhetorik der späteren Franco-Ära begonnen – der Diktator könne in seinem Antikommunismus, in seiner selbstzugeschriebenen Funktion als „Wächter des Abendlandes" und im Abhalten von Plebisziten als Vorläufer Francos gelten –, sich am Faschismus Mussolinis orientiert und sei auf ein langandauerndes autoritäres Regime hin angelegt gewesen.

Letztlich war die Diktatur ein «aggiornamento» der Beziehungen zwischen den verschiedenen Fraktionen des dominanten Blocks: den Großgrundbesitzern, der Großfinanz und Schwerindustrie auf der einen, den katalanischen Industriellen und Großhändlern auf der anderen Seite. Seit 1917 hatte sich das traditionelle Verhältnis zwischen dem dominanten Block der Restaurationsära und der politischen Macht aufgelöst, der Kazikismus und die Manipulation zur Erhaltung der Macht funktionierten nicht mehr. Die Diktatur entstand daher als Notpakt zwischen den in ihrer Machtausübung bedrohten Gruppen der Oligarchie, die dem Heer und dem König eine neue Herrschaftsform antrugen, da die überkommene konstitutionelle Monarchie sich als funktionsunfähig erwiesen hatte; die Diktatur war eine Lösung „technischer" Art zur Erhaltung der vom Umsturz bedrohten gesellschaftlichen Machtverhältnisse, ein Versuch der konservativen Oligarchie, ihre Privilegien im Rahmen eines Staates und einer Gesellschaft zu bewahren, die die „bürgerliche Revolution" nicht erfolgreich durchführen konnte. Es waren allerdings nicht nur die Großgrundbesitzer und Oligarchen der Restaurationszeit, die die autoritäre Lösung mittrugen, sondern die Mehrheit der sozialen Kräfte, die sich nach 1898 allmählich herausgebildet hatten. So kollaborierten etwa mit dem Diktator bürgerliche Kräfte Kataloniens und die Finanzbourgeoisie, die von den Versuchen zur Schaffung eines modernisierenden

„Nationalkapitalismus" profitierte. Auch die Arbeiterschichten beteiligten sich, über ihre sozialistischen Vertretungsorgane, am autoritären Modell, wenn auch ihre pragmatische Haltung Widersprüche und innere Auseinandersetzungen hervorrief. Insgesamt gelangten sie aber in ihrer Analyse der soziopolitischen Situation zu dem Ergebnis, daß die Diktatur die einzige Lösung darstellte, um den sozialen Spannungen der vorhergehenden Epoche ein Ende zu bereiten und einer starken Bourgeoisie zur Konsolidierung zu verhelfen, die die Unterentwicklung und den Archaismus der sozialen und politischen Strukturen überwand und dadurch auch die Situation der Arbeiterschaft in Stadt und Land verbesserte.

Die paradoxe Unterstützung, die die Diktatur von liberalen und selbst sozialistischen Kräften erhielt, erklärt sich nicht nur aus der Strukturkrise des Staates, sondern auch aus dem Fehlen wirtschaftlicher und sozialer Lösungen in der vorhergehenden Phase. Am Vorabend der Diktatur waren nahezu alle sozialen Kräfte vom politischen System der Restauration enttäuscht: Die grundbesitzende Oligarchie, die den größten Teil der Diktatur-Politiker stellte, war wegen der „bolschewistischen Agitation" auf dem Land erschreckt; in Katalonien wollten weder Industrielle noch Arbeiter weiter an der Spirale von Terrorismus und Repression drehen; die Mittelschichten ersehnten „Ruhe und Ordnung" zur Fortführung ihrer Geschäfte. In Anbetracht dieser Situation bestand die einzige Erfolgsmöglichkeit der Diktatur darin, eine moderne kapitalistische Struktur zu schaffen, die die alte grundbesitzende Oligarchie an den Schalthebeln der Macht ersetzte und der entstehenden Bourgeoisie wirtschaftliche Lösungen präsentierte, indem sie die Industrie- und Agrarstrukturen modernisierte.

Die Diktatur leitete auch Wirtschafts- und Infrastrukturreformen ein. Insgesamt jedoch scheiterte der Versuch, und allmählich wandten sich all die Kräfte, die anfangs Primo de Rivera unterstützt hatten, enttäuscht über die wirtschaftliche Ineffizienz und Korruption vom Regime ab. Trotz gewisser Reformen verfügte daher das Bürgertum nach wie vor nicht über eine Staatsstruktur, die seiner Entwicklung und seiner angestrebten Rolle in der Politik entsprochen hätte. Das Scheitern des „autoritären Lösungsweges" erklärt den Übergang zur demokratischen Staatsform im Jahr 1931. Die modernisierungswilligen Sektoren des Landes, die Bourgeoisie und das Proletariat, hatten der autoritären Staatsform ihre bedingte Unterstützung in der Erwartung zukommen lassen, eine effektive Modernisierung und die Beteiligung an der Macht zu erlangen. Angesichts des Fehlschlags dieser Hoffnungen optierten sie für die demokratische Republik.[7]

Die Ausrufung der Republik bedeutete die demokratische Machtübernahme der bürgerlich-republikanischen Parteien, die von ebenfalls modernisierungswilligen Teilen der Arbeiterschaft (besonders der Sozialistischen Partei) in ihrem Bestreben, die tradierten sozioökonomischen Strukturen aufzubrechen und durch adäquatere zu ersetzen, unterstützt wurden. Die Republik begann ihre wechselvolle Existenz nicht nur unter der Last der traditionell ungelösten Probleme, sondern sah sich in ihren ersten Jahren außerdem noch den in Spanien verspätet eintretenden Folgewirkungen der Weltwirtschaftskrise ausgesetzt. Zuerst sollte ein laizistischer und liberaler Staat geschaffen werden, der den bürgerlich-republikanischen Bestrebungen Ausdruck verlieh. Erstrebt wurde daher eine bürgerlich-demokratische Verfassung, eine Militärreform, die Beschränkung der Macht der Kirche, eine Bildungsreform; den sozialistischen Alliierten wurde durch Einfügung sozialer Reformen, besonders auf dem Agrarsektor, entgegengekommen.

Die Eigenart des republikanischen Wahlsystems – Parteienbündnisse wurden gegenüber isoliert antretenden Parteien dadurch begünstigt, daß bereits die relative Mehrheit in einem Wahlkreis zu überproportionaler Mandatszuteilung führte – bewirkte, daß die Geschichte der Zweiten Republik in drei deutlich voneinander unterscheidbare Phasen eingeteilt werden kann. In der ersten Phase *(bienio de reformas)* nahm die republikanisch-sozialistische Regierungskoalition unter Manuel Azaña die Reform der überkommenen Probleme in Angriff. Die Durchführung der Reformmaßnahmen sollte allerdings zu einer weitgehenden Isolierung der Regierung führen. Die Agrarreformen und der laizistische Staat wurden von der grundbesitzenden Oligarchie bzw. von der Kirche als frontaler Angriff auf ihre säkularen Rechte verstanden, ohne daß sie die modernisierende Funktion dieser Maßnahmen verstanden. Diese Haltung führte nicht nur zum Verlust der Unterstützung durch die besitzenden Schichten, sondern ebenso durch eine breite Schicht „mittlerer" Bauern. Die Arbeiter und Tagelöhner wiederum hielten die Reformen für nicht weitreichend genug; außerdem seien sie viel zu zaghaft angewandt worden. Diese Aussage

[7] Zur Diktatur Primo de Riveras vgl. Ben-Ami 1983; neuerdings ders. (zur Auflösung der Diktatur), Orígenes de la Segunda República: Anatomía de una transición, Madrid 1990; Casassas Ymbert 1983; Rial 1986; García Delgado (Hrsg.) 1986; González Calbet 1987.

gilt insbesondere für die Agrarreform, den eigentlichen Stein des Anstoßes. Die ersten sozialen Konflikte wurden von der republikanischen Regierung konsequent unterdrückt, was die Entfremdung zwischen der Arbeiterbasis und der Republik von „Arbeitern jeder Art" – wie es in der Verfassung hieß – weiter anwachsen ließ.

Nachdem die bei der Ausrufung der Republik konzeptlose Rechte ihre politische Organisationsfähigkeit wiedererlangt hatte, schloß sie sich um verschiedene Zentren zusammen, deren bedeutendstes die konservativ-katholische *Confederación Española de Derechas Autónomas* (CEDA, Spanischer Bund Autonomer Rechtsparteien) war. Im Herbst 1933 war die republikanische Regierung Azaña isoliert: Zu ihrer Linken äußerten die Sozialisten, die Anarchisten und die Kommunisten ihre Unzufriedenheit über die geringe Reichweite und zögerliche Anwendung der Reformmaßnahmen; die Rechte wiederum erstrebte eine korporativ-reaktionäre (CEDA) oder faschistische (Falange) Ordnung. Die Novemberwahlen von 1933 gaben denjenigen Rechtsparteien die Mehrheit, die ihre Kampagne auf die Revision der Reformgesetzgebung konzentriert hatten. Der Wahlsieg der Rechten, der die zweite Phase in der Geschichte der Republik einläutete *(bienio negro),* bedeutete in vielen Bereichen eine Paralysierung, ja: Rückgängigmachung von Reformen. Aus sozialer Perspektive handelte es sich um die konfliktreichste Phase der Zweiten Republik. Die Linksorganisationen neigten immer mehr zum bewaffneten Widerstand gegen eine Regierung, die sie für faschistisch hielten. Das Frühjahr 1934 erlebte einen massenhaften Landarbeiterstreik, der jedoch unterdrückt wurde. Die Zerschlagung vieler Landarbeiterorganisationen hinderte das organisierte Agrarproletariat daran, sich an der asturisch-katalanischen „Oktoberrevolution" jenes Jahres zu beteiligen. Die „Oktoberrevolution" konnte nur in Asturien vorübergehend einen Erfolg erringen, wurde nach einigen Wochen aber durch massiven Militäreinsatz niedergeschlagen.[8] Die Härte der Repression provozierte auf der Linken eine Solidaritäts- und Einheitsbewegung, deren Hauptziel die Amnestie der Inhaftierten war. Dieses politische Zusammenstehen ebnete der Wahlallianz der Volksfront den Weg.

Angesichts der Gefahr einer sozialen Revolution schlossen sich die Sektoren der Rechten um die am meisten radikalisierten politischen

---

[8] Zur „Oktoberrevolution" vgl. den Sammelband: Octubre 1934. Cincuenta años para la reflexión, Madrid 1985 sowie Adrian Shubert, Hacia la revolución. Orígenes sociales del movimiento obrero en Asturias, 1860–1934, Barcelona 1984 und ders., The Road to Revolution in Spain, Urbana 1987.

Organisationen zusammen: um den Monarchisten José Calvo Sotelo und den „Nationalen Block" oder die Jugendorganisation der CEDA. Zwischen dieser und den Militärs kam es zu ersten Kontakten für den hypothetischen Fall eines Wahlsiegs der Linken. Als sich dieser im Februar 1936 tatsächlich einstellte, war – politisch betrachtet – die reformerische und modernisierende Konstellation der ersten zwei Republikjahre wiederhergestellt; der Kontext dieser dritten Phase der Republik jedoch war ein anderer: Die Sozialisten waren radikalisiert, die Rechten allenfalls noch fanatischer. Paramilitärische Verbände beider Seiten lieferten sich Straßenschlachten, ein Klima von Gewalt griff um sich.[9] Die erneute Inkraftsetzung der Agrarreform und die revolutionären Bewegungen auf dem Land ließen die Agraroligarchie erkennen, daß sie nicht nur die politische Macht verloren hatte, sondern daß sie Gefahr lief, auch die wirtschaftliche Macht, die soziale Kontrolle und die ideologische Beherrschung der Gesellschaft zu verlieren.

Da das parlamentarische System den traditionellen Eliten keine Mechanismen zur Bewahrung ihrer privilegierten Position an die Hand gab, rekurrierten sie auf das Militär zur gewaltsamen Wiederherstellung ihrer vordemokratischen Stellung. In den vorangegangenen fünf Jahren war das Grundproblem der spanischen Gesellschaft deutlich geworden, das die Modernisierung und die Durchführung einer „bürgerlichen Revolution" in Spanien verhinderte. Es war die Konfrontation zwischen der grundbesitzenden und in archaischen Strukturen verwurzelten Oligarchie mit ihren Verbündeten, die zu keinerlei Veränderung ihrer privilegierten Stellung bereit waren, und den Sektoren der Land- und Industriearbeiter, die in der Republik das Vehikel zur Überwindung ihrer überkommenen Benachteiligung erblickten und sich, nachdem sie in der Hoffnung auf schnelle Veränderung ihrer Situation enttäuscht worden waren, von der bürgerlich-demokratischen Republik ebenso abwandten, wie ihre „Klassenfeinde" dies bereits getan hatten. Der Bürgerkrieg war das Ergebnis dieser unüberbrückbaren Gegensätze und der verzweifelte Versuch zuerst der Rechten, in Reaktion darauf dann auch der Linken, ihr Gesellschafts-, Wirtschafts- und Staatsmodell, das mit reformistisch-friedlichen Mitteln nicht zu erreichen war, gewaltsam durchzusetzen. In der angesprochenen Modernisierungsperspektive besiegelte der Krieg das Scheitern des modernisierenden Reformismus.

[9] Hierzu neuerdings (mit quantifizierenden Angaben) Stanley G. Payne, Political Violence During the Spanish Second Republic, in: Journal of Contemporary History 25 2,3 (1990), S. 269–288.

Die entscheidende Frage für die Historiker lautet, wieso die Zweite Republik, der erste ernsthafte Versuch einer spanischen Demokratie, fehlschlug. Dabei lassen sich in der Forschung der letzten Jahrzehnte zwei Schwerpunkte erkennen: zum einen die Agrarproblematik, zum anderen die politische Rolle der beiden einflußreichsten Flügelparteien, der Sozialistischen Partei PSOE und der konservativen CEDA. Im Agrarbereich läßt sich erkennen, daß bereits die gesetzgeberische Tätigkeit der provisorischen Regierung (1931) einen grundlegenden Gesinnungswandel signalisierte. Die Republik trat mit dem Anspruch auf, die Interessen der Mittellosen und der Landarbeiter zu vertreten. Die bedeutendste Maßnahme auf dem Agrarsektor war das Reformgesetz von 1932, dessen wechselvolle Geschichte in der grundlegenden Studie von Edward Malefakis untersucht worden ist.[10] Die wichtigsten Bestimmungen regelten die Fragen der Grundbesitzenteignungen, der Entschädigungen sowie der Landverteilung an die Agrarbevölkerung. Da die Reform primär unter politischen und sozialen Gesichtspunkten anvisiert wurde, ging es nicht nur um eine Änderung der Grundeigentumsverhältnisse, sondern darüber hinaus um eine Beseitigung des Eigentumsmonopols an Grund und Boden. Unter dem Einfluß der Schriften Joaquín Costas wurde den Gemeinden die Rückerstattung des Besitzes zugesprochen, der von den „Desamortisationsgesetzen" des 19. Jahrhunderts kollektiver Bewirtschaftung durch die Gemeindemitglieder unterworfen war.

Malefakis ist davon überzeugt, daß das Gesetz bei konsequenter Durchführung relativ erfolgreich hätte sein können. Die Regierung Azaña, insbesondere Landwirtschaftsminister Marcelino Domingo, legte jedoch ein auffälliges Desinteresse im Hinblick auf die Realisierung des Gesetzes an den Tag, was nicht nur auf die Schwierigkeiten innerhalb der Regierungskoalition zurückzuführen war, sondern vor allem darauf, daß die reformistischen Politiker sich weigerten, zur Durchführung eines in seinen Konsequenzen revolutionären Gesetzes auch revolutionäre Maßnahmen zu ergreifen, und in der Hoffnung, noch jahrelang die Regierung zu bilden, die erforderlichen Schritte hinausschoben. Die Schuld am Scheitern der Reformbemühungen liegt gleichermaßen bei den verschiedenen sozialen Gruppen und Parteien: In den Anfangsjahren der Republik fehlte die aktive Mitarbeit

---

[10] Malefakis 1970. Der neueste Stand der Forschung zu den verschiedensten Problemen der Zweiten Republik im *bienio de reformas* ist enthalten in: García Delgado (Hrsg.) 1987. Vgl. auch den (der Zweiten Republik gewidmeten) Bd. 1, Nr. 4, 1983 der Zeitschrift ›Studia Historica‹ (Salamanca).

der Sozialisten, später wurden sie zusehends radikaler und schritten zu revolutionären Maßnahmen; die Linksrepublikaner verhielten sich anfangs zu träge und waren später zu übermäßigen Kompromissen mit den Rechten bereit; diese wiederum waren aufgrund ihrer sozialen Lage und politischen Überzeugung sowieso gegen eine Agrarreform und versuchten, wo immer möglich, sie zu Fall zu bringen. Die Rivalität der großen Gewerkschaftsverbände – der anarchosyndikalistischen *Confederación Nacional del Trabajo* (CNT), die lediglich außerhalb der politischen Arena agierte, und der sozialistischen *Unión General de Trabajadores* (UGT) – verhinderte ein Zusammengehen dieser beiden größten Interessenorganisationen der Arbeiterschaft. Für den parlamentarischen Bereich führt Malefakis das Scheitern der Agrarreform letztlich auf die Inkompatibilität der gemäßigten Linksrepublikaner und Sozialisten zurück. Seiner Studie zufolge wäre angesichts der komplexen Situation Spaniens in den 30er Jahren eine konsequente Agrarreform wahrscheinlich auch unter anderen Bedingungen gescheitert; allenfalls eine konsequente und dynamisch-zielgerichtete Reformpolitik der zusammenarbeitenden Linksrepublikaner und Sozialisten hätte erfolgreich sein können. Außerhalb hätte die Rechte mit der Reformpolitik der laizistischen Republik, die extreme Linke wiederum mit den reformistischen Maßnahmen der liberal-kapitalistischen Republik ausgesöhnt werden müssen. All diese Bemühungen aber wären der Quadratur des Kreises gleichgekommen. Unabhängig davon, ob man – wie Malefakis – in der unterbliebenen Landreform oder – wie manche seiner Kritiker – gerade im Versuch der Landreform, der sofort den Widerstand der Großgrundbesitzer gegen die Republik hervorrief, die Hauptursache des Bürgerkrieges sieht, besteht Einigkeit in der überragenden Bedeutung dieses ungelösten Problemkomplexes für den Ausbruch des Krieges.

Im Hinblick auf die politische Verantwortung der Parteien für den Untergang der Republik dreht sich ein Großteil der Diskussion um die Rolle der CEDA. Zu den ersten (und bis heute umstrittenen) Studien über die CEDA gehört das Werk von Richard A. H. Robinson,[11] dessen These (und Ergebnis) lautet, daß das Schicksal der Republik von den Massenparteien CEDA und PSOE abhing. Die CEDA war in die politische Arena Spaniens eingetreten, als der Antiklerikalismus der Allianz zwischen Azaña und den Sozialisten die traditionelle Stellung der Kirche im gesellschaftlichen und politischen Bereich abbaute. Robinson zufolge schworen die Sozialisten als erste den Mög-

---

[11] Robinson 1970.

lichkeiten des Parlamentarismus ab, da sie zuerst zur Gewalt aufriefen. Damit trieben sie jenen Prozeß der Meinungspolarisierung voran, der schließlich in den Bürgerkrieg mündete; daher komme ihnen bei der Zerstörung der Republik auch eine größere Verantwortung zu, während die CEDA länger bemüht gewesen sei, sich an die Verfassung zu halten. Robinsons Behauptung, daß der sozialistische Maximalismus und die daraus resultierende „Oktoberrevolution" von 1934 angesichts der realen politischen Verhältnisse im Lande ungerechtfertigt und in ihren Konsequenzen sowohl für die Republik wie für die Linke tödlich waren, ist keineswegs neu. Ein Novum stellt allerdings seine Interpretation der CEDA und ihres Führers José María Gil Robles dar. Während frühere Darstellungen die Verantwortung für das Schicksal der Republik ungefähr zu gleichen Lasten auf die Schultern der Linken und der Rechten verteilten, versucht Robinson, letztere weitestgehend aus der Verantwortung zu entlassen. Er sieht in der CEDA eine Partei, die sich mehr oder weniger in den Strom des europäischen Sozialkatholizismus oder der Christdemokratie einfügen läßt und bestrebt war, die parlamentarisch-laizistische Republik auf friedlich-evolutionärem Weg in einen von den Enzykliken Leos XIII. und seiner Nachfolger beeinflußten korporativen Staat zu verwandeln. Hinsichtlich der Regierungsform war die CEDA ausgesprochen „akzidentalistisch"; wäre die Linke toleranter aufgetreten – so Robinson –, dann hätte sich die CEDA zu einer respektablen konservativ-republikanischen Partei entwickeln können. Sie war zweifellos gegen die Marxisten, die Anarchosyndikalisten und die Krypto-Jakobiner der linksrepublikanischen Partei eingestellt; für den Faschismus, den ihr ihre linken Kritiker vorwerfen, könne sie aber nicht verantwortlich gemacht werden, und selbst ihre langfristigen Ziele habe sie stets ohne Gewaltanwendung erreichen wollen. Wenn Gil Robles und andere *cedistas* den Juli-Aufstand der Generäle unterstützten, so sei das vor allem deshalb geschehen, weil sie durch die Gewalt der Sozialisten zu einem solchen Verhalten gezwungen worden seien.

So berechtigt es ist, die angeblich ausschließlich „faschistische" Orientierung der CEDA zu relativieren, so deutlich muß jedoch andererseits hervorgehoben werden, daß der verantwortliche sozial-katholische CEDA-Kurs, wie ihn etwa sein Inspirator Angel Herrera und der reformerische Landwirtschaftsminister Manuel Jiménez Fernández proklamierten und wie er von Robinson als die CEDA-Orthodoxie schlechthin ausgegeben wird, keineswegs charakteristisch für den Kurs der Gesamtpartei war, die einen Zusammenschluß verschiedener konservativer Gruppierungen darstellte, bei denen die Imperative päpstlicher Enzykliken nur geringen Eindruck hinterließen. Auch Robinson weist auf den sozialen und politischen Konservatismus vieler reaktionärer CEDA-Politiker in den Jahren ihrer Regierungsverantwortung 1934/35 hin, hält ihn aber für sekundär gegenüber dem unerfüllten Sozialkatholizismus der aufgeklärten Minderheit in der Partei.

Robinsons Überzeugung, daß Gil Robles und die CEDA sich ausschließlich friedlichen Methoden der Machterringung verschrieben hatten, läßt ihn das militant-aggressive Auftreten der Parteijugend ebenso übersehen wie deren (und vieler führender Parteimitglieder) faschistischen Sprachgebrauch, ihre Bewunderung für Dollfuß und dessen ständisch-autoritäre Vorstellungen und die aus dieser Ideologie resultierende Angst der Linken vor der CEDA. Von Zeitgenossen wurde die CEDA – und gar nicht so sehr die Falange – als spanische Form des Faschismus betrachtet; als 1934 drei CEDA-Minister in die Regierung eintraten, wurde das von der Linken als der letzte Vorbereitungsschritt zur Errichtung eines faschistischen Regimes gedeutet; der asturische Oktoberaufstand gegen die Rechtsregierung wurde von der defensiven Überzeugung der Arbeiter getragen, sie kämpften als einzige Proletarier in Europa gegen den Faschismus.[12]

Robinsons Interpretation deutlich relativierend, verweisen José R. Montero und Paul Preston auf die Verantwortung der Rechten.[13] Montero läßt deutlich werden, daß in ihrem Programm, ihrer Wählerschaft und ihrer politischen Haltung die CEDA der Christlich-sozialen Partei Österreichs vergleichbar war. Die Partei akzeptierte den parlamentarischen Legalismus primär als Mittel zur Machterringung, ihr Ziel war jedoch die Überwindung des republikanischen Parlamentarismus und die Ersetzung des demokratischen Systems durch ein korporatives. Preston hebt hervor, wie Stil und Ziel der Rechten mit der Existenz der Republik unvereinbar waren; er sieht den zentralen Konflikt der Jahre 1931–1936 in den Auseinandersetzungen zwischen PSOE und CEDA um die Durchsetzung ihrer jeweiligen Sicht von gesellschaftlicher Organisation. Daß weder die CEDA noch der PSOE organisatorisch in der Lage waren, den Staat zu 'erobern' und ihn in Übereinstimmung mit einem politischen Programm umzuwandeln,

---

[12] Hierzu Walther L. Bernecker, Spaniens 'verspäteter' Faschismus und der autoritäre 'Neue Staat' Francos, in: Geschichte und Gesellschaft 12/2 (1986), S. 183–211.
[13] Montero 1977; Preston 1973, 1986.

hat auch Santos Juliá in mehreren Studien zur Linken in den Friedensjahren der Zweiten Republik betont.[14] Preston und Juliá skizzieren die Schwierigkeiten der Sozialisten seit der Spaltung der Partei in den Jahren nach der Russischen Revolution; vor allem nach 1931, als der PSOE die Regierung stellte, zeigten sich die innerparteilichen Spannungen immer deutlicher, die von größter Bedeutung für die Schwäche und den endlichen Untergang der Republik wurden. Es dürfte wesentlich auf die personelle (Francisco Largo Caballero – Indalecio Prieto) und ideologische (Maximalismus – Reformismus) Spaltung der Sozialisten zurückzuführen sein, daß sie kein stärkerer Integrationsfaktor im republikanischen Parteienspektrum werden konnten.[15] Zur Verhinderung der sozialistischen Reformpläne trug im parlamentarischen Bereich vor allem die CEDA bei, die immer weiter ins reaktionäre Fahrwasser geriet, mit Hilfe der *Cortes* Reformen (wo immer möglich) verhinderte und während ihrer Regierungszeit rückgängig machte. Der „legale" Weg der CEDA zur Errichtung eines korporativen Staates scheiterte spätestens mit den Volksfrontwahlen; daraufhin ergriff das Militär, auf Drängen der traditionellen Eliten hin, die Initiative zur Lösung *manu militari* einer sich zusehends polarisierenden Konfliktsituation, nachdem der Wahlsieg der Linken bei jenen Kräften, die ihre sozioökonomischen und politischen Interessen bis dahin in der Anwendung 'legaler' Methoden am besten vertreten sahen, den Glauben an die Möglichkeit erschüttert hatte, das demokratisch-parlamentarische System weiterhin instrumentalisieren zu können.

Letztlich erwies sich die Republik als zu schwach, um sich gegen die revolutionären Angriffe der landlosen Arbeiter einerseits und die zunehmende Aggressivität der Rechten andererseits zu verteidigen. Die Regierungen Azaña und Santiago Casares Quiroga waren mittelständisch, liberal und demokratisch, die Arbeiterparteien des Volksfrontbündnisses jedoch proletarisch, sozialistisch-kommunistisch und (zumindest teilweise) revolutionär. Außerdem hatte das republikanische System unter der Gegnerschaft der Anarchisten zu leiden.[16] In Anbe-

[14] Juliá 1977, 1979, 1984.

[15] Andrés Blas Guerrero, El socialismo radical en la IIa República, Madrid 1978; George Collier, Socialists of Rural Andalusia, Stanford 1987.

[16] Zum Verhältnis der Anarchisten zur Republik vgl. John Brademas, Anarco-sindicalismo y revolución en España, Barcelona 1974; Robert Kern, Red Years, Black Years: A Political History of Spanish Anarchism, 1911–1937, Philadelphia 1978; und Jerome R. Mintz, The Anarchists of Casas Viejas, Chicago 1982.

tracht der geringen numerischen Bedeutung eines staatsbejahenden, republikanisch eingestellten Mittelstandes war die soziale Basis der Regierung zu schwach, um eine konsequent reformerische, zugleich jedoch nichtsozialistische Politik durchführen zu können. In den Monaten nach den Volksfrontwahlen wurde sodann deutlich, daß die Reformpolitik der republikanischen Regierungen die drängenden strukturellen Probleme der spanischen Wirtschaft und Gesellschaft nicht lösen konnte. Die Arbeiterorganisationen wiederum konnten (und wollten) ihre Mitglieder nicht davor zurückhalten, die lange versprochenen, jedoch nicht realisierten Veränderungen – vor allem auf dem Agrarsektor – auf revolutionäre Weise in Angriff zu nehmen. Nach den Volksfrontwahlen 1936 überstürzten sich die Ereignisse, bis durch den Militäraufstand die Republik in einer blutigen Katastrophe endete.[17]

In den letzten fünfzig Jahren ist viel darüber gestritten worden, ob der Spanische Bürgerkrieg unvermeidbar war oder nicht. Symptomatisch für die Unterschiedlichkeit der Einschätzungen sind die Titel der Memoiren zweier wichtiger Politiker der Republik. Ministerpräsident Joaquín Chapaprieta nannte seine Erinnerungen ›Der Friede war möglich‹ (›La paz fue posible‹), der CEDA-Führer José María Gil Robles titulierte die seinigen ›Der Friede war nicht möglich‹ (›No fue posible la paz‹). Die Divergenzen von Zeitgenossen und Historikern werden in diesen programmatischen Titelgebungen auf den Punkt gebracht. Unbestritten ist allerdings, daß die Zweite Republik von Anfang an mit strukturellen Problemen zu kämpfen hatte, die ihre friedliche Existenz schon bald gefährdet erscheinen ließen. Neuerdings hat Martin Blinkhorn auf die Hauptschwierigkeiten der spanischen Demokratie in ihren Friedensjahren hingewiesen und drei Aspekte betont:

Der erste war der unvermittelte Druck zur Durchführung schneller und durchgreifender institutioneller und sozialer Reformen; der zweite war die anhaltende Macht konservativer Interessen; der dritte war das Wirtschaftsklima, das sich sehr von den prosperierenden 20er Jahren unterschied. Die weltweite Depression sollte die Reformen erschweren und das soziale Klima noch gespannter machen, als es ohnehin schon war. Blinkhorns Fazit bezüglich der Verantwortlichkeiten

---

[17] Zum Scheitern der Republik in einem größeren Zusammenhang vgl. Juan J. Linz, From Great Hopes to Civil War: The Breakdown of Democracy in Spain, in: Juan J. Linz/Alfred Stepan (Hrsg.), The Breakdown of Democratic Regimes, Baltimore 1978, S. 142–215.

lautet: „Wenn die Absicht der Republik darin bestand, lediglich zu überleben, dann wird man kaum leugnen können, daß sowohl Republikaner als auch Sozialisten dazu beigetragen haben, daß der Überlebensversuch scheiterte, indem sie eine ‚gemäßigte', d. h. konservative Republik unmöglich machten, die unter denen, die etwas zu verlieren hatten, weniger Antagonismen erzeugt hätte. Wenn jedoch das Ziel der Republik darin bestand, Spanien die politische und soziale Demokratie zu bringen, dann muß man zugeben, daß die konsequentesten und resolutesten Feinde der Demokratisierung auf der Rechten anzutreffen waren."[18]

Und der Sozialhistoriker Manuel Tuñón de Lara charakterisiert den 'Auslöser' des Bürgerkrieges mit den Worten: „In einer Situation, in der die ideologische Vergiftung, die der Faschismus in ganz Europa betrieb, mit der traditionellen Ideologie des alten Machtblocks und den rückwärtsgewandten Hoffnungen derer zusammentraf, die glaubten, durch den Aufstieg der Arbeiter eine alte Welt verloren zu haben, war die traumatische Reaktion der in ihrer Unbeweglichkeit erstarrten Gesellschaftsschichten das auslösende Moment, um das Land in die Tragödie zu stürzen."[19]

---

[18] Blinkhorn 1986, S. 11; vgl. auch ders. 1988.
[19] Tuñón de Lara u. a. 1987, S. 77.

2. DIE MILITÄRISCHE DIMENSION: KRIEGSPHASEN UND OPERATIONEN, MILIZEN UND HEERE

Im Gegensatz zu den internationalen oder sozioökonomischen Aspekten des Bürgerkrieges haben militärhistorische Fragestellungen in der Forschung relativ wenig Interesse hervorgerufen; dies dürfte als indirekter Beleg dafür gelten, daß der Bürgerkrieg vor allem als politisch-ideologische und soziale Auseinandersetzung bewertet worden ist. Die Militärgeschichtsschreibung erlebte ihren ersten, wissenschaftlich noch sehr mageren Höhepunkt im Jahrzehnt nach dem Bürgerkrieg. Damals erschienen vielbändige Sammelwerke – etwa die von Joaquín Arrarás, Manuel Aznar oder Ramón García Valiño –, die allerdings eher voluminösen Materialkompilationen als seriöser Historiographie nahekamen.[1] Nach einer relativ langen Pause, in der die Forschungen über den Bürgerkrieg in Spanien selbst stagnierten und im Ausland sich primär mit anderen Fragestellungen beschäftigten, ist seit Ende der 60er Jahre erneut ein Anwachsen der militärhistorischen Literatur festzustellen. Das ›Servicio Histórico Militar‹ etwa hat unter der Federführung von Oberst José Manuel Martínez Bande eine Reihe militärhistorischer Monographien publiziert, die minuziös einzelne Schlachten untersuchen.[2] Auch der franquistische Hofhistoriograph Ricardo de la Cierva hat Militärstudien vorgelegt. Das umfangreichste Werk zum republikanischen Volksheer stammt von Ramón Salas Larrazábal, von den jüngeren Autoren sind vor allem Gabriel Cardona, Michael Alpert und Stanley G. Payne zu nennen.[3] Darüber

---

[1] Joaquín Arrarás, Historia de la Cruzada española, Madrid 1940; Manuel Aznar, Historia militar de la guerra de España, Madrid 1940; Ramón García Valiño, Guerra de Liberación española, Madrid 1949.

[2] Servicio Histórico Militar (ponente: José Manuel Martínez Bande), Monografías de la guerra de Liberación (später: Monografías de la guerra de España), Madrid 1968ff.

[3] Salas Larrazábal 1973; Alpert 1977; Payne 1967; vgl. die Beiträge von Ricardo de la Cierva und Ramón Salas Larrazábal über das nationalistische bzw. republikanische Heer in: Carr (Hrsg.) 1971; vgl. auch den Überblick von Raymond L. Proctor in: Cortada (Hrsg.) 1982, S. 515–531.

hinaus liegen zahlreiche Monographien zu einzelnen Schlachten und Operationen sowie die Memoiren und Berichte vieler am Krieg beteiligter Militärs vor.[4]

Die folgenden Ausführungen stützen sich auf diese und – für Einzelaspekte – einige andere Werke. Zuerst wird die rein quantitative Ausgangssituation im Juli 1936 geschildert, sodann auf die einzelnen Kriegsphasen eingegangen; anschließend werden Fragen der Militärpolitik, der Strategie und Taktik auf beiden Seiten diskutiert. Das Problem der ausländischen Intervention erfährt erst im nächsten Kapitel Berücksichtigung.

Am Vorabend des Bürgerkrieges standen sich zwei große politische Blöcke gegenüber: Volksfront und Nationale Front. In letzterer waren Großgrundbesitzer, katholische Konservative, Monarchisten verschiedener Richtungen und Rechtsrepublikaner sowie die faschistische Falange, in ersterer Sozialisten und Kommunisten, die republikanische Linke, die regionalistischen Kräfte und die Anarchisten (diese allerdings nur als Wähler) zusammengefaßt. An der Planung des Aufstandes waren Zivilisten kaum beteiligt gewesen. Die Falange wußte zwar von den Putschabsichten, hatte jedoch nahezu keinen Einfluß darauf. Großgrundbesitzer und Monarchisten haben die Rebellion zweifellos begrüßt, zum engeren Kreis der Eingeweihten gehörten aber auch sie nicht. Ursprünglich dachten die Militärs auch gar nicht an eine konservativ-monarchische Restauration; vielmehr sollte die Republik in einem autoritären Gehäuse beibehalten werden. Die ersten Proklamationen der Rebellen enthielten dementsprechend auch Hochrufe auf die Republik.

Der Aufstand der Militärs siegte in Marokko, Sevilla, Galicien, Navarra, der Insel Mallorca, in Teilen von Andalusien und den agrarischen Gebieten Altkastiliens (Burgos, Valladolid); Oviedo und Zaragoza konnten von den Aufständischen durch eine List eingenommen werden. Der gesamte Osten (Katalonien, Valencia, Murcia) und Norden (Baskenland, Santander, Asturien) sowie große Teile des Südens (Andalusien, Neukastilien, Extremadura) blieben in Händen der Republik. Diese behielt vor allem die Kontrolle über die größeren Städte, die Wirtschaftszentren (Katalonien, Baskenland) und die Hauptstadt des Landes. Betrachtet man die militärische Kräfteaufteilung zwischen Aufständischen und Regierungstruppen zu Beginn des

---

[4] Vgl. hierzu den Überblick von Michael Alpert in: Manuel Tuñón de Lara u. a., Historiografía española contemporánea, Madrid 1980, S. 343–354 und García Durán 1985.

Die militärische Dimension

Karte 1: Juli 1936.
Quelle: Manuel Tuñón de Lara u. a., Der Spanische Bürgerkrieg, Frankfurt a. M. 1987.

Krieges, so ergibt sich – Ramón Salas Larrazábal zufolge – ungefähr folgendes Bild:

Tab. 1: Kräfteverhältnisse zu Beginn des Bürgerkrieges

	Regierungstruppen	Aufständische	Insgesamt
Landheer	55 225	62 275	117 500
Luftwaffe	3 300	2 200	5 500
Seestreitkräfte	13 000	7 000	20 000
Polizeitruppen	40 500	27 000	67 500
Insgesamt	112 025	98 475	210 500

Zu den Aufständischen müssen noch das Afrikaheer mit ca. 45 000 Mann, das sich ganz dem Militärputsch anschloß, sowie die zahlenmäßig vorerst zwar kleinen, aber fanatisch kämpfenden karlistischen und falangistischen Milizen hinzugerechnet werden. Über die Teilnahme der karlistischen Milizen von Navarra, der *requetés*, konnten sich General Emilio Mola und die Karlisten erst wenige Tage vor dem

Aufstand einigen. Innerhalb der militärischen Hierarchie waren es vor allem die mittleren Dienstgrade, die den Putsch unterstützten: Von den 17 höchsten Generälen nahmen nur vier am Aufstand teil, während von den über 15000 Offizieren nur ca. 3500 der Republik treu blieben. In der klassenbewußten Marine entschieden sich Matrosen und Unteroffiziere in großer Mehrheit für die Republik, die Offiziere sympathisierten demgegenüber mit den Rebellen. Die Aufständischen kontrollierten anfangs ein Drittel des Staatsgebietes und ein Viertel der Bevölkerung, mehr als die Hälfte der öffentlichen Sicherheitsorgane, drei ganze Divisionen (und von zwei weiteren einen Großteil der Truppe) und zwei der drei Flottenstützpunkte. Ihre Luftwaffe beschränkte sich auf einige Maschinen älteren Typs, ihre Marine auf wenige Kreuzer, einen Zerstörer und einige kleinere Einheiten. Die republikanische Regierung verfügte über einige Kreuzer, 16 Zerstörer und elf Unterseeboote; sie hatte auch die meisten – allerdings ebenfalls veralteten – Flugzeuge behalten.

Diese rein numerische Ausgangssituation stellte sich somit – berücksichtigt man das Afrikaheer mit – für die Aufständischen günstiger als für die Republik dar. Diese hatte jedoch den Vorteil, über den größeren Teil der Wirtschaftskapazität des Landes verfügen zu können. Außerdem wurde sie von den liberalen städtischen Mittelschichten und – was in den Großstädten während der ersten Kampftage meist den Ausschlag gab – von der überwiegenden Anzahl der sozialistischen und anarchistischen Arbeiter unterstützt, die entweder Waffen erhalten oder sich auf eigene Faust die erforderliche Kriegsausrüstung beschafft hatten. Demgegenüber konnten die Aufständischen nur in Navarra und in konservativen Teilen Altkastiliens mit Unterstützung durch die Bevölkerung rechnen. Stanley G. Payne hat allerdings darauf hingewiesen, daß freiwillige Zivilisten schließlich 25% der auf nationaler Seite kämpfenden Soldaten ausmachten, was auf eine umfangreichere Volksunterstützung als früher angenommen hinweisen würde. Zweifellos war die Militärorganisation der Aufständischen in der Lage, das Territorium zu sichern und die Mobilisierung zu organisieren; die Mittel zum Aufbau einer starken Armee hatte sie durchaus. Die republikanische Regierung konnte demgegenüber ihre größeren Ressourcen nicht aktivieren: In der Rüstungsindustrie herrschte ein vollständiges Durcheinander, es fehlte an Waffen und Munition, Technik und Nachrichtendienst waren völlig veraltet.

Sowohl dieses ungefähre Gleichgewicht bei der Ausgangskonstellation wie die bedeutsame Mobilisierung großer Gruppen der spanischen Gesellschaft und deren hoher Grad an Politisierung brachten es mit sich, daß der Putsch vom 17. Juli 1936 zwar in der nationalgeschichtlichen Tradition der *pronunciamientos* gesehen werden muß, in welcher der Ablauf gewaltsamer Regierungswechsel formalisiert war, im Gegensatz zu früheren Fällen jedoch nicht binnen kurzer Zeit entschieden werden konnte, sondern zum Beginn des grausamsten Krieges in der spanischen Geschichte wurde.

Die militärischen Aktionen des Bürgerkrieges lassen sich in vier Abschnitte untergliedern, zwischen die sich einzelne „Gleichgewichtsphasen" schoben. Die erste Phase des Krieges dauerte von Juli 1936 bis Frühjahr 1937. In diesem Dreivierteljahr konnten die Aufständischen ungefähr die Hälfte des Landes unter ihre Kontrolle bringen. Nachdem sie mit Hilfe deutscher Flugzeuge – die spanische Marine und Luftwaffe waren mehrheitlich republiktreu geblieben – die Fremdenlegion *(Tercio)* und die marokkanischen Eingeborenen-Stoßtruppen *(Regulares)* auf die Halbinsel übergesetzt hatten, eroberten sie bis Oktober einen Großteil Andalusiens und der Extremadura (Badajoz) und stellten damit die Verbindung zwischen der Nord- und der Südarmee her. Bereits in dieser ersten Kriegsphase wandten die Nationalisten – unter ihnen wiederum besonders das Afrikaheer – massiven Terror gegen die republikanischen Milizionäre und vor allem gegen die Zivilbevölkerung an; der Massenerschießung in der Stierkampfarena von Badajoz fielen Hunderte von Menschen zum Opfer.

General Gonzalo Queipo de Llano nahm den ganzen Südwesten ein, General Emilio Mola den Norden und Nordwesten (vorläufig außer Vizcaya, Santander und Asturien); die Einnahme von San Sebastián und der spanisch-französischen Grenzstadt Irún erfolgte im September 1936. Ende September wurde der *Alcázar* von Toledo, der sich unter Oberst José Moscardó dem republikanischen Ansturm widersetzt hatte – was in den folgenden Jahrzehnten zu einer der Kriegslegenden der nationalen Seite stilisiert wurde –, von nationalistischen Truppen entsetzt. Wiederholte Versuche, im Herbst 1936 bzw. im Frühjahr 1937 (Schlacht am Jarama: Februar 1937) Madrid einzunehmen, scheiterten. Mit Hilfe der Internationalen Brigaden und unter der organisatorischen Leitung von General José Miaja widerstand die Hauptstadt allen Angriffen; neben dem eben erst aufgebauten „Fünften Regiment" beteiligten sich Tausende von Zivilisten an der Verteidigung Madrids. Es gelang ihnen – nachdem die republikanische Regierung nach Valencia ausgewichen war –, die nationalistische Armee, die bereits in die westlichen Vorstädte und in das Universitätsgelände eingedrungen war, zurückzuschlagen und die Hauptstadt (bis

Karte 2: November 1936.
Quelle: Manuel Tuñón de Lara u. a., Der Spanische Bürgerkrieg, Frankfurt a. M. 1987.

Ende März 1939) für die Republik zu halten. Im Februar 1937 fiel Málaga in die Hände der Aufständischen. Die Schlacht von Guadalajara im folgenden Monat – ein erneuter Versuch, Madrid (diesmal vom Norden her) einzunehmen – wurde zu einer großen Niederlage der faschistischen Interventionstruppen Italiens. Nach dieser abermaligen Niederlage vor Madrid wandten sich die Nationalisten dem Norden zu.

Für diese erste Kriegsphase läßt sich folgende Zwischenbilanz ziehen: Das *pronunciamiento* war gescheitert und hatte sich zum Bürgerkrieg ausgeweitet. Der Anführer des Aufstandes, General José Sanjurjo, war bei einem Flugzeugunglück ums Leben gekommen und Anfang Oktober 1936 durch General Francisco Franco ersetzt worden. Obwohl Madrid von den Aufständischen nicht eingenommen werden konnte, war der republikanische Staat praktisch schon in den ersten Kriegstagen zusammengebrochen. Da viele Militärs sich aus dem Kriegsministerium und der Hauptstadt absetzten, war die Militärorganisation der Republik zerfallen, die militärischen Ressourcen des Staates wurden durch die Erhebung zerstört. Auf nationaler Seite waren in dieser ersten Phase des Krieges die marokkanischen Streit-

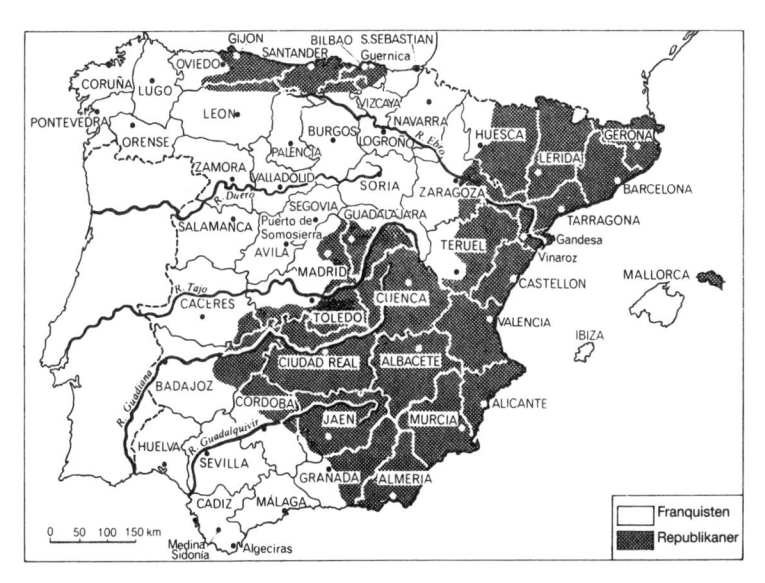

Karte 3: März 1937.
Quelle: Manuel Tuñón de Lara u. a., Der Spanische Bürgerkrieg, Frankfurt a. M. 1987.

kräfte von größter Bedeutung, die zwar keine moderne Truppe waren, aber mit ihren aus Legionären und einheimischen Söldnern gebildeten Sturmtruppen Spaniens beste Militäreinheit darstellten.

Nachdem in Badajoz zum ersten Mal die afrikanischen Truppen aufgehalten worden waren, bot sich für die Republik eine Befestigungs- und Defensivpolitik an, die auf den Verschleiß der marokkanischen Truppen abzielte. Verzögerung bedeutete für die republikanischen Verteidiger Madrids wertvollen Zeitgewinn; den Vorstellungen der Aufständischen zufolge sollte die Einnahme der Hauptstadt den Krieg beenden. Aber weder konnte Mola vom Norden noch Franco vom Süden und Westen her Madrid erobern; durch die erfolgreiche Verteidigung der Hauptstadt wurde die Republik (vorerst) zweimal gerettet.

Beim Angriff auf Madrid änderte Francos Generalstab zum ersten Mal seine Taktik und anschließend auch seine Strategie: Nachdem der ursprünglich beabsichtigte Frontalangriff auf die Stadt wegen des verbissenen Volkswiderstandes und der Unterstützung durch die Internationalen Brigaden gescheitert war, wurde die Hauptstadt sodann aus der Luft bombardiert, um die Moral der Bevölkerung zu brechen. Zum ersten Mal in der Kriegsgeschichte lernte Zivilbevölkerung systematischen Bombenterror aus der Luft kennen; der Widerstandswille blieb allerdings ungebrochen. Im Kampf um Madrid kam es auch zum ersten Mal zu Luftgefechten zwischen italienisch-deutschen Luftstreitkräften auf der einen und russischen Jagdfliegern auf der anderen Seite. Und in der Jarama-Schlacht (40 000 Tote), in der die Republik zum ersten Mal erfolgreich auf offenem Feld operierte, wurde der bis dahin technisch eher „primitive" Krieg durch den erstmaligen massiven Einsatz ausländischen Kriegsmaterials (Feldartillerie, Flug- und Panzerabwehr) zu einem „modernen" Krieg. Nachdem in der Schlammschlacht von Guadalajara (März 1937) die Einnahme Madrids zum wiederholten Male fehlgeschlagen war, änderte die franquistische Seite nunmehr ihre Strategie: Indem sie sich der Eroberung des Nordens zuwandte, wurde der Krieg zum „langen" Krieg.

In der zweiten Phase des Krieges, die von Frühjahr 1937 bis Frühjahr 1938 angesetzt werden kann, gelang den Truppen Francos die Eroberung der Nordprovinzen, die wegen ihres Wirtschaftspotentials für die weitere Kriegsführung besonders wichtig waren. Am 26. April 1937 zerstörten in einem dreistündigen Bombardement italienische Flugzeuge und deutsche Bomber der Legion Condor die heilige Stadt der Basken, Guernica. Mitte Juli 1937 durchbrachen die Nationalisten sodann den „Eisernen Ring" um Bilbao und eroberten die industriewirtschaftlich bedeutsame Stadt. Im August folgte die Einnahme von Santander, im September/Oktober die Eroberung Asturiens. Damit war der ganze Norden in den Händen der Aufständischen. Im Dezember 1937 konnten die Republikaner zwar bei Teruel eine Offensive starten; allerdings eroberten die Nationalisten die Stadt bereits im Februar 1938 wieder zurück, und einen Monat später begann die Franco-Offensive auf Aragonien.

Auch für diese zweite Kriegsphase läßt sich eine Zwischenbilanz aufstellen: In ihr verfügte Franco bereits über einen militarisierten Staat, dessen sämtliche Mittel in den Dienst des Krieges gestellt werden konnten. Da außerdem die ausländischen Lieferungen regelmäßig eintrafen und die deutsch-italienische Militärhilfe gesichert war, konnte die nationale Seite sich auf einen langen Zermürbungskrieg einstellen, durch den allmählich die Kampfkraft des Feindes verschlissen wurde. Entscheidend in dieser Phase war die Eroberung des Nordens: Daß das Baskenland von den Nationalisten eingenommen werden konnte, hing entscheidend damit zusammen, daß die baskischen Truppen aus nur schwer zu koordinierenden nationalistischen *(Gudaris),* sozialistischen und anarchistischen Milizen bestanden. Die Basken hatten sich für eine Defensivtaktik entschieden, die auf einem

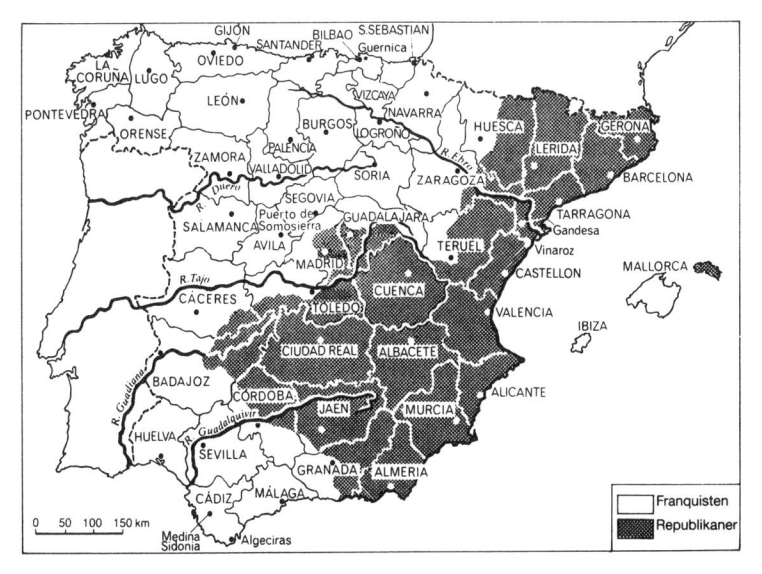

Karte 4: Oktober 1937.
Quelle: Manuel Tuñón de Lara u. a., Der Spanische Bürgerkrieg,
Frankfurt a. M. 1987.

komplizierten, der Bergstruktur des Baskenlandes angepaßten Befestigungssystem basierte, dessen begrenzter Verteidigungswert allerdings überschätzt worden war. Hinzu kam, daß selbst in den schwierigsten Situationen die politischen Differenzen zwischen der Führung in Bilbao und der Zentralregierung sowie zwischen der baskischen Regierung und den Anarchisten anhielten, was die Koordination der Verteidigung sehr erschwerte, während zum gleichen Zeitpunkt auf der nationalen Seite Francos persönliche Macht und die Schlagkraft seiner Truppen durch die Einbindung der Falangisten und Karlisten in eine Einheitspartei gestärkt wurde. Der republikanischen Seite gelang es demgegenüber nicht, die verschiedenen politischen und gewerkschaftlichen Milizen zu koordinieren. Zwar konnte im Sommer 1937 die weitere Eroberung des Nordens durch die Franquisten vorübergehend gebremst werden, da die deutsche Legion Condor und die Navarra-Brigaden in Zusammenhang mit der Brunete-Operation wieder in den zentralspanischen Frontabschnitt um Madrid verlagert werden mußten. Das gut ausgebildete und inzwischen auch erfahrene franquistische Nordheer, das außerdem über hervorragende Luft- und Artillerieunterstützung verfügte, konnte allerdings Kantabrien, dessen Küste blockiert war, und Asturien bis zum Herbst 1937 erobern.

Von großer Bedeutung wurde in dieser Phase der See- und vor allem der Luftkrieg, der bis dahin unbekannte Ausmaße erlangte. Die Aktionen der Luftwaffe und der Marine haben in der Historiographie lange Zeit eine nur untergeordnete Beachtung erfahren; erst in den letzten Jahren haben sich einige Monographen mit diesen Aspekten des Kampfgeschehens beschäftigt.[5] Für den Seekrieg ist hervorzuheben, daß 1937 die beiden alten noch im Einsatz befindlichen Panzerkreuzer *España* (franquistisch) und *Jaime I.* (republikanisch) gleichermaßen versenkt wurden. Die offensive Strategie der republikanischen Regierung äußerte sich in einer größeren Aktivität ihrer Bomber gegen feindliche Schiffe und Häfen. Die ausländische Marineunterstützung auf beiden Seiten wurde immer offensichtlicher. Die zunehmende Bedeutung der Luftwaffe war darauf zurückzuführen, daß sie von den Russen bzw. den Deutschen und Italienern erneuert worden war. Während aber die Franquisten sich auf eine leistungsfähige Infrastruktur an Flugplätzen und Reparaturbasen stützen konnten und außerdem von Anfang an einsatzbereite Kampfeinheiten aus Italien und Deutschland zur Verfügung standen, erwies sich bei den Republikanern, die auf keine Organisation aufbauen konnten, die Unregelmäßigkeit der russischen Lieferungen als verhängnisvoll. Beim Nordfeldzug war die Überlegenheit der franquistischen Luftwaffe erdrückkend, da die russischen Jäger wegen ihrer geringen Reichweite von ihren Basen aus nicht bis in die Küstenregion gelangen konnten. Die Franquisten setzten demgegenüber ihre Luftwaffe bei allen Bodenoperationen zur Unterstützung ein, was entscheidend zu ihren Siegen beitrug.

Die dritte Phase setzte mit einem für den weiteren Kriegsverlauf entscheidenden Durchbruch der Nationalisten ein: Mitte April 1938 konnten sie bei Vinaroz, in der Provinz Castellón de la Plana, das Mittelmeer erreichen; damit war Katalonien vom übrigen republikanischen Territorium abgeschnitten und zu einer Art „Exklave" ge-

---

[5] Zum Seekrieg vgl. die Darstellung von Alpert 1987, zum Luftkrieg die von Salas Larrazábal 1973 sowie José Luis Alcofar Nassaes, La aviación legionaria en la guerra civil española, Barcelona 1976; Juan Goma, Guerra en el aire, Barcelona 1958 und die Memoiren des Chefs der Luftstreitkräfte der spanischen Republik Hidalgo de Cisneros, Kurswechsel, Frankfurt a. M. 1976; zum deutschen Beitrag zum Luftkrieg neuerdings Whealey 1989, bes. S. 101–108.

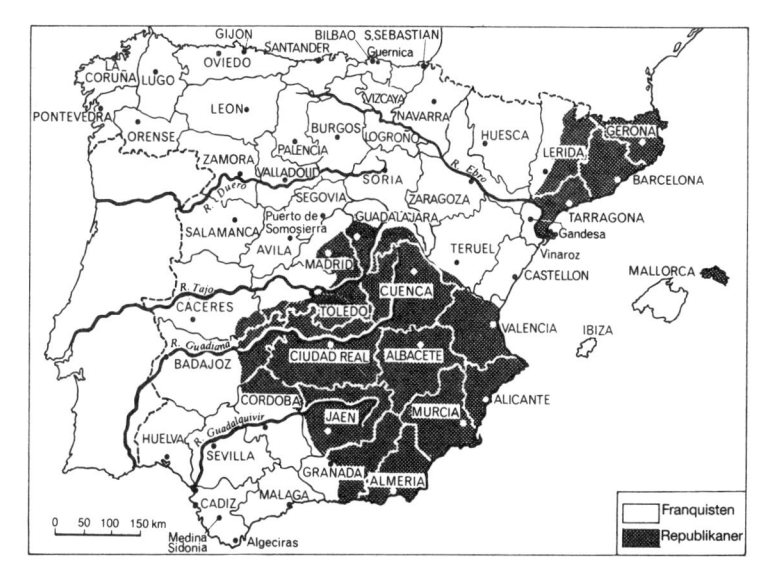

Karte 5: Juli 1938.
Quelle: Manuel Tuñón de Lara u. a., Der Spanische Bürgerkrieg, Frankfurt a. M. 1987.

geworden. Die Hauptstadt des nördlichen Teils war Barcelona, wo die Regierung mit dem Generalstab unter Führung von Vicente Rojo ihren Sitz hatte;[6] die zentral- und südspanischen Gebiete – mit Madrid als Hauptstadt – wurden militärisch von General José Miaja befehligt. Staatspräsident Azaña, Verteidigungsminister Indalecio Prieto und viele Republikaner hielten den Krieg schon für verloren; in den folgenden Monaten nahm der republikanische Widerstand jedoch wieder zu, und im Juli 1938 gelang der Republik ein letzter großer Sieg am Ebro. Danach befand sich das republikanische Heer nurmehr in der Defensive. Mitte November 1938 erfolgte der Rückzug der republikanischen Truppen über den Ebro, im Dezember setzte – mit einer überwältigenden Übermacht an Material – die nationalistische Offensive gegen Katalonien ein.

In dieser dritten Phase mußte die Republik die militärischen Res-

---

[6] Zu Rojo vgl. neuerdings Jesús I. Martínez Prieto, Los papeles del general Rojo, Madrid 1989 sowie dessen eigene Werke: España heroica, Buenos Aires 1943; Así fue la defensa de Madrid, México 1967; Alerta los pueblos, Barcelona 1974.

sourcen Kataloniens aktivieren, wobei deutlich wurde, daß die franquistischen Truppen weit leistungsfähiger waren und das Volksheer in Katalonien noch nicht organisiert war. Mindestens genauso wichtig wie die militärischen waren in dieser Zeit allerdings die diplomatischen Aktivitäten: Die Republik wollte unbedingt Zeit gewinnen, da sich in Europa die Anzeichen eines bevorstehenden Krieges häuften; ein internationaler Krieg aber hätte die militärische Situation zugunsten der Republik verändern können. Die Münchner Konferenz machte jedoch Ende September 1938 die republikanischen Hoffnungen auf eine internationale Entwicklung zunichte; außerdem ließ sich bei den Republikanern – nachdem auch die sowjetischen Lieferungen vorerst unterbrochen wurden – immer negativer der Materialmangel spüren. Unter den auf beiden Seiten hohen Verlusten der für den Kriegsausgang entscheidenden Ebro-Schlacht litten besonders die republikanischen Truppen, die einem stets intensiveren Artilleriebeschuß ausgesetzt waren.

Die vierte und letzte Kriegsphase fand zwischen Dezember 1938 und März 1939 statt. Katalonien wurde in relativ wenigen Wochen erobert, Barcelona fiel am 26. Januar 1939. Am 7. Februar ging Staatspräsident Azaña ins französische Exil, am 24. Februar trat er von seinem Amt zurück. Am 9. Februar endete der Widerstand in Katalonien. Anfang März ergriff in Madrid eine Junta unter Oberst Segismundo Casado und dem Sozialisten Julián Besteiro die Macht; sie wollte, gegen den sinnlos gewordenen Durchhaltewillen von Ministerpräsident Juan Negrín und der Kommunisten, einen Verständigungsfrieden mit Franco aushandeln. Dieser ließ sich aber auf das Verhandlungsangebot nicht ein; er besetzte die Hauptstadt am 28. März und erklärte am 1. April 1939 den Bürgerkrieg für beendet.

In dieser letzten Phase wurde das republikanische Heer reorganisiert; die Einsatzkapazität dürfte aber bereits bei unter 50% gelegen haben. Insgesamt wurde die Schlacht in Katalonien allerdings mit dem höchsten Aufgebot an Mitteln geführt. Die republikanischen Operationen scheiterten alle aus denselben Gründen wie die früheren: „Die republikanischen Truppen befanden sich ständig in einem Organisationsprozeß, ihre Technik war unvollkommen, ihre Mittel reichten nicht aus."[7] Im Jahr 1938 entfaltete auch die Luftwaffe ihre größte Wirkung; die franquistische Luftwaffe hatte inzwischen eine eindeutige Überlegenheit erzielt und spielte in den letzten Schlachten die entscheidende Rolle. Nach dem Verlust Kataloniens hatte die Republik

---

[7] Cardona, in: Tuñón de Lara u. a. 1987, S. 381.

im Zentrum und im Süden des Landes zwar noch 500000 Mann unter Waffen; in der Armee machte sich allerdings eine Bewegung breit, die für eine Einstellung der Kampfhandlungen eintrat und schließlich im Militärputsch Casados kulminierte. Die wichtigsten Faktoren, auf die Casados Revolte zurückzuführen ist, waren die Kriegsmüdigkeit und die internationale Isolierung der Republik, die politischen Diskrepanzen im republikanischen Lager und der fehlende Zusammenhalt des Militärapparats. Letztlich war es den politischen Machthabern nicht gelungen, ein System zu organisieren, das einen langen Krieg hätte durchhalten können.

Nach diesem Überblick über die einzelnen Kriegsphasen und die sie charakterisierenden Elemente soll nun auf die Militärpolitik, die Strategie und Taktik beider Seiten eingegangen werden. – Auf militärpolitischem Gebiet ging es – je länger sich der Krieg hinzog – vor allem um die Schaffung einer einsatzbereiten und effizienten Armee. Im nationalen Lager verfügte dabei Franco über zwei große Vorteile: Zum einen erhielt er die deutsch-italienische Hilfe, zum anderen konnte er dank der Luftbrücke die afrikanischen Truppen auf das Festland übersetzen. Seine weitere Militärpolitik stützte sich auf „eine militarisierte Organisation des Staates und des täglichen Lebens, den Vorrang der militärischen Autorität vor jeder anderen, auf ausländische Hilfe, das Vorhandensein guter Stoßtruppen (Legionäre, Marokkaner und *requetés*), auf die Fähigkeit zur Rekrutierung eines großen Heeres und zum Einsatz sämtlicher Ressourcen des Landes entsprechend den Erfordernissen des Krieges"[8].

Zu Kriegsbeginn war die Organisation der Aufständischen in drei Zonen aufgeteilt und strengster Militärkontrolle unterworfen. Im Norden übte eine „Nationale Verteidigungsjunta" *(Junta de defensa nacional)* unter dem Vorsitz von Miguel Cabanellas das Kommando aus, wenn auch der eigentliche Machthaber General Emilio Mola, der „Direktor" des Aufstandes, war[9]; Gonzalo Queipo de Llano hatte den Oberbefehl in Andalusien, Franco in Afrika und auf den Kanarischen Inseln inne. Seit Anfang Oktober 1936 war Franco „Generalissimus" aller Streitkräfte, Regierungschef und Staatsoberhaupt für das von nationalen Truppen besetzte Gebiet.

Die Putschisten verfügten am Anfang über ein kleines, aber gut ausgebildetes und hervorragend geführtes Heer. Hinzu kamen die Mili-

---

[8] Ebd., S. 389.
[9] Zu Mola vgl. Hugh R. Wilson, The Man who created Franco. General Emilio Mola, Elms Court 1972.

zen der Falangisten und Karlisten – von diesen letzteren meldeten sich in den ersten 24 Stunden bereits über 7000 Freiwillige –, nachdem die Bedingungen des Bürgerkrieges die Aktionsmöglichkeiten der verschiedenen politischen Gruppierungen entscheidend verändert hatten. So bestand in den ersten Monaten eine der Hauptfunktionen der Falange in der Mobilisierung von Frontfreiwilligen und Milizionären für die Etappe. Es läßt sich zwar kein genaues Zahlenmaterial über die Rekrutierungen im Bürgerkrieg beibringen. Stanley G. Payne hat jedoch berechnet, daß Kastilien-León, die rurale Mittelschichtregion schlechthin, unterdurchschnittlich wenige Freiwillige in den falangistischen und karlistischen Milizen stellte, während Navarra und Aragón überdurchschnittlich stark vertreten waren. Das Zahlenmaterial muß zwar vorsichtig gedeutet werden; es läßt jedoch den Schluß zu, daß „Klassenzugehörigkeit" für den Eintritt in die Milizen weit weniger ausschlaggebend war als lokale (politische und militärische) Verhältnisse oder – etwa im Fall Navarras – die traditionelle „Kultur" der Provinz.[10] Im Oktober 1936 stellten die Falangefreiwilligen bereits 35549 von 65248, somit 54% aller Milizionäre auf der franquistischen Seite. Der Falangeanteil an den Milizen stieg bis zum Kriegsende auf 72608, d. h. auf 75%, war somit von großer militärischer Bedeutung. Im Herbst 1936 wurden die nationalistischen Milizen allerdings bereits in das Feldheer integriert und militärischem Kommando unterstellt. Rafael Casas de la Vega hat geschätzt, daß insgesamt während des Bürgerkrieges mindestens 160000–170000, wahrscheinlich aber mehr Freiwillige den nationalen Milizen angehörten.[11]

Anfangs war zwar die Zahl der republikanischen Milizionäre höher als die der regulären Soldaten auf Francos Seite. Allerdings wuchs im nationalen Lager infolge der Rekrutierungsmaßnahmen die Zahl der Soldaten ständig, wofür vor allem der Zustrom an marokkanischen Söldnern ausschlaggebend war. Zu Kriegsbeginn sollen sich von den 8851 Offizieren 4660 für die aufständische Seite und 2000 für die Republik entschieden haben, der Rest wurde gefangengesetzt oder erschossen. Von den (theoretisch) 112000 Soldaten befanden sich zum Zeitpunkt des Putsches nur rund 51000 im Dienst, von denen sich ca. 19000 den Aufständischen anschlossen. Mitte August 1936 soll es im

---

[10] Stanley G. Payne, Social Composition and Regional Strength of the Spanish Falange, in: S. Ugelvik Larsen u. a. (Hrsg.), Who were the Fascists. Social Roots of European Fascism, Bergen 1980, S. 423–434.

[11] Casas de la Vega 1974, S. 179–192; vgl. auch Ellwood 1984.

Rebellenheer, Schätzungen Molas zufolge, schon 160 000 Soldaten gegeben haben, Anfang 1937 weitere 270 000; Ende 1937 belief sich die Stärke der Nationalisten auf nahezu 600 000 Mann. Marokkaner stellten ca. 80 000 fanatisch kämpfende Soldaten. Die Gesamtzahl der auf nationaler Seite kämpfenden Soldaten hat über eine Million Mann betragen.

Im Gegensatz zu den professionellen Formationen auf nationaler Seite verfügte die republikanische anfangs nur über unzureichend zusammengesetzte Kolonnen von Milizionären. In diesen zusammengewürfelten Kolonnen der Republikaner, die allein in Zentralspanien 90 000 Mann umfaßten, erhielten Männer ihre Feuertaufe, die bald darauf bekannte Milizkommandeure wurden, etwa Juan Modesto, Valentín González «El Campesino», Enrique Líster oder Cipriano Mera.[12] Anfangs wurden Milizen zu Einheiten von spezifischer revolutionärer Ausrichtung zusammengefaßt; die schlagkräftigste war das kommunistische Fünfte Regiment *(Quinto Regimiento)*, das primär als Ausbildungs- und Führungsschule fungierte und großen Einfluß im Krieg bekommen sollte.

Die erste Kriegsphase war auf republikanischer Seite eine Zeit der Selbstverteidigung des Volkes; im Grunde genommen läßt sich erst für Sommer 1937 von der Entstehung einer republikanischen Armee, des „Volksheeres" *(ejército popular),* sprechen. Dabei war das Hauptproblem des republikanischen Heeres, das bis Kriegsende nicht gelöst werden konnte, seine mangelhafte Effizienz. Im Grunde blieb das republikanische Militär in fünf mehr oder minder unabhängige Teilbereiche aufgesplittert: Heer, Luftwaffe, Marine, Grenzpolizei, Sicherheitskräfte. Die politisch isolierte Regierung konnte sich nicht Respekt verschaffen, und auch im Heer selber konnte Disziplin nur mit Mühe durchgesetzt werden. Die republikanische Verteidigung, die 1936 aus dem Nichts geschaffen worden war, äußerte sich allzu lange in Improvisationen, ohne zu einem vollorganisierten militärischen System zu werden, das der professionellen Armee Francos erfolgreich hätte entgegengesetzt werden können.

Infolge der militärischen Desorganisation und der Auflösung des Heeres traten in den ersten Kriegstagen an die Stelle der regulären

---

[12] Viele haben Memoiren oder Berichte hinterlassen; vgl. Juan Modesto, Soy del Quinto Regimiento, Paris 1960; Valentín González, Comunista en España y anti-stalinista en la URSS, México 1952; Enrique Líster, Nuestra guerra, Paris 1976; Cipriano Mera, Guerra, exilio y cárcel de un anarcosindicalista, Paris 1976; zur jeweiligen Einordnung vgl. Bernecker 1977.

Einheiten antifaschistische Milizen, die sehr schnell die Initiative an sich rissen und vorerst jegliche Regierungsautorität ablehnten. In Katalonien bildete sich das unter starkem anarchistischen Einfluß stehende Zentralkomitee der Antifaschistischen Milizen, das als konkurrierende Gewalt neben die autonome Regionalregierung, die *Generalitat,* trat; wenige Tage nach Kriegsbeginn zogen die ersten Arbeiterkolonnen von Barcelona an die Aragón-Front. Die wichtigste Funktion des Zentralkomitees bestand darin, Arbeitermilizen für die Front aufzustellen und zu bewaffnen, militärische Operationen gegen die Rebellen in Angriff zu nehmen, das weitgehend paralysierte öffentliche Leben Kataloniens wieder in Gang zu bringen und die Heimatfront unter Kontrolle zu halten. Die Leitung des Kampfgeschehens, die formal beim Verteidigungsministerium der *Generalitat* lag, hatte faktisch die Kriegskommission des Milizkomitees unter Juan García Oliver übernommen.

Die Aufstellung und Organisation von Milizeinheiten, die überall im republikanischen Spanien stattfand, kann am katalanischen Beispiel illustriert werden: Die Heereseinheiten Barcelonas hatten sich in den Tagen des Straßenkampfes völlig aufgelöst, die Soldaten waren von den Milizeinheiten absorbiert worden. Die Milizorganisation unter Diego Abad de Santillán wies den verschiedenen politischen und gewerkschaftlichen Organisationen je verschiedene Kasernen in Barcelona zu und überwachte die Ausrüstung und den Abmarsch der ersten Kolonnen. Entsprechend der Aufteilung auf die einzelnen Kasernen wurden in Katalonien die Milizabteilungen primär nach politischen oder gewerkschaftlichen Gruppierungen zusammengestellt und erhielten ihre Namen („Marx", „Lenin", „Bakunin", „Maciá" etc.) nach ihrer parteipolitischen oder ideologischen Zugehörigkeit. Anfangs waren nur die wenigsten Einheiten nach Partei- oder Gewerkschaftszugehörigkeit ihrer Mitglieder organisiert gewesen. Die Freiwilligen bildeten Hundertschaften, die einem „politischen" und einem „technischen" Leiter unterstellt wurden. In der Kolonne des Anarchisten Buenaventura Durruti zum Beispiel waren auch zahlreiche kommunistische und sozialistische Mitglieder vertreten. Da jedoch der anarchistische Einfluß in diesen Einheiten überwältigend war und die ideologische Ausrichtung der Milizionäre auch militärisch-politische Auswirkungen zeitigte, drängten vor allem die Kommunisten des *Partit Socialista Unificat de Catalunya* darauf, die Kasernen unter den einzelnen Parteien aufzuteilen und entsprechend ideologisch homogene Hundertschaften zu bilden. Die kommunistischen „Antifaschistischen Arbeiter- und Bauernmilizen" (MAOC) setzten sich somit in Katalonien für eine parteimäßige Aufgliederung der neuen Kampfeinheiten ein, die sie im restlichen Spanien, wo ihre quantitative Unterlegenheit nicht so offensichtlich war wie in Katalonien, zugunsten einer allgemein-proletarischen Ideologie auf das entschiedenste ablehnten.

Neben ihrer einheitlichen Tracht, dem Arbeiter-*mono,* war den Milizionären nur ihre mangelnde Kriegserfahrung gemeinsam; die Unterschiede in der Ausbildung und Bewaffnung, der Gliederung und Führung, der Verläßlichkeit und dem Kampfwert der einzelnen Abteilungen wurden noch durch regionale Verschiedenheiten oder lokale Eigenheiten potenziert. Die Milizen waren in ihrem Eigenverständnis keineswegs nur kämpfende Einheiten; sie fühlten sich zugleich verantwortlich für den wirtschaftlichen, sozialen und politisch-administrativen Neuaufbau in den von ihnen eroberten Gegenden. Sofort nach Bildung der ersten Milizen entstanden in vielen Teilen des republikanischen Spaniens Arbeiter- und Soldatenkomitees, die sich häufig die „Demokratisierung und Proletarisierung der bewaffneten Einheiten" zum Ziel setzten. Die Offiziere sollten in Kasernen demokratisch aus den Delegierten der Hundertschaften oder Kompanien gewählt werden und die politische Kontrolle und Verantwortung der von ihnen vertretenen Einheiten oder Waffengattungen übernehmen. Den militärisch durchwegs unerfahrenen und unausgebildeten Milizführern sollten Berufsoffiziere ihres Vertrauens als „technische Berater" beigegeben werden.

Vor allem die katalanischen Anarchisten sprachen sich wiederholt gegen eine „Militarisierung" der Volksmilizen aus, hoben aber schon früh die Notwendigkeit der Koordinierung militärischer Aktionen hervor. In Katalonien erklärte sich die anarchosyndikalistische Gewerkschaft CNT schon Anfang August 1936 mit der Einberufung von Wehrpflichtigen durch die *Generalitat* und das Milizkomitee einverstanden, betonte jedoch, daß die Militarisierung der Milizeinheiten nicht zu einer „Auferstehung des alten Heeres" führen dürfe. Am 21. Oktober 1936 erließ die Volksfrontregierung das Dekret über die Eingliederung der Milizen in die regulären Streitkräfte. Im Laufe der folgenden Monate wurden die Milizeinheiten „militarisiert", d. h. einem einheitlichen militärischen Oberkommando sowie militärischer Disziplin unterworfen. Nachdem die Milizen in reguläre Armee-Einheiten umstrukturiert waren, wurden die Arbeiter- und Soldatenkomitees aufgelöst und durch Kriegskommissare ersetzt.[13] Das Problem

---

[13] Vgl. Manuel Cruells, De les Milicies a l'Exèrcit Popular a Catalunya,

der ersten Monate bestand vor allem darin, die von den anarchistischen Milizionären proklamierte „heroische Disziplinlosigkeit" in schlagkräftige „Selbstdisziplin" umzuwandeln. Die Einführung direktdemokratischer Prinzipien – tägliche Wahl ihrer Vorgesetzten, Abstimmung über Befolgung oder Nichtbefolgung von Befehlen, gemeinsame Beratung über Angriffe etc. – brachte den Anarchisten in den Anfangswochen besonders hohe Verluste; gegen ihren Willen mußten sie schließlich ein einheitliches Oberkommando, militärische Disziplin und die Eingliederung ihrer Kolonnen in das neue „Volksheer" akzeptieren.

Spätestens mit dem Fall Málagas (Februar 1937) war deutlich geworden, daß mit dem Milizmodell der Krieg nicht zu gewinnen war. Auch Francisco Largo Caballero, dessen Sympathien eher bei den Milizen als bei einer traditionellen Militärorganisation lagen, verschloß sich dieser Erkenntnis nicht länger; unter seinem Nachfolger Juan Negrín wurde sodann die Militarisierung der Milizen in die Tat umgesetzt. Gabriel Cardona weist auf die Nachteile des Milizsystems hin: „In diesem Krieg unterschieden sich die beiden Seiten durchgängig in ihrem Defensivverhalten. Wenn die Milizionäre die Gefahr bemerkten, daß sie abgeschnitten wurden, gaben sie die Stellung auf. Ihre Feinde hingegen unterlagen einer eisernen militärischen Disziplin, und wenn sie den Befehl zur Verteidigung einer Stellung erhielten, folgten sie ihm um jeden Preis. Angesichts dieses Verhaltens ließen sich die Republikaner von ihrem brennenden Wunsch hinreißen, den feindlichen Widerstand zu brechen."[14] Dieser Unterschied zwischen einem Soldaten und einem Milizionär schadete den Republikanern oft; Operationen, die erfolgreich begannen, gerieten ins Stocken, weil eine mittlere Befehlsebene fehlte, die für eine strikte Einhaltung des Operationsplans gesorgt hätte; viele Truppenbefehls-

---

Barcelona 1974. Eine gründliche und komparative Studie der Milizen auf beiden Kriegsseiten steht bis heute aus. Eine derartige Untersuchung ist insofern besonders wichtig, als die Milizen ein klares Anzeichen dafür sind, daß der Bürgerkrieg primär als sozialer Konflikt zu interpretieren ist; Milizen fungierten als Vehikel einer ideologischen Mobilisierung, die charakteristisch für die spanische Gesellschaft der 30er Jahre war. Anregende methodische Überlegungen enthält der Aufsatz von Julio Aróstegui, Sociedad y milicias en la guerra civil española, 1936–1939. Una reflexión metodológica, in: Estudios de Historia de España. Homenaje a Manuel Tuñón de Lara, Bd. 2, Madrid 1981, S. 307–325.

[14] Cardona, in: Tuñón de Lara u. a. 1987, S. 362.

haber waren zwar alte politische Kämpfer, die wagemutig ihr Leben aufs Spiel setzten, aber nur über rudimentäre militärische Kenntnisse verfügten. Das Fehlen einer mittleren Befehlsebene konnte auch durch die in „Volkskriegsschulen" schnell ausgebildeten „Feldoffiziere" *(tenientes en campaña)* nicht ausgeglichen werden. (Franco hingegen verfügte über Reste des alten Offizierskorps und ließ für die untere Befehlsebene schnell die *alféreces provisionales,* die „Reserveleutnants", ausbilden, die sich schließlich auf 23 000 Mann beliefen.)

Das vorrangige Ziel des Putsches war die Einnahme Madrids gewesen; auch später konzentrierten sich die strategischen Anstrengungen der Rebellen auf die Hauptstadt. Vorerst hatte die republikanische Regierung keinen Verteidigungsplan vorzulegen; überhaupt wurde erst sehr spät ein Gesamtplan für die Verteidigung der Republik erarbeitet. Mitte Oktober 1936 verfügte Ministerpräsident Francisco Largo Caballero die Bildung von sechs gemischten Brigaden, um die zusammengewürfelten Kolonnen in einer militärischen Organisation zusammenzufassen. Gleichzeitig wurde das „Kriegskommissariat" *(comisariado de guerra)* geschaffen, das die (politische) Verläßlichkeit der militärischen Führung und die Ausbildung der Truppen überprüfen sollte.[15] Durch diese Maßnahme wurde zwar das zu Kriegsbeginn von den Kommunisten gegründete „Fünfte Regiment" aufgelöst, zugleich bedeutete aber die Aufteilung dieser Regimentssoldaten auf die neuen Brigaden den Beginn des Einflusses der Kommunistischen Partei im entstehenden Volksheer.

Im Herbst 1937 verfügte die Republik über ungefähr 500 000 Mann unter Waffen, während die franquistische Seite zum damaligen Zeitpunkt auf ca. 600 000 zurückgreifen konnte. Wichtiger aber war der qualitative Unterschied, denn die republikanischen Truppen bestanden nur zu einem geringen Teil aus durchstrukturierten Einheiten. Die Organisation des *ejército popular* war auf viele Schwierigkeiten gestoßen, während die franquistische Armee äußerst diszipliniert war. Außerdem verfügten die Franquisten über einen militarisierten Staat, ihre Luftwaffe und Artillerie waren der gegnerischen deutlich überlegen. Demgegenüber blieb die militärische Organisation der republikanischen Seite äußerst mangelhaft. Geschwächt wurde die militärische Kapazität der Republik durch technische

---

[15] Zu den Kriegskommissaren, die sofort Politkommissare genannt wurden, vgl. Eduardo Comín Colomer, El comisariado político en la guerra española 1936–1939, Madrid 1973.

Mängel, politische Spannungen, das Fehlen einer mittleren Befehlsebene sowie einer effizienten Kriegswirtschaft. Im Grunde genommen hatte die Republik bis Kriegsende keinen wirksamen Militärapparat.

Die Unterschiede zwischen den beiden kriegführenden Lagern lassen sich an der Gegenüberstellung der Strategien besonders gut erläutern. Bei den Aufständischen übernahm Franco ab Oktober 1936 allein die strategische Führung und gab sie bis Kriegsende nicht mehr ab; deutsche und italienische Berater konnten nur wenig Einfluß auf die strategischen Konzepte der Nationalisten ausüben – eine Ausnahme bildete der Luftkrieg, wo sie ihre Vorstellungen öfters durchsetzten. Die Nationalisten konzentrierten sich in erster Linie auf Landoperationen; obwohl Marine und Luftwaffe eine nur unterstützende Rolle spielten, erwies sich die Überlegenheit der Luftwaffe mit ihrer Aufklärungsarbeit schließlich als entscheidend.

Militärhistoriker bezeichnen Franco als einen ängstlichen, langsamen und konservativen General, der nie brillante Operationen entwickelte, vielmehr seinen Truppen einen hohen Blutzoll und viele Opfer abverlangte. Die Schwerfälligkeit der Kriegführung – trotz deutlicher materieller Überlegenheit der nationalen Seite – war Francos Verantwortung. Sein strategisches Ziel bestand darin, das gegnerische Heer zu vernichten und die republikanische Seite zur bedingungslosen Kapitulation zu zwingen; sein Abnutzungskrieg wurde mit allen Mitteln konsequent zu Ende geführt.

Bei der taktischen Umsetzung der Konzepte hatten die Aufständischen weit weniger Probleme als die Republikaner, da sie über ein bereits bestehendes Heer verfügten und ihre in Marokko gewonnenen Erfahrungen anwenden konnten. Letztlich blieb das technische Niveau der Kriegführung unterentwickelt: So wurden etwa Angriffe in der veralteten Form wellenförmiger Frontalattacken durchgeführt; die Infanterieeinheiten waren unverhältnismäßig groß, die Kavallerie ritt noch zu Pferd. Als modernes Element ist vor allem die italienisch-deutsche Luftwaffe hervorzuheben. Entscheidend für Francos insgesamt „primitive" Taktik war letztlich sein Wille, das gegnerische Heer nicht nur zu schlagen, sondern zu zerstören und zur bedingungslosen Kapitulation zu zwingen.

Im Gegensatz zur franquistischen Seite läßt sich für die republikanische bis Mitte 1937 nur schwerlich von Strategie sprechen, da zuerst wegen der Machtzersplitterung Entscheidungsgewalt fehlte und sodann die geringe Leistungsfähigkeit des Heeres, die Unterlegenheit in der Luft und der eklatante Materialmangel eine konsequente Umsetzung von Politik erschwerten. Eines der Hauptprobleme bestand darin, daß die verschiedenen Einheiten, Milizen, Komitees und Revolutionsorgane weitgehend autonom agierten und sich keinem zentralen Kommando unterstellten.

Die theoretischen Vorstellungen der Republikaner stützten sich – ebenso wie die der Franquisten – vor allem auf die französischen Lehren, die noch stark von den Erfahrungen des Ersten Weltkriegs geprägt waren und ihre strategischen Operationen nach orthodoxen Konzepten anordneten. Auch die militärischen Vorstellungen der Sowjets setzten in Spanien auf ein reguläres, diszipliniertes Heer, dessen Leistungsfähigkeit primär auf die technische Ausbildung und die Qualität der Soldaten zurückzuführen war.

Auf republikanischer Seite war für die Strategie General Rojo verantwortlich. Seine strategischen Offensiven waren zwar oft hervorragend geplant; ihr Problem bestand aber darin, daß sie in Widerspruch zur fehlenden Ausbildung, zum Mangel an Reserven und Material beim Volksheer standen und als Ablenkungsmanöver konzipiert waren. Gabriel Cardona hat bei der republikanischen Strategie mehrere Phasen unterschieden: In der ersten, spontanen Phase gingen die gescheiterten Offensiven zumeist in defensive Operationen über. In der zweiten Phase wurde, in der Regierungszeit Largo Caballeros, mit dem Aufbau einer Armee begonnen und eine vorwiegend defensive Strategie eingeschlagen, die vor allem bei der Verteidigung von Madrid zum Tragen kam. Seit dem Frühjahr 1937 gingen die Republikaner, während der Ministerpräsidentschaft Negríns, wieder zu einer Reihe von Offensiven über, bei denen die ersten kampffähigen Truppen des neuen Volksheeres eingesetzt wurden. In einer letzten Phase sollten die Fronten in Zentralspanien und im Süden reaktiviert werden, was jedoch – auch wegen interner Auseinandersetzungen – nicht mehr realisiert werden konnte.

Obwohl die strategischen Pläne von General Rojo gut durchdacht waren, konnten sie taktisch nicht umgesetzt werden, da die Republikaner nicht ausreichend fähige Vorgesetzte hatten und außerdem unter technischen Fehlern sowie chronischem Materialmangel litten. Das Volksheer war zwar gut mit Panzern versehen, deren Einsatzmethode jedoch war unzweckmäßig, da sie – der französischen Theorie zufolge – als Unterstützung der Infanterie dienten und, in Gruppen zerstreut, zwischen den Einheiten kämpften. Letztlich opferten die Republikaner viele ihrer Soldaten bei zweitrangigen Operationen, bei denen sie mehr Heldenmut als Weitblick bewiesen.

Die Diskussion von Strategie und Taktik im Spanischen Bürgerkrieg wäre unvollständig, wenn nicht abschließend in aller Deutlichkeit darauf hingewiesen würde, daß sämtliche Operationen, ja: der Krieg selbst ohne die ausländische Intervention auf beiden Seiten nicht möglich gewesen wäre. Ausländische Hilfe ermöglichte den Aufständischen anfangs das Überleben; ohne die Luftbrücke zwischen Marokko und Sevilla wäre der Putsch in sich zusammengebrochen. Das republikanische Spanien konnte nur dank der sowjetischen Hilfe Widerstand leisten, russisches Material und die Internationalen Brigaden ermöglichten in den entscheidenden Situationen die Fortsetzung des Krieges. Alle Kriegsoperationen auf beiden Seiten waren auf Lieferungen aus dem Ausland angewiesen; daß die franquistische Seite diese Lieferungen weit kontinuierlicher und massiver erhielt als die republikanische – das gilt insbesondere auch für den Einsatz vollständiger Luftwaffeneinheiten –, trägt entscheidend zur Erklärung des nationalistischen Sieges bei. Es kommt nicht von ungefähr, daß vor allem die internationale Dimension des Spanischen Bürgerkrieges verstärktes Interesse der Forschung erfahren hat.

3. DIE INTERNATIONALE DIMENSION: INTERVENTION UND NICHTINTERVENTION

Selbst mehr als ein halbes Jahrhundert nach dem Spanischen Bürgerkrieg sind in der Geschichtsschreibung nach wie vor der Anteil des Auslandes an seiner Vorbereitung, am Verlauf und an seiner Beendigung sowie der Zeitpunkt, die Zielsetzung und der Umfang der ausländischen Interventionen umstritten. Weitgehende Einigkeit besteht in der wissenschaftlichen Diskussion lediglich darüber, daß der Krieg in seinem Ursprung im wesentlichen ein innerspanischer Konflikt war, dessen Dauer, Verlauf und Ausgang jedoch maßgeblich durch die Internationalisierung des Krieges bestimmt wurden. Unumstritten ist auch die Tatsache, daß unter den intervenierenden ausländischen Mächten das nationalsozialistische Deutschland eine herausragende Rolle spielte. 1972 bereits stellte Wolfgang Schieder fest,[1] daß die 'westliche' und die 'östliche' Forschung sich hinsichtlich eines Kontroversbereiches einander angenähert hatten: Westliche Historiker seien inzwischen geneigt, den kriegsentscheidenden Charakter der deutschen und italienischen Intervention anzuerkennen, auf den kommunistische Historiker schon immer hingewiesen hatten. Hitler selbst hatte während des Weltkrieges in seinen ›Tischgesprächen‹ geäußert, Franco solle den „Junkers 52", die die Luftbrücke von Spanisch-Marokko über die Meerenge von Gibraltar nach Festlandspanien gebildet hatten, ein Denkmal errichten, da die „spanische Revolution" diesem Flugzeugtyp ihren Sieg zu verdanken habe.[2] Im September 1940 sagte er zum italienischen Außenminister Galeazzo Ciano: „Italien und Deutschland hatten im Jahre 1936 sehr viel für Spanien getan [...]. Ohne die Hilfe der beiden Länder gäbe es heute keinen Franco."[3] Über die grundsätzliche Richtigkeit dieser Einschätzung besteht heute im wesentlichen keine Diskussion mehr.

[1] Wolfgang Schieder, Spanischer Bürgerkrieg, in: Sowjetsystem und Demokratische Gesellschaft VI (1972), Sp. 74–94.

[2] H. R. Trevor-Roper (Hrsg.), Hitler's Secret Conversations 1941–1944. With an introductory essay on the mind of Adolf Hitler, New York 1953, S. 558.

[3] ADAP 1918–1945. Aus dem Archiv des Deutschen Auswärtigen Amtes, Serie D: 1937–1945, Bd. XI, 1: Die Kriegsjahre, Bonn 1964, S. 182 (Aufzeichnung v. 29. 9. 1940).

So wichtig die Übereinstimmung auf dieser Ebene der Tatsachenermittlung auch ist, so kontrovers sind nach wie vor die Fragen nach der deutschen Mitwisserschaft an der Planung und Auslösung des Bürgerkrieges sowie vor allem der Gründe und Ziele des deutschen Engagements. In kommunistischen Darstellungen wird bis heute die These von der Mitvorbereitung des Militäraufstandes durch deutsche und italienische Stellen vertreten; Spanien hatte, dieser Deutung zufolge, einen klar definierten Stellenwert im Expansionsprogramm Hitlers. Bei Horst Kühne etwa heißt es: „Hinter [den Putschisten] standen auch die herrschenden Kreise Deutschlands und Italiens, die wesentlich dazu beigetragen hatten, die Meuterei zu inspirieren und vorzubereiten. Die faschistischen Mächte unterstützten die Putschisten mit vielfältigen politischen, militärischen, wirtschaftlichen und ideologischen Mitteln; denn die Unterwerfung des spanischen Volkes war ein wichtiger Bestandteil ihrer Aggressionspläne. Die gesamte Vorgeschichte des Francoputsches deutet darauf hin, daß sich die konterrevolutionäre Generalsclique gar nicht zum offenen Losschlagen entschlossen hätte, wäre sie nicht von Berlin und Rom dazu ermuntert worden."[4] Marion Einhorn spricht davon, daß im Frühsommer 1936 „führende Vertreter der spanischen Verschwörer in Geheimverhandlungen sich nochmals der Unterstützung der deutschen Faschisten versichert hatten". Zwar gebe es über den Inhalt der Verhandlungen keine Dokumente, doch die Evidenz berechtige „zu der Schlußfolgerung, daß die Putschpläne mit Vertretern der Nazipartei besprochen und die weitere Unterstützung der Umsturzvorbereitungen zugesagt worden ist"[5]. (Es bleibt abzuwarten, ob und wie schnell nach dem Zusammenbruch der sozialistischen Staaten Osteuropas und der Auflösung von deren offizieller Geschichtsideologie diese Interpretationen früherer DDR-Historiker revidiert werden.)

Die Theorie, derzufolge die Spanische Republik einer faschistischen Verschwörung zum Opfer fiel, deren innerspanische Agenten Franco und Mola waren, ist von der nichtkommunistischen Forschung stets zurückgewiesen, mitunter sogar mit der von Franco aufgestellten und von vielen Historikern lange Zeit unkritisch übernommenen Gegenthese einer kommunistischen Verschwörung, der die rebellie-

---

[4] Kühne 1969, S. 9; in seiner neuesten Publikation spricht Kühne von einem „gerechten Krieg gegen die reaktionären und aggressivsten Kreise des Imperialismus, an deren Spitze damals der zur Weltherrschaft drängende deutsche Faschismus stand" (Horst Kühne, Krieg in Spanien, Berlin 1986, S. 6).
[5] Einhorn 1976, S. 83 f.

renden Offiziere gerade noch zuvorkamen, beantwortet worden. Heute gehören in der wissenschaftlichen Geschichtsschreibung die kommunistische bzw. faschistische Verschwörungstheorie zur Erklärung des Kriegsausbruchs als historische Legenden weitgehend (nicht jedoch vollständig) der Vergangenheit an. Davon unberührt bleibt die Tatsache, daß es schon lange vor dem 17. Juli 1936 zahlreiche Kontakte zwischen spanischen und deutschen Stellen gab. Diesen Vorkriegsverbindungen ist vor allem Angel Viñas nachgegangen,[6] dessen Studie die deutsch-spanischen Wirtschaftsbeziehungen seit Beginn der zwanziger Jahre bis hin zu jener „schnellen, unabhängigen und persönlichen Entscheidung Hitlers" (S. 14) in Bayreuth untersucht, deren Folge die „Operation Feuerzauber" war.

Viñas' Arbeit läßt deutlich werden, daß es zwischen 1931 und 1936 vielfältige „offizielle" und „verdeckte" deutsch-spanische Kontakte gab, daß aber weder eine finanzielle Unterstützung spanischer faschistischer Gruppen durch das Deutsche Reich nachgewiesen werden kann noch den Berlinbesuchen spanischer Politiker irgendeine weiterreichende Bedeutung im Hinblick auf den geplanten Putsch beizumessen ist. Die Auslandskontakte der Verschwörer haben nichts dazu beigetragen, daß das Reich den Aufständischen später Hilfe gewährte. Nachdem Manfred Merkes bereits in den 60er Jahren und später Hans-Henning Abendroth die These von der deutschen Anstiftung des Spanischen Bürgerkrieges widerlegt hatten,[7] bestätigen die Untersuchungen von Viñas diesen Befund; deutsch-spanische Absprachen über Hilfeleistungen hat es vor dem Krieg nicht gegeben.

Im Hinblick auf die Gründe und Ziele des deutschen Eingreifens ist zu Recht darauf hingewiesen worden, daß die Veränderlichkeit der Kriegsziele zu berücksichtigen ist, die in der historischen Reihenfolge ihrer Entstehung wie in der Rangfolge ihrer Bedeutung für die nationalsozialistische Außenpolitik gesehen werden müssen.[8] Durchgängig nachweisbar ist in der deutschen Spanienpolitik die antikommunistische Argumentation. Von Anfang an charakterisierten die Nationalsozialisten den Krieg in Spanien – historisch falsch – als Auseinandersetzung zwischen „Faschisten" und „Marxisten". Die dichotomische Betrachtungsweise wurde von der Goebbelsschen Propagandamaschinerie während des Bürgerkrieges und darüber hinaus nach außen hin beibehalten; sie ordnete die spanischen Ereignisse in den global ange-

---

[6] Viñas 1977.
[7] Merkes 1969, S. 40–50; Abendroth 1973, S. 20; Viñas 1977, S. 257–267.
[8] Schieder/Dipper (Hrsg.) 1976, S. 18.

legten Gegensatz zwischen „faschistisch" und „bolschewistisch" ein. Diese Aussage gilt allerdings nur für die veröffentlichten Stellungnahmen und die amtliche Propaganda des Deutschen Reiches, lassen die internen Berichte und Auseinandersetzungen doch eine viel weniger ideologisierte Perspektive deutlich werden: Neben die Propaganda trat sehr bald eine auf den eigenen (militärstrategischen, wirtschaftlichen, bündnispolitischen) Vorteil ausgerichtete Politik.⁹

Den NS-Machthabern war im Sommer 1936 sicher bekannt, daß von Spanien keine ernsthafte kommunistische Bedrohung ausging, daß außerdem das ursprüngliche sowjetische Interesse an Spanien nicht offensiver Art war. Die antikommunistische Komponente in Hitlers Argumentation dürfte wohl auch weniger auf die unmittelbare Gefahr einer kommunistischen Machtübernahme für den Fall eines Regierungssieges in Spanien abgezielt haben als vielmehr Ausdruck einer strategischen Überlegung gewesen sein, die in den größeren Zusammenhang seines außenpolitischen Kalküls gehörte. In der ›Denkschrift über die Aufgaben eines Vierjahresplans‹, die Hitler im Sommer 1936 anfertigte, bezeichnete er die „Notwendigkeit der Abwehr der bolschewistischen Gefahr" als die wichtigste Erwägung deutscher Politik. Alle Entscheidungen waren dieser Grundvorstellung untergeordnet. Eine Bemerkung Hitlers, die er dem gerade ernannten ersten deutschen Geschäftsträger bei Franco, General a.D. Faupel, gegenüber im November 1936 vor dessen Abreise nach Salamanca machte, kann die Rolle Spaniens in Hitlers Globalkonzept umreißen helfen: Faupel solle sich in Spanien nicht in innere Angelegenheiten des Landes einmischen; das politische System, das aus dem Krieg hervorgehe (sei es eine Militärdiktatur, ein autoritärer Staat oder eine Monarchie), sei ihm, Hitler, egal; „er habe ausschließlich das Ziel, daß nach Beendigung des Krieges die spanische Außenpolitik weder von Paris oder London noch von Moskau beeinflußt würde und daher in der bestimmt zu erwartenden endgültigen Auseinandersetzung über die Neuordnung Europas Spanien sich nicht im Lager der Feinde, sondern möglichst der Freunde Deutschlands befinde"¹⁰.

Die von franquistischer Seite angeführte kommunistische Bedrohung Spaniens fügte sich nahtlos in Hitlers Grundüberzeugungen ein.

---

⁹ Hierzu ausführlicher Walther L. Bernecker, Das nationalsozialistische Spanienbild und Hitlers Eingreifen in den Spanischen Bürgerkrieg, in: Schmigalle (Hrsg.) 1986, S. 25–53. Zum Hitlerschen Antikommunismus vgl. neuerdings auch Whealey 1989, S. 26–43.
¹⁰ Zit. nach Abendroth 1973, S. 36; vgl. auch Viñas 1977, S. 363.

Dabei läßt sich die taktische Dimension in Hitlers Argumentation kaum von der antikommunistischen Konstante seiner politischen Doktrin trennen; Opportunismus und Ideologie gingen Hand in Hand. Die ständigen Angriffe in der NS-Presse gegen die Sowjetunion und den internationalen Kommunismus, denen die Urheberschaft am Krieg in Spanien zugeschoben wurde, boten den Nationalsozialisten, einem frühen Bericht des französischen Berlin-Botschafters André François-Poncets zufolge, zumindest drei Vorteile[11]: Sie dienten der Rechtfertigung des Nationalsozialismus in den Augen der Deutschen; sie zielten darauf ab, «les pays d'ordre» zu beeindrucken und Deutschland gegenüber freundlich zu stimmen; und sie waren darüber hinaus Ausdruck der Feindschaft gegenüber der Sowjetunion und der missionarischen Idee Hitlers, Europa von der russischen Gefahr befreien zu müssen. Der herrschaftsstabilisierende Aufbau des kommunistischen Feindbildes konnte somit kurzfristig zu bündnispolitischen Zwecken manipulativ instrumentalisiert werden; er war langfristig zugleich Ausdruck Hitlerscher Grundüberzeugungen.

Auch wenn im Sommer 1936 in Spanien keine akute Gefahr einer kommunistischen Machtübernahme bestand, war die Vorstellung eines wie auch immer orientierten „linken" Regimes auf der Iberischen Halbinsel für Hitler ein mächtiger, von ideologischen Überzeugungen verstärkter geostrategischer Grund zum Eingreifen in Spanien. Eine entscheidende Rolle spielte dabei die mögliche Auswirkung des Krieges auf Frankreich. Unter dem Druck der gemeinsamen Bedrohung durch den Nationalsozialismus hatten Frankreich und die Sowjetunion eine politische Annäherung vollzogen und im Mai 1935 einen Beistandspakt geschlossen; seit Frühjahr 1936 war außerdem eine Volksfrontregierung unter Léon Blum im westlichen Nachbarland an der Macht. Blum war am 20. Juli 1936 bereit, einem spanisch-republikanischen Hilfeersuchen nach Waffenlieferungen zu entsprechen. Er wandte sich jedoch sehr schnell von seinem ursprünglichen Entschluß ab, als er die ablehnende Haltung Englands und die starke innerfranzösische Opposition zu spüren bekam. Wie schon bei der Frage der Rheinlandbesetzung war auch diesmal Frankreich durch starke innenpolitische Spannungen in seiner Bewegungsfähigkeit eingeschränkt, was zu weitgehender Preisgabe einer eigenen außenpolitischen Linie und zu starker Anlehnung an die englische Haltung

---

[11] François-Poncet an Delbos, 22.7.1936, in: Ministère des Affaires Etrangers: Documents Diplomatiques Français 1932–1939, 2. Serie (1936–1939), Bd. 3, Paris 1966, S. 24.

führte. Diese außenpolitische Schwäche Frankreichs, die Unfähigkeit zu einer eigenen Initiative nach außen und im Innern der Zugewinn der Kommunisten durch die Volksfronttaktik mögen deutsche Befürchtungen eines Überspringens des spanischen Funkens auf Frankreich bestärkt haben. Für den Fall eines französischen „Umkippens" aber tauchte erneut die Möglichkeit einer „Einkreisung" Deutschlands durch feindliche Staaten am politischen Horizont der Nationalsozialisten auf. Im Sommer und Herbst 1936 betonten nationalsozialistische Stellen immer wieder, Deutschland verfolge in Spanien „das negative Ziel, die Iberische Halbinsel nicht unter bolschewistische Herrschaft verbunden mit Ansteckungsgefahr im übrigen Westeuropa gelangen zu lassen"[12].

Offensichtlich war zu Beginn die deutsche Grundsatzentscheidung außenpolitisch-ideologisch motiviert; es ging darum, Frankreichs angeschlagene Position weiter zu schwächen, damit den russisch-französischen Defensivpakt zu unterminieren und so das deutsche Ausgreifen in den osteuropäisch-russischen „Lebensraum" vorzubereiten. Dieses Motiv der Grundsatzentscheidung blieb für die gesamte Dauer des Bürgerkriegs gültig, wenn es auch im weiteren Kriegsverlauf argumentativ in den Hintergrund trat. Dafür rückten ursprüngliche Nebenzwecke und im Juli 1936 noch nicht absehbare Effekte ins Zentrum motivierender Erörterungen.

Bei nahezu ausschließlicher Betonung „geoideologischer" Überlegungen als Primärmotivation Hitlers hat Denis Smyth festgestellt, daß für die deutsche Haltung im Juli 1936 die strategische Bedeutung eines potentiellen Blocks demokratisch-linker Mächte entscheidend war.[13] So richtig dieses Ergebnis für die Interpretation von Hitlers Entscheidung vom 25. Juli 1936 ist, so skeptisch muß andererseits die viel weiterreichende Meinung Smyths betrachtet werden, derzufolge „der Hauptgrund, der den Führer dazu bewog, Franco anfänglich zu helfen, auch weiterhin für den Rest des Bürgerkriegs Deutschlands Beziehungen und die Nazi-Politik gegenüber dem nationalistischen Spanien bestimmte"[14]. Im Gegensatz zu dieser allzu ausschließlichen und statischen Sicht deutscher Ziele in Spanien muß auf weitere Motivationen der nationalsozialistischen Politik hingewiesen werden, die

---

[12] Konstantin von Neurath an Ulrich von Hassell, Berlin 5.12.1936, in: ADAP, Bd. 3, S. 132.

[13] Denis Smyth, Reflex reaction: Germany and the onset of the Spanish Civil War, in: Preston (Hrsg.) 1984, S. 256.

[14] Ebd., S. 245.

erst Ausmaß und Dauer des deutschen Eingreifens verständlich machen. Unabhängig von der Analyse dieser weiteren Motivationen Hitlers, die entweder von Anfang an latent vorhanden waren oder im Verlauf des Krieges hinzukamen, bleibt als vorläufiges Ergebnis festzuhalten, daß aus nationalsozialistischer Perspektive ein antikommunistisches Spanien einen entscheidenden Baustein in geostrategischer und bündnispolitischer Hinsicht darstellte und Hitlers anfängliche Unterstützung für Franco sowohl auf antikommunistische Grundüberzeugungen als auch auf nationalsozialistische Strategie-Überlegungen zurückging.

Als in der Nacht vom 25. auf den 26. Juli 1936 in Bayreuth im Anschluß an Hitlers Gespräch mit Langenheim und Bernhardt, die ihm Francos Bitte um Lieferung von Transportflugzeugen überbrachten, die grundsätzliche Entscheidung zur Unterstützung des spanischen Generals fiel, waren in den Entscheidungsfindungsprozeß (außer Hitler) die ebenfalls in Bayreuth anwesenden Luftfahrtminister Göring und Kriegsminister von Blomberg verwickelt.

Vor dem Internationalen Nürnberger Militärgerichtshof hat Göring nach dem Zweiten Weltkrieg ausgesagt, er habe Hitler lebhaft gedrängt, Franco zu unterstützen, „einmal, um der Ausweitung des Kommunismus an dieser Stelle entgegenzutreten, zum zweiten aber, um meine junge Luftwaffe bei dieser Gelegenheit in diesem oder jenem technischen Punkt zu erproben. Ich sandte mit Genehmigung des Führers einen großen Teil meiner Transportflotte und eine Reihe von Erprobungskommandos meiner Jäger, Bomber und Flakgeschütze hinunter und hatte auf diese Weise Gelegenheit, im scharfen Schuß zu erproben, ob das Material zweckentsprechend entwickelt wurde."[15] Auf diese Aussage gestützt, ist in der Literatur immer wieder behauptet worden, das militärische Motiv habe beim Entschluß zum Eingreifen eine bedeutende Rolle gespielt. Bereits am Tag nach der Bayreuther Besprechung, am 26. Juli 1936, wurde unter der Leitung Görings der *Sonderstab W* als Koordinationsinstanz eingerichtet, die vom Reichsluftfahrtministerium aus die deutsche Intervention in Spanien organisieren, durchführen und kontrollieren sollte.

Nicht nur Görings Aussage vor dem Nürnberger Militärgerichtshof und seine Rolle bei der Organisierung der militärischen Versorgung Francos weisen auf die Bedeutung des militärtechnischen Motivs bei der Entscheidung zur Intervention hin. Für diese Argumentation

---

[15] Der Prozeß gegen die Hauptkriegsverbrecher vor dem Internationalen Militärgerichtshof Nürnberg, 14. November 1945 bis 1. Oktober 1946, Bd. 9, Nürnberg 1948, S. 317.

könnte auch der Hinweis Hitlers vom April 1938 sprechen, es sei „gar nicht schlecht", dem damals geäußerten Wunsch Francos nachzukommen, der Canaris gegenüber „mit dem Hinweis auf französische und englische Empfindlichkeit die Frage der Zurückziehung der deutschen und italienischen Freiwilligen angeschnitten" hatte.[16] Hitler war aus einleuchtenden Gründen bereit, die deutschen Truppen, vor allem die Luftstreitkräfte, zurückzuziehen: „Es sei doch immerhin ein erheblicher Teil der Luftstreitkräfte in Spanien, die für den Neuaufbau der Luftwaffe in Österreich sehr nötig und von außerordentlichem Wert waren. Da der Krieg sich auch seiner Ansicht nach dem Ende zuneige, könnten unsere Soldaten sowieso nichts mehr lernen [...] Schließlich und endlich müßten die Truppen ja einmal von Spanien weg. Wir hätten es ja schon mehrmals versucht."[17]

Hitlers Begründung verweist unzweideutig darauf, daß die deutschen Soldaten in Spanien „lernen" sollten; damit antizipierte er die in der späteren Historiographie of wiederholte Interpretation des Spanischen Bürgerkrieges als „militärisches Experimentierfeld" (Göring) der deutschen Truppen und „Generalprobe" für den Zweiten Weltkrieg. Trotzdem handelt es sich bei dieser Begründung um eine „post hoc ergo propter hoc"-Argumentation. Zum ersten ist nämlich darauf zu verweisen, daß die ursprüngliche Bitte Francos, die dem deutschen Entschluß zum Eingreifen zugrunde lag, sich lediglich auf Transportflugzeuge bezog. Der Transport der Afrika-Armee zum Festland mit Flugzeugen älteren Typs aber war kaum dazu geeignet, die „junge deutsche Luftwaffe" zu erproben. Sodann verdient festgehalten zu werden, daß die Jagdflugzeuge, die den Schutz der Transportmaschinen übernahmen, den Kampf unbedingt meiden und nur im Falle eines „feindlichen Angriffs auf die Transportmaschinen" kriegerische Handlungen vornehmen sollten.[18] Schließlich kann an eine größere technische Erprobung der Luftwaffe schon deshalb nicht gedacht worden sein, da man in Deutschland zwar den Ernst der Lage Francos kannte, mit deutscher Unterstützung den Aufstand aber binnen kurzer Zeit zum erfolgreichen Ende zu bringen gedachte.

Spielten somit – worauf die neuere Forschung bereits wiederholt hingewiesen hat – waffentechnische Überlegungen bei der Entscheidung zum Eingreifen als Primärmotiv keine ausschlaggebende Rolle,

---

[16] Ribbentrop, Notiz für den Führer (o. D.), in: ADAP, Bd. 3, S. 536.
[17] Notiz des Attachés Spitzy, 6. April 1938, in: ADAP, Bd. 3, S. 538.
[18] Werner Beumelburg, Kampf um Spanien. Die Geschichte der Legion Condor, Berlin 1939, S. 26; Abendroth 1973, S. 37, 41.

so war andererseits die Chance zur Erprobung der neuen Waffen „in scharfem Schuß" zu einem späteren Zeitpunkt, nachdem deutsche Truppen in unmittelbarem Kampfeinsatz standen, mit Sicherheit ein wichtiges Sekundärmotiv. Darauf deutet auch die weiter oben zitierte Äußerung Hitlers hin. Die „technische Erprobung" neuen Kriegsgerätes sollte vor allem Görings Luftwaffe vornehmen.

Unabhängig von der Bedeutung waffentechnischer Überlegungen bei Hitlers Entschluß zum Eingreifen in Spanien muß darauf hingewiesen werden, daß die nationalsozialistische Intervention eine entscheidende Bedingung für den schließlichen Sieg Francos war. Zwischen Ende Juli und Mitte Oktober 1936 transportierten deutsche Flugzeuge (JU 52, He 51) 13 500 Soldaten der Afrika-Armee und über 270 Tonnen Material von Nordafrika auf die Iberische Halbinsel. Ende Oktober beschloß Berlin, das ursprüngliche „Unternehmen Feuerzauber" auszudehnen und (unter dem Codenamen „Operation Rügen") eine Lufteinheit, die später „Legion Condor" genannt wurde, in die Kämpfe eingreifen zu lassen. Die Legion verfügte über ca. 140 ständig im Einsatz befindliche Flugzeuge (insgesamt entsandte das Deutsche Reich 600–700 Flugzeuge nach Spanien) und über etwas mehr als 5000 Mann; die Soldaten lösten sich in mehrmonatigen Abständen ab, so daß während des Krieges insgesamt rund 19 000 deutsche „Freiwillige" auf Francos Seite kämpften. Im Verlauf des Krieges warfen deutsche Flugzeuge eine Bombenlast von 21 Millionen Tonnen ab. Der erste Kommandeur der Legion war General Hugo Sperrle; auf ihn folgten Hellmuth Volkmann und Wolfgang von Richthofen. Von Anfang 1937 an bis Ende des Krieges war die Legion Condor an allen größeren Kämpfen beteiligt (Bilbao, Brunete, Asturien, Teruel, Aragonien-Offensive, Ebro-Schlacht, Eroberung Kataloniens). Sie lieferte Franco über 110 000 Tonnen Kriegsgeräte.[19]

---

[19] Aus NS-Sicht berichtet über die Legion Condor Werner Beumelburg, Die Geschichte der Legion Condor, Berlin 1939. Vgl. weitere NS-Literatur bei Walther L. Bernecker, La historiografía alemana sobre la guerra civil española, in: Julio Aróstegui (Hrsg.), Historia y Memoria de la Guerra Civil. Encuentro en Castilla y León, Bd. 1, Valladolid 1988, S. 31–55; und bei Günther Schmigalle, Deutsche schreiben für Hitler und Franco. 40 bio-bibliographische Portraits, in: Ders. (Hrsg.) 1986, S. 197–243. Mit dem militärischen Einsatz der Legion Condor haben sich nur verhältnismäßig wenige Studien beschäftigt. Hierzu Ramón Hidalgo Salazar, La ayuda alemana a España 1936–1939, Madrid 1975; Ramón Garriga, La Legión Condor, Madrid 1975; Peter Elstob, La Legión Condor. España 1936–1939, Madrid 1973; Proctor 1983; neuerdings zusammenfassend Whealey 1989, S. 101–128.

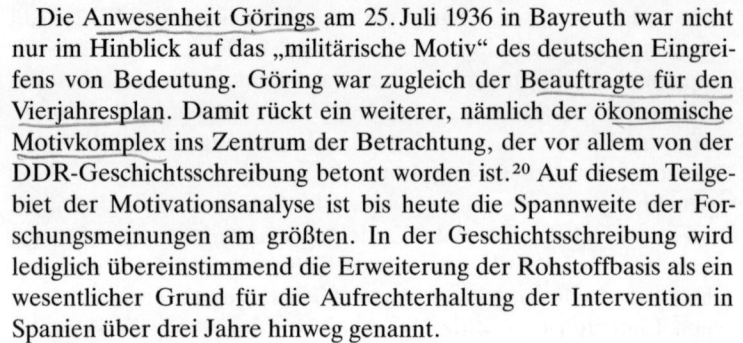

Die Anwesenheit Görings am 25. Juli 1936 in Bayreuth war nicht nur im Hinblick auf das „militärische Motiv" des deutschen Eingreifens von Bedeutung. Göring war zugleich der Beauftragte für den Vierjahresplan. Damit rückt ein weiterer, nämlich der ökonomische Motivkomplex ins Zentrum der Betrachtung, der vor allem von der DDR-Geschichtsschreibung betont worden ist.[20] Auf diesem Teilgebiet der Motivationsanalyse ist bis heute die Spannweite der Forschungsmeinungen am größten. In der Geschichtsschreibung wird lediglich übereinstimmend die Erweiterung der Rohstoffbasis als ein wesentlicher Grund für die Aufrechterhaltung der Intervention in Spanien über drei Jahre hinweg genannt.

Deutsche Historiker haben inzwischen ihr Forschungsinteresse über die reine Motivforschung hinaus erweitert und sind bestrebt, am Beispiel des Spanischen Bürgerkrieges eine Aussage über das nationalsozialistische Herrschaftssystem und seine Funktionsweise zu machen. Dabei stehen sich im wesentlichen zwei Richtungen gegenüber: auf der einen Seite die „Programmatiker", die auf die Bedeutung von Hitlers Person und seines früh entwickelten „Programms" zur Eroberung der Weltvorherrschaft hinweisen, etwa Klaus Hildebrand oder Andreas Hillgruber; auf der anderen Seite die „Funktionalisten", die eine insbesondere durch Martin Broszat und Hans Mommsen vertretene strukturgeschichtliche Forschungsrichtung favorisieren und den außenpolitischen Zielsetzungen Hitlers funktionale und nicht programmatische Bedeutung beimessen. Sie sehen in Hitler eher einen Mann der Improvisation und Augenblickseingebung, der häufig entscheidungsunwillig war und daher auch von der jeweiligen Umgebung beeinflußt werden konnte; diese Konstellation habe dazu geführt, daß die „polykratischen Machtstrukturen" des Dritten Reichs auch und gerade auf dem Gebiet der außenpolitischen Entscheidungen zum Tragen gekommen seien.

Zu den „Funktionalisten" zählt auch Wolfgang Schieder, der in einem Aufsatz über den Zusammenhang zwischen dem Spanischen Bürgerkrieg und dem Vierjahresplan die Auffassung vertritt,[21] die deutsche Entscheidung zugunsten einer Unterstützung Francos sei

---

[20] Vgl. etwa Einhorn 1976; Horst Kühne, Ziele und Ausmaß der militärischen Intervention des deutschen Faschismus in Spanien (1936–1939), in: Schieder/Dipper (Hrsg.) 1976, S. 129–146.

[21] Wolfgang Schieder, Spanischer Bürgerkrieg und Vierjahresplan. Zur Struktur nationalsozialistischer Außenpolitik, in: Schieder/Dipper 1976, S. 162–190.

„geradezu ein Musterbeispiel" dafür, „daß sich die polykratischen Machtstrukturen des sogenannten Führerstaates auch auf die Außenpolitik auswirkten" (S. 166). Anhand statistischen Materials geht es Schieder um den Nachweis, daß Hitler in Spanien vor allem wehrwirtschaftliche Ziele verfolgte; er weist darauf hin, daß der Ausbruch des Spanischen Bürgerkrieges mit der Krise der deutschen Rüstungswirtschaft zusammenfiel und daß der Vierjahresplan darauf ausgerichtet war, die gesamte Wirtschaft den Zielen der rüstungspolitischen Mobilmachung unterzuordnen. Die Durchsetzung dieser Politik sei von heftigen Rivalitätskämpfen um Zuständigkeiten und Machtpositionen begleitet gewesen, bei denen sich schließlich Göring als Beauftragter für den Vierjahresplan gegen die staatlichen Ressorts durchsetzte. Die deutsche Spanienpolitik deutet Schieder größtenteils als Reflex dieser Auseinandersetzungen.

Demgegenüber verweist Abendroth mit Nachdruck darauf, daß Hitler die Entscheidung für eine Unterstützung Francos ganz allein faßte. Zur Untermauerung seiner These zieht Abendroth die von ihm bearbeiteten Erinnerungen Johannes Bernhardts heran, der als Gesandter Francos und Parteigenosse der Auslandsorganisation (AO) der NSDAP am 25. Juli 1936 das Hilfegesuch Francos an Hitler weiterleitete.[22] Nach Bernhardts Darstellung erfolgte die berühmte Bayreuther Besprechung in zwei Phasen; in der ersten entschied Hitler selbständig über die deutsche Hilfe an Franco, in der zweiten forderte er militärische Berater zur Teilnahme an den Gesprächen auf, da für die Durchführung der zuvor bereits beschlossenen Aktion die Kooperation der Wehrmachtteile benötigt wurde. Im Gegensatz zu Schieder kommt Abendroth zu dem Ergebnis: „Somit liefert die Entscheidung für eine deutsche Intervention im Spanischen Bürgerkrieg gerade ein Beispiel für die These, daß Hitler im außenpolitischen Bereich seinen Führeranspruch voll ausfüllte und sich von seiner engeren Umgebung nicht beeinflussen ließ; dieser Schluß wird noch dadurch unterstrichen, daß Görings Versuch, Hitlers Entscheidung rückgängig zu machen, vergeblich blieb" (S. 121). Unabhängig davon, welche der beiden Deutungen der Wahrheit näher kommt – die Auseinandersetzung zwischen „Funktionalisten" und „Programmatikern" im Hinblick auf die nationalsozialistische Außenpolitik ist noch voll im Gange –, läßt die hier diskutierte Fragestellung allmählich eine Schwerpunktverlage-

---

[22] Abendroth 1978. Abendroths Stellungnahme ist zusammengefaßt in ders., Die deutsche Intervention im Spanischen Bürgerkrieg. Ein Diskussionsbeitrag, in: Vierteljahreshefte für Zeitgeschichte 30 (1982), S. 117–129.

rung der Forschung hin zu den eigentlichen Entscheidungsstellen im Machtapparat des Dritten Reiches erkennen.

Unberührt von dieser Diskussion bleibt allerdings die Frage nach der wirtschaftlichen Komponente in der deutschen Intervention. Während des Bürgerkrieges wurden die deutsch-spanischen Wirtschaftsbeziehungen größtenteils über das Kompensationssystem der beiden Gesellschaften HISMA *(Compañía Hispano-Marroquí de Transportes Ltda.)* und ROWAK *(Rohstoff- und Wareneinkaufsgesellschaft m.b.H.)* abgewickelt. Der ursprüngliche Zweck der bereits im Juli 1936 gegründeten Hisma bestand in der Tarnung des Truppentransports mit deutschen Flugzeugen von Afrika nach Spanien; das ganze Unternehmen sollte einen privatwirtschaftlichen Charakter haben. Sehr bald übernahm die Hisma jedoch, dank der anfänglich guten Beziehungen ihres Leiters Johannes Bernhardt zu Franco, ein viel weitergestecktes Aufgabenfeld und organisierte auf spanischer Seite den deutsch-spanischen Warenaustausch. Im Oktober 1936 wurde sodann auf Anordnung Görings als deutsches Gegenstück zur Hisma die Rowak gegründet, die als „Aufnahme-Organisation" die spanischen Lieferungen kaufmännisch zu organisieren hatte. In Zusammenarbeit mit der Hisma sollte sie u. a. dafür sorgen, aus dem nationalen Spanien größtmögliche Mengen Rohstoffe und lebenswichtige Nahrungsmittel für Deutschland zu sichern. Sehr bald unterband Göring alle privaten Verrechnungsgeschäfte, so daß Hisma/Rowak ein Handelsmonopol ausübten; alle zwischen Deutschland und der Franco-Zone durchgeführten Ein- und Ausfuhrgeschäfte mußten über die Verrechnungskonten des Monopolsystems abgewickelt werden. Das Einzigartige an diesem System bestand darin, daß Hisma/Rowak die Interessen des Deutschen Reiches vertraten und den deutsch-spanischen Handel, unter Ausschaltung spanischer Behörden, im Sinne dieser Interessen gestalten konnten. Spanische Gegenmaßnahmen (etwa die Verweigerung der nötigen Exportgenehmigungen) konnten nie sehr weit getrieben werden, da Hisma ja auch die deutschen Kriegsmateriallieferungen, auf die Franco angewiesen war, kontrollierte.

Im Verlauf des Jahres 1937 erwarb die Hisma in Spanien Rechte auf Eisen-, Kupfer-, Blei-, Wolfram-, Zinn-, Zink-, Kobalt/Nickel- und andere Minen; bis Oktober 1937 hatte sie 73 Minenrechte erworben, 1938 stieg ihre Zahl auf 135. Über die Frage der Höhe der deutschen Kapitalbeteiligungen an diesen Minenrechten kam es 1937/38 zu erheblichen Friktionen zwischen deutschen und spanischen Stellen; erst als nach der Münchner Konferenz Hitler eine immer dominierendere Rolle in der europäischen Politik einzunehmen begann, kam Franco den deutschen Vorstellungen schnell entgegen und genehmigte deutsche Mehrheitskapitalbeteiligungen an „spanischen" Bergwerksgesellschaften. Der Erwerb spanischer Bergwerksrechte stellte den wohl bedeutendsten „wehrwirtschaftlichen" Aspekt deutscher Wirtschaftsziele in Spanien dar.

Daß ökonomisch-„wehrwirtschaftliche" Aspekte bereits in den ersten Kriegsmonaten ins Zentrum nationalsozialistischer Überlegungen traten, läßt sich auch den Anweisungen entnehmen, die Hitler Faupel nach Spanien mitgab. Während einer Aufzeichnung Reichsaußenministers von Neurath zufolge die Aufgaben des im November 1936 als Geschäftsträger des Reiches „bei der Regierung des Generals Franco" ernannten Generals a. D. Faupel im wesentlichen darin bestanden, „General Franco auf Wunsch zu beraten, unsere Interessen bei diesem zu vertreten und uns über die Vorgänge zu unterrichten"[23], erklärte Faupel selbst, „er habe vom Führer den Auftrag erhalten, sich besonders um die Ausgestaltung der handelspolitischen Beziehungen Deutschlands zu Spanien zu kümmern und die augenblicklich für uns günstige Zeit auszunutzen, damit nicht in einem späteren Stadium das kapitalkräftige England uns den Markt wegnähme"[24].

Die Rivalität Großbritanniens um die spanischen Rohstoffe beschäftigte die deutschen Stellen zusehends. Nach der Einnahme des Baskenlandes durch die Nationalisten im Sommer 1937 wollte die Hisma mit allen Mitteln verhindern, daß größere Erzlieferungen an Großbritannien gingen. Das Auswärtige Amt war sich jedoch darüber im klaren, daß England auf Dauer nicht vom spanischen Markt zurückgehalten werden konnte: „Deutsche und englische Interessen begegnen sich bekanntlich auf spanischem Boden gerade bei den für Deutschland besonders wichtigen Eisenerzen und bei Kupfer und Schwefelkies, so daß es besonderer Bemühungen bedarf, den im Bezug dieser Rohstoffe gewonnenen Vorrang so lange und so weit wie möglich zu behaupten."[25] Das deutsche Ziel könne nicht die vollstän-

---

[23] Aufzeichnung des Reichsministers des Auswärtigen vom 18. November 1936, in: ADAP, Bd. 3, S. 117.
[24] Aktenvermerk des Vortragenden Legationsrats Sabath, 27. November 1936, in: ADAP, Bd. 3, S. 123.
[25] Auswärtiges Amt an Botschaft in Salamanca, 16. Oktober 1937, in: ADAP, Bd. 3, S. 391. Zum ökonomischen Motiv vgl. auch Denis Smyth, The Moor and the Money-Lender: Politics and Profits in Anglo-German Relations with Francoist Spain, 1936–1940, in: Marie-Luise Recker (Hrsg.), Von der Konkurrenz zur Rivalität. Das britisch-deutsche Verhältnis in den Ländern

dige Fernhaltung Englands vom spanischen Markt sein; es müsse vielmehr darum gehen, „unter möglichster Wahrung unseres Vorsprungs einen Ausgleich zu finden". Dieses Ziel wurde insofern erreicht, als der größte Teil der Eisenerzprodukte nicht nach Großbritannien, sondern weiterhin nach Deutschland ging. Die Ausweitung des spanisch-englischen Handels noch während des Bürgerkrieges kann als Versuch der franquistischen Seite gewertet werden, vom Handelsmonopol des Kompensationsunternehmens Hisma/Rowak möglichst viel abzuzweigen und dem devisenbringenden Englandhandel zuzuführen.

Die harten Geschäftspraktiken der Deutschen führten im weiteren Kriegsverlauf zu zahlreichen Reibereien und Auseinandersetzungen zwischen deutschen und spanischen Stellen. Die spanische Seite forderte wiederholt eine Beendigung der Monopolstellung von Rowak/Hisma und den Abschluß eines Zahlungsabkommens, gab aber den deutschen Vorstellungen – d. h. vor allem dem Konzept Görings und dessen Unterordnung aller anderen Überlegungen unter die Ziele des Vierjahresplans – immer wieder nach. Rowak/Hisma, deren viele Einkaufs- und Produktionsgesellschaften seit 1938 in der Holding SOFINDUS *(Sociedad Financiera Industrial Limitada)* zusammengefaßt waren, gelang es, die im nationalspanischen Gebiet vorhandenen Rohstoffe vorwiegend nach Deutschland zu leiten; befriedigt konnte das Auswärtige Amt im Oktober 1937 von der „auf wirtschaftlichem Gebiet in Spanien gewonnenen Vormachtstellung" sprechen. Die spanische Gegenleistung für die deutsche Militärhilfe erfolgte im wesentlichen in Form von Rohstoffen und Lebensmitteln. Hisma/Rowak sicherten die Lieferung von Eisenerzen, Schwefelkies- und Kupfererzvorkommen, Blei und Ölen, Fellen und Häuten, Wolle und landwirtschaftlichen Produkten. Der Austausch von Kriegs- und anderem Material gegen Rohstoffe und Nahrungsmittel auf der Basis eines Kompensationsgeschäftes kam zwar dem Devisenmangel der aufständischen Militärs entgegen, führte andererseits jedoch zu einer deutlichen Verzerrung des spanischen Außenhandels. Über kurz oder lang mußte das Interesse der franquistischen Seite darin bestehen, einen größeren Teil der spanischen Rohstoffe in Länder exportieren zu können, von denen sie Devisen erhielt; diese finanzwirtschaftliche Überlegung erklärt den nationalspanischen Wunsch, möglichst baldige und umfangreiche Handelsbeziehungen mit England herzustellen.

Die wirtschaftlichen Transaktionen zwischen Deutschland und Spa-

der europäischen Peripherie 1919–1939, Stuttgart 1986, S. 143–174 sowie neuerdings Whealey 1989, S. 72–94.

nien wurden auf drei verschiedenen Konten verrechnet[26]: eines für die direkten Lieferungen von Staat zu Staat, ein zweites für die Lieferungen der deutschen Industrie an die spanischen Streitkräfte, ein drittes für die über Hisma/Rowak abgewickelten reinen Handelsbewegungen. Während ersteres Konto keine weitere Bedeutung erlangte, wies das zweite stets ein Saldo zugunsten Deutschlands und das dritte ein Saldo zugunsten Spaniens auf. Das System funktionierte dank deutscher Kreditgewährung, die für Spanien allerdings Handelsabhängigkeit bedeutete; die spanischen Kriegsschulden des zweiten Kontos amortisierten sich teilweise noch während des Krieges über den Hisma/Rowak-Handelsmechanismus. Quellen des deutschen Finanzministeriums zufolge betrug (bis zum 30. Juni 1939) der Gesamtbetrag deutscher Hilfe an die franquistische Seite 560 Millionen Reichsmark, wobei auf die Aufwendungen für die Legion Condor 329 Millionen Reichsmark entfielen.[27] Von dem Gesamtbetrag standen im Oktober 1940 noch 371 Millionen zur Rückzahlung offen.

Marxistischen Historikern zufolge, die von der Theorie des „staatsmonopolistischen Kapitalismus" ausgehen, nach welcher der Staatsapparat des Dritten Reiches den Monopolen der Großindustrie untergeordnet war, erfolgte die deutsche Intervention in Spanien – entspre-

---

[26] Zum Folgenden vgl. Ángel Viñas, La financiación exterior de la guerra civil, in: Ders., Guerra, Dinero, Dictadura. Ayuda fascista y autarquía en la España de Franco, Barcelona 1984, S. 168–204.

[27] Anfang der 70er Jahre hat es Jesús Salas Larrazábal in seiner Untersuchung über ›Intervención Extranjera en la Guerra de España‹ (Madrid 1974) unternommen, das Geflecht der finanziellen Außenbeziehungen der beiden Bürgerkriegsparteien zu entwirren und eine Kostenschätzung der Kriegshilfe zu erstellen, die beiden Seiten (physisch und materiell) zugekommen war. Im Falle des Dritten Reiches gelangt Salas zu kaum haltbaren Zahlenergebnissen (S. 503). Seine Berechnungen belaufen sich auf ein Maximum von 136,7 Millionen Dollar (= 410 Millionen Mark, einschließlich Transportkosten und Zinsen), während deutsche Berechnungen auf einen Betrag von 560 Millionen Mark gekommen sind. Die wertmäßige Reduzierung des nazifaschistischen Beitrages für die franquistische Seite geht Hand in Hand mit seinen Schätzungen bezüglich der sowjetischen Waffenlieferungen. Diese waren laut Salas geringer als der Wert des Goldes, das von der republikanischen Regierung während des Krieges an Moskau geliefert wurde. Die Schlußfolgerung, die Salas aus seinen Vergleichen zieht, überrascht kaum: „Entgegen bisheriger Argumentation übertraf die Hilfe an die Regierung von Madrid diejenige, die Deutsche und Italiener der Regierung von Burgos zuteil werden ließen" (S. 510). Daß dieses Ergebnis dem franquistischen Regime willkommen war, liegt auf der Hand.

chend der Faschismusformel der Komintern vom Dezember 1933 – „im Auftrag der reaktionärsten, chauvinistischsten und aggressivsten Kreise des Finanzkapitals". Die Intervention in Spanien habe „im speziellen Interesse des staatsmonopolistischen Herrschaftssystems in Deutschland" gelegen, die „maßgeblichen Repräsentanten der Finanzoligarchie" hätten die gesamte Innen- und Außenpolitik des Deutschen Reiches „diktiert".[28] Nichtkommunistische Historiker haben derartige Deutungen stets abgelehnt und auf den „Primat der Politik" verwiesen, da Hisma und Rowak gerade als Organe eines staatlich-politischen, von der Industrie unabhängigen Wirtschaftsdirigismus fungierten.

Exkurs: Guernica.

Zu den historiographisch am heftigsten umstrittenen Ereignissen des Bürgerkrieges gehört die Bombardierung Guernicas, des kulturellen und religiösen Zentrums des Baskenlandes, am Nachmittag des 26. April 1937 – ein Ereignis, das auslösender Funke für Picassos wohl berühmtestes (Anklage-) Bild geworden ist. Schon kurz nachdem die Stadt in Schutt und Asche gelegt worden war, setzte eine leidenschaftliche Auseinandersetzung über die Urheber, die direkt und indirekt Verantwortlichen, die Motive und den militärischen Zweck des Bombardements ein; bis heute hat diese historisch-politische Frontenbildung nichts an Schärfe verloren, worauf nicht zuletzt die in den letzten Jahren erschienenen Bücher sowie die teilweise heftigen Reaktionen auf diese Veröffentlichungen hinweisen. Sofort nach der Bombardierung Guernicas wurde an die nationalspanische und deutsche Seite der Vorwurf gerichtet, einen Terrorangriff auf eine offene Stadt geflogen und alle destruktiven Konsequenzen bewußt in Kauf genommen zu haben; demgegenüber ließ das franquistische Lager die Version ausstreuen, baskisch-republikanische Truppen selbst hätten beim Rückzug die Stadt zerstört.

Nachdem jahrzehntelang die Forschung über die Bombardierung Guernicas stagniert hatte[29] und die gegensätzlichen Standpunkte in leidenschaftlichen Polemiken ausgetragen worden waren, erschienen zwischen 1975 und 1977 in rascher Folge drei Bücher, die unter viele bis dahin offene Fragen einen vorläufigen Schlußpunkt gesetzt haben. In einer im Militärgeschichtlichen

---

[28] Horst Kühne, Ziele und Ausmaß der militärischen Intervention des deutschen Faschismus in Spanien (1936–1939), in: Zeitschrift für Militärgeschichte 8 (1969), S. 173–187. Ähnlich Einhorn 1976, die zu dem Ergebnis kommt, daß „die entscheidenden Kreise des deutschen Monopolkapitals die Richtung der Politik der Hitlerregierung gegenüber Franco-Spanien bestimmten, und wie sie den ihnen völlig untergeordneten Staatsapparat zur Durchsetzung ihrer Ziele ausnutzten" (S. 121).

[29] Den Neuanfang der Forschungskontroverse um Guernica machte das Buch von Vicente Talón, Arde Guernica, Madrid 1970.

Forschungsamt vor allem mit dort vorhandenen Materialien erstellten Studie über den ›Fall Guernica‹[30] kommt Klaus A. Maier zu dem Ergebnis: „Mit an Sicherheit grenzender Wahrscheinlichkeit wurde Guernica ausschließlich durch den Luftangriff am Nachmittag des 26. April 1937 zerstört. Der Luftangriff wurde von der Legion Condor und einem italienischen Kampffliegerverband geflogen." Der Einsatz sollte demnach ursprünglich wohl primär den Straßenverbindungen im Nordosten der Stadt sowie einer nahegelegenen Brücke gelten; eine Bombardierung des Stadtgebietes selbst wurde allerdings von der deutschen Führung (Oberstleutnant i. G. Freiherr v. Richthofen) nie ausgeschlossen. Die Fehlwürfe erklärt Maier mit der geringen Entfernung der Brücke vom Stadtzentrum, der Sichtbehinderung durch die Bombenwirkung der zuerst angreifenden Flugzeuge, der unzureichenden Zieltechnik und den ungünstigen Windverhältnissen. Und weiter: „Die vorausgegangenen rücksichtslosen Bombardements [...] sowie die erkennbare grundsätzliche Bereitschaft der deutschen Führung, Städte zu bombardieren, geben Anlaß zu der Vermutung, daß die deutschen und italienischen Besatzungen über Guernica wenig Hemmungen hatten, einfach ‚mitten hineinzuwerfen', als sie über dem eigentlichen Ziel für gezielte Würfe zu ungünstige Verhältnisse antrafen." Den von Richthofen angegebenen Angriffszweck – Sperrung Guernicas – hält Maier für glaubhaft. Er liefert als Quellenanlagen zu seiner Darstellung, in der es vor allem um eine Klärung der Vorgänge auf deutscher Seite geht, u. a. Auszüge aus den Tagebüchern von Offizieren der Legion Condor (vor allem Richthofens), deren Dienstreise- und Erfahrungsberichte sowie spätere Aufzeichnungen deutscher Teilnehmer am Bombardement. Gegen die vom Franco-Regime verbreitete propagandistische Behauptung, Guernica sei von baskischen Truppen angezündet worden, bringt Maier überzeugende Einwände vor.

Ganz anders als Maiers militärgeschichtliche Untersuchung ist die filmisch-dramatisch erzählende Darstellung der beiden britischen Journalisten Gordon Thomas und Max Morgan-Witts,[31] deren Buch, das sowohl im englischen Original wie in der spanischen Übersetzung ein Bestseller war, Ergebnis umfangreicher Recherchen in Guernica selbst ist. Die Autoren haben in über zweijähriger Arbeit – unter schwierigen Bedingungen im (noch) franquistischen Spanien – durch zahlreiche persönliche Interviews mit Augenzeugen beider Seiten sowie durch Auswertung privater spanischer und baskischer Aufzeichnungen das furchtbare Geschehen mit minutiösen Einzelaufnahmen und gerafften Zeitquerschnitten in einem packenden Bericht vergegenwärtigt. Die Autoren bezweifeln zu Recht, daß es eines derartigen Waffen-, Bomben- und Flugzeugaufgebots bedurfte, nur um eine strategisch wichtige Brücke zu zerstören (die dann nicht einmal getroffen wurde). Der ehrgeizige Richthofen plante den

---

[30] Maier 1975, Zitate S. 66.
[31] Gordon Thomas/Max Morgan-Witts, Der Tag, an dem Guernica starb. Eine Tragödie der europäischen Geschichte, Zug (Schweiz) 1978 (engl. Original 1975; span. Übersetzung 1976).

schweren Angriff auf Guernica wohl (offenbar in Unkenntnis dessen, was dieser heilige Ort den Basken bedeutet) als Probe für jenen Luftblitzkrieg, der im Zweiten Weltkrieg mörderisch perfektioniert wurde. Verluste unter der Zivilbevölkerung wurden dabei bedenkenlos in Kauf genommen.

Nicht alle Angaben dürften stimmen: So hat nach der Veröffentlichung der spanischen Ausgabe der frühere Stadtarchitekt von Guernica, Castor de Uriarte, zahlreiche Fehler und Verfälschungen aufgedeckt.[32] Auch die Darstellung der Verantwortlichkeiten ist umstritten und hat Widerspruch hervorgerufen. Folgt man den britischen Autoren, so ist die Entscheidung für den Angriff von Richthofen und Oberst Juan Vigón am Vormittag des Tages, „an dem Guernica starb", getroffen worden – ohne daß ihre jeweiligen Vorgesetzten (General Sperrle bzw. Franco) darüber informiert waren. Allerdings gibt es für dieses Gespräch keine Belege; außerdem wurde in der spanischen Ausgabe des Buches (mit Zustimmung der Autoren) die Mitverantwortung Vigóns gestrichen und Richthofen als Alleinverantwortlicher dargestellt. Diese Widersprüchlichkeiten haben die Autoren bis heute nicht aufgeklärt.

In vielfältigen Reaktionen auf die Darstellungen von Maier und Thomas/Morgan-Witts ist – vor allem in der Publizistik – betont worden, daß der Angriff auf Guernica als Bestandteil einer umfassenden strategischen Konzeption ein Terrorangriff war. Oberleutnant Rudolf v. Moreau flog den ersten Angriff in einem Heinkel-111-Bomber, und schon bei diesem ersten Anflug (bei dem somit noch nicht von einer „Sichtbehinderung" durch die Bombenwirkungen vorhergehender Flugzeuge gesprochen werden kann) schlugen die Bomben im Stadtkern von Guernica, Hunderte von Metern vom angeblich eigentlichen Ziel (der Renteríabrücke), ein. Außerdem bestand die Bombenladung zum größten Teil aus Spreng- und Brandbomben, die gegen eine Steinbrücke kaum wirkungsvoll, gegen die Stadtbevölkerung jedoch mit tödlichverheerenden Folgen eingesetzt werden konnten.

Die bei weitem umfassendste Darstellung zum Gesamtkomplex Guernica ist die (Monumental-)Studie von Herbert R. Southworth,[33] dem es in seiner (sprachlich mitunter penetrant polemischen) Untersuchung nicht nur darum geht, "to show how, by whom, and why Guernica was destroyed", sondern der darüber hinaus eine kritische Bilanz der Berichterstattung über Guernica liefert; dieser zweite Aspekt, der im Untertitel des Buches zum Ausdruck kommt, umfaßt den größten Teil seiner Arbeit. Hinsichtlich der faktischen Ereignisse in den Tagen um den 26. April 1937 kommt Southworth zu ähnlichen Ergebnissen wie Maier und Thomas/Morgan-Witts. An der Verantwortung deutscher und nationalspanischer Stellen für die Bombardierung Guernicas gibt es keinen Zweifel; allerdings vermutet Southworth, daß das deutsche Luftfahrtministerium über die bevorstehende Bombardierung nicht infor-

---

[32] Castor de Uriarte Aguirreamalloa, Bombas y mentiras sobre Guernica, Bilbao 1976.
[33] Southworth 1977.

miert war. Das Ziel des Angriffes bestand (wahrscheinlich) in der Terrorisierung der Basken, deren Widerstandswille kurz vor dem Sturm auf Bilbao – wo General Mola eine lange Belagerung befürchtete – gebrochen werden sollte. Die von den Nationalisten in die Welt gesetzten und propagandistisch geschickt aufbereiteten Falschmeldungen sollten verhindern, daß der brutale Angriff auf das Heiligtum der katholisch-konservativen Basken unter den liberalen Katholiken im Ausland (in Frankreich, England, den USA) dem „Kreuzzugs"-Charakter von Francos Feldzug Schaden zufügte. Von besonderem Interesse sind die Partien des Buches, in denen Southworth die Verlogenheit des Nichteinmischungsausschusses, die Arbeitsbedingungen von Kriegsjournalisten und die zweifelhafte Rolle von Nachrichtenagenturen verbindet. Die französische Nachrichtenagentur Havas manipulierte Nachrichten über Guernica, um auf diese Weise einseitig die nationalistische Version zu unterstützen und zu verbreiten; ein Grund für dieses Verhalten dürfte in der Befürchtung der Agentur gelegen haben, daß andernfalls die Havas-Korrespondenten aus der Zone der Aufständischen ausgewiesen worden und damit die lukrativen Havas-Einnahmen als Verteiler von Spanien-Nachrichten nach Lateinamerika verlorengegangen wären. Außerdem wurde Havas in Frankreich durch den Quai d'Orsay subventioniert, der die Agentur-Informationen über Guernica „intervenierte", um eine allzu heftige französische Reaktion zu verhindern, die öffentlich Unterstützung der Spanischen Republik hätte fordern und die Regierung damit in diplomatische Schwierigkeiten bringen können.

Nach einer Untersuchung aller bisher zugänglichen Dokumente ist Angel Viñas vor einigen Jahren zu folgenden Schlüssen gekommen[34]: 1. Die Mitverantwortung hoher nationalspanischer Stellen an der strategischen Planung ergibt sich aus der Grundlinie der deutsch-spanischen Zusammenarbeit während des „Nord-Feldzuges". Die Art der Zusammenarbeit garantierte zugleich den Einfluß – wahrscheinlich das Übergewicht – der Legion Condor bei der Durchführung der Offensive. General Sperrle, der Kommandeur der Legion Condor, war einzig und allein Franco direkt unterstellt. 2. Die von der Legion Condor verwendete Bombenmischung verfolgte den Zweck, Brände zu legen, Zerstörung anzurichten und Demoralisierung unter den Bewohnern Guernicas hervorzurufen. 3. Berlin war über die Bombardierung Guernicas wahrscheinlich nicht informiert. 4. Eine ständige Interaktion an Verantwortlichkeiten verteilt diese sowohl auf nationalspanische wie auf deutsche Stellen. Gleichermaßen verantwortlich für die Bombardierung Guernicas sind Franco, Mola als Befehlshaber des Nordheeres, Kindelán, der Chef der nationalistischen Luftwaffe, und Sperrle, außerdem die niedrigeren deutschen und spanischen Kommandostellen.

Auf diese Zusammenfassung des Forschungsstandes sind in den letzten Jahren wiederum zahlreiche Reaktionen erfolgt, die sich in zwei Gruppen zu-

---

[34] Angel Viñas, Guernica: las responsabilidades, in: Historia 16/25 (1978), S. 127–143.

sammenfassen lassen: Die eine historiographische Tendenz gibt die Haltung der „neofranquistischen Schule" wieder, die nach Preisgabe der jahrzehntelang vertretenen „offiziellen" Version, derzufolge baskisch-republikanische Truppen selbst beim Rückzug die Stadt zerstörten, nunmehr behauptet, ausschließlich die Deutschen seien für die Bombardierung verantwortlich gewesen und die „nationalspanische" Führung habe erst nachträglich von der Zerstörung erfahren. Obwohl die Vertreter dieser Interpretationsrichtung in Details weit voneinander abweichen, lassen sich zu dieser Gruppe Autoren wie Ricardo de la Cierva, Jesús María Salas Larrazábal und Vicente Talón zählen, die sich neuerdings wieder ausführlich zu Wort gemeldet haben.[35]

Der anderen historiographischen Tendenz geht es vor allem um die Klärung der Intentionen, die mit dem Angriff auf Guernica verfolgt wurden. Der Deutung (u. a.) von Southworth und Viñas, derzufolge die Bombardierung ein Terrorangriff zur Einschüchterung der baskischen Bevölkerung war, hält etwa Hans-Henning Abendroth neuerdings nach abermaliger Durchsicht der Quellen die (alt-neue) These entgegen, der von einer italienischen Kampffliegerkette und von Verbänden der Legion Condor geflogene Luftangriff habe der Straßengabel und Brücke bei Guernica, einschließlich der Vorstadt, nicht aber der Stadt Guernica selbst gegolten. „Wegen schlechter Sichtverhältnisse fielen die Bomben nicht in das eigentliche Ziel, sondern in die dicht angrenzende Stadt Guernica, die als Folge des Luftangriffs in Flammen aufging. Die Schuld für die Zerstörung Guernicas trug ohne Zweifel die Legion Condor, der allerdings nicht der Vorwurf gemacht werden konnte, bewußt einen Angriff gegen Guernica geflogen zu haben, um den Widerstand der baskischen Zivilbevölkerung durch Terror und Zerstörung ihres Nationalheiligtums zu brechen."[36] Dem Argument, zur Zerstörung einer Brücke sei keine Mischung aus Spreng- und Brandbomben erforderlich gewesen, wie sie die Legion Condor bei der Bombardierung verwendete, hält Abendroth entgegen, derartige Bombenmischungen hätten durchaus bei Angriffen auf Brücken (etwa im Verlauf der Ebro-Schlacht) Verwendung gefunden. Die „Terrortheorie" baue auf Indizienbeweisen auf und widerspreche den Primärquellen.

Mit diesem Fazit dürfte die Diskussion um die Bombardierung Guernicas keineswegs beendet sein. Das Hauptproblem stellt nach wie vor die Quellenlage dar. Da die Archive der Legion Condor zerstört und ein Großteil der verantwortlichen Teilnehmer längst gestorben sind, dürfte die Frage nach den letzten Motiven und nach dem Kreis der Mitverantwortlichen zwar mit großer Wahrscheinlichkeit, aber dokumentarisch nicht hundertprozentig belegbar, somit weiterhin wohl nur konjektural zu beantworten sein. Neue Erkenntnisse sind nur von der Öffnung weiterer spanischer Archive zu erwarten.[37]

---

[35] Jesús María Salas Larrazábal, Guernica, Madrid 1986; Vicente Talón, El holocausto de Guernica, Barcelona 1986.
[36] Hans-Henning Abendroth, Guernica: Ein fragwürdiges Symbol, in: MGM 1 (1987), S. 115.
[37] Neueste Zusammenfassungen der Kontroverse und des Forschungs-

Von Bedeutung war der Bürgerkrieg auch für die Entwicklung der deutsch-italienischen Beziehungen und die Bildung der Achse Berlin–Rom. Für marxistische Historiker führte der Krieg zur „offiziellen" Bildung einer vorher bereits angelegten, im Gegensatz der faschistischen Staaten zu den übrigen kapitalistischen Ländern begründeten „Achse". Diese Interpretation schreibt im wesentlichen die Faschismustheorie der Komintern fort. Im Gegensatz zu diesem empirisch nicht abgesicherten Ansatz gelangen Historiker, die sich einer strukturalistisch orientierten Analyse bedienen, zu wesentlich differenzierteren Ergebnissen. Jens Petersen zufolge waren es nicht „subjektive" Planungen, sondern vielmehr „objektive Systemzwänge", die den außenpolitischen Entscheidungsprozeß Italiens definierten.[38] Verdichtet hätten sich die Voraussetzungen für ein deutsch-italienisches Zusammengehen in der ersten Jahreshälfte 1936 (Abessinienkrise, Völkerbundsanktionen, Zugeständnisse in der Österreichfrage). Autoren wie Manfred Funke oder Renzo De Felice sehen in der italienischen Außenpolitik das (1931 von Dino Grandi formulierte) Konzept des «peso determinante» bis zum Spanischen Bürgerkrieg wirksam,[39] demzufolge Italien in den zu erwartenden machtpolitischen Auseinandersetzungen in Europa das entscheidende „Gewicht in der Waagschale" spielen, die Hegemonie nur einer Macht verhindern und sich sein kalkuliert-ideologiefreies Eingreifen auf der einen oder anderen Seite mit außenpolitischen Gewinnen bezahlen lassen sollte. Auf diesem Wege konnten Italiens imperialistische Interessen im Mittelmeerraum durchgesetzt und langfristig abgesichert werden. Mit dem Spanischen Bürgerkrieg habe allerdings ein Prozeß eingesetzt, in welchem „nationale" immer deutlicher hinter „ideologischen" Inter-

---

standes sind enthalten in Garitaonandía/Granja (Hrsg.) 1987; Walther L. Bernecker, Cincuenta años de historiografía sobre el bombardeo de Gernika, in: José Luis de la Granja/Carmelo Garitaonandía (Hrsg.), Gernika: 50 años después (1937–1987). Nacionalismo, República, Guerra Civil, San Sebastián o. J. [1988], S. 219–242; ders., Gernika 1937 – Kontroversen und deutsche „Vergangenheitsbewältigung", in: Hispanorama 51 (1989), S. 37–46.

[38] Jens Petersen, Gesellschaftssystem, Ideologie und Interesse in der Außenpolitik des faschistischen Italien, in: Quellen und Forschungen aus italienischen Archiven und Bibliotheken, Bd. 54, 1974, S. 428–470.

[39] Manfred Funke, Sanktionen und Kanonen. Hitler, Mussolini und der internationale Abessinienkonflikt 1934–36, Düsseldorf 1970; ders. (Hrsg.), Hitler, Deutschland und die Mächte, Düsseldorf 1978; Renzo De Felice, Mussolini, Turin 1969ff.; ders., Beobachtungen zu Mussolinis Außenpolitik, in: Saeculum 24 (1973), S. 314–327.

essen zurücktraten und der außenpolitische Handlungsspielraum sich zusehends verengte, wenn auch bis zum Juni 1940 das Konzept des «peso determinante» die Grundlage der faschistischen Außenpolitik geblieben sei. Weder Renzo De Felice noch John F. Coverdale erblickten in der deutsch-italienischen Waffengemeinschaft in Spanien eine ideologisch definitive Festlegung Italiens.[40]

Unumstritten ist in der Forschung, daß Deutschland und Italien sich unabhängig voneinander, im Abstand von wenigen Tagen (am 25. bzw. 28. Juli 1936), zur Intervention in Spanien entschlossen haben. Allerdings ist es im italienischen Fall schwieriger als im deutschen, die Interventionsziele der faschistischen Regierung klar auszumachen. Mussolini, Ciano und andere hohe faschistische Politiker äußerten sich ganz unterschiedlich über mögliche Zielvorstellungen: Es war die Rede von der Hoffnung auf ein neutrales Spanien mit proitalienischer Tendenz (im Falle eines Konflikts mit den Westmächten) bis hin zu einem italienischen ‹Mare nostro›, das sich auf ein Bündnis mit Spanien stützte und möglicherweise sogar über Luft- und Marinebasen auf den Balearen und über Zugang zum Atlantik verfügte. Coverdale weist auf die Offenheit der Situation und Mussolinis Interesse hin, sie um jedes möglichen Vorteils willen auszunutzen.[41] Daß in den gemeinsamen deutsch-italienischen Formulierungen übereinstimmend der ideologische Nenner des Antibolschewismus als Interventionsgrund hervorgehoben wurde, hing damit zusammen, daß die (zweifellos vorhandenen) machtpolitischen Implikationen der italienischen Intervention ausgeblendet und das deutsche Desinteresse an möglichen territorialen Zielen in Spanien oder den spanischen Kolonialgebieten Nordafrikas unterstellt wurden.[42] Deutschland war daran interessiert, jeden Verdacht Mussolinis über denkbare Ambitionen des Dritten Reichs in Spanisch-Marokko oder überhaupt im Mittelmeerraum zu zerstreuen, da Hitler auf eine Zusammenarbeit mit Italien in

---

[40] Coverdale 1975. Zu diesem Ergebnis kommt auch der neueste Überblick zur Forschung über Italien und den Spanischen Bürgerkrieg von Gianluca André, L'intervento in Spagna e la politica estera fascista, in: Consejo Superior de Investigaciones Científicas 1986, S. 9–32; vgl. auch Whealey 1989, S. 135–142.

[41] Coverdale 1975, S. 77; zu den Interventionszielen vgl. auch Whealey 1989, S. 1–43.

[42] Hierzu Wolfgang Altgeld, Der Spanische Bürgerkrieg und die Entwicklung der Achse Berlin–Rom, in: Schmigalle (Hrsg.) 1986, S. 55–79; neuerdings ausführlich Whealey 1989, S. 26–43.

Spanien zur Begrenzung des außenpolitischen Risikos für Deutschland angewiesen war; Mussolini wiederum durfte keine machtpolitischen Alleingänge unternehmen, da sonst die Gefahr bestanden hätte, daß Deutschland durch Italien in eine (damals unerwünschte) Konfrontation mit den Westmächten gezogen worden wäre. Hitler erklärte den Italienern wiederholt, daß er das Mittelmeer als italienischen 'Lebensraum' betrachte und in Spanien lediglich ex negativo aus antibolschewistischen Gründen interveniere. Daß es dann schließlich so schnell zu einer Art ideologischer Blockbildung zwischen dem Dritten Reich und Italien im Zeichen des Antibolschewismus kam, hing auch mit der 'antifaschistischen' Deutung des republikanischen Widerstands zusammen, nachdem das republikanische Lager Spanien von Anfang an zum entscheidenden Kampfplatz gegen den europäischen Faschismus erklärt hatte.

Obwohl die deutsche Intervention in Spanien am meisten Polemiken hervorgerufen hat, waren es die Italiener, die sich insgesamt viel mehr engagierten und eine weitaus größere Anzahl an Personen (und an Material) nach Spanien sandten als jede andere Macht. Zeitgenössische italienische Politiker gingen sogar so weit, den Bürgerkrieg als ihren eigenen Krieg zu betrachten; für Ciano war es vor allem ein „ideologischer Krieg", und von einer Niederlage der republikanischen Seite hing unmittelbar das Prestige des italienischen Faschismus ab.[43] Die Italiener sandten daher zeitweise (vor allem in der ersten Phase, als sie noch mit einem schnellen Sieg rechneten) auch weniger reguläre Truppen als vielmehr faschistische Milizionäre nach Spanien, die durch herausragende militärische Leistungen die Aktionsfähigkeit des faschistischen Regimes demonstrieren sollten. (Von den 50000 Italienern etwa, die sich im Februar 1937 auf spanischem Boden befanden, waren „nur" 20000 Armee-Angehörige und 30000 faschistische „Schwarzhemden".) Damit war das faschistische Italien von Anfang an weit mehr als das Dritte Reich in den Spanischen Bürgerkrieg verstrickt, deshalb auch stärker als umgekehrt auf den Achsenpartner angewiesen und in seiner außenpolitischen Handlungsfreiheit eingeschränkt. Italien mußte an einem schnellen siegreichen Ende des Bürgerkrieges interessiert sein, was den (ohne Verständigung der Deutschen vorgenommenen) Abschluß des politischen Geheimvertrags vom 28. November 1936 mit der 'nationalen' Burgos-Regierung und den kurz danach gefaßten Entschluß erklärt, den Krieg durch den massiven Einsatz italienischer Infanterieeinheiten so schnell wie mög-

---

[43] Galeazzo Ciano, Tagebücher 1937/38, Hamburg 1949.

lich zu beenden. (Das geheime Abkommen vom November 1936 legte zumindest theoretisch, wenn auch in unklaren Formulierungen fest, daß die Italiener im Falle eines Konfliktes mit Frankreich auf spanischem Territorium Stützpunkte errichten dürften.)

Hitler lehnte für das Dritte Reich im Dezember 1936 eine derartige Ausweitung der Unterstützung ab. Gegen eine Intensivierung der deutschen Intervention sprachen das größere außenpolitische Risiko für das Dritte Reich, die enormen Belastungen für die Aufrüstung, die großen technischen Probleme bei der Entsendung der Unterstützung, die nationalspanischen Empfindlichkeiten gegenüber selbständiger Kriegführung der Achsenmächte, vor allem aber die Überlegung, daß verstärktes italienisches Engagement in Spanien „ein Eingefangenwerden Italiens für westmächtliche Machenschaften" – so der deutsche Rom-Botschafter Hassell – verhindere, da der „natürliche Gegensatz" zwischen Italien und Frankreich erkennbar werde und eine Wettbewerbssituation mit England im westlichen Mittelmeer entstehe. Deutschland wollte Italien in Spanien die „Vorhand" lassen und diese Politik nur soweit „mit aktivem Wohlwollen" begleiten, um zu verhindern, daß es doch noch zu einer Niederlage des „nationalen Spaniens" oder gar zu einer italienisch-englischen Verständigung kommen konnte.[44] Aus der ›Hoßbach-Niederschrift‹ vom November 1937 geht deutlich hervor, daß Hitler entschlossen war, die internationale Krise um Spanien und die Fixierung Italiens für die nächsten expansiven Schritte in Mitteleuropa zu nutzen. Im April 1937 schrieb der britische Botschafter in Berlin: „Die gegenwärtige Strategie der Wilhelmstraße besteht darin, Italien in Afrika und im Mittelmeer voll beschäftigt zu halten, so daß es in Mitteleuropa nicht eingreifen kann, und die englisch-italienischen Differenzen auszunutzen, so daß es an Deutschland gebunden bleibt."[45]

Die Bibliographie über das italienische Eingreifen ist ziemlich umfangreich,[46] erreicht allerdings bei weitem nicht das Ausmaß an Literatur, das die deutsche Intervention hervorgerufen hat. Zu den relativ frühen Werken, die bis heute einen gewissen dokumentarischen Wert

---

[44] Bericht von Hassells vom 18. 12. 1936, in: ADAP, Serie D, Bd. 3, Nr. 157, S. 148.

[45] Bericht Phipps', Berlin 13. 4. 1937, in: Documents on British Foreign Policy, Serie 2, Bd. 18, Nr. 358, S. 621.

[46] Bardi 1974; die neueste und umfangreichste Bibliographie ist die von Torcellan 1988. Die meisten der in dieser Bibliographie aufgeführten Titel sind in der Bibliothek der *Fondazione Feltrinelli* in Mailand einzusehen.

behalten haben, gehört die Darstellung des ersten italienischen Botschafters bei der Franco-Regierung, Roberto Cantalupo.[47] Den Beginn der wissenschaftlichen Erforschung stellten die Bände von José Luis Alcofar Nassaes dar[48]; entscheidend vorangetrieben wurde die Forschung allerdings erst durch die Untersuchungen von John F. Coverdale und Renzo De Felice.

Die Zusammenarbeit Roms mit verschiedenen reaktionären Gruppierungen in Spanien hatte schon 1931, unmittelbar nach Ausrufung der Republik, begonnen. 1934 bis März 1936 erhielt vor allem der Falangeführer José Antonio Primo de Rivera finanzielle Unterstüzung (ein Aspekt, den auch Angel Viñas in seinem Buch über das deutsche Eingreifen behandelt); mit den militärischen Gruppen, die den Aufstand gegen die Republik planten, hatten die italienischen Faschisten sehr wenig oder gar keinen Kontakt. Ähnlich wie im deutschen Fall geht die Forschung heute davon aus, daß Italien an der Planung und Vorbereitung des Putsches, der zum Bürgerkrieg führte, keinen Anteil hatte, wenn auch andererseits die faschistischen Kontakte mit monarchistischen Verschwörerkreisen bestehen blieben. Über die 1934 mit monarchistischen – sowohl karlistischen als auch alfonsinischen – Kreisen hergestellten Kontakte erfolgte im Juli 1936 sodann auch der Beginn der italienischen Unterstützung an die Verschwörer; die ersten Hilfeersuchen Francos waren von Mussolini noch negativ beantwortet worden, erst auf General Molas Hilferuf reagierte Mussolini positiv. (Indirekt wird damit für die Außenbeziehungen der antirepublikanischen Verschwörung die Bedeutung der monarchistischen und die relative Bedeutungslosigkeit der falangistischen Kreise deutlich.)

Die italienische Führung war Monate vor dem spanischen Generalaufstand über dessen Vorbereitung und Organisation informiert. Nur der genaue Zeitpunkt war ihr unbekannt. Die spanischen Rechtskräfte (die Monarchisten der *Renovación Española*, die Karlisten der „traditionalistischen" Parteien und die Falange) baten die italienische Führung auch um materielle und moralische Unterstützung, erhielten diese vorerst aber nicht. Die neuere Forschung erwähnt drei Gründe als ausschlaggebend für Mussolinis Weigerung, den Aufständischen in der Vorbereitungsphase Hilfe zu entsenden: den geringen Glauben

---

[47] Roberto Cantalupo, Fu la Spagna. Ambasciata presso Franco. Febbraio–Aprile 1937, Milano 1948.
[48] Alcofar Nassaes 1972; ders., La marina italiana en la guerra de España, Barcelona 1975.

des Duce an einen Erfolg des Putsches, die Isolierung Italiens im internationalen Kontext und die formal guten diplomatischen Beziehungen des faschistischen Landes zur spanischen Volksfrontregierung. Diese Bedingungen sollten sich nach dem 18. Juli 1936 ändern: In der letzten Juliwoche verfestigte sich bei Mussolini die Überzeugung, der Aufstand könne erfolgreich sein, wobei allerdings Hilfe von außen als unbedingt erforderlich betrachtet wurde. Außerdem stand für ihn inzwischen der antifaschistische (und damit italophobe) Charakter der Reaktion auf republikanisch gebliebenem Territorium fest, während die Aufständischen sich italienfreundlich zeigten. Und schließlich wußte er, daß Blum seine ursprüngliche Absicht, die Republik mit Waffen zu unterstützen, unter dem Druck der französischen Rechtspresse aufgegeben hatte, was das italienische Risiko geringer erscheinen ließ. (Großbritanniens Sympathien waren ohnehin mehr auf Francos als auf republikanischer Seite.)[49]

Die italienische Unterstützung begann mit dem Verkauf von 12 Savoia-S 81-Bombern an die Aufständischen. Aus dieser ersten Hilfslieferung wurden im Verlauf des Krieges u. a. fast 1000 Flugzeuge, 2000 Kanonen, 1000 Gefechtswagen, 3400 Maschinengewehre, 10000 automatische Waffen, eine nicht unbeträchtliche Anzahl von Schiffen und U-Booten sowie rund 80000 (mehr oder minder freiwillig) Kämpfende (davon 6000 Luftwaffenangehörige, 45000 reguläre Soldaten, 29000 faschistische 'Schwarzhemden').

Gestützt auf bis dahin unbekannte Quellen aus dem italienischen Außenministerium, dem Sekretariat Mussolinis und dem Hauptquartier Francos kann Coverdale detaillierte Angaben über das Ausmaß der militärischen Intervention Italiens (neben den rund 80000 Mann vor allem Güter im Wert von über sechs Milliarden Lire, d. h. von 64 Millionen Pfund Sterling nach dem Wechselkurs von 1939) machen, die Franco nicht nur direkt, sondern insofern auch indirekt zugute

---

[49] Hierzu Ismael Saz-Campos, De la conspiración a la intervención. Mussolini y el Alzamiento Nacional, in: Cuadernos de Trabajos de la Escuela Española de Historia y Arqueología en Roma 15 (1981), S. 321–358; ders. (mit deutlicher Kritik an Coverdale und De Felice), La historiografía italiana y la guerra civil española, in: Julio Aróstegui (Hrsg.), Historia y Memoria de la Guerra Civil. Encuentro en Castilla y León, Bd. 1, Valladolid 1988, S. 85–106; vgl. auch den Überblick von Gianluca André, in: Consejo Superior de Investigaciones Científicas 1986, S. 9–32 und zur Vorgeschichte des italienischen Eingreifens in Spanien den Beitrag von Ismael Saz-Campos, Antecedentes y primera ayuda material de la Italia fascista a los sublevados en España en julio de 1936, in: Ebd., S. 155–170.

kam, als sie die Nazis zu einer Fortsetzung und Verstärkung ihrer Hilfeleistungen bewog. Allerdings sei die deutsch-italienische Hilfe für Franco insgesamt nicht so umfangreich gewesen, wie gegnerische Propagandisten dies immer behauptet haben. (Zum Vergleich: Der Wert der deutschen Hilfe an Franco wird, je nach Berechnung, auf 412 bis 540 Millionen Reichsmark, das sind 35 bis 46 Millionen Pfund Sterling geschätzt; wertmäßig blieb die deutsche Unterstützung somit deutlich hinter der italienischen zurück.[50])

Die italienische Hilfe war im diplomatischen wie im militärischen Bereich von entscheidender Bedeutung für den franquistischen Sieg. Ohne die diplomatische Unterstützung der Rebellen durch Italien und Deutschland hätte Frankreich der Republik wahrscheinlich ausreichende Unterstützung zur Niederwerfung des Aufstands zukommen lassen. Die militärische Unterstützung durch Italien dürfte mindestens ebensosehr wie die deutsche zum Sieg Francos beigetragen haben; die eigentliche Bedeutung lag bei der Luftwaffe, während die Infanterie, trotz ihrer Stärke, für Francos Sieg keinen bedeutsamen Faktor darstellte. (Im deutschen wie im italienischen Fall blieb übrigens die Rolle der Ausländer bei der taktischen Planung einzelner Operationen oder der strategischen Kriegsführung irrelevant. Auf diesem Gebiet war der italienisch-deutsche Einfluß weit weniger direkt und bemerkbar als der sowjetische auf der republikanischen Seite.)

Renzo De Felice und John F. Coverdale haben übereinstimmend hervorgehoben, daß sich Mussolini außenpolitische Entscheidungen selbst vorbehielt. Die Höhe des militärischen Einsatzes der Italiener in Spanien dürfte sich primär aus dem Willen des Duce zu imperialistischer Herrschaft im Mittelmeer erklären; in Spanien erblickte er eine wirksame Instanz zur Unterstützung seiner expansionistischen Mittelmeerpolitik.[51] Die unmittelbare Verantwortung für das italienische Eingreifen lag – nach Coverdale – allein bei Mussolini, dessen Motive Prestigebedürfnis, militärische Ambitionen, Isolierung und Schwächung Frankreichs und der Traum von einem italienischen Mittelmeer waren. Letztlich waren wohl strategische Überlegungen entschei-

---

[50] Neuerdings kommt Whealey 1989, S. 102 zu dem Ergebnis, die Deutschen hätten Franco für insgesamt 215 Millionen Dollar, die Italiener für 354 Millionen Dollar geholfen.
[51] Diese Haltung behielt Mussolini auch während des Zweiten Weltkriegs bei. Hierzu Javier Tusell/Genoveva García Queipo de Llano, Franco y Mussolini. La política española durante la segunda guerra mundial, Barcelona 1985.

dend. Wirtschafts- und Finanzkreise sowie das Militär zeigten sich an den Vorgängen in Spanien weitgehend uninteressiert, die militärischen Erfahrungen des Spanienkrieges wurden später von den Italienern kaum ausgewertet. Ebenso wie im deutschen dürfte auch im italienischen Fall die antikommunistische Grundeinstellung eine Rolle gespielt haben; Alberto Aquarone hat überzeugend die Koinzidenz von öffentlicher faschistischer und vatikanischer Parteinahme für die Rebellen im Zeichen einer gemeinsamen antibolschewistischen Ideologie herausgearbeitet.[52]

Die zwei einzigen Gelegenheiten, in denen die Italiener eine selbständige größere Rolle im Spanienkrieg spielten, waren die Einnahme von Málaga (Februar 1937) und die Schlacht von Guadalajara (März 1937). Auf den italienischen Erfolg bei Málaga, der mehr auf die Verteidigungsschwäche der Stadt als auf die faschistische Taktik zurückzuführen war, folgte die (moralisch-psychologische, nicht so sehr militärische) Niederlage bei Guadalajara. Danach wurden die faschistischen Truppen größeren Einheiten eingegliedert und spanischen Generälen unterstellt. Mussolini war im weiteren Kriegsverlauf derart unzufrieden mit Francos langsamem Vorgehen, daß er wiederholt mit der Einstellung seiner Unterstützung drohte; sein politisches Engagement hinderte ihn allerdings daran, seine Drohung wahrzumachen. Die italienische Hilfe blieb bis Kriegsende bestehen, die letzte Verstärkung der Expeditionsarmee (um abermals 5000 Mann) erfolgte noch im März (!) 1939.

Die empfindliche Niederlage der Italiener bei Guadalajara wurde nicht primär als militärisches Fiasko, sondern vielmehr und vor allem als ideologisches Versagen des Faschismus interpretiert. Offensichtlich fehlte es den Milizionären des Duce an ideologischer Motivation. Die neuerdings veröffentlichten Telegramme der «Missione Militare Italiana in Spagna» lassen eine viel größere nationalspanische Mitverantwortung an der Guadalajara-Niederlage erkennen als bisher (auch von Coverdale) angenommen worden war.[53] Zu den Schwächen des

---

[52] Alberto Aquarone, Der Spanische Bürgerkrieg und die öffentliche Meinung in Italien, in: Schieder/Dipper (Hrsg.) 1976, S. 191–221. Zu im wesentlichen ähnlichen Ergebnissen gelangt Whealey 1989, passim.

[53] Ismael Saz/Javier Tusell (Bearbeiter), Fascistas en España. La intervención italiana en la Guerra Civil a través de los telegramas de la «Missione Militare Italiana in Spagna» (15 diciembre 1936 – 31 marzo 1937), Madrid 1981. Zur Guadalajara-Schlacht vgl. Ramón Garriga, Guadalajara y sus consecuencias, Madrid 1974.

im Januar 1937 nach Spanien entsandten *Corpo Truppe Volontarie* (CTV) – einer aus vier Divisionen bestehenden Interventionsarmee unter General Mario Roatta, mit der die italienischen Faschisten einen „Blitzkrieg" zu führen gedachten –, die zur Niederlage bei Guadalajara beitrugen, zählten sowohl Mängel in Ausrüstung und Bewaffnung und leichtfertige Operationsplanung wie mangelnder Kampfgeist der italienischen Soldaten und Intrigen in der faschistischen Generalität. Insgesamt waren die Operationen des CTV weniger wirksam als die Handlungen der Flotte; die stattliche Zahl von 42 italienischen U-Booten sollte die republikanischen Häfen blockieren.

Der politische Einfluß der Italiener auf die Entwicklung in Spanien war außerordentlich gering. Von einer kurzen Phase abgesehen, in der „Sonderbotschafter" Robert Farinacci die Ausbreitung des Faschismus in Spanien fördern sollte, läßt sich keine direkte Einwirkung der Italiener auf die Bildung und Entwicklung der Institutionen des 'Neuen Spanien' feststellen. Diese Haltung bestätigt, daß Mussolinis Ziele eher strategischer und machtpolitischer als ideologischer Art waren; es ging ihm mehr um die Verhinderung eines republikanischen Sieges als um die Förderung faschistischer Institutionen in Spanien. Ähnlich passiv verhielten sich die italienischen Faschisten auch im Hinblick auf wirtschaftliche Ziele. Im Vergleich zu den deutschen Bemühungen müssen selbst ihre Anstrengungen als relativ schwach bezeichnet werden, eine Zahlungsgarantie für ihre Leistungen zu erhalten; für die Nachkriegszeit schufen sie sich keine wirtschaftlich besonders günstige Ausgangsposition.

So wichtig die „außenpolitischen" Ziele der Interventionen auch waren, so deutlich läßt sich andererseits eine Tendenz in der Forschung registrieren, die den Entschluß der einzelnen Mächte zur (Nicht-)Intervention aus innerpolitischen Konstellationen, aus dem Zusammenhang von Außenpolitik und gesellschaftlichem System, zu erklären versucht. Für den deutschen Fall ist bereits auf den Bezug zum Vierjahresplan verwiesen worden; was Italien betrifft, dürfte der Zwang zu einer innerfaschistischen Systemstabilisierung über das Mittel nationaler Mobilisierung von Bedeutung gewesen sein. Denn als deutlich wurde, daß der Spanienkrieg sich in die Länge ziehen würde, trat – innenpolitisch motiviert – der Gedanke in den Vordergrund, der faschistischen Partei einen ähnlichen Erfolg zu verschaffen, wie ihn das Heer in Äthiopien erlangt hatte. Ciano und Mussolini waren sich darin einig, daß der Spanienfeldzug vor allem dem Faschismus zur endgültigen Durchsetzung in Italien verhelfen sollte. Der interne Propagandaeffekt war ihnen so wichtig, daß sie ihre internationale Glaubwürdigkeit aufs Spiel setzten, indem sie (trotz italienischer Teilnahme am Londoner Nichteinmischungsabkommen) aus ihrer Unterstützung für die Putschisten kein Geheimnis machten.

Von Interesse ist in diesem Zusammenhang die Frage, welche Kräfte in Italien zugunsten einer Intervention in Spanien Druck ausübten. Renzo De Felice, der die von ihm herangezogenen Materialien des *Archivio Centrale dello Stato* auf das Verhältnis von faschistischer Innen- und Außenpolitik hin untersuchte, nennt zuerst die katholischen Gruppierungen, Zeitungen und Kleriker (aller hierarchischen Stufen), sodann die gemäßigten Faschisten, die stärker auf die katholische Kirche als auf das nationalsozialistische Deutschland hin orientiert waren, außerdem die kritische Faschismusjugend, die das Leben der Italiener stärker faschisieren und ein „Reichsbewußtsein" verbreiten wollte, schließlich die Parteimiliz, die durch Einsatz in Spanien ihre militärische Schlagkraft unter Beweis stellen wollte (was ihr im Äthiopienfeldzug nicht gelungen war, da dort das Heer die Hauptrolle gespielt hatte). Der von all diesen Sektoren ausgeübte Druck führte sehr schnell, unabhängig von ursprünglich strategischen Eingriffsüberlegungen, zu einer „Ideologisierung" der italienischen Intervention. (De Felice besteht allerdings auf der Deutung, die italienische Intervention in Spanien habe primär antifranzösische Zielsetzungen gehabt; sie erkläre sich aus den strategischen Großmachtintentionen italienischer Außenpolitik und habe nicht die Absicht verfolgt, Spanien zu faschisieren.)

Die innenpolitischen Ziele der Spanienintervention, die nationale Mobilisierung und innerfaschistische Systemstabilisierung, wurden allerdings nicht erreicht. Da der unerwartet lange Krieg ständigen Nachschub erforderte, sank der Anteil der Schwarzhemden von ursprünglich 55% auf 40% der „Freiwilligen"; damit wurde auch die Profilierungsmöglichkeit der Parteimiliz reduziert. „Vor allem aber waren es die Länge des Kampfes ohne nennenswerte militärische Erfolge, die hohen Verluste und die nachteiligen Rückwirkungen auf das tägliche Leben, die das Regime unaufhaltsam, wie die internen Stimmungsberichte belegen, seiner Popularität beraubten. Mit dem immer deutlicher werdenden Gefühl der Ermattung und Enttäuschung verband sich schließlich die wachsende Furcht vor einem drohenden Krieg gegen Frankreich und Großbritannien an der Seite Deutschlands, gegen die die faschistische Propaganda mit ihren alten Gemeinplätzen von der Eindämmung des Bolschewismus – hierin bemerkenswerterweise nachdrücklich vom Vatikan unterstützt, der auch schon den Abessinienkrieg offen gebilligt hatte – und dem Spanienfeldzug als einem weiteren Schritt in Richtung auf das ‹mare nostro› nichts mehr auszurichten vermochte."⁵⁴

Im Hinblick auf die durch die Ereignisse von 1936–1939 bedingte internationale Konstellation hat Wolfgang Altgeld zusammenfassend darauf hingewiesen, daß der Spanische Bürgerkrieg nicht als unmittelbare Vorwegnahme der Weltkriegskonstellation gedeutet werden könne, daß die gemeinsame deutsch-italienische Intervention in Spanien nicht 'automatisch' zum Stahlpakt oder gar zum Kriegsbündnis von 1940 führte. Damit schließt er sich der Deutung De Felices an und widerspricht älteren Forschungen, die hervorgehoben hatten, daß die deutsch-italienische Kooperation auf seiten der spanischen Nationalisten den eigentlichen Beginn der deutsch-italienischen Freundschaft und Zusammenarbeit bedeutete sowie zur 'Achse Berlin–Rom' und schließlich zum Kriegsbündnis geführt hatte.⁵⁵ (Wolfgang Schieder hält einen interpretatorischen Mittelweg zwischen den verschiedenen Deutungen für möglich, wenn die 'Achsenpolitik' als integrierender Bestandteil von Mussolinis Politik des «peso determinante» verstanden werden könnte.) Die internationale Rückwirkung des Spanischen Bürgerkrieges hat den 1936 durchaus möglichen Ausgleich Italiens mit den Westmächten nicht verhindert (im Januar 1937 etwa kam es zu einem italienisch-englischen Abkommen, einem "gentlemen's agreement", über den Status quo im Mittelmeer, im April 1938 zum sogenannten „Osterabkommen"), allerdings immer wieder aufgeschoben; sie hat außerdem Italien mehr als vorausgesehen an die Seite des Dritten Reichs gezwungen, was schließlich dazu führte, daß der 'Anschluß' Österreichs hingenommen werden mußte; sie hat schließlich zu einer Ideologisierung der internationalen Politik beigetragen, die vor allem für das italienisch-französische Verhältnis gravierende Konsequenzen hatte und, wegen der stets engeren Anlehnung Frankreichs an England, die verschiedenen Verständigungsversuche zusätzlich belastete.

Im Gegensatz zur deutschen und italienischen Intervention zugun-

---

⁵⁴ Christof Dipper, «Mare nostro» und "British Interest". Das Mittelmeer in der Zwischenkriegszeit, in: Das Mittelmeer. Natur und Geschichte, Universität Trier (= Trier Beiträge. Aus Forschung und Lehre an der Universität Trier, Bd. XIII) 1983, S. 51.

⁵⁵ Etwa Dante A. Puzzo, Spain and the Great Powers 1936–1941, New York 1962, S. 243; Patricia A. M. van der Esch, Prelude to War. The International Repercussions of the Spanish Civil War, The Hague 1951, S. 161 f. Neuerdings kommt auch Whealey 1989 wieder zu einer ähnlichen Deutung.

sten Francos hat die portugiesische Parteinahme fast kein historiographisches Interesse hervorgerufen. Dies ist um so erstaunlicher, als Salazars Hilfe gerade in der Anfangsphase des *Alzamiento* von nicht zu unterschätzender Bedeutung war, besonders durch die Versorgung der Aufständischen mit Waffen, Lebensmitteln und Krediten. Seit dem Wahlsieg der Volksfront in Spanien hatten sich die diplomatischen Beziehungen zum iberischen Nachbarn ständig verschlechtert; die ideologische Nähe des Salazar-Regimes zu den faschistischen Staaten führte zu einer deutlichen Distanzierung von der (angeblich extremistischen) spanischen Republik, deren kommunistische Unterwanderung es mit allen Mitteln zu bekämpfen galt.[56]

Im Sommer 1936 war es sodann der Afrika-Armee Francos wegen der wohlwollenden Haltung von Salazars *Estado Novo* möglich, entlang der Grenze zu Portugal in den Norden vorzustoßen und die Extremadura zu erobern. Von der portugiesischen „Allgemeinen Handels-, Industrie- und Transportgesellschaft" erhielten die Aufständischen auch den ersten Kredit. In Lissabon, wo kein Hehl aus den antirepublikanischen Aktivitäten gemacht wurde, konnten die Rebellen sehr schnell eine „schwarze Botschaft" einrichten, die Kontakte zur portugiesischen Regierung unterhielt, während die (offiziell vorerst weiterbestehende) republikanische Botschaft jegliche Bedeutung einbüßte; offiziöse Vertreter der Putschisten waren Nicolás Franco, der einflußreiche Bruder des späteren *Generalísimo,* und der Multimillionär Juan March, der von Anfang an den Aufstand finanziell unterstützt hatte.

Aus den wenigen Studien zur Bedeutung Portugals für den Verlauf des Bürgerkrieges wird deutlich, daß Salazar den spanischen Putschisten nicht nur eine Operationsbasis bot, von der aus ein Großteil des deutschen Kriegsmaterials nach Spanien gelangte; Iva Delgado hat außerdem darauf verwiesen, daß die eigentliche Bedeutung der Hilfe Salazars auf der Ebene der internationalen Politik lag. Der portugiesische Diktator machte sich – sehr zum Schaden der Republik – die Sache der Aufständischen ganz zu eigen; er fungierte quasi als Francos Außenminister im Völkerbund, im Londoner Nichteinmischungskomitee und bei Vermittlungsdiensten zu England bzw. Frankreich.

---

[56] Vgl. die im wesentlichen auf diplomatisch-außenpolitische Aspekte konzentrierte Studie von Iva Delgado, Portugal e a guerra civil de Espanha, Lisboa o. J. [1980], deren zentraler Untersuchungsgegenstand die Rolle Portugals im Nichteinmischungsausschuß ist und die sich vor allem auf eine Kritik der politischen Haltung und Handlungsweise Salazars konzentriert.

Dabei ging er von der Befürchtung aus, ein Sieg der (dann weiter radikalisierten) Republik würde das Ende seines eigenen autoritären Regimes bedeuten.[57] Salazar und seine Minister beschworen unablässig die von einer siegreichen Republik angeblich ausgehende „rote Gefahr" für die portugiesische Unabhängigkeit. Für die Machthaber in Lissabon war der Bürgerkrieg, eigenem Bekunden zufolge, ein Kampf zwischen der „abendländischen Idee von Zivilisation" und „Formen sozialer Negation, die sich mittels Terrors durchsetzen wollen".

Der portugiesische Einsatz zugunsten der Nationalisten dürfte primär politisch-ideologisch motiviert gewesen sein. Er machte sich vor allem im diplomatischen Bereich bemerkbar; außerdem stellten die Portugiesen der franquistischen Seite ihr Territorium (einschließlich der Benutzung von Straßen, Eisenbahnen, Häfen und Kommunikationsmitteln) zur Verfügung, was gerade in den ersten Monaten von größter Bedeutung gewesen sein dürfte. Darüber hinaus entsandte Portugal ein nicht unbeträchtliches Kontingent an Freiwilligen, das sich auf mehrere tausend belief.[58] Schließlich zeigte sich die portugiesische Unterstützung der Aufständischen auch darin, daß republikanische Flüchtlinge an Franco ausgeliefert wurden. Für das in vielerlei Hinsicht entscheidende erste Halbjahr des Krieges kann die Bedeutung Portugals für den Verlauf der Auseinandersetzung kaum übertrieben werden.

[57] So die These von César Oliveira, Salazar e a Guerra Civil de Espanha, Lisboa 1987 und ders., A consolidação do salazarismo e a guerra civil de Espanha, Lisboa 1988; ähnlich schon früher Joaquín Arango, La intervención extranjera en la guerra civil española: El caso de Portugal, in: Estudios de Historia de España. Homenaje a Manuel Tuñón de Lara, Bd. 2, Madrid 1981, S. 253–280. Vgl. auch die offiziellen portugiesischen Publikationen: Secretariado Nacional de Informaçao e Cultura Popular: Portugal ante la Guerra Civil de España, o. O. [Lisboa?] o. J. [1939?] und Ministerio dos Negocios Estrangeiros, Dez anos de Politica Externa (1936–1947). A naçao portuguesa e a Segunda Guerra Mundial, Bd. 3, Lisboa 1964. Vgl. den Überblick zu portugiesischen Archivalien und zur Bürgerkriegsbibliographie von Manuel Burgos Madroñero, Fuentes y Bibliografía portuguesa sobre la guerra civil (1936–39), in: Perspectiva Contemporánea, España, Siglo XX, Bd. 1, Nr. 1, Oktober 1988, S. 177–193.

[58] Genaues Zahlenmaterial liegt nicht vor. Robert Hodgson, Spain Resurgent, London 1953, S. 70 spricht von 20000, von denen 8000 gefallen sein sollen. Zu militärischen Aspekten des portugiesischen Eingreifens vgl. José Sepúlveda Vellos, Páginas do diario de un aviador na guerra de Espanha, Lisboa 1972.

Verlauf und Ausgang des Bürgerkrieges konnten nicht ohne Rückwirkungen auf die Stellung Großbritanniens im Mittelmeerraum bleiben. Die Briten waren an einem Fortbestehen des Gleichgewichtszustandes in dieser Region interessiert und beobachteten vor allem die italienischen Aktivitäten äußerst skeptisch, sahen sich aber wegen ihrer militärischen Schwäche, wegen der zunehmenden Probleme mit ihrem Empire (nationalistische Bewegungen) und der relativen Einflußeinbuße im europäischen Rahmen zu weitgehender Inaktivität gezwungen; ihre eigenen internen und Weltreichprobleme erklären zu einem Gutteil die Appeasementpolitik in der zweiten Hälfte der 30er Jahre. Der Spanische Bürgerkrieg war ein weiterer destabilisierender Faktor in den Beziehungen der europäischen Großmächte, besonders im Mittelmeerraum; dort hing Englands Stellung – britischen Politikern zufolge – davon ab, daß Spanien schwach oder englandfreundlich eingestellt war. Eden und seine Berater im *Foreign Office* arbeiteten im Sinne der britischen Interessen darauf hin, daß der Krieg unbedingt auf Spanien beschränkt blieb, eine Ausweitung also verhindert wurde.

Die ältere Forschung zur britischen „Nichteinmischungspolitik" konzentrierte sich auf Gleichgewichtsüberlegungen und die englische Furcht vor einem größeren Krieg. Die Studien der 50er und 60er Jahre etwa betonten, daß das *Foreign Office* primär damit beschäftigt war, eine italienisch-deutsche Allianz zu verhindern und Zeit für die Wiederaufrüstung zu erhalten – nicht, den Ausgang des Krieges in Spanien zu beeinflussen. In diese Kategorie fallen Studien wie die von Patricia van der Esch oder William Laird Kleine-Ahlbrandt.[59]

Historiker, die sich mit US-Reaktionen auf den Spanischen Bürgerkrieg beschäftigt haben, betrachteten die Jahre vor 1936 als eher unbedeutend. Sie führten die US-Neutralität zumeist auf die Spannungen zwischen den Isolationisten im Kongreß und dem Bestreben des *State Department* zurück, ein System der „kollektiven Sicherheit" zu erreichen. Dieser Deutung zufolge führte der Wunsch, mit Großbritannien und Frankreich zu kooperieren, ohne sich den Zorn des isolationistisch orientierten Kongresses zuzuziehen, und nicht eine Gegnerschaft zur spanischen Republik dazu, daß die US-Regierung im August 1936 eine Politik strikter Nichteinmischung betrieb. Diese Interpreta-

---

[59] Patricia van der Esch, Prelude to War: The International Repercussions of the Spanish Civil War, 1936–1939, The Hague 1951; William Laird Kleine-Ahlbrandt, The Policy of Simmering. A Study of British Policy during the Spanish Civil War, 1936–1939, Ambilly-Annemasse 1961.

tion kommt zum Beispiel in den Studien von F. Jay Taylor und Richard B. Traina zum Tragen.[60] Selbst Autoren, die betonen, wie ideologische oder ökonomische Faktoren die britische und amerikanische Politik nach Ausbruch des Bürgerkrieges bedingten, haben die erste Hälfte der 30er Jahre weitgehend vernachlässigt. Einige Studien hoben zwar die antirepublikanischen Gefühle amerikanischer Katholiken, britischer Konservativer und zahlreicher Unternehmer hervor; sie haben aber kaum jemals darauf hingewiesen, daß Politiker auf beiden Seiten des Atlantiks ähnliche Positionen lange vor dem Putsch vom Juli 1936 bezogen hatten. Das gilt etwa für die Untersuchungen von Allen Guttmann, von K. W. Watkins und Dante A. Puzzo, die alle zu Beginn der 60er Jahre erschienen sind.[61] Erst die neuere Studie von James W. Cortada, der eine Geschichte der diplomatischen Beziehungen zwischen Spanien und den USA in den letzten zwei Jahrhunderten liefert, und von Jill Edwards weisen auf die Schwierigkeiten hin, die London und Washington schon vor 1936 mit Madrid hatten, ohne diese Schwierigkeiten allerdings als Bedingungsfaktoren für die späteren Entscheidungen der britischen bzw. amerikanischen Regierungen gegenüber dem Spanischen Bürgerkrieg besonders zu gewichten.[62]

In der herkömmlichen Sicht des britisch-amerikanisch-spanischen Verhältnisses war die Demokratie zuerst in Madrid, später auch in den meisten anderen europäischen Hauptstädten zum Tode verurteilt, nachdem sich England und die Vereinigten Staaten eher für Appeasement als für Widerstand gegen Hitler und Mussolini in Spanien entschieden hatten. Auch die faschistischen Führer zogen diese Schlußfolgerung und kümmerten sich nicht darum, ob die politisch Verantwortlichen in den angelsächsischen Ländern ihre Politik der Nichteinmischung in den Spanischen Bürgerkrieg aus Vorsicht, Ängstlichkeit oder Kalkül betrieben. Die Ironie der Geschichte bewirkte, dieser Interpretation zufolge, daß die mangelnde Standfestigkeit Washingtons und Londons 1936 zur Erhaltung der spanischen Demokratie drei Jahre später zu einem weitaus teureren und grausameren Krieg führte. Aus der Appeasement-Sicht wurde der Spanische Bürgerkrieg zu einem der ersten und deutlichsten Beispiele der britisch-amerikani-

---

[60] F. Jay Taylor, The United States and the Spanish Civil War, New York 1956; Traina 1968.

[61] Allen Guttmann, The Wound in the Heart: America and the Spanish Civil War, New York 1962; Watkins 1963; Puzzo 1962.

[62] James W. Cortada, Two Nations over Time: Spain and the United States, 1776–1977, Westport 1978; Edwards 1979.

schen Kurzsichtigkeit, die mit zum Zweiten Weltkrieg beitrug. Aus der Perspektive des Jahres 1939 mag es zwar einleuchten, die britische und amerikanische Neutralität im Spanischen Bürgerkrieg als einen Schritt hin zum Zweiten Weltkrieg oder als dessen „Generalprobe" zu betrachten; zugleich muß man ihn aber ebenso als das Ende einer außerordentlich problematischen Phase in den amerikanischen und britischen Beziehungen zur spanischen Republik sehen:

Die konfliktgeladene Vorgeschichte der spanisch-angelsächsischen Beziehungen im Bürgerkrieg ist der eigentliche Untersuchungsgegenstand der neueren Studie von Douglas Little.[63] Der Autor hebt in seinem Buch über die „böswillige Neutralität" der USA und Großbritanniens gegenüber der spanischen Republik hervor, daß der Beginn des Bürgerkrieges zugleich das Ende einer turbulenten Fünfjahresperiode in den amerikanischen und britischen Beziehungen zur Republik darstellte. Die Zweite Republik von 1931 war weder in London noch in Washington auf Sympathien gestoßen, was vor allem damit zusammenhing, daß angelsächsische Politiker befürchteten, das neue spanische Regime würde nicht mehr als ein „Kerenski-Zwischenspiel" sein, bevor es zu einer bolschewistischen Machtübernahme käme. Die politische Instabilität des republikanischen Spanien, die Versuche, ausländische Investitionen zu konfiszieren, und die Handelspolitik der Republik trugen sodann in den Jahren nach 1931 nicht gerade zur Zerstreuung derartiger Befürchtungen bei; im Juli 1936 waren die Beziehungen Spaniens zu Großbritannien und den USA an einem Tiefpunkt angelangt. Am Vorabend des Militärputsches bestand in den Ministerien Londons und Washingtons ein tiefverwurzelter antirepublikanischer Konsens, der die entscheidende Voraussetzung für die britische Nichteinmischungspolitik und die US-amerikanische Politik des „moralischen" und später des formellen Waffenembargos gegenüber den kriegführenden Parteien in Spanien war.

Little konzentriert sich auf Handelsaspekte und läßt andere Probleme der spanischen Außenbeziehungen weitgehend außer acht. Seine Untersuchung läßt deutlich werden, daß das *State Department* und das *Foreign Office* an den Ereignissen in Spanien intensiv Anteil nahmen, daß Fragen des Handels und der Investitionen im US-Außenministerium und mitunter selbst bei Franklin D. Roosevelt, somit auf

---

[63] Little 1985; vgl. auch die Zusammenfassung, unter stärkerer Betonung ideologischer Entscheidungsfaktoren: Ders., Red Scare, 1936: Anti-Bolshevism and the Origins of British Non-Intervention in the Spanish Civil War, in: Journal of Contemporary History, Bd. 23, 1988, S. 291–311.

der höchsten Regierungsebene der Vereinigten Staaten, großes Interesse hervorriefen. Mehr als früher wird man in Zukunft davon ausgehen müssen, daß es keineswegs nur (oder primär) die Angst vor einem allgemeinen europäischen Krieg war, die zur neutralistischen Haltung der beiden angelsächsischen Mächte führte, daß vielmehr ökonomische und ideologische Meinungsverschiedenheiten über Handelsfragen und Auslandsinvestitionen die Einstellung zur spanischen Republik prägten. Britische und amerikanische Angst vor einer kommunistischen Revolution in der Republik führten zu einer Verschärfung der Problemlage. In den Aufsichtsräten großer Wirtschaftsunternehmen und in diplomatischen Kanzleien wurden Entscheidungen getroffen, die Politiker in beiden Staaten gegen die spanische Republik einnahmen und damit indirekt deren Todesurteil mitunterzeichneten.[64]

Von besonderer Bedeutung für die europäische „Nichteinmischung" und vor allem für die französische Politik war die Haltung Großbritanniens. Zu Beginn des Bürgerkrieges war die Meinung der konservativen britischen Regierung ziemlich eindeutig. Obwohl sie sich im August 1936 der Nichteinmischungspolitik anschloß, lagen ihre Sympathien auf seiten der Rebellen. Das britische Kabinett wurde zum damaligen Zeitpunkt in seiner Frankreich- und Spanienpolitik von der Befürchtung einer kommunistischen Ausbreitung beherrscht, waren doch in beiden Ländern Volksfrontregierungen an der Macht. Die britisch-französischen Beziehungen hatten sich auch in dem auf den Bürgerkrieg vorhergehenden Jahr sowohl wegen der französisch-russischen Allianz (Mai 1935) und des britisch-deutschen Flottenabkommens (Juni 1935) als auch wegen des Scheiterns des Hoare-Laval-Paktes von Ende 1935 verschlechtert. Die Briten erblickten im französisch-russischen Abkommen eine Ausdehnung französischer Innenpolitik unter der Volksfrontregierung, die Franzosen wiederum sahen im britisch-deutschen Flottenabkommen einen Reflex politischer Haltungen der konservativ beherrschten „Nationalregierung" von Stanley Baldwin.

Die eindeutig profranquistische Haltung der britischen Regierung entsprach keineswegs der gesamten öffentlichen Meinung in England; denn in der britischen Gesellschaft führte der Spanische Bürgerkrieg

---

[64] Zum ausgeprägten Antikommunismus im *Foreign Office* und zur relativen Verharmlosung des Faschismus als Spielart des Nationalismus vgl. Donald Lammers, Fascism, Communism, and the Foreign Office, 1937–39, in: Journal of Contemporary History Bd. 6, H. 3, 1971, S. 66–86.

zum „tiefsten Schisma" (K. W. Watkins) in der modernen Geschichte des Landes. Die franquistische Seite wurde von der Aristokratie, der Großbourgeoisie, der anglikanischen Kirchenhierarchie – mit Ausnahme des Bischofs von York – und dem einflußreichen ›Daily Telegraph‹ unterstützt. Die Republikaner konnten sich auf Liberale, die Labour Party, die Gewerkschaften, Intellektuelle und Kommunisten sowie die Zeitungen ›The Manchester Guardian‹ und ›News Chronicle‹ stützen. Die Spaltung des Landes sollte auch die folgenden Jahre andauern.

Am 24. August 1936 verabschiedete das Komitee der englischen Stabschefs eine Erklärung, derzufolge die englischen Interessen in der Erhaltung der territorialen Integrität Spaniens und der wohlwollenden Neutralität jeder aus dem Bürgerkrieg hervorgehenden spanischen Regierung im Falle eines europäischen Krieges bestünden; eine offene Intervention der Italiener zugunsten der Aufständischen würde eine größere internationale Krise heraufbeschwören, die italienische Besetzung spanischen Territoriums würde britischen Interessen schaden. Italien sollte nicht brüskiert, ein multilateraler Nichteinmischungspakt angestrebt werden. Falls letzterer nicht zustande komme, sollte Frankreich den Italienern zumindest keinen Anlaß zur Intervention geben; Italien wiederum sollte deutlich gemacht werden, daß jede Änderung des Status quo im westlichen Mittelmeer unmittelbar die britischen Interessen berührte und das bestehende Gleichgewicht störte.

Die Ziele der englischen Politik im Spanischen Bürgerkrieg lassen sich somit klar umreißen: Es ging (1) um die geographische Eingrenzung des Bürgerkrieges, d. h. um die Verhinderung seiner Ausdehnung zu einem allgemein-europäischen Krieg; (2) um die Erhaltung der politischen und territorialen Integrität Spaniens; (3) um die Aufrechterhaltung der Wirtschaftsbeziehungen zwischen beiden Staaten.[65] Diese Ziele ließen die britische Regierung von Anfang an entschieden eine Politik der Nichtintervention und des *containment* befürworten, die letztlich auch von den Labour- und Gewerkschaftsführern mehrheitlich mitgetragen wurde, in der Linken insgesamt allerdings zu erregten Auseinandersetzungen führte und die schon traditionelle Spaltung in den Arbeiterorganisationen weiter vertiefte. – Die verschiedenen britischen Ziele in Spanien lassen sich folgendermaßen kommentieren:

---

[65] Nach Schieder/Dipper (Hrsg.) 1976, S. 26–31. Zur Spanienpolitik Edens vgl. Anthony R. Peters, Anthony Eden at the Foreign Office 1931–1938, New York 1986, S. 220–272.

a) Im Hinblick auf die Verhinderung einer Ausdehnung des Bürgerkrieges zu einem allgemein-europäischen Krieg war Großbritannien von Anfang an entschlossen, eine (einseitige) Nichteinmischungspolitik zu betreiben; diese Vorstellung wurde Anfang August 1936 – als die Unterstützung der Rebellen durch Deutschland und Italien außer Zweifel stand – von französischer Seite zum Projekt einer multilateralen Nichteinmischungspolitik fortentwickelt und von den Briten übernommen. Das Ergebnis war das Nichteinmischungsabkommen, das schließlich 27 Länder unterzeichneten; über seine Einhaltung sollte das in London tagende Nichteinmischungskomitee wachen, das erstmals am 9. September 1936 zusammentrat. Nichteinmischung war ein komplexes Unterfangen, bei dem sich England stillschweigend damit einverstanden erklärte, daß „Freiwillige" auf beiden Seiten intervenierten, wenn nur grundsätzliche britische Interessen gewahrt blieben. Eden selbst plädierte 1937 wiederholt für ein energischeres Eingreifen in den spanischen Konflikt, die Admiralität aber legte sich quer und zwang damit auch die Franzosen, die ohne britische Unterstützung ihr Engagement nicht verstärken konnten, zu weitgehender Passivität. Ein „neutrales" Spanien war – laut Lawrence R. Pratt[66] – für Großbritannien im Hinblick auf dessen Mittelmeerposition von größter Bedeutung. Die Briten befürchteten vor allem eine kommunistische Festsetzung in Spanien, die es zu verhindern galt, während die Gefahren eines faschistischen Sieges herabgespielt wurden. In englischen Regierungskreisen wurde sogar der Vorschlag diskutiert, Großbritannien solle sich mit Deutschland und Italien verbinden, um die Revolution in Spanien zu bekämpfen. Allerdings setzten sich die weiterreichenden Vorschläge der einen wie der anderen Richtung im britischen Kabinett nicht durch.

b) Die Erhaltung der politischen und territorialen Integrität Spaniens mußte gegen die strategischen Bestrebungen der Achsenmächte, besonders Italiens, durchgesetzt werden. Rom nahm in der Appeasementpolitik Chamberlains eine tragende Rolle ein; der briti-

---

[66] Lawrence R. Pratt, East of Malta, West of Suez. Britain's Mediterranean Crisis, 1936–1939, Cambridge 1975. Vgl. auch William E. Watters, Non-Intervention in the Spanish Civil War, 1936–1939. An International Affair, New York 1971. Die Protokolle des Nichteinmischungskomitees sind im Londoner Public Record Office auf 24 Rollen mikroverfilmt worden und damit der Forschung leicht zugänglich: FO 849. Foreign Office. International Committee for the Application of the Agreement regarding Non-Intervention in Spain, 1936–1939 (zu besorgen als Kraus-Reprint über Kraus-Thomson Organization in Nendeln, Liechtenstein).

sche Premier strebte auch – offensichtlich gegen die Politik des *Foreign Office* unter Eden – eine englisch-italienische Zusammenarbeit im Hinblick auf Spanien an. Ob allerdings der Rückzug italienischer Truppen aus Spanien (besonders von den Balearen) ein Erfolg der englischen Politik war oder nicht vielmehr auf das Geschick Francos zurückzuführen ist, wird in der Literatur unterschiedlich beantwortet.

c) Das dritte Ziel britischer Politik in Spanien, die Aufrechterhaltung wirtschaftlicher Beziehungen, hat in den letzten Jahren verstärkt die Aufmerksamkeit der Historiker auf sich gezogen, wobei vor allem die deutsch-britische Wirtschaftsrivalität in den Mittelpunkt der Betrachtung rückte. In den älteren Darstellungen, vor allem in der Studie von Kleine-Ahlbrandt, wurde bereits die Bedeutung des gegenseitigen Warenaustausches betont: Immerhin ging die Hälfte aller spanischen Exporte nach England, ein Fünftel der spanischen Importe kam von dort. Hans-Henning Abendroth untersuchte dann 1973 in seiner Dissertation den Kampf zwischen Deutschen und Briten um spanische Agrarprodukte und Rohstoffe, die zum größten Teil aus der franquistischen Bürgerkriegszone kamen. Die Deutschen konnten Franco leicht unter Druck setzen, da er von nationalsozialistischer Militärhilfe abhängig war; andererseits lag dem spanischen Oberbefehlshaber aber daran, die Wirtschaftsbeziehungen mit Großbritannien aufrechtzuerhalten, um die einseitige Abhängigkeit vom Dritten Reich zu lockern und sich über Handelsbeziehungen mit anderen Staaten einen größeren Handlungsspielraum zu verschaffen; außerdem bezahlten die Briten mit den in der franquistischen Zone dringend benötigten Devisen.

Neuerdings haben Angel Viñas und Denis Smyth den deutsch-britischen Konkurrenzkampf um spanische Rohstoffe untersucht und hervorgehoben, daß England vor allem am Kauf von Schwefelkies, Kupfer und Eisenerz interessiert war.[67] Auch die Republikaner hatten das Inselreich mit diesen Rohstoffen versorgt, um der britischen Kriegsindustrie keine Schwierigkeiten zu bereiten. Als im Juni 1937

---

[67] Angel Viñas, Rivalidad anglo-germana por las materias primas españolas, 1936–1939, in: Ders., Guerra, Dinero, Dictadura. Ayuda fascista y autarquía en la España de Franco, Barcelona 1984, S. 153–167. Vgl. auch die Angaben zum bilateralen britisch-spanischen Handel bei Eladi Mainar Cabanes, Gran Bretaña y la guerra civil española, in: Estudis d'història contemporània del País Valencià, hrsg. v. der Universitat de València, Valencia o. J., S. 89–111.

die baskischen Bergwerke in die Verfügungsgewalt Francos fielen, stieg der Erzexport nach England (mit nachhaltiger Unterstützung der baskischen Eisenerzexporteure, die traditionell nach Großbritannien hin orientiert waren) deutlich an. Die Intensivierung der bilateralen Wirtschaftsbeziehungen lag sowohl im franquistischen wie im britischen Interesse. Insgesamt wird man die beiderseitigen Versuche zur Intensivierung der Handelsbeziehungen (vor allem ab 1938) als relativ erfolgreich bezeichnen können – unabhängig davon, daß infolge der außergewöhnlichen Abhängigkeit der franquistischen Zone von Deutschland der Hauptgüterstrom ins Dritte Reich (1938: 40,7% aller Exporte) floß. Im November 1937 erfolgte der Austausch von Handelsvertretern, was eine faktische Anerkennung Francos durch Großbritannien bedeutete, ohne daß allerdings die formellen diplomatischen Beziehungen zur Republik abgebrochen worden wären.

Diese „Schaukelpolitik" hinderte Großbritannien während des Bürgerkrieges und danach daran, die vorhandenen Möglichkeiten in den Beziehungen zu Spanien voll auszunutzen; das Inselreich hatte im spanischen Konflikt weder das Vertrauen der einen noch das der anderen Seite. Nach Beendigung des Bürgerkrieges läßt sich vorerst vielmehr von franquistischem Mißtrauen gegenüber England sprechen; und obwohl Franco 1938 Chamberlain spanische Neutralität in einem eventuellen europäischen Krieg in Aussicht gestellt hatte, war er 1940 zum Kriegseintritt auf seiten der Achsenmächte bereit.

Im Vergleich zu europäischen Ländern haben die Vereinigten Staaten weit weniger historiographische Aufmerksamkeit erregt. Die älteren Studien von Allen Guttmann, F. Jay Taylor und Richard Traina sind bis heute die einzigen Monographien zur US-Politik gegenüber dem Spanischen Bürgerkrieg; wegen ihrer auf Ideologieprobleme oder Diplomatiegeschichte fixierten Interpretation sind diese Darstellungen aber methodisch überholt; wirtschaftliche Aspekte werden allenfalls am Rande behandelt – obwohl die USA vor dem Bürgerkrieg mit 19,9% (1935) bzw. 17,9% (1936) den jeweils höchsten Marktanteil am spanischen Export (noch vor Großbritannien) einnahmen; die Führungsposition mußten sie allerdings 1937 bereits an das Deutsche Reich abtreten, 1938 wurden sie auch von Italien überrundet.

Von Anfang an praktizierten die USA, ohne je das Nichteinmischungsabkommen zu unterzeichnen, eine Politik der strikten Neutralität, die sich zuerst in einem „moralischen Embargo", seit Januar 1937 sodann ("Spanish Embargo Act") als staatlich dekretiertes Embargo niederschlug. Wiederholte Versuche – etwa des republikfreundlichen US-Botschafters in Madrid, Claude G. Bowers[68] –, eine Politik durchzusetzen, die die spanische Republik weniger benachteiligte, blieben erfolglos; dabei gehörte der Spanische Bürgerkrieg zu den Ereignissen, die die US-Öffentlichkeit wie kaum ein anderes Thema erregten. Die liberale öffentliche Meinung sprach sich mehrheitlich zugunsten der Republik, nur eine kleine Minderheit für die Nationalisten aus.[69] Trotz des Embargos betrieben die großen Konzerne, vor allem *General Motors* und *Texaco,* zuerst mit beiden kriegführenden Parteien, später dann nahezu ausschließlich mit der franquistischen Seite lohnende Geschäfte,[70] nachdem die Lieferung von LKWs und Treibstoff nicht unter die Embargo-Bestimmungen fiel.

Als Ende 1936 klar wurde, daß der Krieg in Spanien sich länger als erwartet hinziehen würde, mußte das (nie konsequent durchgehaltene) Prinzip des „moralischen Embargo" einer Revision unterworfen werden, da zahlreiche Waffenhändler sich nicht von angeblichen „(un-)patriotischen" Überlegungen, sondern von ihren Geschäftsinteressen leiten ließen und Waffen an die spanische Republik sandten. Die „profranquistischen Elemente" (Claude Bowers) im *State Department* konnten innerhalb kürzester Zeit den Beschluß durchsetzen, aus dem „moralischen" ein „legales" Embargo zu machen, das den Verkauf von Waffen und Kriegsgerät an die kämpfenden Parteien in Spanien unter Strafe stellte.

Auch die "Good Neighbour Policy" der Roosevelt-Administration gegenüber den lateinamerikanischen Staaten wurde als Argument ins Feld geführt, nachdem die Mehrzahl dieser Staaten – die zugleich ein wichtiger Absatzmarkt für die Wirtschaft der USA waren – mit Franco sympathisierte. Die US-Haltung gegenüber dem Spanischen Bürgerkrieg wurde zweifellos durch die „neutralistische" Position Frank-

[68] Vgl. diesen Bericht: Claude G. Bowers, My mission to Spain. Watching the rehearsal for World War II, New York 1954.

[69] Zur Haltung der US-Katholiken und der möglichen Rücksichtnahme der Washingtoner Administration auf diese Wählerschichten vgl. J. David Valaik, Catholics, Neutrality, and the Spanish Embargo, 1937–1939, in: Journal of American History 54 (1967), S. 73–85.

[70] Hierzu Robert H. Whealey, Economic Influence of the Great Powers in the Spanish Civil War: From the Popular Front to the Second World War, in: The International History Review, Bd. V, Nr. 2, 1983, S. 229–254; vgl. auch Whealeys älteren Beitrag: How Franco Financed His War, Reconsidered, in: Journal of Contemporary History XII (1977), S. 133–152 sowie Charles E. Harvey, Politics and Pyrites during the Spanish Civil War, in: Economic History Review 31 (1978), S. 89–104.

reichs und Großbritanniens bedingt. Verstärkt wurde diese Haltung noch durch die Berichte des US-Botschafters Claude Bowers, der von Spanien aus dem *State Department* gegenüber seine Überzeugung zum Ausdruck brachte, daß Frankreich und England aus ökonomischen und strategischen Gründen den Sieg Francos wünschten.

Im Vergleich zu den USA ist die Bibliographie zur französischen Haltung dem Spanischen Bürgerkrieg gegenüber sehr umfangreich. Trotzdem steht bis heute für Frankreich eine quellengesättigte Untersuchung aus, die den Meinungsbildungsprozeß in der Regierung und dessen Umsetzung in praktische Politik analysiert. Ein Großteil der Archivalien aus dem Quai d'Orsay wurde vor der deutschen Besetzung von Paris zerstört, so daß die Quellengrundlage im französischen Fall viel schlechter als im deutschen, englischen oder amerikanischen ist. Allerdings sind bisher nicht einmal die vorhandenen Quellen ausgewertet worden. So dürften etwa die Dokumente aus dem Finanzministerium, aus dem Handels- und Zolldepartement, aus der Bank von Frankreich oder aus dem Kriegsministerium wertvolle weitere Aufschlüsse bezüglich der französischen Spanienpolitik vermitteln. Das Archiv der Polizeipräfektur von Paris verfügt unter der Rubrik „Revolution in Spanien" über zahlreiche Materialien, die über die verschiedenen französischen Bewegungen zugunsten der einen oder anderen Bürgerkriegspartei Aufschlüsse geben. Die Materialien des Innenministeriums in den *Archives Nationales* schließlich lassen – wenn auch zum Teil nur lückenhaft – den Waffenhandel, Propagandamechanismen oder die Debatten in der Kommunistischen Partei Frankreichs (KPF) rekonstruieren.

Frankreich befand sich 1936 in einer soziopolitischen Krise, die es der Regierung unmöglich machte, eine dynamische und kohärente Außenpolitik zu betreiben. Diese innere Schwäche bedingte großenteils die französische Appeasementpolitik gegenüber den faschistischen Mächten in Europa. Außerdem wurde die französische Politik gegenüber Spanien von einer strategischen und einer ökonomischen Überlegung geleitet. Im strategischen Bereich hätte ein Sieg der republikanischen Kräfte in Spanien für die französische Bourgeoisie so etwas wie ein Sieg des Kommunismus bedeutet, was sich zweifellos negativ auf die französischen Interessen im Mittelmeer und in Afrika ausgewirkt hätte. Ein radikaler Orientierungswechsel in der spanischen Politik infolge eines republikanischen Sieges hätte der französischen Bourgeoisie – die ca. 60% aller ausländischen Investitionen in Spanien kontrollierte – nicht nur wirtschaftliche, sondern auch politische Probleme bereitet.[71] Hinzu kamen die internen Schwierigkeiten, die der spanische Krieg der französischen Volksfront bereitete. Denn auch wenn deren Basis überwiegend aus Arbeitern bestand, gaben doch die Radikalen, die einen Sektor der Kleinbourgeoisie repräsentierten, den Ausschlag in der Koalition.[72]

Der Spanische Bürgerkrieg war sicher nicht verantwortlich für die Spaltung der französischen Gesellschaft, die im Juni 1940 ihren Höhepunkt erreichen sollte; diese Spaltung reichte viel weiter in die Vergangenheit zurück. Der Krieg 1936–1939 verschärfte allerdings die Spannungen, denen die Dritte Republik ausgesetzt war, ganz erheblich. Nachdem es zwischen 1930 und 1934 zehn sich schnell ablösende Kabinette gegeben hatte, konstituierte sich 1935 unter der Führung des Sozialisten Léon Blum die Volksfront; diese errang, wie wenige Monate vorher die spanische, im April/Mai 1936 mit 57% : 43% den Wahlsieg über die Nationale Front.

Die Bitte des spanischen Ministerpräsidenten José Giral an die französische Regierung um Militärhilfe löste in den Monaten Juli und August 1936 eine Reihe von Aktivitäten aus, die sich in drei Phasen unterteilen lassen: Zuerst, am 20. Juli 1936, kamen Blum und Luft-

---

[71] Zur Reaktion der französischen Bourgeoisie (unter Verwendung vor allem der Unternehmer- und Wirtschaftspresse und ihrer Interessenorganisationen, etwa der Französisch-Spanischen Handelskammer) vgl. Borrás Llop 1981. Eine knappe Analyse der Pressereaktionen bei J. Extramiana, La opinión francesa frente a la guerra de España (1936–1939), in: Estudios de Historia de España. Homenaje a Manuel Tuñón de Lara, Bd. 2, Madrid 1981, S. 281–295.

[72] In den letzten Jahren sind mehrere Studien zur französischen Volksfront erschienen, die zu sehr unterschiedlichen Ergebnissen gelangen. Während Julian Jackson, The Popular Front in France: Defending Democracy, 1934–38, New York 1988 in seinem kritischen Überblick für Léon Blums Position Verständnis aufbringt, geht Helmut Gruber, Léon Blum, French Socialism, and the Popular Front. A Case of Internal Contradictions, Ithaca N.Y. 1986 mit dem Sozialistenführer äußerst hart ins Gericht; er vertritt die These, die französische Volksfront sei keineswegs durch „objektive" äußere Faktoren zerstört worden, sondern an inneren Widersprüchen, vor allem der Sozialistischen Partei, zugrunde gegangen. Vgl. von der neueren Literatur insbesondere Paul Preston/Helen Graham (Hrsg.), The Popular Front in Europe, London 1987 sowie (für Frankreich) L. Bodin/J. Touchard, Front Populaire 1936: l'histoire par la presse, Paris 1985; J. Kergoat, La France du front populaire, Paris 1986; für zahlreiche komparative Aspekte vgl. Alexander/Graham (Hrsg.) 1989 und den Tagungsband: Internationale Tagung der Historiker der Arbeiterbewegung (22. Linzer Konferenz 1986), Stand der Forschung zu den Volksfrontregierungen in Spanien, Frankreich und Chile in den 30er Jahren, Wien 1987.

fahrtminister Pierre Cot überein, in Übereinstimmung mit einer geheimen Waffenlieferungsklausel des französisch-spanischen Handelsvertrages von 1935, Kriegsmaterial (Potez-54-Flugzeuge) nach Spanien zu senden, ohne daß dieser Beschluß – nachdem sich innen- wie außenpolitisch Widerstand geregt hatte – je ausgeführt worden wäre. Am 23. Juli reiste Blum sodann zur Drei-Mächte-Konferenz nach London; da das französische Kabinett unmittelbar nach Blums Rückkehr am 25. Juli die ursprüngliche Zusage an die spanische Republik zurücknahm und für ein Waffenembargo plädierte, ist in der Literatur immer wieder der (wohl entscheidende) Einfluß Londons für die französische Kursänderung hervorgehoben worden. Zweifellos rieten die Briten – vor allem Premierminister Stanley Baldwin und Außenminister Anthony Eden – zur Vorsicht und ließen auch erkennen, daß im Falle eines französischen Engagements in Spanien – vor allem, wenn es zu einem Konflikt mit Italien kommen würde – Paris nicht mit englischer Unterstützung würde rechnen können. Die entscheidenden Gründe für den französischen Kurswechsel dürften aber nicht in der ablehnend-warnenden Haltung Großbritanniens gelegen haben. Ein Teil der Forschung hat schon relativ früh darauf hingewiesen, daß es keines besonderen englischen Drucks bedurfte, um Blum von seinem ursprünglichen, offensichtlich übereilten Hilfsentschluß wieder abzubringen. So hatte – neben anderen – Geoffrey Warner zum Beispiel 1962 betont, daß einerseits die innerfranzösische Opposition gegen Blums Haltung und andererseits die englische Weigerung, den Kurs des (in dieser Frage von englischer Unterstützung abhängigen) französischen Ministerpräsidenten zu sekundieren, ausreichten, um letzteren zu einem schnellen Kurswechsel zu veranlassen.[73] Spätere Darstellungen konzentrierten sich dann auf die innenpolitische Situation und betonten den Widerstand vieler prominenter Politiker und der Kabinettsmehrheit gegen eine Hilfeleistung, sodann die Überlegung Blums, daß die Durchsetzung anderer Punkte des Volksfrontprogramms letztlich doch Priorität vor der Spanienhilfe habe, des weiteren die Spaltung der Sozialistischen Partei (SFIO) in radikale Pazifisten und Interventionisten, außerdem die notorischen internen Differenzen und Flügelkämpfe in der Radikalsozialistischen Partei, durch die auch

---

[73] Geoffrey Warner, France and Non-Intervention in Spain, July–August 1936, in: International Affairs, Bd. 38, 1962, S. 203–220. Die neuere Diskussion bei Whealey 1989, S. 14–19, der allerdings erneut die britische Zurückhaltung als wichtigste Erklärung für die französische Meinungsänderung anführt (S. 16).

das Kabinett Blum wesentlich in Mitleidenschaft gezogen wurde, schließlich die gezielten Indiskretionen der französischen Rechtspresse, die durch polemische Artikel die Opposition zu regelrechten Empörungsstürmen veranlaßte.[74]

Als sodann Ende Juli in Frankreich bekannt wurde, daß die Italiener die franquistische Seite unterstützten, wurde Anfang August der Entschluß zur französischen Waffenhilfe an die Republik erneuert; am 8. August setzte sich jedoch endgültig die Nichteinmischungslinie von Außenminister Yvon Delbos und Kriegsminister Edouard Daladier durch (die beide anfangs für eine Unterstützung der Republik eingetreten waren).[75] Blum gab später vier Gründe für diesen Kurswechsel an: die Isolierung Frankreichs, die Pressekampagne der Rechten, die Spaltung im Parlament und das Erfordernis, die Sozialgesetzgebung der Volksfrontregierung sicherzustellen.

Am 13. August 1936 schloß die französische Regierung die Pyrenäengrenze. Im selben Monat wurden allerdings noch insgeheim an die 50 Flugzeuge nach Spanien transportiert, während Blum sich bereits um ein internationales Nichteinmischungsabkommen bemühte. Mitte August erklärten Frankreich und Großbritannien, sie träten für ein Verbot des direkten und indirekten Exports oder Transits von Kriegsmaterial nach Spanien und in die spanischen Besitzungen ein; damit sollten Deutschland und Italien zur Einstellung ihrer Unterstützung der franquistischen Seite gezwungen werden. Da von einer Kontrolle im französischen Vorschlag nicht die Rede war, konnten die faschistischen Staaten ohne allzu großes Risiko zustimmen; Ergebnis dieser Bemühungen war das Nichteinmischungskomitee.

Nachdem in der französischen Volksfrontregierung keine Einigkeit über eine mögliche Hilfe an die spanische Regierung erzielt werden

---

[74] Zu Widersprüchen Blums vgl. den Beitrag von Pierre Renouvin in dem von ihm selbst und René Rémond herausgegebenen Tagungsband: Léon Blum. Chef du gouvernement 1936–1937, Paris ²1981; zur Haltung des Kabinetts vgl. Richard Gombin, Les socialistes et la guerre. La S.F.I.O. et la politique étrangère française entre les deux guerres mondiales, Paris 1970; zu den Sozialisten Nathanael Greene, Crisis and Decline. The French Socialist Party in the Popular Front Era, Ithaca 1969; zu den Radikalsozialisten Jean-Thomas Nordmann, Histoire des radicaux, 1820–1973, Paris 1974 und Peter J. Larmour, The French Radical Party in the 1930's, Stanford 1964; zusammenfassend Jean Baptiste Duroselle, La décadence, Paris 1979, S. 301 f.

[75] John E. Dreifort, Yvon Delbos at the Quai d'Orsay. French Foreign Policy during the Popular Front, 1936–1938, Lawrence, Kans. 1973; vgl. auch Georges Bonnet, De Washington au Quai d'Orsay, Genf 1946.

konnte, blieb Premier Léon Blum keine andere Wahl als die Politik der Nichteinmischung, wenn er die Volksfrontkoalition nicht gewaltsam sprengen wollte. Dem republikanischen Lager offen Unterstützung zukommen zu lassen hätte bedeutet, daß ein breiter Sektor der französischen Mittelschichten sich von der Volksfront abgewandt hätte. Angesichts dieser wahlstrategischen und wirtschaftlichen Überlegungen bestand für Blum keine praktikable Alternative zur tatsächlich eingeschlagenen Politik der Nichteinmischung, wenn auch der französischen Regierung sehr bald klar wurde, daß ihre Haltung faktisch der franquistischen Seite zugute kam, da die für die Aufständischen bestimmten deutschen Sendungen den französisch-spanischen Zoll passieren konnten, während französische Lieferungen an die Republik aufgehalten wurden.

Die französische Nichteinmischungspolitik wies in der Praxis allerdings zwei Seiten auf: Auf der einen versuchte die französische Exekutive – insbesondere das Außenministerium (Delbos) unter der „Vordenkerschaft" des Generaldirektors im Außenministerium, Alexis Léger (d.i. Saint-John Perse) –, jede Hilfe an die spanische Republik zu verhindern; auf der anderen organisierten Blum selbst, das Innenministerium und einige wichtige Beamte des Zolldepartements eine Art paraoffiziellen Schmuggels, der die Weiterleitung des für die Republik bestimmten russischen Materials durch französisches Gebiet ermöglichte. Außerdem tolerierte die französische Regierung (in den entscheidenden Monaten) die Bildung der Internationalen Brigaden, nachdem im Laufe des Spätsommers die Delbos-Linie sich verstärktem Druck seitens der KPF und des linken Flügels der Sozialistischen Partei ausgesetzt sah. Die Regierung genehmigte daraufhin Freiwilligen, die Grenze nach Spanien zu überschreiten; diese Permissivität erfuhr wiederum heftige Attacken von rechts; im Januar 1937 mußte die Regierung ein Gesetz einbringen, das Franzosen den freiwilligen Kriegseinsatz in Spanien verbot; es wurde ohne Gegenstimmen im Parlament verabschiedet, hatte allerdings auf die Rekrutierungspraxis keine Auswirkungen.[76]

[76] Zur Rekrutierung der Internationalen Brigaden auf französischem Boden vgl. weiter unten den Exkurs über die Internationalen Brigaden. Auf nationalistischer Seite kämpften rund 200 Franzosen in der *bandera*-Einheit (Teil eines Infanteriebataillons) *Jeanne d'Arc*. Auf republikanischer Seite dürfte der prominenteste Freiwillige André Malraux gewesen sein, der im August 1936 bereits eine Flugzeugschwadron organisierte; mindestens ebenso wichtig wie sein kriegerischer war wohl sein propagandistischer Einsatz (L'Espoir, 1937) für die Republik.

Die faktische Tolerierungspolitik eines nicht unbeträchtlichen Teils der französischen Verwaltung wurde in dem Augenblick von besonderer Bedeutung, als das aus der Sowjetunion kommende Kriegsmaterial nicht mehr durch das Schwarze Meer und das Mittelmeer transportiert wurde, sondern die Schiffe von Murmansk aus einen der französischen Atlantikhäfen anliefen. Sodann mußten die Materiallieferungen die spanische Grenze oder einen der Mittelmeerhäfen erreichen, um dort nach (offiziell:) „Mexiko" oder „Griechenland" umgeladen zu werden. Obwohl der wahre Charakter dieser Transporte – wie der Rechtspresse zu entnehmen ist – durchaus bekannt war, konnten diese eigentlich illegalen Aktionen dank höchster Protektion im Staatsapparat vonstatten gehen. Direkt verantwortlich waren Georges Cusin und der Marseiller Kommunist Cristofol, die zu „Schmuggelministern" wurden. Genaue Angaben zur französischen Militärhilfe an die spanische Republik lassen sich zwar nicht machen; der Untersuchung von David W. Pike, der systematisch südfranzösische Provinzialarchive ausgewertet hat, ist jedoch zu entnehmen, daß diese Hilfe von erheblichem Umfang gewesen sein muß.[77] Die heutige Kenntnis dieser Praktiken korrigiert das überlieferte Bild der französischen Nichteinmischungspolitik, die sich nunmehr als weit weniger rigide als bisher angenommen präsentiert.[78] Allerdings erscheint die Nichteinmischungspolitik trotz dieser Nuancierungen insgesamt als höchst problematisch: Sie reichte nicht aus, um die Republik zu retten, ermöglichte aber andererseits Manöver von Italienern und Deutschen, die auf die Doppeldeutigkeit der französischen Politik verweisen konnten.

Wie umstritten bis heute die französische Nichteinmischungspolitik ist, läßt schon eine kursorische Durchsicht der historischen Literatur erkennen; nach wie vor gehen die Meinungen weit auseinander. Der größte Dissens besteht in der grundsätzlichen Frage, ob innen- oder außenpolitische Aspekte bei der Entscheidung dominiert haben, offiziell eine Politik der Nichteinmischung zu betreiben. Nur wenige Beispiele seien herausgegriffen. Pierre Renouvin und Jean Baptiste Duroselle betonen die Befürchtung, ein offenes französisches Eingreifen hätte zu einem allgemeinen Krieg führen können; Jean Lacouture verweist darauf, daß die mangelhafte französische Aufrüstung Blum

---

[77] Pike 1975.
[78] Vgl. Carlos Serrano, La historiografía francesa y la guerra civil española, in: Julio Aróstegui (Hrsg.), Historia y Memoria de la Guerra Civil. Encuentro en Castilla y León, Bd. 1, Valladolid 1988, S. 71–84.

gegenüber britischem und (im eigenen Land) radikalem Druck anfällig machte; Georges Dubief und Angel Viñas halten eine Kombination außenpolitischer Überlegungen (britischer Druck, allgemeine Kriegsgefahr) und innenpolitischer Faktoren (Gefahr eines französischen Bürgerkrieges bei vergleichbarer ideologischer Ausgangsposition in Frankreich und Spanien) für entscheidend; letzteren Aspekt – der auf eine Äußerung Blums aus dem Jahr 1942 zurückgeht – rückt Anthony Adamthwaite in den Mittelpunkt seiner Überlegungen.[79]

Der Spanische Bürgerkrieg bildete in Frankreich endgültig zwei nahezu antagonistische Verhaltensweisen, zwei „sich gegenüberstehende Kulturformen" (Carlos Serrano) heraus: Auf der einen Seite eine Verzichthaltung, die bestenfalls jegliche Art von Gewaltanwendung und Krieg ablehnte und schlimmstenfalls voller Begeisterung die energischen Regierungen (Deutschland, Italien, nunmehr Spanien...) betrachtete; auf der anderen Seite jene Kräfte, die den Krieg in Spanien als Teil ihres eigenen antifaschistischen Kampfes interpretierten, die ihr Spanien-Engagement als eine Form der *Résistance* gegen den Faschismus werteten. Bezeichnenderweise bildeten gerade diese Personen – stellvertretend für viele sei Jean Moulin genannt – später einen Kern des Widerstandes gegen die nationalsozialistische Besatzung.

Neben der Sozialistischen Partei verdient bei der Analyse der französischen Spanienpolitik die Kommunistische Partei besondere Beachtung. Dabei läßt sich in der neueren Geschichtsschreibung immer deutlicher die Tendenz erkennen, die Haltung der Kommunistischen Parteien in der Zwischenkriegszeit nicht nur in ihrer Funktion als ausführende Organe der Kominterndirektiven zu betrachten. Carlos Serrano etwa hat auf der Grundlage des neuerdings im „Institut für Marxistische Untersuchungen" in Paris teilweise zugänglichen Archivs der KPF deren Politik im Zusammenhang der französischen Außenpolitik interpretiert und ihr einen eigenständigen und kohärenten Stellenwert zuerkannt – unabhängig davon, daß die Unterstüt-

---

[79] Jean Baptiste Duroselle, La décadence 1932–1939, Paris 1979; Jean Lacouture, Léon Blum, Paris 1977; Georges Dubief, Le déclin de la Troisième République 1929–1938, Paris 1976; Anthony Adamthwaite, France and the Coming of the Second World War 1936–1939, London 1977; vgl. auch Hans-Henning Abendroth, Deutschland, Frankreich und der Spanische Bürgerkrieg 1936–1939, in: Klaus Hildebrand/Karl Ferdinand Werner (Hrsg.), Deutschland und Frankreich 1936–1939, München 1981, S. 453–474; zur Haltung Blums vgl. bes. Colette Audry, Léon Blum ou la Politique du Juste, Paris 1955.

zung der spanischen Republik oder die Organisation humanitärer Hilfsaktionen auch der Kominternlinie entsprach.[80] In der von Positionen des Kalten Kriegs beeinflußten Geschichtsschreibung ist aber allzuoft übersehen worden, daß die Politik der Kommunistischen Parteien sich auch aus den Konstellationen des jeweiligen Landes erklären läßt. Die KPF etwa übte Druck auf die unschlüssigen und nicht eindeutig festgelegten Sozialisten des Volksfrontbündnisses aus, sie mobilisierte die öffentliche Meinung zugunsten der Republik, sie trat vorbehaltlos für die Bekämpfung des Faschismus und gegen jede Art von Appeasement ein; die französischen Kommunisten glaubten wie keine andere Gruppierung an die Möglichkeit eines republikanischen Sieges, eines Sieges jener «illusion lyrique», von der Malraux sprach.

Zu ihren wichtigsten (und bisher unterschätzten) Initiativen gehörte, neben der Gründung der einflußreichen und erfolgreichen Abendzeitung ›Ce Soir‹ (unter der Leitung von Louis Aragon und Jean Richard Bloch), die Schaffung jenes *Comité Bilbao,* dessen ursprüngliche Funktion in der Mobilisierung der öffentlichen Meinung Frankreichs zur Verteidigung der baskischen Front bestand, das aber sehr schnell, nach dem Fall Vizcayas und Asturiens, in der Evakuierung von Flüchtlingen, besonders von Kindern, eine neue Aufgabe übernahm. Die Wirkung des Nordfeldzuges war vor allem auf die französischen Katholiken stark, da der Spanische Bürgerkrieg jetzt nicht mehr als Kampf von Gläubigen gegen Atheisten interpretiert werden konnte. Die Hilfe „für den katholischen Arbeiter" nahm symbolische Bedeutung an; an die Spitze des Komitees setzte die Kommunistische Partei den populären Paul Vaillant-Couturier. Zu den zahlreichen Hilfsleistungen des Komitees gehörte die Entsendung von Waffen auf eigens dazu gecharterten Schiffen, zu deren Schutz wiederum die französische Marine aufgeboten wurde (womit die Nichteinmischung effizient unterlaufen werden konnte), sowie die Gründung einer eigenen Schiffahrtsgesellschaft, der *France-Navigation.*[81]

Auf den Sturz der Blum-Regierung im Juni 1937 folgte ein von den Radikalen beherrschtes Kabinett unter Camille Chautemps, das im Juli die internationale Kontrolle an der Pyrenäengrenze aufhob, um durch diese Maßnahme die Farce der Nichteinmischung zu decouvrieren. Auf französische Initiative hin fand im September die Konfe-

---

[80] Carlos Serrano, L'Enjeu Espagnol. PCF et guerre d'Espagne, Paris 1987.

[81] Zur Geschichte dieser Gesellschaft vgl. Dominique Grisoni/Gilles Hertzog, Les Brigades de la mer, Paris 1977 sowie die Memoiren des Leiters des Unternehmens Giulio Ceretti, A l'ombre des deux T, Paris 1973.

renz von Nyon statt, die den Aktionen italienischer U-Boote im Mittelmeer gegen russische, französische und englische Handelsschiffe Einhalt gebieten sollte. Trotz der daraufhin eingerichteten „Seepolizei" – an den Patrouillen beteiligte sich auch Italien! – blieb die neutrale Handelsschiffahrt weiterhin Angriffen ausgesetzt.[82]

Im Januar 1938 schloß Chautemps unter englischem Druck die Grenze wieder; damit büßte er den Rest an sozialistischer Unterstützung ein, den er noch hatte. Auch die erneute Grenzöffnung im März 1938 konnte den Fall seiner Regierung nicht mehr verhindern. Das nun folgende zweite Kabinett Blum zog eine direkte Intervention in Katalonien in Betracht; doch abermaliger heftiger Widerstand verhinderte jegliche Maßnahme bis zum baldigen Fall der Regierung im April und deren Ablösung durch das Kabinett Edouard Daladier. Zu den Gründen von Blums Sturz gehörte auch die Spaltung in der Sozialistischen Partei. 1937 hatte der linke Flügel *(Gauche Révolutionnaire)* unter der Leitung von Marceau Pivert und Jean Zyromski die "pressure group" *Comité d'Action Socialiste pour l'Espagne* (CASPE) gegründet; 1938 wurde die *Gauche Révolutionnaire* sodann aus der Partei ausgeschlossen. Pivert gründete daraufhin den *Parti Socialiste Ouvrier et Paysan,* der den spanischen Republikanern einige Hilfe zukommen ließ, währen die Sozialistische Partei nunmehr ganz unter die Kontrolle ihres Generalsekretärs Paul Faure und von Jean Lougnet geriet, dessen Pazifismus Blum seit dem Ausbruch des Ersten Weltkriegs bekämpft hatte.

Unter britischem Druck verhinderte Daladier seit 1938 erneut die Entsendung von Kriegsmaterial nach Spanien. Aber trotz der Nachgiebigkeit der französischen Regierung auf der Münchner Konferenz ließ Außenminister Georges Bonnet den franquistischen Außenminister Francisco Gómez Jordana wissen, daß im Falle eines Krieges wegen der tschechoslowakischen Krise der französische Generalstab eine Invasion Kataloniens, den Schutz der republikanischen Häfen und einen Angriff auf Spanisch-Marokko geplant habe. Im Gegenzug für diese Information garantierte Franco im September 1938 „vollständige Neutralität" im Falle eines Krieges.

Seit Anfang 1939 ergoß sich ein nicht endender Flüchtlingsstrom über die katalanische Grenze nach Frankreich. Alle Schätzungen

---

[82] James W. Cortada, Ships, Diplomacy, and the Spanish Civil War: Nyon Conference, September 1937, in: Il Politico 37 (1972), S. 673–689; Peter Gretton, The Nyon Conference – The Naval Aspect, in: Economic Historical Review 90 (1975), S. 103–112.

stimmen darin überein, daß über eine halbe Million Republikaner nach Frankreich floh, von denen bei Kriegsende noch mindestens 236000 in 15 Konzentrationslagern (Argelès, Saint Cyprien ...) im Süden, besonders an der Roussillonküste hausten. Die Lager blieben bis Ende des Zweiten Weltkriegs bestehen; Franquisten und Nationalsozialisten durchstreiften sie periodisch und ergriffen politisch „Verdächtige", die zur Aburteilung und Exekution nach Spanien oder in deutsche Konzentrationslager abtransportiert wurden.[83]

Die bisher diskutierten Haltungen Großbritanniens und Frankreichs sind für die westliche Nichteinmischungspolitik von besonderer Bedeutung. Umstritten ist bis heute vor allem die Genese dieser Nichteinmischungspolitik. In der älteren Historiographie war es allgemein üblich, auf den Druck hinzuweisen, den die Briten angeblich auf die französische Regierung bei der Formulierung der Nichteinmischungspolitik ausgeübt haben.[84] So ist behauptet worden, daß die englischen Pressionen auf Frankreich anläßlich dreier Ereignisse erfolgten: während der Drei-Mächte-Konferenz in London (23./24. Juli 1936), anläßlich des Besuchs von Admiral Darlan bei der britischen Admiralität (als er die Engländer von der entscheidenden strategischen Implikation der spanischen Ereignisse überzeugen sollte) und bei der französischen Verkündigung einer Politik der Nichteinmischung (die auf heftigen diplomatischen Druck der Briten hin verkündet worden sein soll).

Eine lokale Begrenzung des Bürgerkrieges konnte nur erreicht und die Ausdehnung „kommunistischer" Revolutionspropaganda (aus britischer Sicht) verhindert werden, wenn das Ausland sich in diesem Konflikt neutral verhielt. Bereits Ende Juli 1936 verkündete Großbritannien daher ein – auf Signalwirkung bedachtes – Waffenembargo für Spanien. Da die britische Regierung ebenso „antifaschistisch" wie „antikommunistisch" eingestellt war, hatte sie gegen eine Konfrontation der beiden großen Ideologien auf spanischem Boden eigentlich nichts einzuwenden. Von Anfang an erlegte sie der republikanischen Regierung Restriktionen in bezug auf Treibstofferwerb auf. Einem multilateralen Abkommen stand sie zwar zögernd gegenüber; da sie

[83] David W. Pike, Vae Victis!, Paris 1969; Guy Hermet, Les Espagnols en France, Paris 1967.

[84] David Carlton, Eden, Blum and the Origins of Non-Intervention, in: Journal of Contemporary History, Bd. 6, Nr. 3, 1971, S. 40–55 (wiederabgedruckt bei Schieder/Dipper 1976, S. 290–305). Zum Folgenden Edwards 1979, S. 15.

aber zugleich Frankreich von einem tieferen Engagement für die spanischen Angelegenheiten abhalten wollte, unterstützte sie schließlich eine förmliche Nichteinmischungserklärung sowie jene Kräfte in der französischen Regierung, die eine direkte Intervention in Spanien ablehnten. Festzuhalten bleibt jedoch, daß der Vorschlag zur Lösung des (Nicht-)Einmischungsproblems von französischer Seite ausging. Die internationale Krise um Spanien, die zerbrechliche Balance französischer Politik und die strategischen Aspekte der Situation ließen ein multinationales Abkommen als die beste Lösung für die unmittelbare Krise erscheinen.

Für die französische Nichteinmischungspolitik waren vor allem – hierauf ist weiter oben bereits hingewiesen worden – innenpolitische Gründe ausschlaggebend; außenpolitischer Druck mag bei der französischen Entscheidung allenfalls von sekundärer Bedeutung gewesen sein; die außenpolitisch wichtigste Befürchtung Frankreichs bestand darin, daß Großbritannien im Falle einer Eskalation des Spanischen Bürgerkrieges einem sich nicht strikt neutral verhaltenden Frankreich jedwede Unterstützung versagen würde. Ende Juli schlug daher die französische Regierung vor, die primär am Mittelmeerraum interessierten Mächte Großbritannien, Italien und Frankreich sollten sich vertraglich zur Nichteinmischung in innerspanische Angelegenheiten verpflichten. M. D. Galagher hat darauf hingewiesen, daß die britischen Tories, angesichts radikaler Labour-Opposition, den Franzosen die offizielle Verkündigung der Nichteinmischungspolitik überließen; Glyn Stone hat sich später dieser Interpretation angeschlossen.[85] Neuerdings sind Viktor Knoll und Robert H. Whealey zu dem Ergebnis gekommen, daß der ursprüngliche Entschluß zur Nichteinmischung zwar von Frankreich ausging, von Mitte August 1936 an die Initiative jedoch schrittweise in die Hände der britischen Regierung überging, wodurch die Nichteinmischung einen eindeutig gegen die spanische Republik gerichteten Charakter erhalten habe.[86]

---

[85] M. D. Galagher, Léon Blum and the Spanish Civil War, in: Journal of Contemporary History VI (1971), S. 56–64; Glyn Stone, Britain, Non-Intervention and the Spanish Civil War, in: European Studies Review 9 (1979), S. 129–149; die inzwischen überholte These vom ausschlaggebenden britischen Druck bei der Verkündung der Nichteinmischungspolitik durch Frankreich hat als erster David Carlton 1971 erschüttert.

[86] Viktor Knoll, Zur Vorgeschichte des Abkommens über Nichteinmischung in Spanien 1936, in: Zeitschrift für Geschichtswissenschaft 1 (1987), S. 15–27; ähnlich Whealey 1989, S. 18.

Deutschland und Italien waren zwar bereit, einem Nichteinmischungsabkommen beizutreten, um ihre fortdauernde Intervention in Spanien verschleiern zu können; sie setzten jedoch zunächst alles daran, die Unterzeichnung eines Abkommens möglichst lange hinauszuzögern, um davor noch weitgehend ungehindert Material nach Spanien schaffen zu können. Um die Einhaltung der Nichteinmischungsbestimmungen überprüfen zu können, wurde schließlich in London das „Internationale Komitee für die Anwendung des Abkommens über die Nichteinmischung in Spanien" – kurz: das Nichteinmischungskomitee – eingerichtet, das am 9. September 1936 zu seiner konstituierenden Sitzung zusammentrat. Bei der Einsetzung des Komitees ließen die Briten deutlich werden, daß sie die Kompetenzen des Gremiums möglichst eng fassen wollten, während es den Franzosen ursprünglich darum ging, aus dem Komitee ein Kontrollorgan mit politischen Befugnissen zu machen. Deutschland und Italien wiederum, die sich von Anfang an nicht an das von ihnen mitunterzeichnete Waffenembargo halten wollten, sprachen dem Komitee nur die Funktion von Nachrichtenaustausch und Koordination zu. Im Gründungsprotokoll hieß es schließlich auch, das Komitee habe die Aufgabe „des erforderlichen Nachrichten- und Meinungsaustauschs". Debatten politischen Charakters sollten vermieden werden.

Harald Geiss hat in seiner Untersuchung über das Nichteinmischungskomitee betont, daß die Sowjetunion bis Oktober 1936 alles daransetzte, die Westmächte im Komitee für eine antifaschistische Front zu gewinnen.[87] Erst als deutlich geworden war, daß dieses Ziel nicht erreicht würde, entschloß sich die UdSSR, aktiv in den Bürgerkrieg einzugreifen. Zuvor hatten die Achsenmächte keine Gelegenheit ausgelassen, den Fortgang sämtlicher Verhandlungen zu verzögern und die Sowjetunion immer stärker von den Westmächten zu isolieren. Großbritannien wiederum gab deutlich zu erkennen, daß es an einem Ausgleich mit den faschistischen Mächten interessierter war als an einer Einbindung der Sowjetunion in das westliche Lager.

Obwohl der Ausschuß bemüht war, die Diskussionen zu entschärfen, nahmen die Konflikte zwischen den beiden Blöcken auch nach der Einsetzung des Komitees nur vorübergehend ab – bereits im Oktober 1936 verdichteten sich die internationalen Spannungen von neuem. Immer wieder kamen Nachrichten darüber, daß Italien, Por-

---

[87] Harald Geiss, Das „Internationale Komitee für die Anwendung des Abkommens über die Nichteinmischung in Spanien" als Instrument sowjetischer Außenpolitik 1936–1938, Frankfurt a. M. 1977.

tugal und Deutschland, aber auch die Sowjetunion die übernommene Verpflichtung mißachteten und in Spanien massiv eingriffen. Die Sitzungen des Ausschusses waren ständig mit gegenseitigen Beschuldigungen der Vertreter Deutschlands und Italiens einerseits, der Sowjetunion andererseits angefüllt. Die Verhandlungen über ein internationales Kontrollsystem zur Verhinderung der Waffeneinfuhr waren Ende 1936 in eine heillose Sackgasse geraten, die verbalen Exzesse des italienischen Vertreters im Ausschuß wurden unerträglich, das schließlich zustande kommende Kontrollsystem funktionierte (übrigens ohne jegliche Durchschlagskraft) nur wenige Wochen, um schließlich in die Brüche zu gehen.

Seit Oktober 1936 trat der britisch-russische Gegensatz immer deutlicher zutage. Die UdSSR war zwar selbst Interventionsmacht in Spanien, wollte sich aber als einziger Staat mit den Scheingefechten im Nichteinmischungsausschuß, dessen Neutralitätsmaxime laufend verletzt wurde, nicht zufriedengeben. Die Russen wollten in dem Komitee nicht nur einen Debattierklub sehen, sondern von ihm konkrete Maßnahmen eingeleitet wissen. Als der russische Delegierte Samuel Kagan – entgegen der Verfahrensordnung – eine Überprüfung der portugiesischen Waffenlieferungen verlangte, wies nicht nur der britische Vertreter und Ausschußvorsitzende Lord Plymouth das sowjetische Begehren zurück; außerdem nannte die ›Times‹ den sowjetischen Vorschlag öffentlich eine Provokation, die die Gegensätze vertiefe.

Der britisch-sowjetische Gegensatz spitzte sich zu, als die UdSSR im November 1936 selbst zum Hauptbeschuldigten wurde. Aus englischer Sicht wirkte nicht so sehr die deutsche und italienische, wohl aber die russische Spanienpolitik aggressiv, weil sie aus dem Nichteinmischungsausschuß entgegen seinem Auftrag ein Beschlußgremium mit Sanktionsvollmacht machen wollte. Der sowjetische Delegationsleiter Ivan Maiskij erlitt eine diplomatische Niederlage nach der anderen. Im Unterhaus verurteilte der britische Außenminister Eden in kategorischer Form die gegen das Nichteinmischungsabkommen gerichtete sowjetische Politik. Umsonst appellierte die britische Regierung an die Vertragstreue der Ausschußmitglieder. Längst war die von den faschistischen Staaten ausgestoßene und von der UdSSR beantwortete Interventionswelle über den britischen Gedanken der Nichteinmischung hinweggegangen.

Die sowjetische Außenpolitik sah sich Anfang 1937 gänzlich isoliert. Die russischen Vertreter hatten keinen Erfolg bei ihrem Bemühen, die Westmächte zu Sanktionen gegen Deutschland und Italien zu bewegen, da dies notwendigerweise zu einer Ausweitung des Konflikts geführt und somit den Interessen der Westmächte widersprochen hätte. Der sowjetischen Stellungnahme zugunsten der „Rechte und Machtbefugnisse, die der legalen spanischen Regierung dem Völkerrecht entsprechend zustehen" (Maiskij), stand die britische „Rolle des unabhängigen Vermittlers" (Eden) gegenüber. – Die UdSSR erreichte genau das Gegenteil dessen, was sie eigentlich intendierte. Statt die Westmächte von der Aussichtslosigkeit zu überzeugen, mit Deutschland und Italien zu einem Ausgleich kommen zu können, hatte sie ihren eigenen außenpolitischen Kredit verspielt. Statt die Westmächte zu einer Intervention gegen die Intervention zu bewegen, geriet die Sowjetunion in die außenpolitische Isolierung. Es gelang ihr nicht, den Nichteinmischungsausschuß zu einem antifaschistischen Bündnis umzuformen. Wie schon vorher der Völkerbund, sollte auch der Nichteinmischungsausschuß als Basis für den Versuch dienen, die Westmächte zum Widerstand gegen die revisionistischen Großmächte zu verpflichten. Der Mißerfolg dieser Politik, der sich gleichzeitig in der Machtlosigkeit des Nichteinmischungsausschusses und der ungestraften japanischen Aggression gegen China dokumentierte, versetzte dem Gedanken der kollektiven Sicherheit in Europa und im Fernen Osten den Todesstoß und machte alle sowjetischen Hoffnungen zunichte, bei einem Angriff auf die UdSSR die Hilfe des kollektiven Systems und vor allem Großbritanniens in Anspruch nehmen zu können. Der Spanische Bürgerkrieg hat die Beziehungen zwischen den westlichen Demokratien, insbesondere Großbritannien, und der Sowjetunion entscheidend verschlechtert und damit indirekt zum Nichtangriffspakt Stalins mit Hitler im Sommer 1939 beigetragen.

Das Nichteinmischungssystem war ein vollständiger Fehlschlag: Es gab kein kontrolliertes Waffenembargo, keine funktionierende See- und Landkontrolle, keine Vermittlung zwischen den Bürgerkriegsparteien, keinen Abzug „Freiwilliger". Die franquistische Seite zog den eigentlichen Nutzen aus der Existenz des Komitees, die Sowjetunion wurde isoliert. Auf eine Bemerkung des britischen Komiteevorsitzenden Plymouth, der darauf verwies, daß durch die Nichteinmischungspolitik ein europäischer Krieg verhindert worden sei, erwiderte der sowjetische Vertreter Ivan Maiskij korrekt: „Aus dem Nichteinmischungskomitee ist in der Praxis ein Deckmantel zur Tarnung einer gewaltigen Unterstützung Francos durch die faschistischen Mächte geworden. Diese Mächte haben gemerkt, daß sie bei ihren aggressiven Plänen von seiten Englands, Frankreichs und der USA kein ernstes Entgegenwirken – nicht in Worten, sondern durch Taten – zu befürchten haben. Derartige Erfahrungen könnten, so fürchte ich,

Hitler und Mussolini in der Überzeugung bestärken, daß jegliche, auch die ungeheuerlichsten Diversionen in der Welt völlig ungestraft bleiben. Und wenn es so ist, dann ist auch die Gefahr des europäischen, möglicherweise auch eines Zweiten Weltkriegs größer geworden."[88]

Ist die Forschung über die Rolle der Achsen- bzw. der Westmächte im Spanischen Bürgerkrieg in den letzten Jahren deutlich vorangekommen, so ist die Forschungslage zur sowjetischen Spanienpolitik nach wie vor unbefriedigend, da die Archive der UdSSR den Historikern immer noch verschlossen sind. Über die Motive und Absichten Stalins in Zusammenhang mit seiner Spanienpolitik weiß man bisher wenig mehr als das, was schon in der Phase des Kalten Krieges mehr in akkusatorischer als in analytischer Intention verbreitet und durch die Schriften zahlreicher kommunistischer „Renegaten" erhärtet wurde.[89] Bis in die 50er Jahre hinein wurde in kommunistischen Darstellungen der militärische Anteil der UdSSR geleugnet und die diplomatischen und humanitären Initiativen der Sowjetunion hervorgehoben; seit dem XX. Parteitag der KPdSU im Februar 1956 erfolgte dann eine Änderung in der Betrachtungsweise: Sowjetische Offiziere und Diplomaten wurden posthum rehabilitiert, wenn sie als ehemalige Spanienkämpfer den Stalin-Säuberungen zum Opfer gefallen waren, und die Überlebenden durften ihre Erinnerungen an Spanien publizieren. Nunmehr stand die militärische Unterstützung der spanischen Republik durch die Sowjetunion im Mittelpunkt der Darstellungen. Auch in anderen sozialistischen Ländern veröffentlichten Bürgerkriegsveteranen ihre Memoiren. Danach galt der Bürgerkrieg in den sozialistischen Ländern als Beweis für die Wirksamkeit internationaler proletarischer Solidarität.[90] Im Jahr 1986 wurde Michael Kol-

---

[88] Ivan M. Maiskij, Memoiren eines sowjetischen Botschafters, Berlin 1973, S. 356.

[89] Lange Zeit waren die einzigen Darstellungen in der sowjetischen Politik gegenüber dem Spanischen Bürgerkrieg die beiden Bände von Cattell 1955 und 1957. Zu einem Standardwerk für die antirevolutionäre Haltung der Sowjetunion wurden später die verschiedenen Auflagen und Ausgaben des Buches von Bolloten. Eine besonders kritische Interpretation der russischen Politik enthält auch Stanley G. Payne, The Spanish Revolution, New York 1970.

[90] Die in der Sowjetunion nach wie vor gültige Interpretation des Bürgerkrieges ist dessen Darstellung in der 3. Auflage (1972) der Großen Sowjetenzyklopädie, die wiederum die Kominterndeutung des „bürgerlich-demokratischen" Charakters der spanischen Revolution aufgreift, womit zugleich die

tsovs ›Spanisches Tagebuch‹ in der Sowjetunion zweibändig neu ediert; auch Ilja Ehrenburgs ›Spanische Reportagen‹ konnten erscheinen, ebenso wie eine Darstellung des ungarischen Spanienkämpfers ›General Lukacs‹ aus der Feder von Alexej Eisner, der 16 Jahre in stalinistischen Lagern zubringen mußte.

Da lange Zeit über die sowjetische Spanienpolitik nur Mutmaßungen geäußert werden konnten, gingen die Interpretationen – je nach ideologischer Färbung – besonders weit auseinander. Dies gilt zum einen für das Ausmaß der sowjetischen Unterstützung, die von nationalspanischen Autoren enorm aufgebauscht und von marxistischen Verfassern bis Mitte der 50er Jahre schlichtweg geleugnet wurde; dies gilt zum anderen für die Praktiken der Russen in Spanien, die zu Lebzeiten Stalins von kommunistischer Seite ausschließlich als Beleg für humanitäre und solidarische Hilfeleistung gedeutet wurden, von den aus politisch-ideologischen Gründen Verfolgten jedoch als übelste stalinistische Terror- und Liquidierungskampagne denunziert worden sind; das gilt schließlich für die Tatsache überhaupt der sowje-

gemäßigte Haltung der Kommunistischen Partei Spaniens im Krieg gerechtfertigt wird. Von dem in der Enzyklopädie vorgegebenen Grunddeutungsmuster weichen auch die Darstellungen der beiden bekanntesten sowjetischen Bürgerkriegsspezialisten, Marklen Meshcheryakov und Svetlana Pozharskaya, nicht ab. Während aber Meshcheryakov in seinem Werk über den Bürgerkrieg und die Komintern thematisch und interpretativ eine rein „orthodoxe" Linie vertritt – die Kommunistische Partei als Sprachrohr der „Massen", Angriffe gegen den „Extremismus" der Anarchisten, Hervorhebung der Rolle der Sowjetunion als Beispiel für proletarischen Internationalismus etc. –, ist Pozharskaya bemüht, die Politik der Kommunistischen Partei zu erklären und sie in den allgemeinen Kontext des Bürgerkrieges einzuordnen. Auch ihre Analyse der spanischen Rechten ist weit differenzierter und sozialgeschichtlich zutreffender als die Bürgerkriegsinterpretation in sowjetischen Werken, die dem ideologischen Interpretationsrahmen der 30er Jahre verhaftet sind. Damit deuten sich gewisse Veränderungen in der sowjetischen Bürgerkriegshistoriographie an, wenn auch die zentralen Fragen nach der Zielsetzung sowjetischer Politik in Spanien nach wie vor ausgeklammert bleiben. Hierzu J. M. Hartley, Recent Soviet Publications on the Spanish Civil War, in: European History Quarterly 18 (1988), S. 243–248. Es ist auffällig, daß in dem historiographischen Überblick von Svetlana Pozharskaya, La historiografía soviética sobre la guerra civil en España, in: Aróstegui (Hrsg.), Historia y Memoria I, S. 57–69 die sowjetische Spanienpolitik während des Bürgerkrieges nahezu ausgeblendet oder auf wenige Allgemeinheiten reduziert bleibt; fast der ganze Überblick beschäftigt sich mit innenpolitischen Fragen Spaniens oder ideologischen Aspekten.

tischen Militärunterstützung, die von Autoren aus den ehemaligen Warschauer-Pakt-Staaten einseitig glorifiziert worden ist,[91] von vielen 'westlichen', vor allem antikommunistischen Historikern jedoch als ausschließlicher Ausdruck sowjetischer Staatsräson interpretiert wurde.

Der genaue Umfang der sowjetischen Militärhilfe für die Republik ist nicht bekannt. Die neuere Forschung läßt jedoch keinen Zweifel daran, daß es sich bei der russischen Hilfe um eine für die Republik entscheidend wichtige Unterstützung handelte. „Nach eigenen Schätzungen umfaßten die Lieferungen mindestens 300 000 Gewehre, fast 10 500 Maschinengewehre, 5150 leichte Maschinengewehre, ca. 900 Geschütze mit 3 Millionen Granaten, 400 Panzerwagen, 40 gepanzerte Fahrzeuge, etwas mehr als 400 Flugzeuge, 786 Millionen Schuß Munition, zehn Kanonen, 55 Bordkanonen und vier Torpedoboote samt Munition und zahlreiche weitere Ausrüstungsgegenstände. Hinzu kamen in großem Ausmaß Nicht-Kriegsgüter wie Lebensmittel, Treibstoff, Kohle, Dünger, Baumwolle, Lastwagen oder Zigaretten",[92] außerdem bis zu 2000 russische Piloten, Techniker und Offiziere der Geheimpolizei.[93]

Immer wieder ist – sowohl von kommunistischen „Renegaten" als auch von Gegnern der Kommunisten – der Vorwurf erhoben worden, die Sowjetunion habe vor allem alte Waffen nach Spanien geschickt, mit denen die Republik den Krieg nicht gewinnen konnte.[94] Dieses Argument dürfte kaum haltbar sein, denn obwohl zweifellos auch antiquiertes Material in Spanien zum Einsatz kam, lieferte die UdSSR darüber hinaus modernste Kampfpanzer und Jagdflugzeuge («Supermoscas»). Allerdings wurde ein Großteil des sowjetischen Geräts bei weitem nicht so wirkungsvoll wie das der Gegenseite gelieferte eingesetzt, was vor allem auf die zaghaften Defensivtaktiken zurückzu-

---

[91] Vgl. etwa: Der Freiheitskampf 1956.
[92] Viñas, in: Tuñón de Lara u. a. 1987, S. 257 f.
[93] Unter Rückgriff auf A. A. Vetrov veröffentlichte Maciej Techniczek, Die deutsche antifaschistische Opposition und der Spanische Bürgerkrieg, in: Jahrbuch des Instituts für Deutsche Geschichte, Bd. 3, 1974 ausführliches Zahlenmaterial. Vgl. auch Donald C. Watt, Soviet Military Aid to the Spanish Republic in the Civil War 1936–1938, in: The Slavonic and East European Review, Bd. 38, 1959/60, S. 536–541 (wiederabgedruckt bei Schieder/Dipper 1976, S. 249–255).
[94] Vgl. etwa die Memoiren und Erlebnisberichte von Jesús Hernández, Enrique Delgado, Walter Krivitsky, Alexander Orlow, Gustav Regler, Valentín González «El Campesino» und vieler anderer.

führen war, die auch von den sowjetischen Militärberatern durchgesetzt wurden.

Bis heute sind sich Historiker – aus Mangel an einschlägigem Quellenmaterial – über die Zielsetzung sowjetischer Politik in Spanien nicht einig. In einem allgemeineren Sinne ging es der sowjetischen Außenpolitik der 30er Jahre darum, die innenpolitische Entwicklung, d. h. den „Aufbau des Sozialismus in einem Lande", gegen jegliche Störung von außen abzuschirmen. Diese Aufgabe der offiziellen Außenpolitik der Sowjetregierung fand ihre Ergänzung in der über die Komintern zu verwirklichenden Pflicht der ausländischen Kommunisten, die Sicherung des Kommunismus in der Sowjetunion von außen her zu unterstützen. Hauptziel sowjetischer Außenpolitik der 30er Jahre mußte ein friedliches Arrangement mit den bürgerlich-kapitalistischen und faschistischen Systemen sein. Der auf Defensive angelegte Kurs war insofern „offen", als die ihm zugrundeliegenden Motive nicht prinzipiell ein Bündnissystem mit den demokratischen gegen die faschistischen Staaten nahelegten; die auf Frankreich, England und die USA zielende Absicht eines Verbundes kollektiver Sicherheit war vielmehr Resultat der Bündnisunwilligkeit und Aggressivität Hitlerdeutschlands wie der Bedrohung durch Japan.

Korrespondierend mit der außenpolitischen Konzeption, ein Paktsystem kollektiver Sicherheit zu schaffen, ließ sich die Volksfronttaktik der Komintern von ihrer innenpolitischen Programmatik her als eine den Interessen der Sowjetunion entgegenkommende Bewegung einordnen, die gegebenenfalls in der Lage sein sollte, in den westlichen Staaten machtpolitische Voraussetzungen jener Art zu schaffen, die den für die UdSSR notwendigen weltpolitischen Ruhe- und Friedenszustand am ehesten zu realisieren helfen konnte. Das pragmatisch-defensive Sicherheitsbedürfnis der Sowjetunion stimmte mit dem parlamentarisch-reformistischen Volksfrontversuch voll überein. Der internationalen kommunistischen Bewegung fiel im außenpolitischen Konzept der Sowjetunion die Aufgabe zu, alle nichtfaschistischen Staaten, die den Angriffen der faschistischen Staaten potentiell Widerstand leisten konnten, durch parlamentarische Absicherung und loyalen Militärdienst zu unterstützen.

Die sowjetische Außenpolitik war somit zweigleisig angelegt: Die offizielle, von der Moskauer Regierung getragene Politik hat bis 1939 unter dem Schlagwort von der Atempause der Weltrevolution Konfrontationen mit allen anderen Staaten zu vermeiden und Auseinandersetzungen zwischen diesen Staaten zu fördern gesucht, um ein Bündnis zwischen den Westmächten und den faschistischen Ländern

zu verhindern. Neben dieser Staatspolitik stand die Volksfrontstrategie der Komintern, die der Sowjetunion insofern eine Einflußnahme auf die innenpolitische Entwicklung der Westmächte ermöglichte, als die kommunistischen Parteien Agenturen des Kreml waren.
Der Spanische Bürgerkrieg setzte nun die sowjetische Politik des Zeitgewinns mit dem Ziel, eine ökonomische und innenpolitische Konsolidierung der UdSSR zu erreichen, einer veränderten Lage aus. Die revolutionäre Bewegung, die im republikanischen Herrschaftsgebiet Spaniens als Reaktion auf den Generalputsch einsetzte, konnte die um Respektierung und weltweite Integrierung bemühte Sowjetunion in erhebliche Schwierigkeiten bringen, lag es in den kapitalistischen Staaten doch nahe, einen Zusammenhang zwischen der Revolution von links und dem rapiden Aufstieg der spanischen kommunistischen Partei zu erblicken. Um jegliche handelspolitischen Restriktionen durch die Westmächte oder Gefährdung der politischen Glaubwürdigkeit und Respektabilität von Anfang an zu verhindern, weigerte sich die Sowjetunion anfangs, Frankreich zu unterstützen, falls dieses – wie ursprünglich geplant – auf seiten der spanischen Republik in den Bürgerkrieg eingreifen sollte. Die Anwendung der Theorien des VII. Kominternkongresses, d. h. der Volksfrontkonzeption, in den kapitalistischen Staaten – die ja prospektive Alliierte der Sowjetunion waren – verbot, diese Staaten zum Gegenstand sozialer Transformation zu machen. Der Bürgerkrieg und die damit zusammenhängende Revolution verkomplizierten nun die Offensive des Vertrauens der sowjetischen Außenpolitik.
Um jeden revolutionären Anschein zu verhindern, unterstützte die UdSSR die spanische Republik vorerst nicht. Die östliche und westliche Forschung stimmen heute darin überein, daß Stalins ursprüngliches Interesse an Spanien nicht offensiv-strategischer Art war. Andererseits aber entsprang es sicherlich nicht einer altruistischen Gesinnung, sondern dem sowjetischen Bedürfnis nach Sicherheit. In Übereinstimmung mit diesen Bestrebungen schloß sich Stalin in den ersten Monaten des Bürgerkrieges auf das engste der französischen Politik an. Ohne Vorbehalt trat er am 23. August 1936 dem Nichteinmischungsabkommen bei und befolgte auch sonst gegenüber Spanien zunächst eine Politik strikter Neutralität.[95]
Mit der zunehmenden Eskalation der Waffenlieferungen der faschistischen Staaten und der Beibehaltung der unentschlossenen Neutrali-

---

[95] Die Zusammenfassung dieser Argumente zum Teil nach Schieder/Dipper 1976, S. 20–26.

tätspolitik der Westmächte spitzte sich der Zwang, eine endgültige Entscheidung in dieser Lage zu treffen, für die Sowjetunion zu. Sie mußte daran interessiert sein, auf der Basis bi- und multilateraler Sicherheitssysteme gegen die faschistischen Staaten einen Sieg Hitlers und Mussolinis in Spanien zu verhindern. Dieses Ziel konnte aber nicht erreicht werden, wenn die Sowjetunion weiterhin eine Politik der strikten Nichteinmischung betrieb, während die faschistischen Mächte Franco massiv unterstützten. Angesichts dieses Entscheidungszwanges vollzog die Sowjetunion Anfang Oktober 1936 einen radikalen Wandel in ihrer Politik gegenüber Spanien. In einem Ultimatum drohte sie im Londoner Nichteinmischungsausschuß damit, sich von den Verpflichtungen des Nichteinmischungsabkommens loszusagen, falls andere Staaten nicht damit aufhörten, die Rebellen zu unterstützen. Dieser Schritt war das sichtbare Zeichen für einen fundamentalen sowjetischen Sinneswandel und zugleich Beginn der Krise im Verhältnis der Sowjetunion zu den westlichen Demokratien. Denn von Oktober 1936 bis März 1938, zum Teil auch darüber hinaus, leistete die UdSSR der spanischen Republik Militärhilfe und verfolgte außenpolitische Ziele, die denen Englands und Frankreichs entgegenstanden. Aus der allgemeinen Orientierung der sowjetischen Außenpolitik jener Jahre läßt sich schließen, daß Stalin durch die Unterstützung der spanischen Republik auch Großbritannien und Frankreich zu Hilfeleistungen an die Republik ermuntern und somit eine Koalition zwischen den westlichen Demokratien und der Sowjetunion gegen die faschistischen Staaten erreichen wollte. Der Spanische Bürgerkrieg sollte ihm somit das lange ersehnte militärpolitische Bündnis mit den westlichen Demokratien bringen und damit deren Zusammengehen mit den faschistischen Staaten ausschließen. Endgültig läßt sich jedoch bis heute nicht ausmachen, was Stalin zum Kurswechsel vom Oktober 1936 bewogen hat. Für die obige These spricht die auffällige Tatsache, daß in der Spanienpropaganda der Komintern ausdrücklich immer nur von der Verteidigung der Demokratie, nicht aber von der des Sozialismus die Rede war und daß gerade die Kommunistische Partei Spaniens die anarchistisch-sozialistische Revolution auf das heftigste bekämpfte.

Die militärische Invervention der Sowjetunion entpuppte sich als politische Fehlkalkulation, da die Interessen Englands und Frankreichs völlig anders gelagert waren. Da Stalin die Republik dennoch weiter unterstützte, nachdem er bereits bemerkt hatte, daß seine bündnispolitische Rechnung nicht aufgehen würde, müssen sich seine Kriegsziele im Laufe des Krieges gewandelt haben. Zum einen ist hier zu erwähnen, daß Spanien, zu dem vor 1936 so gut wie überhaupt keine Handelsbeziehungen bestanden hatten, zu einem der besten Kunden der Sowjetunion aufstieg. Zum zweiten mag Spanien für die Sowjetunion auch eine gewisse Bedeutung als militärisches Versuchsfeld gehabt haben; der Aufstieg zahlreicher russischer Spanienkämpfer in der militärischen Hierarchie der Roten Armee während des Zweiten Weltkriegs spricht dafür. Und zum dritten könnte Stalin im Zuge der Ausweitung des spanischen Konflikts erkannt haben, daß Hitler sich hier zeitweise von seinen östlichen Expansionsplänen ablenken ließ. Von enttäuschten republikanischen Spanienkämpfern ist sogar wiederholt die Behauptung verbreitet worden, daß die Sowjetunion gar nicht an einem Sieg der Republik interessiert gewesen sei, sondern die Republik absichtlich nur gerade so weit unterstützt habe, daß sie Widerstand leisten und den Krieg in die Länge ziehen, aber nicht siegen konnte. Unklar ist auch bis heute, weshalb Stalin 1938 seine Unterstützung so gut wie einstellte.[96]

Zu den wenigen Aspekten der spanisch-sowjetischen Bürgerkriegsbeziehungen, die gut aufgearbeitet sind, gehört die heftig umstrittene Frage der Bezahlung der russischen Waffenlieferungen. In mehreren grundlegenden Studien hat Angel Viñas die Spur des „Moskauer Goldes" verfolgt.[97] Nachdem seit Juli 1936 bereits Gold der Spanischen Nationalbank an die Französische Zentralbank zum Kauf von Kriegsgütern aus dem Ausland verkauft worden war, trafen im Oktober 1936 Ministerpräsident Largo Caballero und Finanzminister Juan Negrín die Entscheidung, den größten Teil der Goldreserven des *Banco de España* aus Sicherheitsgründen in der Sowjetunion zu lagern, da man das spanische Gold nur dort vor einer Blockierung oder Einfrierung sicher wähnte. Insgesamt wurden in Moskau etwas mehr als 510 Tonnen Gold (fast ausschließlich in Münzform) deponiert; das entsprach einem Feingewicht von 460 Tonnen bei einem Gegenwert von damals 518 Millionen US-Dollar. „Mit ihrem Gegenwert in Devisen bezahlte die Republik die erste sowjetische Militärhilfe. Der Rest wurde auf die unter sowjetischer Kontrolle stehende *Banque Commerciale pour l'Europe du Nord* in Paris transferiert. Von dort aus wurden die Devisen zur Begleichung von Kriegs- und Nichtkriegs-

---

[96] Diese Frage läßt auch der neueste Aufsatz zur sowjetischen Spanienpolitik unbeantwortet: Denis Smyth, 'We are with you': solidarity and self-interest in Soviet policy towards Republican Spain, 1936–1939, in: Patrick J. Corish (Hrsg.), Radicals, Rebels & Establishments, Belfast 1985, S. 223–237.

[97] Vgl. Viñas 1976 und 1979.

güterimporten verwendet, die weder durch Exporte noch auf andere Weise beglichen werden konnten. [...] Dank dieser Finanztransaktionen konnte die Republik den Krieg fortführen. Es kam zwar zuweilen zu Verzögerungen im Devisentransfer, aber insgesamt scheint die Operation zufriedenstellend verlaufen zu sein."[98]

Bei aller in der Literatur immer wieder aufscheinenden Kritik an der Sowjetunion bleibt festzuhalten, daß ihre Unterstützung das republikanische Spanien im Herbst 1936 vor dem Zusammenbruch rettete und eine Fortführung des Krieges ermöglichte. Das von den Russen bis August 1937 gelieferte Kriegsmaterial belief sich auf 132 Millionen Dollar. Allerdings war die republikanische Versorgung durch die Sowjetunion bei weitem nicht so kontinuierlich wie die franquistische durch die Achsenmächte, was sich auf die militärische Planung und die taktischen Möglichkeiten der Republik negativ auswirkte. Eine Wirkung der sowjetischen Hilfe steht jedoch außer Zweifel: Innenpolitisch konnte die UdSSR über die Kommunistische Partei Spaniens ihren Einfluß auf den republikanischen Staatsapparat und auf viele wichtige Entscheidungen erheblich ausdehnen und die soziopolitische Entwicklung bis zu einem gewissen Grad kontrollieren. In den folgenden Kapiteln wird davon ausführlich die Rede sein.

Exkurs: Die Internationalen Brigaden

Am deutlichsten ließ sich der sowjetische Einfluß in der republikanischen Armee und in den ihr angeschlossenen, später integrierten Internationalen Brigaden spüren. Die Untersuchung dieser Freiwilligenformationen setzte erst relativ spät ein: in den sozialistischen Staaten nach dem XX. Parteitag der KPdSU (1956), als die militärische Unterstützung der Republik durch die Sowjetunion nicht mehr geleugnet, vielmehr betont wurde, in den westlichen Ländern zum Teil noch später. Lange Zeit waren unter den Autoren ehemalige Interbrigadisten vorherrschend, was dazu führte, daß ein Großteil der Literatur eher Memoiren- oder Erlebnischarakter hat. Inzwischen hat die Bibliographie zu diesem Thema aber derart zugenommen, daß viele der früher von Legenden umgebenen Fragen beantwortet werden können.[99] Hierzu gehören die Gründung und Aufstellung der Brigaden, ihr Umfang, ihre Zusammensetzung und ihr Einsatz.

Die Internationalen Brigaden bildeten nur den umfangreichsten und bekanntesten Einsatz ausländischer Freiwilliger auf seiten der Republik, kei-

---

[98] Viñas, in: Tuñón de Lara u. a. 1987, S. 240f.

[99] Vgl. den Überblick von Klaus-Jörg Ruhl, Die Internationalen Brigaden im Spanischen Bürgerkrieg 1936–1939, in: Militärgeschichtliche Mitteilungen 17/1 (1975), S. 212–224 und den neueren Beitrag von Mühlen 1983, S. 178–246. Das umfangreichste Werk zu den Brigaden ist die Studie von Castells 1974.

neswegs jedoch den einzigen. Längst vor Gründung der Brigaden hatten sich
Antifaschisten aus vielen Ländern zum Kampf in revolutionären Milizen gemeldet oder Aktivitäten in politischen Vereinigungen, in Presse und Propaganda, in Parteien, Gewerkschaften und Organisationen durchgeführt. Patrik
von zur Mühlen hat dieses erste, sich mitunter allerdings auch den gesamten
Bürgerkrieg hinziehende Engagement für die deutsche Linke untersucht.[100]
Der Einsatz dieser frühen Antifaschisten in den Milizen hatte seinen Höhepunkt (im Herbst 1936) bereits überschritten, als die Internationalen Brigaden
erst gegründet wurden.

Entgegen immer wieder von der franquistischen Historiographie vorgebrachten Behauptungen läßt sich allerdings quellenmäßig nicht feststellen,
daß die Bildung der Brigaden auf kommunistischen Versammlungen in
Moskau und Prag Ende Juli 1936 beschlossen wurde. Die Pariser Polizeipräfektur registrierte erst im Oktober 1936 die Bildung von Gruppen Freiwilliger aus verschiedenen Ländern und die Entscheidung der KPF, Mitglieder
mit militärischer Erfahrung anzuwerben. Die Legende einer „Komintern-
Armee" entbehrt der Quellengrundlage. Heutigem Wissensstand entsprechend läßt sich sagen, daß die Brigaden Ende September/Anfang Oktober
1936 entstanden, wenngleich die Vorbereitungen zu ihrer Aufstellung weiter
zurückreichen. Ihre materielle Organisation oblag den französischen Kommunisten, die in verschiedenen Städten Rekrutierungsstellen für freiwillige
Spanienkämpfer einrichteten und über Organisationen wie 'Spanien-Hilfs-
komitees' massive Propaganda für den Eintritt in die Brigaden betrieben. Der
Erfolg war derart groß, daß innerhalb einiger Monate fünf aus Ausländern bestehende Brigaden aufgestellt werden konnten, die die Nummern XI–XV erhielten und nach sprachlichen bzw. nationalen Gesichtspunkten gegliedert
waren. (Neben den „klassischen" Brigaden gab es noch vier aus Ausländern
und Spaniern gebildete „gemischte" Brigaden sowie gesonderte Verbände wie
Partisanen- und Pioniereinheiten, Sanitätsdienste, Verwaltungs-, Presse- oder
Propagandastellen; außerdem kämpften Ausländer im regulären Volksheer
der Republik.) Dieser gewaltige Zustrom war sowohl auf die internationale
Solidarität mit der Sache des Antifaschismus als auch auf weit materiellere
Motive zurückzuführen: auf Arbeitslosigkeit, politische Emigration, Abenteu-
erlust.

Über den zahlenmäßigen Umfang der Brigaden ist in der Literatur viel
gestritten worden. Franquistische Autoren neigten dazu, die Zahlen stark zu
überhöhen und von über 100 000 Brigadisten zu sprechen, während Kommunisten die Zahlenangaben auf ein unwahrscheinliches Minimum von 15 000 redu-
zierten. Ein Hauptproblem bei der Quantifizierung der Brigadenstärke besteht darin, daß die Einheiten einer starken Fluktuation unterlagen und selbst
die maximale Ist-Stärke zu einem bestimmten Zeitpunkt deutlich unterhalb
der Gesamtzahl aller Brigadisten gelegen hat. Heutige Schätzungen gehen
davon aus, daß an die 59 000 Interbrigadisten in Spanien gekämpft haben;

---

[100] Mühlen 1983.

Patrik von zur Mühlen hat die Angaben verschiedener Autoren verglichen und zusammengestellt[101]:

Tab. 2: Die Internationalen Brigaden

	nach Thomas	nach Delperrie de Bayac	nach Castells	nach R. de la Cierva
Gesamtzahl	40 000	35 000	59 000	63 000
Franzosen	10 000	9 000	15 400	35 000
Polen		4 000	5 400	5 000
Italiener	3 350	3 100	5 100	5 000
Deutsche	} 5 000	} 5 000	4 300	10 000
Österreicher			1 500	
US-Amerikaner	2 800		3 900	4 000
Briten	2 000	2 000	3 500	2 000
Belgier		2 000	3 100	
Skandinavier	1 000	2 500	1 500	2 000

Quelle: von zur Mühlen 1983, S. 190.

Relativ gesicherte Aussagen lassen sich über die nationale und die soziopolitische Zusammensetzung der Interbrigaden machen: „Die größte Gruppe stellten Franzosen (etwas über 10000). Ungefähr gleich stark waren Italiener, Polen und Deutsche zu je 5000, es folgten Belgier und Österreicher zu etwa 3000 Mann. Der Rest verteilte sich auf über 40 weitere Nationen, überwiegend Europäer. Mit geringen Abweichungen innerhalb der einzelnen Nationen waren etwa 80% der Interbrigadisten Arbeiter. 60%–70% waren Kommunisten, der Rest verteilte sich auf Sozialdemokraten, Anarchosyndikalisten, Angehörige linkssozialistischer Gruppen, Katholiken und Parteilose."[102] Die Brigaden wiesen eine weitere Eigenart auf: Sie dürften in der Kriegsgeschichte die Truppen gewesen sein, in denen sich die meisten Intellektuellen, vor allem Schriftsteller, zusammenfanden. In zahllosen autobiographischen Schriften, aber auch in Gedichten, Liedern und Romanen haben sie den Internationalen Brigaden und ihrem Einsatz für die Republik ein bleibendes literarisches Denkmal gesetzt.

[101] Jackson 1974; Castells 1974, S. 379; Mühlen 1983, S. 190, der folgende Autoren zitiert: Thomas 1962; Ricardo de la Cierva, Leyenda y tragedia de las brigadas internacionales, Madrid 1973; Jacques Delperrie de Bayac, Les brigades internationales, Paris 1968.

[102] Patrik von zur Mühlen, „Spaniens Himmel breitet seine Sterne ..." Mythos und Realität der Internationalen Brigaden im Spanischen Bürgerkrieg, in: Frankfurter Hefte 1 (1987), S. 62.

Was den militärischen Einsatz der Brigaden betrifft, so ist vor allem auf ihren Beitrag zur Verteidigung von Madrid im November und Dezember 1936 zu verweisen; später folgten weitere Einsätze in Zentralspanien; ab Sommer 1937 kämpften sie größtenteils in Aragón und an nahezu allen Fronten des Spanienkrieges. Im Herbst 1938 wurden die Brigaden – einem Beschluß der republikanischen Regierung folgend, die auf diese Weise den Krieg stärker „nationalisieren" wollte – in katalanischen Demobilisierungslagern zusammengezogen und in ihre Heimatländer zurückgeschickt. Ungefähr 2000 Antifaschisten, die aus politischen Gründen nicht zurückkehren konnten (etwa Deutsche und Italiener), blieben in Spanien und wurden in den letzten, verlustreichen Gefechten zur Verteidigung Kataloniens abermals eingesetzt. Nach ihrer Flucht nach Frankreich erwartete sie dort nicht die Freiheit, sondern die Einweisung in Internierungslager; das Vichy-Regime übergab viele von ihnen später der Gestapo.

Wegen ihres häufigeren und intensiven Kampfeinsatzes waren die Verluste bei den Brigaden besonders hoch. Castells zufolge hatten die Interbrigadisten 17% Tote, 13% Invaliden und 50% Leichtverwundete zu beklagen; damit waren fast zwei Drittel aller Freiwilligen vorübergehend oder auf Dauer zu stationärer medizinischer Behandlung gezwungen. Diese hohe Ausfallquote trägt auch zur Erklärung der nicht unbeträchtlichen Zahl von Gehorsamsverweigerungen, Disziplinschwierigkeiten, Meutereien und Desertionen (vor allem 1938) bei. Von solchen Erscheinungen waren zeitweise bis zu 20% der Ist-Stärke betroffen. Der Hinweis auf derartige interne Probleme der Brigaden dürfte ihren Mythos beeinträchtigen, nicht aber ihre tatsächliche historische Rolle schmälern.

In der Historiographie hat die Rolle André Martys, des Chefs der Militärischen Abteilung der Internationalen Brigaden, besondere Aufmerksamkeit erfahren, da seine brutalen, ja: terroristischen Methoden im Ausbildungslager von Albacete für einen Großteil der Unzufriedenheiten unter den Brigadisten verantwortlich gemacht werden. Offensichtlich wurde Marty auch von der Leitung der Komintern in Moskau 1937 angehalten – das lassen die Schriften von Palmiro Togliatti erkennen –, seine Haltung zu ändern. Carlos Serrano hat aber neuerdings in seiner Studie über die Kommunistische Partei Frankreichs hervorgehoben, daß die Schilderungen der „Terrorherrschaft" Martys in der Literatur über die Brigaden Teil einer „schwarzen Legende" um den französischen Kommunisten sind, da – um ein besonders signifikantes Beispiel zu zitieren – die überall wiederholte Äußerung Martys vor dem Zentralkomitee der KPF im Oktober 1937, die von ihm angeordneten Exekutionen unter den Brigadisten hätten 500 „nicht überstiegen", diese seien außerdem alle gerechtfertigt gewesen, ins Reich der Legende verbannt werden kann, nachdem weder zum damaligen Zeitpunkt eine Sitzung des Zentralkomitees stattfand noch (bis heute) irgendein Beleg einer derartigen Äußerung durch den „Schlächter von Albacete" aufgefunden worden ist.

In Anbetracht des hohen Ideologisierungsgrades, der gerade die Internationalen Brigaden nach wie vor umgibt, ist zwar auf dem Gebiet der Tatsachenermittlung mittlerweile eine Annäherung festzustellen; die Interpretationen dürften aber auch in Zukunft weit auseinandergehen. Dies hängt nicht zuletzt damit zusammen, daß viele Kommunisten sich später enttäuscht von ihrer Ideologie der 30er Jahre abgewandt haben und sich für die Interessen des Stalinismus instrumentalisiert fühlten. Die Interpretationsbreite ist auch auf die höchst unterschiedliche Behandlung zurückzuführen, die Interbrigadisten nach 1939 in ihren Heimatländern und in der Öffentlichkeit erfahren haben. Das deutsche Beispiel ist besonders eklatant: Während in der DDR ehemalige Spanienkämpfer gefeiert und ausgezeichnet wurden, hohe Ämter in Staat und Partei bekleideten und – soweit sie linientreu kommunistisch waren – im Zuge revolutionärer Traditionspflege glorifiziert wurden, wurden die Interbrigadisten in der Bundesrepublik als Rotspanien- und Rotfrontkämpfer diffamiert; sie erfuhren, im Vergleich mit den Legion-Condor-Angehörigen, eine skandalöse Ungleichbehandlung (etwa bei der Berechnung der Höhe der Altersversorgung) und waren bis in die jüngste Vergangenheit vielfachen Formen politischer Instinktlosigkeit ausgesetzt.

Die Ausführungen über die Bedeutung des Deutschen Reiches, Italiens und der Sowjetunion für die beiden Bürgerkriegslager haben bereits deutlich gemacht, daß die internationale Dimension des Bürgerkriegs nicht getrennt von der Binnenentwicklung der beiden Kriegszonen betrachtet werden kann. Sie verweisen vielmehr auf den untrennbaren Zusammenhang der außen- und innenpolitischen Entwicklung in der Geschichte des Bürgerkriegs. Letztere soll im folgenden Kapitel untersucht werden.

4. DIE POLITISCHE DIMENSION: EINHEIT UND VIELFALT

Die Forschung der letzten Jahre hat immer deutlicher hervorgehoben, daß der militärische Verlauf des Krieges und dessen internationale Aspekte sich nicht von der politischen Entwicklung, schon gar nicht von den revolutionären (und konterrevolutionären) Aspekten in beiden Bürgerkriegszonen trennen lassen. In der „nationale Zone" haben vor allem zwei Themenbereiche das Interesse der Historiker auf sich gezogen: zum einen die Tendenz zur Konzentration aller Kräfte – besonders deutlich sichtbar an der Vereinheitlichung aller politischen Gruppierungen zu einer Einheitspartei –, zum anderen der Aufbau des „Neuen Staates" noch während des Bürgerkrieges.

Bereits eine knappe Woche nach Kriegsbeginn entstand in der „nationalistischen Hauptstadt" Burgos unter Leitung von General Miguel Cabanellas eine provisorische *Junta*. In der von den Rebellen beherrschten Zone wurden Gewerkschaften verboten, Parteien aufgelöst, jeglicher Widerstand gewaltsam und blutig unterdrückt; das Agrarreformgesetz wurde sofort aufgehoben, die Böden kehrten in die Verfügungsgewalt ihrer früheren Eigentümer zurück. Nachdem sich sodann die „Junta von Burgos" konstituiert hatte, schob General Franco seine Person bei gleichzeitiger Betonung aller „nationalen" Argumente in den Vordergrund und gab sich als Verteidiger der „nationalen" Interessen Spaniens aus; die Generäle nannten ihren Aufstand eine „nationale" Erhebung und eine „nationale" Bewegung – gaben sie doch vor, das authentische, traditionsbewußte, echte Spanien gegenüber dem verdorbenen „Anti-Spanien" der marxistischen Politiker zu vertreten. Seit Franco Ende September/Anfang Oktober 1936 in Salamanca zum „Generalissimus" aller Streitkräfte und unumschränkten Staatschef des nationalen Spanien ernannt worden war, wurde seine Politik von dem Willen bestimmt, ein zentralisiertes und autoritäres System aufzubauen. Eine besondere Rolle in den wechselnden innenpolitischen Konstellationen der Kriegs- und Nachkriegsjahre spielte eine Partei, zu der Franco ursprünglich keinerlei Beziehungen hatte: die Falange.

Die spanische Falange war Anfang 1934 als Zusammenschluß der ein halbes Jahr zuvor gegründeten *Falange Española* von José Antonio Primo de Rivera und der 1931 geschaffenen sektiererischen „Nationalsyndikalistischen Angriffsgruppen" (Juntas de Ofensiva Nacional-Sindicalista, JONS) der beiden Hitlerbewunderer Ramiro Ledesma Ramos und Onésimo Redondo entstanden. Das 27-Punkte-Programm der Partei vom Herbst 1934 war Faschismus und Nationalsozialismus, totalitären Ideen und spanischer Tradition zugleich verhaftet; es forderte für Spanien die Hegemonialstellung im hispanischen Raum, die Abschaffung der Demokratie, die Erfassung aller Arbeitsfähigen in staatlichen Zwangssyndikaten, die Verstaatlichung des Bankwesens und der öffentlichen Dienste, eine radikale Agrarreform, vormilitärische Erziehung der Jugend sowie den Führungsanspruch der Falange im Staat. Die Partei war antidemokratisch, antiliberal und ursprünglich antimonarchistisch; ihr Ziel war der durch eine nationalsyndikalistische Revolution herbeigeführte syndikalistische Falange-Staat.[1]

Die Partei wurde zuerst von einem Triumvirat, seit Oktober 1934 von José Antonio, dem Sohn des in den 20er Jahren regierenden Diktators Miguel Primo de Rivera, als „unabsetzbarem" Führer geleitet. Während der gesamten Republik blieb der Einfluß der Falange gering; 1933 erhielt sie ein einziges Parlamentsmandat, Ende 1935 gab es rund 8000 eingeschriebene Mitglieder. Die Volksfrontwahlen von 1936 stellten sodann den Wendepunkt in der Geschichte der Zweiten Republik dar. Der Sieg der Linken erschütterte bei jenen Kräften, die ihre sozioökonomischen und politischen Interessen bis dahin in der Anwendung 'legaler' Methoden am besten vertreten sahen, den Glauben an die Möglichkeit, das demokratisch-parlamentarische System weiterhin instrumentalisieren zu können. Die antiparlamentarische Falange erhielt schlagartig enormen Zulauf aus den Reihen der übrigen Rechtsparteien, die Militärs begannen mit der Planung ihres Coups. José Antonio war zwar nicht bereit, sich jedem Militäraufstand bedingungslos anzuschließen; er arbeitete aber von Anfang an darauf hin, an dem geplanten Putsch gegen die Volksfrontregierung mitzuwirken. Die Unterstützung des Militärs durch die Falange ging primär darauf zurück, daß letztere sich über ihre Unfähigkeit im klaren war, aus eigenen Kräften die von ihr erstrebte „nationalsyndi-

---

[1] Zur Falange vgl. Herbert Southworth, Antifalange, Paris 1967; Stanley G. Payne, Falange. A History of Spanish Fascism, Stanford 1961; ders., El fascismo, Madrid 1982; Bernd Nellessen, Die verbotene Revolution. Aufstieg und Niedergang der Falange, Hamburg 1963. Vgl. auch die Bibliographie in Ph. Rees (Hrsg.), Fascism and Pre-Fascism in Europe, 1890–1945: A Bibliography of the Extreme Right, Brighton 1984, S. 100–116.

kalistische Revolution" realisieren zu können.[2] Weder für die Falange noch für eine andere politische Gruppierung bestand ein Zweifel daran, daß die entscheidende Rolle im Kampf gegen das republikanische System der Armee zukam. Damit erlangte von Anfang an das Militär eine Bedeutung, die es bei der Zerstörung der Demokratie in Deutschland und Italien nicht gehabt hatte; in keinem der beiden Staaten hatte die Armee bei der „Machtergreifung" unmittelbar interveniert. Ihr Übergewicht in Spanien relegierte die Falange machtpolitisch von Anfang an auf den zweiten Rang.

Lange Zeit ist in der Publizistik und in der Historiographie die Falange als die einzige genuin spanische Form des Faschismus in der Zweiten Republik dargestellt worden. Als der Ausgang des Bürgerkrieges feststand, begann im Lager der Sieger eine Mythisierung der Rolle der Falange, die – gröblich verzerrt – als das einzige Bollwerk gegen die 'roten' Kräfte der Republik idealisiert wurde. Die Niederlage der Achsenmächte im Zweiten Weltkrieg machte zwar eine Uminterpretation der Falange als Verteidigerin des Katholizismus (unter Vernachlässigung ihrer faschistischen Elemente) erforderlich, was Anlaß zu nicht wenigen Irritationen unter den „alten Kämpfern" *(camisas viejas)* gab; das sodann offiziell dekretierte Schweigen über die Partei, insbesondere über ihre republikanischen Jahre, ließ aber ohnehin sehr schnell jegliche Diskussion über deren 'faschistischen' oder 'revolutionären' Charakter verstummen. Überzeugte Altfalangisten zogen sich in die innere Emigration oder in erfolglose konspirative Zirkel zurück, und Neufalangisten sahen in der Einheitspartei sowieso nur ein Mittel, einen lukrativen Posten in der aufgeblähten Regierungs- und Verwaltungsbürokratie zu erhalten. Von frühen ausländischen Pionierstudien abgesehen, stagnierte die Forschung über die faschistische Basis des franquistischen Staates. Erst allmählich hat die Geschichtsschreibung eine doppelte Korrektur an dem lange Zeit vor-

---

[2] Die falangistische Unterstützung für Franco hat noch eine andere Deutung erfahren: José Antonio soll in Franco eine Art „Wiedergeburt" seines Vaters Miguel Primo de Rivera gesehen haben, der den Geist militärischer Ordnung verkörperte, der das von seinem Vater begonnene Programm fortsetzte und vollendete, die politischen Parteien aufhob, den Weg zu gesteigertem Wohlstand zeigte, politische Unruhen erbte und anschließend Frieden stiftete, schließlich und vor allem die „Integrität Spaniens" trotz starker zentrifugaler Kräfte bewahrte. Hugh Thomas, Der Held im leeren Raum, in: Internationaler Faschismus 1920–1945, München 1966, S. 242 (= dt. Buchausgabe des ›Journal of Contemporary History‹ [Nr. 1 hrsg. v. W. Laqueur und George L. Mosse]).

herrschenden Bild anbringen können: Einerseits besteht heute kein Zweifel mehr an der eklatanten Schwäche der Falange, bevor sie zur 'Staatspartei' des Franco-Regimes wurde; andererseits muß darauf hingewiesen werden, daß die spanische Form des Faschismus sich keineswegs auf die Falange beschränkte. Die Schwäche der später als einzige faschistische Partei dargestellten Falange hängt gerade mit der relativen Bedeutung anderer Frühformen des spanischen Faschismus zusammen.³

Als der Militäraufstand am 17. Juli 1936 begann, befand sich die Partei – da José Antonio seit März im Gefängnis saß – in einem Zustand innerer Desorganisation. Daß sie auch im weiteren Kriegsverlauf nicht nachdrücklicher auftreten konnte, ist darauf zurückzuführen, daß ein Großteil der verbliebenen falangistischen Elite – einschließlich der vier Führer Primo de Rivera, Ledesma, Redondo und Julio Ruiz de Alda – umkam bzw. erschossen wurde. Die Partei wurde damit führer- und vorübergehend orientierungslos, und die Ernennung des neuen Vorsitzenden Manuel Hedilla war eher Anlaß weiterer parteiinterner Auseinandersetzungen als ein Mittel zur Erhöhung der falangistischen Schlagkraft.

Die Bedingungen des Bürgerkrieges veränderten die politischen Aktionsmöglichkeiten der Falange entscheidend. In den ersten Kriegsmonaten – hierauf ist weiter oben bereits hingewiesen worden – bestand eine ihrer Hauptfunktionen in der Mobilisierung von Frontfreiwilligen und Milizionären für die Etappe. Sie war bei diesem Unterfangen derart erfolgreich, daß die militärische Bedeutung der Falange als hoch, möglicherweise als entscheidend anzusetzen ist; ihre zivile Bedeutung stand der militärischen während des Krieges allerdings in nichts nach. Die Falange übernahm vielfältige soziale Aufgaben (zuerst die „Winterhilfe", die später in „Sozialhilfe" umbe-

---

³ Zur Deutung der republikanischen Rechtsgruppen, die im Bürgerkrieg die aufständischen Generäle unterstützten, als zumindest potentiell faschistische Reaktion auf eine Krise der spanischen Gesellschaft vgl. Paul Preston, Spain, in: S.J. Woolf (Hrsg.), Fascism in Europe, London 1981, S. 329–351; Paul Preston, La destrucción de la democracia en España, Madrid 1978; ders., Alfonsist Monarchism and the Coming of the Spanish Civil War, in: Journal of Contemporary History 7/3, 4 (1972), S. 89–114; ders., The 'Moderate' Right and the Undermining of the Second Republic in Spain 1931–1933, in: European Studies Review 3 (1973), S. 369–394; Shlomo Ben-Ami, The Forerunners of Spanish Fascism: Unión Patriótica and Unión Monárquica, in: European Studies Review 9 (1979), S. 49–78.

nannt wurde), sie kontrollierte in der „nationalen" Zone nahezu monopolartig Presse und Propaganda, außerdem beteiligte sie sich maßgeblich an allen Entscheidungen in bezug auf die politische Organisation des „Neuen Staates".

So groß allerdings die Falange-Bedeutung auf diesen Gebieten auch gewesen sein mag, so stellte sich doch sehr schnell heraus, daß die falangistischen Bemühungen weniger Parteizielen als vielmehr den Bestrebungen des „Neuen Staates" dienten. Konnte die Falange anfangs ihr Informationsmonopol noch zur Propagierung der von ihr erstrebten „Revolution" einsetzen, so traten später rein falangistische Ziele immer mehr in den Hintergrund. Nicht mehr von einer falangistisch-nationalsyndikalistischen Revolution war die Rede, sondern vom militärischen Sieg, dem alle Teilinteressen untergeordnet werden müßten, und vom Aufbau des neuen, autoritären Staates. Die militärische Führung machte deutlich, daß sie keine Intervention der zivilen Falangisten in Bereichen duldete, die sie als militärische Angelegenheit betrachtete. Andererseits war Franco auf die Kooperation der Falange, die sich zur wichtigsten politischen und paramilitärischen Kraft der „nationalen" Zone entwickelt hatte, so lange angewiesen, wie sie ihm nicht unmittelbar unterstellt war. Schon wenige Monate nach Kriegsbeginn entwickelte er daher den Plan, die noch bestehenden Parteien in seiner Zone (Falange, die karlistische *Comunión Tradicionalista*, die CEDA, die monarchistische *Renovación Española*) zu einer politischen Organisation unter seiner Führung zusammenzufassen. In den entscheidenden ersten Monaten des Jahres 1937 war die Falange erneut durch innere Auseinandersetzungen um die Person des neuen Vorsitzenden Hedilla geschwächt; entschiedener Widerstand gegen das Vereinigungsdekret vom 20. April 1937, durch das der Zusammenschluß aller politischen Organisationen zu der neuen Einheit *Falange Española Tradicionalista y de las Juntas de Ofensiva Nacionalsindicalista* (FET y de las JONS) unter der Führung Francos verfügt wurde, war daher nicht zu erwarten.[4] Den Vorsitz der neuen Staatspartei übernahm Franco selbst *(Jefe Nacional)*; er degradierte den interimistischen, kurz danach wegen eines angeblichen Putschversuches verurteilten und aus der Partei ausgeschlossenen Führer Hedilla zum Vorsitzenden des neuen Politischen Ausschusses *(Junta Política)*.

---

[4] Herbert R. Southworth, Antifalange: Estudio crítico de «La Falange en la guerra de España», de M. García Venero, Paris 1967. Vgl. auch Ellwood 1984, S. 72–112.

Vom Widerstand Hedillas und einiger weniger Falangisten abgesehen, gab die Partei erstaunlich schnell ihre Unabhängigkeit auf und ordnete sich der Kontrolle des Militärdiktators unter. Mehrere Gründe sprachen für eine derartige Haltung: Zum einen hatte sich die Falange von Anfang an mit dem Aufstand identifiziert; sie wollte den militärischen Sieg durch Kompetenzgerangel nicht gefährden, ordnete sich daher den militärischen Erfordernissen einer auch politisch zentralisierten Führung unter. Das übergeordnete Ziel blieb der Sieg über die Linke. Zum anderen ging es ihr bei diesem Unterwerfungsakt um ihre politische Zukunft. Was sie auf demokratischem Wege nicht hatte erreichen können – die „Eroberung des Staates" –, sollte durch ihre Zwangserhebung in den Rang einer Einheitspartei ermöglicht werden. Das Zusammengehen mit anderen Kräften und die Rolle des Juniorpartners in der 'Allianz' mit dem Militär waren, im Vergleich zu den sich eröffnenden Chancen, ein geringer Preis, den die ohnehin opportunistische Partei zu zahlen bereit war. Die realen Kräfteverhältnisse kamen symbolisch in der 'Kleiderordnung' zum Ausdruck, in der sich Franco während des Krieges bei offiziellen Anlässen präsentierte: die rote Baskenmütze der Karlisten, das Blauhemd der Falangisten, darüber dominierend die Militäruniform – zugleich ein deutlicher Hinweis auf den eklektischen Charakter des neuen Regimes. Schließlich behielt die Falange auch in der zwangsvereinigten Organisation eine herausragende Stellung. Dem Vereinigungsdekret zufolge stellte das Falangeprogramm die „Norm" des neuen Staates dar; die Falange sollte demnach die programmatischen Grundprinzipien des neuen Einparteistaates liefern. Es entsprach auch dieser hervorgehobenen Position der Falange, daß ihr Name an den Beginn der komplizierten, den Kompromißcharakter der *Unificación* reflektierenden Bezeichnung für die neue Einheitsorganisation gesetzt wurde und diese allenthalben vorerst schlichtweg als «Falange» (unter Weglassung der übrigen Elemente) bezeichnet wurde.

Für Franco wiederum war es in mancherlei Hinsicht von Vorteil, aus dem Konglomerat an Rechtsgruppierungen gerade die Falange auszuwählen, die der zukünftigen politischen Einheitsorganisation des Staates ihren Namen und ihre Grundstruktur geben sollte. Der Hauptgrund war die relative Stärke, die sie in den ersten Kriegsmonaten errungen hatte; andererseits ging diese Stärke nicht so weit, daß Franco sie als gleichberechtigten Bundesgenossen in das Machtkartell des 'nationalen' Spanien hätte aufnehmen müssen. Es reichte, die Falange als Juniorpartner zu integrieren und zugleich durch militärische und traditionalistische Kräfte wirkungsvoll einzurahmen. Ein weiterer Grund dürfte die Überlegung gewesen sein, daß die Falange keine Partei im herkömmlichen Sinne, sondern eine „Bewegung" war, was insofern den Vorstellungen Francos entgegenkam, als dieser den Bürgerkrieg ja gerade gegen den republikanischen Parteienstaat führte und nicht bereit war, in seinem Regime Parteien zu dulden. Schließlich mag noch ein exogener Faktor eine Rolle gespielt haben: Franco war dringend auf weitere Militärhilfe von seiten der Achsenmächte angewiesen, und die Erhebung der faschistischen Falange in den Rang der Staatspartei konnte von den faschistischen Staaten als Geste ideologischer Annäherung gedeutet werden.

Trotz aller Bevorzugung der Falange bleibt jedoch festzuhalten, daß die Zwangsvereinigung mit traditionalistischen und monarchistischen Gruppierungen ihr schlagartig zwei der wichtigsten faschistischen Charakteristika nahm: den eigenen Führer und die spezifisch 'totalitäre' Ideologie. Der „Führer" des Staates war – anders als in Deutschland und Italien – nicht zugleich an der Spitze der Partei, sondern setzte sich erst nach der Zwangsvereinigung an ihre Spitze. Franco hatte seine Herrschaft weit mehr dem Militär und den traditionellen Machteliten, die hinter seinem Putsch standen, als einer faschistischen Massenorganisation zu verdanken. Der spanische Faschismus hat daher nie als Massenpartei 'von unten' die Macht ergriffen, sondern allenfalls als (eingerahmter) 'Faschismus von oben' das System zu durchdringen versucht. Da die Falange jedoch ihrer ideologischen Eigen- und politischen Selbständigkeit beraubt wurde, mußte sie ihre autonome Entwicklungsmöglichkeit aufgeben und sich konservativ-traditionalistischen Kräften anpassen. Die *Unificación* folgte Gründen politischer Strategie und bewies das Übergewicht der militärischen über jede andere Gewalt im Bürgerkrieg. Die erzwungene Akzeptanz der Vereinigung durch die Falange gab Franco eine Initiative, die er nie mehr preisgeben sollte; er war stets der dominierende Partner in diesem Verhältnis. Die neue Einheitspartei zeichnete sich fortan durch drei Charakteristika aus: Unterordnung unter die in Franco personifizierte militärische Macht, interner Pluralismus (vom Karlismus bis hin zum Faschismus), Ausübung vieler Funktionen im Dienste nicht der Partei, sondern des „Neuen Staates". Es waren im wesentlichen drei Bereiche, in denen und über die die Falange ihren Einfluß ausüben konnte: die Massenmedien, die syndikalistische Organisation und die Verwaltungsbürokratie auf lokaler, regionaler und nationaler Ebene. Zur eigentlichen Machtdomäne der Falange entwickelten sich die Wirtschaftsorganisation und die soziopolitische Kontrolle der Arbeiterschaft durch die „vertikalen Syndikate"; der „Neue Staat" übernahm das Falangeprogramm am reinsten auf dem Gebiet des Nationalsyndikalismus.

Für die Nationalisten stellt der „Kampf gegen den Kommunismus" sowie die „Abwehr des Marxismus und des internationalen Freimaurertums" die ideologische Legitimation für ihren Putsch gegen die Regierung der Republik dar. Dabei wurden unter „Kommunismus" undifferenziert nahezu alle Kräfte verstanden, die sich der Volksfront angeschlossen hatten oder auf seiten der Republik kämpften. Es stand daher zu erwarten, daß die Rebellen in ihrem Herrschaftsbereich sehr bald nach Kriegsbeginn die gewerkschaftlichen und politischen Organisationen der Linken verbieten würden. Knappe zwei Monate nach Ausbruch der Kampfhandlungen verfügte die provisorische Rebellenregierung im Dekret Nummer 108 vom 13. September 1936 das Verbot von Parteien der Volksfront sowie aller Organisationen, die der „nationalen Bewegung" Widerstand leisteten. Deren Güter wurden beschlagnahmt und entschädigungslos zugunsten des Staates enteignet. In Ausführung dieser Bestimmungen wurde am 10. Januar 1937 eine Verordnung erlassen, die alle unter das Verbots- und Beschlagnahmedekret fallenden Organisationen aufzählte. Durch diese Maßnahmen waren bereits wenige Monate nach Kriegsbeginn die Arbeiter in allen von den Nationalisten eroberten Gebieten ihrer Klassenorganisationen beraubt. Kurz vor Ende des Bürgerkrieges, am 9. Februar 1939, erhielten diese Bestimmungen Gesetzeskraft (›Ley sobre Responsabilidades Políticas‹).[5] Während des Bürgerkrieges häuften sich die Verbotsbestimmungen[6]: Verboten und mit hohen Strafen bedroht wurden die Gründung (oder Mitgliedschaft in) einer (illegalen) Volksfrontvereinigung, jegliche Form von Streik oder Reduzierung der Arbeitsleistung (bzw. die Anstiftung hierzu), illegale Propaganda, alle gegen die „öffentliche Ordnung" gerichteten Maßnahmen, Teilnahme an nichtgenehmigten Versammlungen oder Demonstrationen, Verbreitung illegaler Druckerzeugnisse etc.

Ziel der massiven franquistischen Repression war die vollständige Zerschlagung der Klassenorganisationen, um in das dadurch entstandene Vakuum hineinstoßen und ein eigenes Syndikat auf der Grundlage des Nationalsyndikalismus aufbauen zu können. Neben die Zerstörung der alten sollte somit der Aufbau einer neuen „Gewerkschaft"

---

[5] Gesetzesparaphrase bei Díaz-Plaja 1969, S. 484–487.

[6] Vgl. Oficina Internacional del Trabajo: Informe del grupo de estudio encargado de examinar la situación laboral y sindical en España, Genf 1969, S. 187–199.

treten. Die Falangisten waren seit Beginn des Bürgerkrieges bemüht, das für den „Neuen Staat" geplante Einheitssyndikat ideologisch und organisatorisch unter ihre Leitung zu bringen. Bis zum zwangsweisen Zusammenschluß aller Gewerkschaften blieben jedoch in der nationalistischen Kriegszone vorerst drei syndikalistische Organisationen bestehen: der christliche „Spanische Bund der Arbeitergewerkschaften" (*Confederación Española de Sindicatos Obreros,* CESO,[7]), das karlistisch-traditionalistische „Nationalkorporative Werk" *(Obra Nacional Corporativa)* und die falangistischen „Nationalsyndikalistischen Arbeiterzentralen" (*Centrales Obreras Nacional-Sindicalistas,* CONS). So unterschiedlich diese drei politischen Richtungen auch waren, so hatten sie doch eine gemeinsame Basis: die Ablehnung des Klassenkampfes. In dieser Haltung stimmten sie mit Grundprinzipien des entstehenden „Neuen Staates" überein, der beim Aufbau seiner eigenen „Gewerkschaften" zuerst vorhandene Hindernisse eliminierte und sodann im Zuge der Interessenharmonisierung im eigenen Lager zur Vereinheitlichung aller soziopolitischen Kräfte (Zusammenfassung sämtlicher Parteien und Gewerkschaften zu Staatsorganisationen) schritt.

Nach Beginn des Bürgerkrieges gründeten die Falangisten auch „Nationalsyndikalistische Unternehmerzentralen" (*Centrales de Empresarios Nacional-Sindicalistas,* CENS); sehr schnell aber sah sich vor allem der linke Flügel des Falangismus genötigt, organisatorische und ideologische Grundsätze aufzugeben: Die „horizontalen Klassengewerkschaften" wurden schon bald als Zugeständnis an den „Zeitgeist" interpretiert, der vorübergehend keine andere Form der Organisierung zugelassen habe. Demgegenüber bot sich die Form der traditionalistischen Berufsverbände, in der sowohl Arbeiter- wie Unternehmervereinigungen zusammengeschlossen waren, weit besser als Vorbild der späteren Staatsgewerkschaft an. Die ideologische Grundlage dieses

---

[7] Vgl. Antonio Elorza, La Confederación Española de Sindicatos Obreros (1935–1938), in: Revista del Trabajo 33 (1971), S. 131–412 (mit umfangreichem Dokumentenanhang) sowie Juan José Castillo, El Comité Nacional Circunstancial de la Confederación Española de Sindicatos Obreros (CESO) 1936–1938 (una aportación documental), in: Revista Española de la Opinión pública 38 (1974), S. 205–303. Brachten Falange und Traditionalisten in das zukünftige Syndikat gewisse ideologische bzw. organisatorische Muster ein, so konnten die „Christlichen" und „Freien" Gewerkschaften, die sich Ende 1935 zur CESO zusammenschlossen und auf ihrem Gründungskongreß ca. 270000 Mitglieder hatten, ihre relativ starke Basis beisteuern. Die CESO trat dem Staatssyndikat im Mai 1938 bei.

Organisationsmodells lieferte wiederum die Falange: Sie verwies mit Recht darauf, daß das Konzept des Vertikalismus schon lange vor dem Bürgerkrieg von José Antonio Primo de Rivera entwickelt worden war. 1935 hatte der Falangegründer gefordert, daß die Syndikate zu geschlossenen, vertikalen Einheiten werden sollten, denen alle in dem jeweiligen Produktionszweig wirtschaftlich Tätigen angehören müßten. Mit diesen Forderungen ging die Falange über das faschistische italienische Vorbild hinaus, da sie Arbeitgeber und -nehmer nicht mehr getrennt lassen, sondern innerhalb desselben Produktionszweiges zusammenfassen wollte.

Im Vergleich zu den zerschlagenen Klassengewerkschaften stellten die falangistischen, karlistischen und katholischen Berufsvereinigungen minoritäre Gruppierungen dar, auf deren Grundlage allein die spätere Syndikatsorganisation sich nie zum Staatssyndikat hätte entwickeln können. Dazu bedurfte es vielmehr zweier entscheidender Voraussetzungen: die eine war das Verbot der sozialistischen und der anarchosyndikalistischen Massengewerkschaft, die Verfolgung und Verurteilung ihrer Funktionäre und die massive Repression der gesamten Arbeiterschaft als organisierter Bewegung; die andere war die Verpflichtung der „Produzenten", d. h. fast aller wirtschaftlich Tätigen, dem offiziellen Syndikat beizutreten. Am 8. Oktober 1938 verfügte der Generalsekretär der Falange, Raimundo Fernández Cuesta, den Zwangseintritt aller Falangemitglieder in die wenige Monate vorher geschaffenen nationalsyndikalistischen Zentralen.[8]

Die noch während des Bürgerkrieges verkündeten programmatischen Grundlagen des „Neuen Staates" sind vor allem in zwei Dokumenten niedergelegt: dem Falangeprogramm und dem ›Grundgesetz der Arbeit‹. Bezüglich der angestrebten neuen Wirtschafts- und Sozialordnung lassen sich drei Aspekte hervorheben: die Erfassung der Berufstätigen in Syndikaten, die sozialrevolutionären Umwälzungen und die geplante Agrarreform. Den Syndikaten maß das Falangeprogramm in dem erstrebten nationalsyndikalistischen Staat eine klar definierte, insgesamt jedoch eng umgrenzte Rolle bei. Der Klassenkampf und damit die Spaltung der Gesellschaft sollten überwunden, alle im Produktionsprozeß stehenden Arbeiter und Unternehmer in einer Organisation und einer vom Staat gesetzten Ordnung zusammengefaßt werden.

Der zweite bedeutende wirtschafts- und sozialpolitische Aspekt beinhaltete eine sozialrevolutionäre Umgestaltung Spaniens. Vorge-

---

[8] Text des Rundschreibens bei García-Nieto/Donézar (Hrsg.) 1974, S. 388.

sehen waren die Verstaatlichung des Großkapitals, der öffentlichen Betriebe, der wichtigen Industrien, des Bank- und Versicherungswesens. Schließlich sollte noch die Agrarverfassung als Grundlage des sozialen Lebens radikal verändert werden: Es bedürfe insbesondere einer Umschichtung des Grundbesitzes und einer Änderung in den Betriebsformen. Dieses Programm einer nationalsyndikalistischen Revolution wurde nicht verwirklicht. Der größte Teil der sozialrevolutionären Forderungen blieb nach der Zwangsvereinigung von April 1937 unerfüllt. Während die „neue" Falange die Ideologie der „alten" weitgehend aufgeben mußte, rückten konservative und monarchistische Programmpunkte in den Vordergrund und verwässerten die ursprünglich revolutionäre Zielsetzung. Allerdings übernahm Franco zum größten Teil den staatssyndikalistischen Organisationsplan der Falange. Das falangistische Wirtschaftskonzept fand im ersten bedeutenden Verfassungstext des nationalistischen Spanien gesetzlich Ausdruck: im ›Grundgesetz der Arbeit‹ (›Fuero del Trabajo‹). Das später in den Rang eines Verfassungsgesetzes erhobene ›Fuero‹ vom 9. März 1938 ist Ausgangspunkt und allgemeine Grundlage der franquistischen Arbeitsgesetzgebung. (Es wurde erst durch die neue Verfassung von Dezember 1978 aufgehoben.) Das Gesetz hatte vor allem programmatischen Charakter; in der Situation des Bürgerkrieges erfüllte es außerdem eine wichtige, in der Literatur zumeist vernachlässigte politisch-propagandistische Funktion. Wenn auch die falangistischen Grundvorstellungen deutlich dominierten, lassen Einleitung und Gesamttenor den Gesetzestext als ideologisches Konglomerat der verschiedenen Kräfte und Tendenzen erkennen, die das „nationale Spanien" bildeten. Die nationalsyndikalistische Organisation des Staates und der Wirtschaft sollte sich von den „Prinzipien der Einheit, Totalität und Hierarchie" leiten lassen. Da das Verhältnis zwischen Kapital und Arbeit durch soziale Harmonie bestimmt sein sollte, wurde dem Staat von Anfang an eine regulativ-interventionistische Funktion auf dem Arbeits- und Wirtschaftssektor zugesprochen. Dabei sollten die Syndikate Instrumente des Staates sein, mit denen dieser seine Wirtschaftspolitik durchführte.[9]

---

[9] Zum Nationalsyndikalismus vgl. Walther L. Bernecker, Die Arbeiterbewegung unter dem Franquismus, in: Peter Waldmann u.a., Die geheime Dynamik autoritärer Diktaturen, München 1982, S. 61–198 sowie die Quellensammlung von Walther L. Bernecker (Hrsg.), Gewerkschaftsbewegung und Staatssyndikalismus in Spanien. Quellen und Materialien zu den Arbeitsbeziehungen 1936–1980, Frankfurt a. M. 1985.

Während des Bürgerkrieges läßt sich nicht von einer vitalen Entwicklung des offiziellen Syndikatswesens sprechen. Stanley G. Payne macht für diese geringe Vitalität vor allem die Unfähigkeit des Ministers Pedro González Bueno verantwortlich.[10] Gegenüber diesem eher anekdotischen Erklärungsversuch verdient festgehalten zu werden, daß die führenden Wirtschaftskreise der nationalen Zone – auf die Franco angewiesen war – dem geplanten Vertikalismus durchaus skeptisch gegenüberstanden, daß die den Syndikaten zugedachten Funktionen der Wirtschaftskontrolle bis 1939 durch kriegswirtschaftliche Maßnahmen ersetzt wurden und die Kontrolle der Arbeiterschaft durch Syndikate in dieser Phase schon deshalb nicht erforderlich war, weil die Anwendung nackten Terrors ein viel wirksameres Disziplinierungsmittel darstellte. Der schleppende Aufbau des vertikalen Syndikalismus während des Bürgerkrieges dürfte daher eher eine bewußt angewandte, opportunistische Strategie der Verzögerung gewesen sein. Diese Erklärung mag auch deshalb eher überzeugen, weil in dem auf das Kriegsende folgenden Jahr 1940 sehr schnell die entscheidenden Maßnahmen zur Durchsetzung des neuen Syndikatsystems ergriffen wurden – zu einem Zeitpunkt also, zu dem die kriegsbedingten Rücksichtnahmen entfielen.

Zweifellos war der falangistische Beitrag zu Ideologie und Aufbau des „Neuen Staates" entscheidend. Viele Grundsätze fanden (direkt oder indirekt) Eingang in die „Grundgesetze" des Franquismus. Dies gilt, wie aufgezeigt, vor allem für das Arbeitsrecht; aber auch die Ablehnung jeder Form von „Separatismus" und politischer Parteien sowie die Betonung der „natürlichen Einheiten" Familie, Gemeinde und Syndikat waren Staatsprinzipien falangistischen Ursprungs. Historisch betrachtet war die Falange vor allem ein innenpolitisches Instrument Francos zur Absicherung seiner Herrschaft durch Ausbalancieren einander bekämpfender politischer Gruppen. Als sie später zu Stabilisierungsaufgaben nicht mehr benötigt wurde, sank ihre Macht.[11] Daß Franco im Zuge der „Entfaschisierung" seines Regimes auf die Falange zusehends verzichten konnte, hängt damit zusammen, daß er sich primär auf eine andere Institution stützte: das Militär. Die Planung des Aufstandes von 1936, die Führung im Krieg und die Ge-

---

[10] Stanley G. Payne, Falange. Historia del fascismo español, Paris 1965, S. 153.

[11] Walther L. Bernecker, Spaniens 'verspäteter' Faschismus und der autoritäre 'Neue Staat' Francos, in: Geschichte und Gesellschaft 2 (1986), S. 183–211.

staltung der ersten Maßnahmen des „Neuen Staates"befanden sich fest in den Händen hoher Offiziere. Als Franco 1936 zum „Generalissimus" bestimmt wurde, handelte es sich um eine Entscheidung unter Militärs. Die erste Kriegsregierung bestand fast ausschließlich aus Soldaten,und auch als nach 1938 die meisten Ministerposten mit Zivilisten besetzt wurden, behielten Militärs Schlüsselpositionen (vor allem das Innenministerium) in der Regierung. Von den 113 Ministern der Franco-Ära waren immerhin 33 Militärs. Außerdem kontrollierte die Armee weitgehend die Sicherheitskräfte, nahm einen Teil der öffentlichen Verwaltung wahr und übte wichtige Funktionen in öffentlichen Unternehmen aus.

Zweifellos waren die Streitkräfte die wichtigste Stütze Francos; keine andere Institution, nicht einmal die Kirche, unterhielt zum Regime eine vergleichbar entscheidende Beziehung wie die Militärs. Diese besondere Situation führte dazu, daß der Franquismus als System häufig falsch eingeschätzt, daß die Beziehung zwischen ihm und der Armee als statisch mißverstanden wurde, ohne die wichtigen Veränderungen in diesem Verhältnis zu registrieren. Für viele Autoren spielte das Militär eine hegemoniale Rolle im Regime. Sergio Vilar etwa,[12] einer der Vertreter der Theorie des spanischen „Militärfaschismus", meint bei den herrschenden Klassen eine „militaristische Tendenz" konstatieren zu können: Jene Klassen seien nicht gewillt, soziale und politische Konflikte durch friedliche Methoden zu lösen, sondern sie bevorzugten die „bewaffnete Aktion". Die spanische Bourgeoisie habe „ihr eigenes politisches Vakuum", d.h. das Fehlen einer großen konservativen Partei, geschaffen und damit den Weg der nackten Gewalt gewählt. Die Entscheidung für den Militärfaschismus sei eine Konsequenz sowohl der „hegemonistischen Unfähigkeit" der spanischen Bourgeoisie als auch der stärkeren Gesinnung des spanischen Proletariats.

Die Konzeption vom spanischen Militärfaschismus weist allerdings theoretische Schwächen auf. Sie betont zwar korrekt die untergeordnete Rolle der spanischen Bourgeoisie im Vergleich zu anderen westeuropäischen Ländern, unterstellt ihr aber zugleich eine fast naturgegebene Bereitschaft zu militaristisch-totalitären Gesellschaftsmodellen. Die schematisierte Konzeption Vilars läßt die spezifischen historischen Umstände außer acht, die zur militärischen Erhebung von 1936 führten; sie geht auch nicht auf die Komplexität der Siegerkoali-

---

[12] Sergio Vilar, La naturaleza del franquismo, Barcelona 1977; ders., Fascismo y militarismo, Barcelona 1968.

tion unter Franco ein. Aufschlußreich jedoch ist die Konzeption Vilars trotz ihrer Mängel, da sie bemerkenswerte Topoi vieler „linker" Studien über die Natur des Franquismus enthält. So geht sie von der Einheit zwischen Großbourgeoisie und Armee aus, die somit als Ausgangspunkt und nicht als Ergebnis der Untersuchung erscheint. Als Beweggrund des Aufstandes von 1936 nimmt sie eine Entscheidung der Großbourgeoisie an, der das Verhalten der Streitkräfte untergeordnet gewesen sei – eine Behauptung, die angesichts des spezifisch militärischen Charakters der Rebellion empirisch nicht abgesichert ist. Zweifellos hatten die Latifundisten und die Großbourgeoisie massive Interessen, die sie zu Gegnern der Republik machten; aber die Planung des Aufstandes, die Kriegführung und die Politik der ersten Regierung waren fest in den Händen der hohen Offiziere.

Die Art der Machtaufteilung im „nationalen Lager" ließ bereits während des Bürgerkrieges erkennen, daß das entstehende Regime eine Interessenallianz zwischen Gruppen war, die selbst in wichtigen Punkten unterschiedlicher Meinung waren. So gelang es etwa der Falange nie, unumstritten die Herrschaft auszuüben; das Regime entwickelte keine umgreifende, einheitliche und verbindliche Ideologie, da allzu viele gegensätzliche politische Kräfte berücksichtigt werden mußten. Der Staat erwies sich als unfähig, das Erziehungssystem voll zu kontrollieren; er überließ es größtenteils der Kirche. Die franquistische Machtelite war viel weniger homogen, als es von außen erscheinen mag – was auch erklärt, daß selbst der frühe Franquismus ein konservativerer und zugleich weniger faschistischer Regimetypus als der von Hitler und Mussolini war.

Die Auseinandersetzungen innerhalb des aus einer konterrevolutionären Koalition hervorgegangenen Regimes waren zwar – auch während des Bürgerkrieges – permanenter Art, stellten aber die oberste Autorität Francos nicht in Frage. Die Auseinandersetzungen weisen damit auf die „Methode" der Führerschaft Francos hin. Dieser hatte einige politische Grundüberzeugungen, die man aber – selbst bei wohlwollender Betrachtung – kaum als ein politisches Konzept bezeichnen kann. Er war viel vorsichtiger als viele seiner Generalskollegen. Seine Hauptfunktion im Regime bestand darin, eine Art Schiedsrichterrolle zwischen verschiedenen Tendenzen auszuüben. Diese Funktion erfüllte er etwa zwischen Ramón Serrano Suñer (Falange) und den Militärs oder zwischen Martín Artajo (Katholiken) und der Falange. Die Schiedsrichterkompetenz erlaubte es ihm auch, jederzeit denjenigen vom politischen Feld verweisen zu dürfen, der die von ihm aufgestellten Regeln verletzte. Sein Schiedsrichteramt war zugleich eine Art Moderation, der Wunsch, Zeit verstreichen zu lassen, und der Wille, die Machtkoalition – die ihn an der Macht hielt – zu bewahren. Möglicherweise wurde die personalistische Diktatur Francos nicht von allen sie tragenden politischen Lagern als die ideale Regierungsform betrachtet; angesichts der Gefahr, den Krieg zu verlieren und damit in republikanische Verhältnisse „zurückzufallen", zog man sie aber jeder anderen Option vor.

Während im Lager der Nationalisten zwangsweise alle politischen Kräfte unter einer Führung zusammengefaßt wurden, vollzog sich in der republikanischen Zone der entgegengesetzte Prozeß einer Desintegration der politischen Kräfte. Bei Kriegsbeginn sah sich die Regierung Santiago Casares Quiroga zum Rücktritt gezwungen; die Ein-Tages-Regierung von Diego Martínez Barrios nahm nicht einmal die Amtsgeschäfte auf und wurde am 19. Juli 1936 von der lediglich aus bürgerlichen Republikanern bestehenden Regierung José Giral abgelöst, die bis Anfang September 1936 im Amt blieb. Angesichts seines Mißerfolgs beim Versuch, internationale Hilfe für die Republik zu erlangen, wich Giral dem sozialistischen Gewerkschaftsführer Francisco Largo Caballero, dessen Regierung aus Liberalen, Republikanern, Kommunisten und Sozialisten Anfang November 1936 – zum ersten Mal in der Geschichte – durch Vertreter der anarchistischen Organisationen CNT und FAI erweitert wurde. Mitte Mai 1937 stürzten die Kommunisten Largo Caballero; die nun folgende „Regierung des Sieges" des rechtssozialistischen Ministerpräsidenten Juan Negrín blieb (bei wiederholten Umbildungen) bis zum Ende des Krieges im Amt.

Die politische Entwicklung im republikanischen Lager während des Bürgerkrieges wurde maßgeblich durch die Ereignisse der ersten Tage nach dem Putsch im Juli 1936 geprägt. Ohne nämlich die Weisungen oder Einwilligung der Regierung abzuwarten, bewaffneten sich am 18./19. Juli 1936 die Arbeiterorganisationen – allen voran die Anarchosyndikalisten – selbst, warfen sich den rebellierenden Truppen entgegen und verhinderten einen sofortigen Sieg der Aufständischen. In den Landesteilen, in denen der nationalistische Aufstand niedergeschlagen werden konnte, wurde innerhalb weniger Wochen auf lokaler und regionaler Ebene das bestehende politische, soziale und ökonomische System weitgehend abgeschafft. Die Zentralregierung in Madrid und die autonome Regionalregierung von Katalonien, die *Generalitat*, blieben zwar bestehen, die wirtschaftliche und politische Macht aber ging an neue soziale Gruppen über; das traditionelle System der Herrschaft wurde von Grund auf verändert.

Es waren hauptsächlich die in der anarchosyndikalistischen CNT und in der anarchistischen FAI, zu einem geringeren Teil auch die in der sozialistischen UGT und dem marxistischen POUM organisierten Arbeiter, die nach dem Zusammenbruch der republikanischen Staatsgewalt die Enteignung und kollektive Bearbeitung größerer landwirtschaftlicher Güter betrieben, die Übernahme vieler Industriebetriebe und der Dienstleistungsunternehmen vollzogen, lokale Machtträger entmachteten und die Verwaltung in die eigenen Hände nahmen, das gesamte öffentliche Leben wieder in Gang brachten und kontrollierten. Ohne über ein ausgereiftes theoretisches Konzept zu verfügen, stand für die Mehrzahl der Arbeiter von Anfang an fest, daß sie nicht für die bürgerliche Demokratie, sondern für deren Überwindung, nicht für den Kapitalismus, sondern den (vorerst nur als Idealziel formulierten) „freiheitlichen Kommunismus", nicht für die Fortführung des abhängigen Lohnverhältnisses, sondern für die Übernahme der Betriebe und die Selbstbestimmung im soziopolitischen Bereich kämpften. Spontan entstanden „revolutionäre", „antifaschistische" Komitees, die primär politische Funktionen, und Fabrik- und Kontrollkomitees, die vor allem innerbetrieblich-organisatorische Leitungs- und Überwachungsaufgaben übernahmen. Die Dynamik der Massenbewegung eilte allen politischen und wirtschaftlichen Plänen voraus und schuf vollendete Tatsachen, von denen jede spätere organisierte Einflußnahme und Lenkung ausgehen mußten.

Von entscheidender Bedeutung für die spontane Konstituierung örtlicher Komitees war das Machtvakuum, das durch den Aufstand der Militärs und den Zusammenbruch der staatlichen Gewalt entstanden war. Die Auflösung der zentralen und lokalen Herrschaftsstrukturen machte aus den Revolutionsorganen vielfach „regierende" Machtorgane, die nahezu alle Verwaltungsgeschäfte in die eigene Hand nahmen. Die Komitees, die an die Stelle des Regierungs- und Verwaltungsapparates traten und gleichzeitig das gesellschaftliche und politische Kräfteverhältnis widerspiegelten, richteten sich als revolutionäre Machtträger gegen die bestehende wirtschaftliche und politische Ordnung und den Status quo der gesellschaftlichen Machtverteilung.[13]

Der zeitweilige Verfall der staatlichen Gewalt hatte zwar in nahezu allen Gegenden des republikanischen Spanien einen vorübergehenden Aufschwung revolutionärer Macht- und Selbstverwaltungsorgane zur Folge, deren ephemere Existenz ließ sie aber nur selten zu einer Konsolidierung ihrer Position kommen: In Valencia konnte sich

---

[13] Bernecker 1978, S. 212–247.

das „Volksexekutivkomitee der Levante" gegen die Junta Martínez Barrios behaupten und bis November 1936 das wirtschaftliche und politische Leben der Mittelmeerstadt bestimmen. Als die republikanische Regierung ihren Sitz in die Stadt verlegte, nahm jedoch der Einfluß des Volksexekutivkomitees sehr schnell ab; es wurde schließlich durch Provinzräte ersetzt und damit dem gleichen Legalisierungsmechanismus unterworfen, der bis Februar 1937 die Lokalkomitees in Gemeinderäte umstrukturierte.

In der Provinz Murcia bildeten sich zwei Organisationszentren heraus: das Industrie- und Handelszentrum Cartagena war unbestritten in Händen der Anarchosyndikalisten, während das Verwaltungszentrum und der Agrarmarkt Murcia eindeutig von den Sozialisten beherrscht wurde. Andalusiens lokalistische Tradition verhinderte auch 1936/37 die Zusammenfassung der unkoordiniert operierenden Komitees und örtlichen Machtorgane. Der Einfluß des Komitees für Öffentliche Wohlfahrt in Málaga reichte kaum über die Stadtgrenze hinaus. Der Provinzrat von Badajoz wurde erst im November 1936 gegründet; sein Aktionsradius erstreckte sich jedoch wegen des für die Republik ungünstigen militärischen Verlaufs in der Extremadura-Gegend von Anfang an nur über ein Drittel der Provinz. Bis José Antonio de Aguirre am 7. Oktober 1936 die erste Regierung des Autonomen Baskenlandes bildete, war die CNT auch in den Verteidigungs-Juntas von Vizcaya und Guipúzcoa vertreten. In Asturien hatten sich – ähnlich wie in Murcia – zwei verschieden orientierte Revolutionsorgane konstituiert: Das „Provinzkomitee von Asturien" war sozialistisch, das „Kriegskomitee von Gijón" anarchistisch ausgerichtet. Als im November die Anarchisten in die Zentralregierung eintraten, wurde das Kriegskomitee von Gijón aufgelöst bzw. in den neuen „Rat von Asturien und León" integriert, der bis Oktober 1937 das zivile und militärische Leben der rohstoffreichen Gegend bestimmte. In Katalonien wiederum bildete sich das unter starkem anarchistischem Einfluß stehende Zentralkomitee der Antifaschistischen Milizen heraus, das als konkurrierende Gewalt neben die *Generalitat* trat, und in Aragón setzte sich ein vor allem anarchistisch beherrschter „Verteidigungsrat" (*Consejo de Defensa*) selbst als Regionalregierung ein.

Lange Zeit stand im Mittelpunkt der Forschungen über den Anarchismus im Spanischen Bürgerkrieg das Verhältnis der libertären Kräfte zur Politik. Nach dem Zweiten Weltkrieg führte innerhalb der „Freiheitlichen Spanischen Bewegung" (*Movimiento Libertario Español*) diese Frage sogar zum Bruch, der später (Ende 1960) nur notdürftig überbrückt werden konnte. Nachdem 1945 der CNT-Generalsekretär Horacio M. Prieto, der auch im Bürgerkrieg wesentlichen

Anteil am Regierungseintritt der Anarchisten gehabt hatte, dem Exilkabinett Giral beigetreten war und die Bürgerkriegs-Ministerin Federica Montseny demgegenüber wieder die traditionell-anarchistische Lehre der Ablehnung alles Politischen verfocht, provozierte die Spaltung der Anarchisten zur Stellungnahme und Selbstrechtfertigung. In jenen Jahren erschien aus beiden Lagern – dem „politischen" und dem „apolitischen" – eine Flut an Publikationen, deren Dreh- und Angelpunkt letztlich immer wieder die Frage nach der Vereinbarkeit der politischen Aktivität mit der Reinerhaltung anarchistischer Prinzipien war. Bezeichnenderweise beschäftigten sich die meisten Publikationen jener Jahre mit der Frage der anarchistischen Regierungsbeteiligung im Bürgerkrieg.[14]

Alle anarchistischen Autoren, die sich selbstkritisch mit ihrer Bewegung und deren Rolle in der neueren Geschichte Spaniens auseinandergesetzt haben, weisen auf die mangelnde Übereinstimmung der Anarchisten in der Konzeption und Realisation des angestrebten Endzustands, des „libertären Kommunismus", hin. Inneranarchistische Auseinandersetzungen und fehlender Konsens in ideologischen und praktischen Fragen lassen sich bis in die Anfänge der Bewegung zurückverfolgen: Bereits auf dem ersten spanischen Arbeiterkongreß 1870 in Barcelona wurde das Programm der Juraföderation erst nach einer Kampfabstimmung angenommen, die bereits den zukünftigen Dissens zwischen „Reformisten" und revolutionären Aktivisten vorwegnahm. Die Auseinandersetzungen zwischen den verschiedenen Flügeln ließen in den folgenden Jahrzehnten nicht nach, sondern wurden eher verschärft und erreichten in den Jahren der Zweiten Republik einen Höhepunkt. 1931 zerbrach die anarchosyndikalistische Gewerkschaft gar, und das Verhältnis zwischen CNT und FAI war niemals ungetrübt. Auf dem Zaragoza-Kongreß im Mai 1936 kam es zwar zur Wiedervereinigung der abgespaltenen „Oppositionsgewerkschaften"; ideologische Differenzen blieben im Schoß der libertären Bewegung jedoch weiter bestehen.[15]

Der Beginn des Bürgerkrieges überraschte den spanischen Anar-

---

[14] Eine detaillierte Diskussion dieser Kontroversen findet sich in Bernecker 1977. Als Überblick über die Entwicklung des spanischen Anarchismus von 1868–1968 vgl. das Werk von César M. Lorenzo, Los anarquistas españoles y el poder, 1868–1969, Paris 1972.

[15] Zum Anarchismus in der Zweiten Republik vgl. Murray Bookchin, The Spanish Anarchists. The Heroic Years 1868–1936, New York 1977; Antonio Elorza, La utopía anarquista bajo la Segunda República, Madrid 1973.

chismus somit in einer Entwicklungsphase, in der (rein äußerlich) die Einheit der Bewegung hergestellt war, in der faktisch aber wichtige Fragen bezüglich der angestrebten Revolution unentschieden waren. Als sich sodann nach der Niederschlagung des Militärputsches die 'Soziale Revolution' unkoordiniert und unkontrolliert über weite Teile des republikanischen Territoriums ausbreitete, stellte sich für die Träger dieser Revolution nicht nur die Frage der wirtschaftlichen Neustrukturierung auf kollektivistischer Grundlage; zugleich galt es, das politische Verhältnis des organisierten Anarchismus zum bisher radikal abgelehnten Staat neu zu bestimmen. Der Militäraufstand hatte den Staat in seinen Grundfesten erschüttert; die Institutionen, in denen die Anarchisten den Unterdrückungsapparat „Staat" symbolisiert sahen – Polizei, Heer, Verwaltung, Regierung –, bestanden nicht mehr, waren machtlos oder in Auflösung begriffen. Den Anarchisten war sofort klar, daß sich in der historischen Situation des fehlgeschlagenen Militäraufstandes die erste (und wohl einmalige) Chance bot, den seit Jahren programmatisch verkündeten „freiheitlichen Kommunismus" zu realisieren. Diesen Vorentwurf in den Wirren der ersten Kriegs- und Revolutionstage zu realisieren, konnte nicht schwierig erscheinen. Alle zeitgenössischen Betrachter stimmten darin überein, daß am 19. Juli 1936 der republikanische Staat praktisch zusammengebrochen war und die Macht auf der Straße lag. Die Bedingungen zur Durchsetzung des freiheitlichen Kommunismus schienen ideal.

Betrachtet man demgegenüber die soziopolitische Konstellation ein Jahr nach Kriegsbeginn, so fällt die augenscheinliche Umkehrung der Ausgangssituation ins Auge. Die vor allem im Osten des Landes (Katalonien, Aragonien, Levante) nahezu allmächtige und auch in anderen Landesteilen einflußreiche CNT war Mitte 1937 politisch ausgeschaltet, sozial und wirtschaftlich marginalisiert, innerlich zerstritten, nach außen geschwächt. Die zuvor fast einflußlosen Kommunisten waren zur bedeutendsten Partei im republikanischen Herrschaftsgebiet geworden und konnten in der Volksfrontregierung schon seit längerem ihren Willen durchsetzen. Vor allem aber: Das zusammengebrochene Staatswesen hatte sich erstaunlich schnell wieder aufgerichtet, Regierungschef Juan Negrín hielt als „starker Mann" der Republik die Zügel straff in der Hand, die Revolution war auf allen Gebieten zurückgedrängt, zum Teil gewaltsam liquidiert worden.

Aus der Gegenüberstellung der Machtrelationen im Sommer 1936 bzw. 1937 und der auffälligen Veränderung, die das Verhältnis von Staat und Revolution im Vergleichszeitraum erfuhr, ergibt sich die Frage nach den Gründen für diesen Wandel. Als die anarchistischen

Führer nach der Niederschlagung rebellierender Truppenteile in einigen Gegenden Spaniens im Juli 1936 behaupteten, daß die vollständige Realisierung ihres Gesellschaftsprogramms einer anarchistischen Diktatur gleichkommen würde, entschlossen sich die Anarchisten, unter Mißachtung ihrer Ideologie und jahrzehntelangen antistaatlichen Praxis, zur Zusammenarbeit mit Regierung und Staat. Die katalanischen CNT-Komitees beispielsweise beschlossen, mit den übrigen 'antifaschistischen' Kräften in einem gemeinsamen Gremium, dem Zentralkomitee der Antifaschistischen Milizen, zusammenzuarbeiten. Damit gewann – wenige Wochen nach dem „radikalen" Zaragoza-Kongreß der CNT, auf dem die orthodoxe Linie der FAI sich voll durchgesetzt hatte – jener „revisionistische" Flügel des organisierten Anarchismus die Oberhand, der schon seit langem darauf hingewiesen hatte, daß der Übergang vom Kapitalismus zum herrschaftsfreien Kommunismus nicht vorbehaltlos vollzogen werden könne. In den Wochen, die auf die Gründung des Zentralkomitees folgten, gelang es sodann der katalanischen Regionalregierung, ihren tatsächlichen Machtbereich immer weiter auszudehnen, schließlich wieder alle Funktionen wahrzunehmen und nach Auflösung des Milizkomitees ihre Kompetenzen über den im Autonomiestatut von 1932 festgelegten Zuständigkeitsbereich hinaus zu erweitern. Für einige Monate gab es in Barcelona drei Gewalten: die Regionalregierung, das zentrale Milizkomitee und die Stadtteilkomitees *(Comités de Barriada)*. Die Companys-Regierung hatte anfangs weder die Kraft noch die Machtmittel, eine demokratische Entwicklung zu gewährleisten. Trotzdem blieb sie im Amt, betonte ihre Legalität und Legitimität – in der Hoffnung, dadurch den Auflösungserscheinungen und dem zeitweiligen Verfall aller Staatsgewalt Einhalt gebieten zu können.

Die anarchistische Entscheidung, mit der Regierung und den politischen Parteien zusammenzuarbeiten, war der Anfang einer ideologischen Entwicklung, die nicht nur zur Akzeptierung des Staatsapparates und der Regierung, sondern konsequenterweise auch zur Teilhabe an der Macht führte. Der Gesinnungswandel von absoluter Ablehnung des Staates über dessen (durch die Ausnahmesituation des Krieges bedingte) Hinnahme bis zu seiner Stärkung und Verteidigung verlief in deutlich unterscheidbaren Stufen: Das katalanische Zentralkomitee konstituierte sich zwar als „revolutionäres" Machtorgan, arbeitete de facto aber von Anfang an mit der Regierung zusammen. Sehr schnell erkannten die Anarchisten auch, daß ihr eigentliches Anliegen, nämlich das beschleunigte Vorantreiben der Revolution, zum großen Teil eine Machtfrage war, daß also die Ablehnung jeglicher

Herrschaftsausübung von ihren ideologischen Gegnern im republikanischen Lager gegen sie verwendet werden konnte (und wurde). In einem zweiten Schritt forderten sie daher die Einsetzung eines „Nationalen Verteidigungsrates", der an die Stelle der Regierung treten sollte. Als dieser Plan einer „Gewerkschaftsregierung" am Widerstand aller politischen Lager scheiterte, waren die Anarchisten (bezeichnenderweise zuerst in Katalonien) bereit, Regierungsverantwortung zu übernehmen. Als CNT und FAI im September bzw. November 1936 in die Regierungen eintraten, befand sich die Revolution auf ihrem Höhepunkt. Es lag daher im Interesse aller republikanischen (nichtanarchistischen) Organisationen, durch Integration des Anarchismus in das bestehende Staatsgefüge und Übertragung von Verantwortung eine gemäßigtere Haltung der Führungsgremien und damit eine Eindämmung der Radikalität an der Basis zu erzielen. Diese Rechnung ist aufgegangen. Die anarchistischen Minister trugen selbst zur Legalisierung der revolutionären Errungenschaften bei; das bedeutete in den meisten Fällen jedoch Kontrolle, Kompetenzeingrenzung der Basisorgane, Mitspracherecht des Staates, Zurückdrängung der Revolution. Die disziplinierende Wirkung der anarchistischen Regierungsbeteiligung ist offensichtlich. In historischer Perspektive führte der Regierungseintritt von CNT und FAI nicht nur zu einer Identitätskrise der libertären Bewegung, sondern trug zugleich direkt zur Domestizierung der Revolution und indirekt zur Machterweiterung der Kommunisten bei.

Neben das katalanische Zentralkomitee und die Unzahl revolutionärer Komitees auf lokaler Ebene trat in Aragonien ein weiteres Organ, das sich einerseits als Revolutionsinstrument, andererseits als Keimzelle eines neuen Staatsaufbaus verstand: der „Regionale Verteidigungsrat", der im November 1936 die Zentralregierung um seine Anerkennung ersuchte und dabei seine „absolute Identifizierung mit der Regierung der Republik" betonte. Die Einsetzung des zuerst rein anarchistischen Verteidigungsrates von Aragonien stellte einen eklatanten Bruch mit der bisherigen Theorie und Vorkriegspraxis des spanischen Anarchismus dar. Der Rat übernahm sämtliche Funktionen einer Regionalregierung; im Gegensatz zur katalanischen *Generalitat* konnte der Aragonienrat aber keine demokratische Legitimation vorweisen. Als dann nach dem republikanischen Regierungswechsel im Mai 1937 der Einfluß der Linkskräfte deutlich im Sinken begriffen war, setzte gleichzeitig eine geschickte, hauptsächlich von den Kommunisten geschürte Kampagne gegen den Verteidigungsrat ein, der im August 1937 schließlich aufgelöst wurde.

Mit der gewaltsamen Auflösung des Verteidigungsrates erreichte der Restaurationsprozeß der zentralen Staatsgewalt seinen Höhepunkt; außerdem konnten die Kommunisten und ihre Volksfrontverbündeten in ihrer Auseinandersetzung mit den Anarchisten einen deutlichen Sieg verbuchen. Ideologische Gegensätze trafen auf das Bestreben der Regierung nach Zentralisation der Militär- und Staatsgewalt und gehören zu den wichtigsten Bedingungsfaktoren für die Auflösung des Rates. Die Geschichte des revolutionären Syndikalismus im weiteren Kriegsverlauf war sowohl im machtpolitischen wie im ideologischen Bereich weitgehend ein Rückzugsgefecht. Trotz des effektiven Machtverlustes der Anarchisten mobilisierten CNT und FAI jedoch nicht ihre Massengefolgschaft; sie besannen sich nicht auf bisher proklamierte Mittel und Ziele, sondern flüchteten in einen verbalen Eskapismus, der deutlich werden läßt, daß sie schließlich nur noch eine Position der Selbstrechtfertigung zu verteidigen suchten. Daß die vom Krieg allen Organisationen des republikanischen Spanien aufgenötigte Zentralisierung, Bürokratisierung und Hierarchisierung auch vor dem organisierten Anarchismus nicht Halt zu machen brauchte, war auf den Politisierungsprozeß zurückzuführen, der in den anarchistischen Organisationen bereits in den ersten Tagen des Krieges eingesetzt hatte und im Juli 1937 zur Preisgabe wesentlicher Grundpositionen des klassischen spanischen Anarchismus führte. Die damals in Valencia von der FAI verabschiedete Resolution[16] lehnte, obwohl ein Verzicht auf das angestrebte Endziel des herrschaftsfreien Kommunismus explizit zurückgewiesen wurde, den Staat nicht mehr schlechthin ab; die Anarchisten bezeichneten sich nur mehr als „Feinde der Diktatoren" und der „totalitären Regierungsform", forderten ihre Mitglieder jedoch zur Mitarbeit in bestehenden Staatsinstitutionen auf. Unter dem Schlagwort der nationalen Verteidigung und des national-revolutionären Krieges gegen den internationalen Faschismus wurde dem Anarchismus im Spanischen Bürgerkrieg sehr schnell ein politischer Burgfrieden aufgenötigt, dessen Konsequenzen für den Fortgang der Revolution er aus politischer Naivität zuerst verkannte und schließlich nicht verhindern konnte. Das Prinzip der von den Volksfrontparteien verfochtenen Legalität konnte sich allmählich gegen das radikaldemokratisch interpretierte Prinzip der legitimen Volkssouveränität durchsetzen. Ihre Forderungen nach politischer und militärischer Entscheidungszentralisierung, Wiederabschaffung der revolutionären Machtorgane und Kompetenzerweiterung staatlicher

---

[16] Vgl. FAI, Memoria del Pleno Peninsular de Regionales, Valencia 1937.

Instanzen konnten die Volksfrontparteien mit dem einleuchtenden Argument begründen, die neuen Elemente der Wirtschaftsstruktur und des politischen Systems funktional und effizient aufeinander abstimmen zu müssen. Die Revolutionäre vernachlässigten in den machtpolitischen weichenstellenden Monaten den staatlichen Bereich, was nicht nur zu ihrer baldigen Ausbootung aus allen Schaltstellen der republikanischen Politik, sondern außerdem zur rapiden Restauration des Staatsapparates und letztlich zum Niedergang der Revolution führte.

Der Verlauf der Revolution sowie Aufschwung und Niedergang des Anarchismus hingen im Spanischen Bürgerkrieg in entscheidendem Maße von der Entwicklung und Haltung der übrigen soziopolitischen Kräfte im republikanischen Lager ab; von besonderer Bedeutung waren die beiden wichtigsten Gruppierungen der Volksfrontregierung: die Sozialisten (PSOE und UGT) und die Kommunisten (PCE). Die Forschung hat sich lange Zeit auf die Kommunisten konzentriert, da deren spektakulärer Aufstieg im Bürgerkrieg zu Recht als erklärungsbedürftig eingeschätzt wurde; in den letzten Jahren jedoch hat sich – parallel zur realpolitischen Entwicklung von Kommunisten und Sozialisten in Spanien – das Interesse der Historiker zusehends von den Kommunisten ab- und den Sozialisten zugewandt. Dabei fällt auf, daß nahezu alle Studien sich entweder mit den Friedens- oder mit den Kriegsjahren der Zweiten Republik beschäftigen, fast keine aber die gesamten 30er Jahre umfaßt. Andererseits betont gerade die neuere Forschung immer mehr, daß die innere Entwicklung des spanischen Sozialismus im Bürgerkrieg weniger vom Krieg als solchem als vielmehr von der vorangehenden Geschichte der Bewegung abhing, von der republikanischen Phase mit all ihren Problemen und Divergenzen.

Allerdings fehlt bis heute eine überzeugende Gesamtdarstellung der sozialistischen Bewegung Spaniens in den Friedens- *und* Kriegsjahren der Zweiten Republik. Bezeichnenderweise konzentrierte sich die historiographische Debatte in den Jahren nach 1975 – als in Spanien neue Gesellschaftsmodelle und sozialistische Alternativen diskutiert wurden – auf ideologische Aspekte des spanischen Sozialismus in den Friedensjahren der Republik. Es ging vor allem darum, den Radikalisierungsprozeß einer Bewegung zu erklären, deren vorherige Entwicklung eher gemäßigter Art gewesen war. Zu diesen Studien gehören etwa die Arbeiten von Marta Bizcarrondo, Paul Preston, Santos Juliá, Andrés Blas Guerrero und Manuel Contreras. Zentraler Untersuchungsgegenstand dieser Autoren war jene in der zweiten Phase der Republik erfolgte Veränderung eines Teils der sozialistischen Bewegung, der die „possibilistische" Form der Zusammenarbeit mit der Republik wegen des Verhaltens der „reaktionären Kräfte" für beendet erklärte und den revolutionären Weg mit dem Ziel der Durchsetzung des Sozialismus beschritt.[17]

Santos Juliá untergliedert diese Forschungen in drei Tendenzen[18]:

[17] Santos Juliá, República, revolución y luchas internas, in: El socialismo en España. Desde la fundación del PSOE hasta 1975, Madrid 1986, S. 231–254 (= Anales de Historia, Bd. 1, 1986). Zur Bibliographie über den spanischen Sozialismus in der Vor-Bürgerkriegszeit vgl. den informativen Überblick von Enrique Moral Sandoval, Consideraciones críticas sobre la bibliografía del socialismo español (1917–1930), in: El socialismo en las nacionalidades y regiones, Madrid 1988, S. 233–245 (= Anales de Historia, Bd. 3, 1988). – Largo Caballero hat ein über 1500 Seiten umfassendes (bisher nicht veröffentlichtes) Manuskript mit dem Titel ›Notas históricas de la guerra en España, 1917–1940‹ hinterlassen, das heute in der Stiftung «Pablo Iglesias» liegt. Eine Auswahl liegt inzwischen gedruckt vor: Francisco Largo Caballero, Escritos de la República. Edición, estudio preliminar y notas de Santos Juliá, Madrid 1985. Die Largo Caballero-Richtung innerhalb der Sozialistischen Partei der 30er Jahre läßt sich als „radikaler Reformismus" bezeichnen, womit die Radikalisierung der nach wie vor in reformistischen Bahnen agierenden sozialistischen Bewegung zum Ausdruck gebracht werden soll. Damit kann zugleich die Dichotomie zwischen Reformismus und Revolution aufgebrochen werden, unter der die meisten bisherigen Studien zum Sozialismus der Zwischenkriegszeit standen. In seinen historisch viel aussagekräftigeren Notizen als den 1954 schon publizierten ›Erinnerungen‹ (›Mis recuerdos‹) rechtfertigt der „spanische Lenin" seinen Bruch mit der Republik und dem Vorstand des PSOE; er entwirft eine stark von seiner gewerkschaftlichen Herkunft geprägte „organizistische Entwicklungsdoktrin", derzufolge der Sozialismus als natürliches und „organisches" Ergebnis des gesellschaftlichen Fortschritts erscheint. Aufschlußreich sind in diesem Zusammenhang auch die Schriften von Luis Araquistáin, Sobre la Guerra Civil y en la emigración (Edición y estudio preliminar de Javier Tusell), Madrid 1983, der zu jener Gruppe sozialistischer Intellektueller gehörte, die sich nach der Krise des Jahres 1933 der Largo Caballero-Richtung anschlossen und in den theoretischen Organen ›Leviatán‹ und ›Claridad‹ einen revolutionären Marxismus propagierten, der die theoretische Begründung einer als unmittelbar bevorstehend angesehenen spanischen Revolution liefern sollte. Später wandte sich Araquistáin von dieser Haltung wieder ab, wurde zu einem überzeugten Antikommunisten und vertrat einen zunehmend reformistisch orientierten sozialdemokratischen Standpunkt.

[18] Santos Juliá, Socialismo en los años treinta: recientes tendencias de investigación, in: El socialismo en las nacionalidades y regiones, Madrid 1988, S. 247–262. In seiner Untersuchung marxistischer Theorie in der spanischen

zum einen jene, die in der sozialistischen Radikalisierung den Übergang von einem eingefleischten Reformismus zu einem verbalen Revolutionismus sehen; sodann die, die in der Radikalisierung eine kohärente Fortentwicklung eines revolutionären Possibilismus erblicken; schließlich jene, die von der politischen Radikalisierung eines korporativistischen und traditionellen Syndikalismus sprechen. Diese verschiedenen Ausgangsthesen haben zu zwei unterschiedlichen Interpretationen geführt: Die erste sieht in der Radikalisierung eine Antwort auf eine Unternehmeroffensive und eine als faschistisch gedeutete Bedrohung; die zweite erblickt den Grund für die Radikalisierung in der eigenen politischen Erfahrung der Sozialisten, im Bruch der ersten Koalitionsregierung; als der Weg zum Sozialismus unterbrochen zu sein schien, griffen diese Sozialisten auf die Praxis des „revolutionären Attentismus" zurück, isolierten sich politisch und drohten mit einem Aufstand. Die unterschiedlichen Interpretationen haben sich heute weitgehend „erschöpft" und werden in neueren Studien von Detailuntersuchungen zu praktischen, organisatorischen, symbolischen oder kulturellen Fragen der revolutionären Bewegung abgelöst.

Die effektive Spaltung des spanischen Sozialismus in der Vor-Bürgerkriegszeit läßt sich an der sozialistischen Reaktion auf den Bürgerkriegsbeginn erkennen: Die Mehrheit der (radikalisierten) Parlamentsfraktion wandte sich im Sommer 1936 gegen eine Koalition mit „bürgerlichen" Kräften. Eine linksrepublikanische Regierung müsse von den Sozialisten zwar toleriert werden; da aber die Stunde der proletarischen Revolution nahe, müsse die Einheit mit den Arbeiterorganisationen CNT und PCE angestrebt werden. Im Mai 1936 hatte diese linkssozialistische Richtung bereits verhindert, daß eine Koalitionsregierung unter der Ministerpräsidentenschaft von Indalecio Prieto zustande kam. Nach Beginn des Bürgerkrieges unterstützte sodann die

---

sozialistischen Bewegung vor 1936 unterstreicht Paul Heywood neuerdings die intellektuelle Dürftigkeit linker Theorien im Spanien der Vor-Bürgerkriegszeit. Das Marxismus-Verständnis des PSOE hatte auf die Politik des PSOE zwischen 1879 und 1936 negative Auswirkungen; Heywood behauptet sogar, daß die Eigenart des spanischen Marxismus gerade in dessen Dürftigkeit lag, in seiner Fehlinterpretation spanischer Gesellschaft und sozioökonomischer Entwicklung. Die Spaltung des PSOE zwischen 1931 und 1936 war zum großen Teil „die logische Kulmination theoretischer Unbestimmtheiten, die die Parteien seit ihrer Entstehung geprägt haben" (S. XII). Die theoretische Schwäche der Partei trug zu ihrem Niedergang im Bürgerkrieg bei. Vgl. Paul Heywood, Marxism and the Failure of Organised Socialism in Spain, 1879–1936, Cambridge 1990.

rechtssozialistische Richtung von Indalecio Prieto die liberale Regierung Giral, während der Largo Caballero-Flügel sich mehr den spontan gebildeten Komitees zuwandte und damit die Regierungsautorität schmälerte. Der Druck dieses Flügels auf die Regierung und die Staatsführung wurde im August 1936 derart stark, daß Anfang September Staatspräsident Manuel Azaña den UGT-Führer Largo Caballero mit der Regierungsbildung beauftragte.[19]

Jene Largo Caballero-Exekutive kann als erweiterte Volksfrontregierung bezeichnet werden, da ihr nicht nur Sozialisten, Kommunisten und Linksrepublikaner angehörten, sondern auch der bürgerlich-konservative *Partido Nacionalista Vasco*. Allerdings verdient ein Charakteristikum der spanischen Volksfront – zugleich ein wichtiger Unterschied zur französischen Volksfrontvariante – festgehalten zu werden: der außergewöhnliche politische Einfluß, den die Gewerkschaften hatten. Dieser Einfluß übertraf die Bedeutung sowohl der bürgerlichen als auch der Arbeiterparteien. Santos Juliá hat sich sogar gegen die Verwendung des Begriffs Volksfront bis zur Bildung der Regierung Negrín im Mai 1937 gewandt; damals gelang es den Parteien im republikanischen Spanien, die politische Hegemonie wiederzuerlangen und die Gewerkschaften stärker auf ihr klassisches sozioökonomisches Betätigungsgebiet zurückzudrängen. Obwohl eine der Hauptaufgaben der Regierung Largo Caballero in der Zentralisierung der Kräfte und der Wiederaufrichtung der Staatsgewalt bestand, wurde am 1. Oktober 1936 – um die Basken stark an die Republik zu binden – im Parlament das Autonomiestatut für das Baskenland verabschiedet. Im November 1936 traten sodann vier Anarchosyndikalisten der Volksfrontregierung bei, womit die Arbeiterorganisationen gegenüber den „bürgerlichen" Kräften ein klares Übergewicht in der Regierung besaßen.

Die Zusammensetzung der Regierung darf jedoch nicht darüber hinwegtäuschen, daß die nichtrevolutionären Kräfte im republikanischen Spanien ab Herbst 1936 wieder deutlich an Boden gewannen: der katalanische Nationalismus in seiner bürgerlich-liberalen Form, der baskische Nationalismus in seiner katholisch-konservativen Ausprägung, der rechte Sozialistenflügel mit seinem Bestreben nach effizienter Staats- und Militärführung, die Kommunisten in ihrem Kampf

---

[19] Manuel Tuñón de Lara, El socialismo español en la Guerra Civil, in: El socialismo en España. Desde la fundación del PSOE hasta 1975, Madrid 1986, S. 275–294; vgl. auch Socialismo y Guerra Civil, Madrid 1987 (= Anales de la Fundación Pablo Iglesias, Bd. 2, 1987).

um eine „demokratische und parlamentarische Republik neuen Typs". Die Trennungslinie zwischen den revolutionären und den reformistischen Kräften lief mitten durch die Sozialistische Partei und verhinderte damit, daß der spanische Sozialismus im Bürgerkrieg die Rolle spielte, die ihm aufgrund seiner Stärke eigentlich zukam. Das von den Sozialisten hinterlassene Machtvakuum wurde im Verlauf des Krieges sehr geschickt von den Kommunisten eingenommen. Die vor dem Bürgerkrieg weitgehend unbedeutende Partei – sie dürfte maximal zwischen 10 000 und 20 000 Mitgliedern gehabt haben – konnte sich mit Hilfe der Volksfront aus ihrer Isolierung befreien und immerhin 16 Delegierte in die *Cortes* entsenden; 1937 war der PCE mit 250 000 Mitgliedern zur dominierenden Partei auf republikanischer Seite geworden. Um die Attraktivität der Kommunisten erklären zu können, muß deren Interpretation der politisch-ökonomischen Entwicklung berücksichtigt werden:

Die Zweite Republik war 1931 in der Revolutionstheorie der Kommunisten als Beginn der „bürgerlich-demokratischen" Revolution bezeichnet worden; gleichzeitig hatte der PCE seine Anhänger aufgerufen, die bürgerlich-demokratische Revolution durch Gründung einer Sowjetrepublik der Arbeiter, Bauern und Soldaten fort- und in eine sozialistische überzuführen, deren Träger das Proletariat sein würde. Dieser auf Druck der Komintern verfolgte, den spanischen Verhältnissen völlig unangemessene linksextreme Kurs[20] führte zur vollständigen Isolierung des PCE von den übrigen Arbeiterorganisationen. Die Volksfrontpolitik wurde sodann von dem inzwischen völlig stalintreuen PCE 1935 übernommen; im Juni 1935 vertrat die Partei ein Programm, dem auch liberale Republikaner zustimmen konnten: Sie forderte die entschädigungslose Enteignung der Ländereien des Adels, der Kirche und der Klöster und die Übergabe des Bodens an Einzelbauern und Landarbeiter, Autonomie für Katalonien, das Baskenland und Galicien, Verbesserung der Lebens- und Arbeitsbedingungen der Arbeiter und Amnestie für alle revolutionären und politischen Gefangenen.

Die theoretische Begründung der PCE-Haltung jener Jahre lieferte der Kominternbeauftragte Palmiro Togliatti. Nach seiner Interpreta-

---

[20] Bullejos, Generalsekretär des PCE 1923–1932, sowie andere führende Parteimitglieder, die den von Moskau diktierten Kurs ablehnten, wurden aus der Partei ausgeschlossen; vgl. José Bullejos, La Comintern en España. Recuerdos de mi vida, México 1972; zur Bedeutung der Komintern für Spanien vgl. Carr 1984.

tion kämpfte die Kommunistische Partei „nicht für die Herstellung der Aktionseinheit der Arbeiterklasse, sondern auch für eine breite antifaschistische Volksfront, die die eigentümliche Entwicklungsform der spanischen Revolution in der gegenwärtigen Etappe darstellt"[21]. Da in den Republikjahren die Aufgaben der bürgerlichen Revolution nicht erfüllt worden waren, galt für die Kommunisten 1936 unverändert: „Noch immer steht die bürgerlich-demokratische Revolution als unmittelbar zu lösende historische Aufgabe auf der Tagesordnung" (Eugen Varga). Von Februar bis Juli 1936 durchzogen die kommunistischen Parlamentsabgeordneten das ganze Land und riefen die Arbeiter dazu auf, „die Volksfront und die Regierung zu stärken und zu unterstützen" sowie „jederzeit bereit zu sein, die Republik zu verteidigen".[22]

Um dem befürchteten „faschistischen Aufstand" mit vereinten Kräften entgegentreten zu können, propagierte der PCE auf allen Ebenen eine Einheitsfrontpolitik. Er forderte nicht nur das gemeinsame Vorgehen der beiden Gewerkschaftszentralen CNT und UGT, sondern betrieb darüber hinaus den Zusammenschluß der sozialistischen und kommunistischen Jugendorganisationen und strebte eine sozialistisch-kommunistische Einheitspartei an. Die Linkssozialisten erkannten hinter diesem kommunistischen Werben sehr bald, daß es in hohem Maße Mittel des Machtkampfes zwischen den verschiedenen Richtungen der Arbeiterbewegung war. Gleichzeitig erhob der PCE den monopolistischen Anspruch auf revolutionäre Initiativen sowie auf die theoretische und praktische Führung der Arbeiterschaft. Die Forderung des PCE-Generalsekretärs José Díaz, die angestrebte proletarische Einheitspartei müsse der Komintern beitreten, sowie die divergierenden Interpretationen der revolutionären Situation hielten die sozialistischen Politiker von einem Zusammengehen mit dem PCE ab. Die revolutionäre Entwicklung in der republikanischen Bürgerkriegszone konfrontierte den PCE sodann in seiner Doppelfunktion als Komintern-Organisation und als nationale Kommunistische Partei mit zahlreichen taktischen und ideologischen Problemen. Unter Hervorhebung der deutsch-italienischen Intervention auf

---

[21] M. Ercoli (d. i. Palmiro Togliatti), Über die Besonderheiten der spanischen Revolution, Zürich o. J. [1937], S. 12. Zur sowjetischen Politik der kollektiven Sicherheit in den 30er Jahren vgl. Jonathan Haslam, The Soviet Union and the Struggle for Collective Security in Europe 1933–39, London 1984.

[22] Dolores Ibárruri, El único camino, Paris 1965, S. 236.

seiten der nationalistischen Truppen wurde von den Kommunisten das spanische Kampfgeschehen schon bald als „national-revolutionärer Befreiungskrieg" interpretiert. Außerdem reihten die Kommunisten den Kampf in die Tradition des 2. Mai 1808 ein, wodurch sie den sozialen gegenüber dem nationalen Gehalt des Kampfes zurücktreten ließen. Um den „bürgerlichen" Charakter der Revolution zu betonen, verglichen sie die revolutionären Ereignisse der ersten Kriegstage mit der in der Französischen Revolution vom Konvent verordneten Beschlagnahme von Gütern; demgegenüber sahen sich die Anarchisten 1936 in der Nachfolge der Pariser Commune.

Die Revolution in der republikanischen Zone brachte die UdSSR und den internationalen Kommunismus in ein echtes Dilemma. Die Sowjetunion konnte das erstrebte Übereinkommen mit den Westmächten nur dann als realistisches Ziel anvisieren, wenn sie – zumindest als taktisches Manöver – das Ziel der Weltrevolution zugunsten einer pragmatischen, den ökonomischen Interessen der kapitalistischen Westmächte angepaßten Politik der Mäßigung aufgab. In Anbetracht dieser außenpolitischen Situation der UdSSR war die Politik des PCE seit Beginn des Bürgerkrieges darauf ausgerichtet, den Wandel auf republikanischem Gebiet als Vollendung der 1931 begonnenen „bürgerlich-demokratischen Revolution" erscheinen zu lassen; alle sozial, wirtschaftlich oder politisch darüber hinausreichenden Maßnahmen sollten verhindert, notfalls gewaltsam unterdrückt werden. Mit den Waffenlieferungen hatte die UdSSR ein willkommenes Pressionsmittel zur maßgeblichen Beeinflussung der republikanischen Politik. Die Sowjetunion ließ es auch nicht weder an direkten noch an mehr oder minder verklausulierten Aufforderungen an die spanische Regierung fehlen, die vom PCE verfolgte Politik zu sekundieren. Der Einfluß Moskaus nahm während des Bürgerkrieges außerordentlich zu. Der Italoargentinier Vittorio Codovila, der Italiener Palmiro Togliatti und der Ungar Ernö Gerö nahmen als Komintern-Vertreter regelmäßig an den Sitzungen des PCE-Politbüros teil und stellten de facto, worauf der kommunistische Dissident Jesús Hernández in seinen Memoiren hingewiesen hat,[23] die Führung der Partei dar.

Wesentlicher Bestandteil der PCE-Politik war die Aufrechterhaltung der republikanischen Legalität. Solange nämlich die Volksfrontregierung international anerkannt wurde, konnte die UdSSR die deutsch-italienischen Waffenlieferungen an Franco als Propaganda-

---

[23] Jesús Hernández, Yo, ministro de Stalin en España, Madrid 1954; vgl. auch Bernecker 1977, S. 166 f.

material gegen die faschistischen Staaten vor dem Völkerbund verwenden und ihre eigene Spanienhilfe als Unterstützung der legalen Regierung zur Abwehr eines Militäraufstandes deklarieren. Die angeblich parteineutrale Maxime: „Erst Krieg, dann Revolution" entpuppte sich in diesem Zusammenhang als der gelungene Versuch, die Machteroberung im republikanischen Staat ideologisch zu bemänteln. Der mächtige, hauptsächlich von den Kommunisten aufgebaute Militärapparat wurde dabei nicht nur zur Verteidigung der Republik, sondern – wie zahlreiche Beispiele zeigen – gleichzeitig zur Unterdrückung innenpolitischer Gegner sowie zur Durchsetzung der eigenen Ziele eingesetzt.

Da die Einordnung der historischen Situation als bürgerlich-demokratische Revolution zur massiven Kritik der Anarchisten, Linkssozialisten und zahlreicher Mitglieder des Kommunistischen Jugendverbandes führte, die dem PCE vorwarfen, die marxistische Revolutionstheorie aufgegeben und sich einem reformistischen Sozialdemokratismus verschrieben zu haben, der die Revolution zugunsten des militärischen Sieges vernachlässigte, sahen sich die Kommunisten zu einer Präzisierung des Wesens der von ihnen angestrebten Republik genötigt. Ihrer Definition zufolge strebten sie eine „demokratische und parlamentarische Republik neuen Typs" an. Dabei hoben sie die Unterschiede zwischen der „neuen" und der „klassischen" bürgerlichen Republik hervor: In dem neuen Republik-Typus, der sich während des Bürgerkrieges herausbildete, verfüge das Volk über die Waffen und den Boden. Die Arbeiter übten die Kontrolle in den Industriebetrieben aus; die Großgrundbesitzer, Bankiers und Großindustriellen seien enteignet und damit ihrer materiellen Basis zur weiteren Ausübung ihres bisherigen politischen und gesellschaftlichen Einflusses enthoben; das Proletariat habe die Führung der Revolution und könne sich auf ein neu aufgebautes Volksheer stützen; die wirtschaftliche und politische Macht der Kirche sei verschwunden; die Regierung sei der unmittelbare Ausdruck des Volkswillens. Die Formel „demokratisch-parlamentarische Republik neuen Typs" bedeutete für die Kommunisten eine Grenze gegenüber weitergehenden Sozialisierungsbestrebungen sowie den Vorwand zum Einschreiten gegen Anarchisten, Linkssozialisten und Marxisten des POUM, die eine weiterreichende Umwälzung des wirtschaftlichen, politischen und sozialen Lebens intendierten.

Kommunistischer Argumentation zufolge konnte das primäre Ziel, nämlich der militärische Sieg, nur erreicht werden, wenn eine starke Aktionseinheit aller antifaschistischen Kräfte bestand bzw. erhalten wurde. Um aber die bürgerlichen Republikaner – sowohl auf nationaler wie auf internationaler Ebene – nicht vor der Errichtung bzw. Aufrechterhaltung einer breiten Koalition unter Einschluß der Kommunisten abzuschrecken, mußte jeglicher sozialistische Inhalt des revolutionären Geschehens propagandistisch geleugnet und faktisch verhindert werden. Die Machtbasis der Kommunisten blieb stets das Bündnis mit den reformistischen Sozialisten und Republikanern; verbindendes Element war die Ablehnung der proletarischen Revolution der Linkskräfte.

So richtig einerseits die Behauptung ist, die kommunistischen Parteien der Kominternphase seien manipulierte Vollzugsorgane Moskaus gewesen, so deutlich muß andererseits nach den Bedingungen und Momenten gefragt werden, die es ermöglichten, daß sich bedeutende Parteien mit einer großen Anhängerschaft und einer in langen Kämpfen erworbenen Identität in dieser Weise manipulieren ließen. Für den spanischen Fall ist in diesem Zusammenhang darauf verwiesen worden,[24] daß die Praxis des PCE im Bürgerkrieg eine in sich stimmige, durchaus konsequente Verwirklichung einer bereits vor 1936 formulierten Politik gewesen ist. Der Faschismustheorie des PCE entsprach die Vorstellung einer bürgerlich-demokratischen Revolution; diese auf der allgemeinen Entwicklung des Kapitalismus aufbauende Vorstellung brauchte den spanischen Kommunisten, die den antifaschistischen und den demokratisch-revolutionären Kampf als eine Einheit betrachteten, nicht erst von der Komintern aufgedrängt zu werden. Eine Analyse der PCE-Politik im Zusammenhang ihrer zuvor entwickelten politischen Grundkonzeptionen läßt allerdings deutlich werden, daß die kommunistischen Kriegsmaßnahmen wichtige Positionen im Volksfrontkonzept (antifaschistischer Kampf, demokratische Revolution) markierten und den PCE in Widersprüche verstrickten. Darüber hinaus hatte diese Politik eine Verschiebung der PCE-Mitgliederbasis in Richtung auf das Kleinbürgertum, dessen Ideologien mitübernommen wurden, zur Folge, was auch mit der Unfähigkeit der republikanisch-bürgerlichen Parteien zusammenhing, selbst eine glaubwürdige politische Alternative zur sozialrevolutionären Bewegung zu organisieren. Insgesamt jedoch zwangen Revolution und Krieg der PCE-Volksfrontpolitik zwar bestimmte Schwerpunkte auf, beeinträchtigten jedoch nicht die vorher entwickelten Grundlinien der Partei.

Fragt man danach, inwieweit der PCE im Bürgerkrieg seine selbst-

---

[24] Huhle 1980.

gestellte Aufgabe erfüllt hat und welche Konsequenzen seine Orientierung an dem oben skizzierten Programm hatte, so muß das Ergebnis kritisch ausfallen. Sicherlich hatten die Kommunisten wesentlichen Anteil an der Verteidigung der Republik – sie bildeten eine geordnete und disziplinierte Armee, forderten pausenlos zum Widerstand auf, mobilisierten die kleinbürgerlichen Schichten, organisierten die sowjetischen Waffenlieferungen sowie die Internationalen Brigaden –, sie ließen aber durch ihren gewaltsamen antisozialistischen Kurs, der auch vor der Zerstörung demokratischer Selbstverwaltungsansätze nicht haltmachte, im Proletariat sehr bald begründete Zweifel aufkommen, ob der militärische Sieg über die „faschistische Konterrevolution" auch den erstrebten Sozialismus bringen und dieser seinen Niederschlag in neuen Institutionen und Verhältnissen finden würde. Vieles spricht dafür, das die kommunistische Politik eher dysfunktional im Hinblick auf ihr erklärtes Ziel der Koordinierung der militärischen Organisationsform des Kampfes und der wirtschaftlichen Organisationsform von Industrie und Landwirtschaft war; es ging den Kommunisten letztlich nicht um die stets proklamierte Effektivierung, sondern vor allem um die Durchsetzung ihrer Vorstellungen von der Organisation des wirtschaftlichen und politischen Lebens.

Um das revolutionäre Lager zu schwächen, praktizierten die Kommunisten eine Politik der Teilung und Spaltung. Die ersten Angriffe erfuhr die schwächste Kraft des Landes, die marxistische Partei *Partido Obrero de Unificación Marxista* (Arbeiterpartei Marxistischer Vereinigung), deren Existenz und Verfolgung im Bürgerkrieg erstmals durch George Orwells ›Homage to Catalonia‹ international bekanntgeworden ist.[25] Zahlenmäßig spielte der (fast ausschließlich auf Katalonien konzentrierte) POUM zwischen den großen Blöcken der Sozialisten und Anarchisten, seit 1937 auch der Kommunisten, zwar eine nur geringe Rolle, doch seine Stimme besaß beträchtliches Gewicht in der intellektuellen Diskussion der revolutionären Linken. Der PCE

---

[25] George Orwell, Homage to Catalonia, London 1937 (dt.: Mein Katalonien, München 1964). Inzwischen ist zum POUM ziemlich viel Literatur erschienen. Als neuestes Werk vgl. Alba/Schwartz 1988; die umfangreichste deutsche Studie ist Tosstorff 1987; vgl. auch die ältere Darstellung von Víctor Alba, Història del POUM, Barcelona 1974 und den Quellenband von Víctor Alba (Hrsg.), La revolución española en la práctica. Documentos del POUM, Madrid 1978. Ein packender Bericht eines führenden POUM-Mitglieds ist Julián Gorkin, Stalins langer Arm. Die Vernichtung der freiheitlichen Linken im Spanischen Bürgerkrieg, Köln 1980.

verleumdete den POUM ungerechtfertigterweise von Anfang an als Agentur Trotzkis; die Angriffe steigerten sich bis zu den absurden Vorwürfen des „Trotzki-Faschismus" und „Nazi-Trotzkismus". Als die Kommunisten während des ersten Kriegsjahres ihre Machtposition in der republikanischen Zone genügend gefestigt hatten, begann – zeitlich parallel zu den großen Moskauer Schauprozessen – die Abrechnung mit allen realen und eingebildeten Gegnern. Einzelne Etappen im Kampf gegen den POUM waren dessen erzwungener Ausschluß aus der katalanischen Regierung, erste Verbotsmaßnahmen, einzelne Verfolgungen, eine richtige Welle von Gewerkschaftsausschlüssen, die Ermordung des POUM-Führer Andreu Nin, schließlich die systematische und direkte, politische und physische Verfolgung der Partei und ihrer Mitglieder. End- und Höhepunkt dieser blutigen Abrechnung war ein „Hochverrats"-Prozeß gegen den POUM, in dem die Hauptangeklagten trotz fehlender Beweise zu hohen Freiheitsstrafen verurteilt wurden.[26]

Für das Scheitern des POUM als revolutionär-marxistische Partei macht die neuere Forschung äußere politische Konjunkturen und Bedingungen ebenso wie die bei der Parteigründung angelegten inneren Widersprüche verantwortlich: fehlende politisch-programmatische Homogenität; Versagen beim Versuch, die Dominanz der Anarchisten in Katalonien zu beenden und die programmatische Desorientierung der Linkssozialisten zu ihren Gunsten zu nutzen; die immer deutlichere Politik des „geringsten Widerstandes"; die Anlehnung an die CNT-Führung; die Verwässerung der eigenen programmatischen Perspektiven; die Überführung der Parteigewerkschaft – die nach Víctor Alba immerhin 60000 Mitglieder gezählt haben soll – in die katalanische UGT. Der für die Republik negative Kriegsverlauf traf den POUM als radikalste Partei auf dem linken Lager zuerst, seine Kritik an der Sowjetunion machte ihn zum ersten Opfer der stalinisierten Kommunisten.

Den Anlaß zur völligen Ausschaltung des POUM bot ein – möglicherweise inszenierter – Zwischenfall, der zu den berühmt gewordenen „Mai-Ereignissen" von 1937 führte.[27] Anfang Mai versuchte die kom-

---

[26] Hierzu Andrés Suárez, Un episodio de la revolución española: el proceso contra el POUM, Paris 1974. Zur ideologischen Position des POUM vgl. neuerdings (mit zahlreichen Literaturverweisen) Paul Heywood, Marxism and the Failure of Organized Socialism in Spain 1879–1936, Cambridge 1990, bes. S. 146–175.
[27] Hierzu Manuel Cruells, Els fets de maig, Barcelona 1970.

munistisch geführte Sturmgarde, die von Anarchisten besetzt gehaltene Telefonzentrale von Barcelona zu stürmen, um diese anarchistische Kontrollstelle in ihre Gewalt zu bringen, wahrscheinlich zugleich die revolutionären Kräfte zu provozieren und entscheidend zu schwächen. Die mehrtägigen Straßenkämpfe – ein regelrechter „Bürgerkrieg im Bürgerkrieg" – hatten mittelfristig eine deutliche Schwächung der revolutionären Kräfte zur Folge: Der POUM wurde verstärkt verfolgt, die linkssozialistischen Kräfte mußten wichtige Positionen abgeben, die Ministerpräsidentschaft wurde vom Rechtssozialisten Juan Negrín übernommen, die Anarchisten schieden aus der Volksfrontregierung aus, der katalanische Gewerkschaftsbund UGT geriet immer mehr unter kommunistischen Einfluß. Während im nationalen Lager alle Kräfte zusammengefaßt wurden, bekämpften sich in der republikanischen Zone die einzelnen Parteien und Gewerkschaften immer heftiger.

Die Spaltung der revolutionären Kräfte läßt sich auch an der weiteren Geschichte der Gewerkschaften aufzeigen: Der von Kommunisten herbeigeführte Sturz von Ministerpräsident Largo Caballero, der noch bis Oktober 1937 UGT-Vorsitzender blieb, und der gleichzeitige Ausschluß der Anarchisten aus der republikanischen Regierung förderten in den Gewerkschaften die Tendenz, eine geschlossene Front gegen die neue Regierung Negrín zu bilden. Alle derartigen Versuche scheiterten allerdings. Das Verhältnis zwischen den beiden Gewerkschaftszentralen wurde im weiteren Kriegsverlauf in bedeutendem Maße von der Haltung des PCE bestimmt. Die Kommunisten erstrebten auf politischem Gebiet von Anfang an die Vereinigung der Sozialistischen und der Kommunistischen Partei. Vorbilder waren in Katalonien die „Vereinigte Sozialistische Partei" (PSUC) und auf gesamtstaatlicher Ebene die „Vereinigte Sozialistisch-Kommunistische Jugendorganisation". Die Vereinigung der Parteien kam zwar nicht zustande; allerdings wurde Largo Caballero innerhalb weniger Monate nach der Maikrise mit Hilfe der gemäßigten sozialistischen Fraktion um Indalecio Prieto kaltgestellt und in der UGT-Führung von dem kommunistenfreundlichen Ramón González Peña abgelöst. Die UGT schloß sich in der Folgezeit nicht dem CNT-Vorschlag an, die Gewerkschaften sollten wieder Regierungsverantwortung übernehmen; damit lag die neue UGT-Führung ganz auf der Linie des PCE, dem es um eine Stärkung der reformistischen Volksfront als Parteienkoalition (unter Ausschluß der revolutionären Gewerkschaften) ging.

Die Auseinandersetzungen über die politische Geschichte der Republik nach 1937 drehen sich zum großen Teil um Regierungschef Juan

Negrín und die Frage, inwieweit er ein Instrument der Kommunisten war oder autonom agieren konnte. Die Meinungen gehen bis heute weit auseinander. Burnett Bolloten nennt Negrín „die umstrittenste und undurchschaubarste Gestalt des Spanischen Bürgerkrieges"; der Linkssozialist Luis Araquistáin sprach 1939 gar vom „unheilvollsten und unverantwortlichsten Politiker in mehreren Jahrhunderten spanischer Geschichte"; Juan Marichal preist demgegenüber die „Verbindung von Intelligenz und Charakter, moralischer Integrität und intellektuellen Fähigkeiten", und für Angel Viñas war Negrín „einer der klarsichtigsten und außerordentlichsten Politiker der gesamten republikanischen Ära".[28] Julio Aróstegui vertritt zwar auch die Meinung, daß Negrín sich der kommunistischen Politik „vollständig verschrieb", sieht den Grund dafür aber nicht in einem erzwungenen Unterwerfungsakt, sondern im Fehlen einer gültigen Alternative. Während vor allem „linkere" Autoren somit Negrín heftig kritisieren und ihm jegliche politische Eigeninitiative und Selbständigkeit absprechen, kommt ein Teil der neueren Forschung zu wesentlich modifizierteren Ergebnissen.

Über einen Aspekt herrscht allerdings Einstimmigkeit: Negrín war vor allem bemüht, die Lieferung sowjetischer Waffen sicherzustellen; Konzessionen an die Kommunisten waren bei dieser Zielsetzung unvermeidlich. Dies gilt vor allem für den militärischen Bereich, wo die Kommunisten die Kontrolle über die Streitkräfte anstrebten und während Negríns Ministerpräsidentenschaft für die Reorganisierung der Armee entscheidende Positionen einzunehmen in der Lage waren. Gegen Ende des Krieges standen beispielsweise in der Zone Zentrum/Süden 13 von 17 Armeekorps entweder unter dem direkten Kommando oder unter dem politischen Einfluß der PCE. Die Kommunisten kontrollierten auch den Polizeiapparat sowie die Geheimpolizei und Spionage-Abwehr *Servicio de Investigación Militar* (SIM).

Die politische Geschichte der Republik in der Bürgerkriegszeit läßt sich in die zwei großen Phasen der Regierungszeit Largo Caballeros und Negríns unterteilen. Diese Namen stehen für unterschiedliche politisch-militärische Konzepte ebenso wie für eine grundlegende Veränderung der Machtkonstellation. Von den drei entscheidenden politischen Lagern (Kommunisten, Anarchosyndikalisten und Sozialisten) konnten die Kommunisten im Verlauf des Krieges einen immer entscheidenderen Einfluß erringen, während die Bedeutung der Anar-

---

[28] Alle Zitate nach Burnett Bolloten, Der seltsame Fall des Dr. Juan Negrín, in: Schmigalle (Hrsg.) 1986, S. 97–113.

chosyndikalisten deutlich zurückging und die verschiedenen sozialistischen Strömungen vor allem die historische Funktion hatten, die kommunistische Politik in den einzelnen Kriegsphasen zu stützen.

Die Konflikte zwischen Negrín und den Kommunisten auf der einen und allen „abweichenden" Gruppierungen (Anarchosyndikalisten, Linkssozialisten, Marxisten) auf der anderen Seite führten schließlich zu einem „Oppositionsblock". In der letzten Kriegsphase erfolgte immer deutlicher eine Distanzierung der Mehrheit der öffentlichen Meinung von der Politik Negríns; vor allem regte sich gegen die unbedingte Durchhaltetaktik des Regierungschefs und der Kommunisten zunehmend Widerstand.

Zweifellos bedeutete die Ernennung Negríns sowohl für die Volksfront wie für die Sozialistische Partei einen wichtigen Einschnitt. Im Mai 1937 wurde das ursprüngliche Volksfrontprojekt (mit Präponderanz der Parteien gegenüber den Gewerkschaften) wiederhergestellt, d. h., wirtschaftspolitische Entscheidungen sollten fortan von Politikern auf Regierungsebene und nicht von Gewerkschaftsangehörigen auf Unternehmensebene getroffen werden. Die Mai-Krise leitete auch innersozialistisch die entscheidende Phase in der Auseinandersetzung zwischen dem linken Largo Caballero-Flügel und dem „reformistischen" PSOE-Apparat unter Generalsekretär Ramón Lamoneda ein, der schon in der Regierungszeit Largo Caballeros vor allem die rechtssozialistischen Minister (Indalecio Prieto, Juan Negrín, Anastasio de Gracia) unterstützt und auf eine baldige politische „Abnutzung" des linkssozialistischen Ministerpräsidenten gesetzt hatte. Die Linkssozialisten wurden innerparteilich aus vielen Machtpositionen verdrängt, sie mußten die Leitung ihrer Zeitung (›Claridad‹, ›Las Noticicas‹, ›Adelante‹ ...) abgeben und die Führung der UGT einer neuen Exekutive unter Ramón González Peña (mit Einschluß von Kommunisten!) abtreten.

Helen Graham erklärt die Niederlage der Linkssozialisten mit dem Fehlen einer überzeugenden Strategie dieses Flügels, der letztlich kein eigenes Programm entwickeln konnte.[29] Die Entmachtung der Parteilinken bedeutete aber keineswegs ein Ende der innersozialistischen Uneinigkeit, da im weiteren Kriegsverlauf das 'reformistische'

[29] Helen Graham, The Spanish Socialist Party in Power and the Government of Juan Negrín, 1937–9, in: European History Quarterly, Bd. 18, 1988, S. 175–206. Vgl. auch dies., The Spanish Popular Front and the Civil War, in: Helen Graham/Paul Preston (Hrsg.), The Popular Front in Europe, London 1987, S. 106–130.

PSOE/UGT-Lager vielen kriegsbedingten Spannungen und Auseinandersetzungen ausgesetzt war. Zentral ist in diesem Zusammenhang die Rolle von Verteidigungsminister Indalecio Prieto, dessen Beziehungen zu Negrín sich zusehends verschlechterten. Schließlich zerbrach die „Entente" – Fernando Claudín spricht von der „Troika" – Azaña–Negrín–Prieto und damit die eigentliche Achse der republikanischen Politik seit dem Sturz Largo Caballeros. Der Rücktritt Prietos von seinem Amt als Verteidigungsminister im April 1938 wurde von ihm selbst stets auf den Druck der Kommunistischen Partei zurückgeführt, von Negrín allerdings auf den Pessimismus und Defätismus des Verteidigungsministers, der in Anbetracht seines resignativen Verhaltens sein Amt nicht länger habe ausüben können.[30] Prietos Rücktritt dürfte zweifellos mit seiner Politik als Verteidigungsminister und der zunehmenden Opposition der Kommunisten gegen diese Politik zusammenhängen, die auch Verhandlungen und einen Kompromiß mit Franco nicht ausschloß. Gegen Ende des Krieges vertrat selbst Negrín derartige Verhandlungspositionen, was ihn den Kommunisten entfremdete.

Ein Vergleich der politischen Entwicklungen in beiden Bürgerkriegszonen läßt deutliche Unterschiede erkennen, die sich letztlich auch in erheblichem Umfang auf den Kriegsverlauf auswirken sollten. Während es im franquistischen Lager gelang, sämtliche soziopolitischen Kräfte unter einer Führung zusammenzufassen, ist auf der republikanischen Seite eine Zersplitterung der Kräfte zu registrieren. Die Kommunisten versuchten zwar mit allen Mitteln, den PSOE und den PCE zu einer „Einheitspartei" *(Partido Único)* zu vereinigen, da sie darin ihre besten Chancen zur Errichtung einer „Einheitsfront" *(Frente Único)* sahen; sie scheiterten aber an den erfolgreichen Abwehrmaßnahmen der Sozialisten, besonders Largo Caballeros. Die Machtübernahme durch Negrín führte jedoch andererseits zu einer weiteren Einflußnahme der Kommunisten, zu einer vertieften Spaltung der Sozialisten und damit zu einer weiteren Schwächung der Stabilität der Republik. Die politische Fragmentierung der Linken und die Desintegration der Kräfte in der republikanischen Zone erhöhten

---

[30] Die verschiedenen Positionen sind im publizierten Briefwechsel beider Politiker enthalten: Epistolario Prieto–Negrín. Puntos de vista sobre el desarrollo y consecuencias de la Guerra Civil, Paris 1939. Vgl. ausführlicher Prietos Position in Indalecio Prieto, Cómo y por qué salí del Ministerio de Defensa nacional, México 1940. Viel Verständnis für Negríns Position bringt Juan S. Vidarte, Todos fuimos culpables, 2 Bde., Barcelona 1978 auf.

wiederum die Bedeutung der Kommunisten für Negríns Regierung. Der Erosionsprozeß der Organisationen im republikanischen Lager entsprach letztlich einer zunehmenden Desintegration des Volksfrontpaktes als einer interklassistischen Allianz.

Daß die Volksfront als Pakt unterschiedlicher sozioökonomischer Interessen gegen Ende des Krieges zusammenbrach, hing mit zwei Entwicklungen zusammen: Zum einen war unter der Arbeiterschaft nach 30 Monaten Krieg eine Erschöpfung und Hoffnungslosigkeit zu registrieren, die mit der Münchener Konferenz – als allgemeiner Einschätzung zufolge auch die spanische Republik auf dem Appeasementaltar geopfert wurde – ihren Höhepunkt erreichte. Zum anderen fiel ganz besonders die Demoralisierung der Mittelschichten ins Gewicht – also jener Gruppen, die im Verlauf des Krieges immer deutlicher zur Basis der PCE-Politik geworden waren. Für diese (vor allem auch katalanischen) Mittelschichten war die Kommunistische Partei anfangs ein Schutzschild gegen die Volksrevolution, später das Mittel zur Gewinnung des Krieges. Je länger sich jedoch der Krieg hinzog, desto funktionsloser wurde der PCE für diese Schichten: Als Schutz gegen die (längst abgewürgte) Revolution war er nicht mehr vonnöten, und als Vehikel zur Gewinnung des Krieges hatte er letztlich versagt. Durch seinen unbedingten Durchhaltewillen wirkte er vielmehr kontraproduktiv, da Kapital- und Finanzinteressen gegen eine Strategie des unbedingten Widerstandes – und das hieß: der weiteren Zerstörung von Gütern – waren. Die Kommunisten entfremdeten sich somit im Bürgerkrieg sowohl die Arbeiterschaft (durch ihre antirevolutionäre Politik) als auch die Mittelschichten (durch ihre erfolglose Kriegsführung). Die entscheidende Loyalität der Mittelschichten gegenüber der Republik war aber an militärische Fortschritte gebunden; deren Ausbleiben führte dazu, daß einem (wie auch immer gearteten) Ausgleich mit der Franco-Seite immer größere Bedeutung beigemessen wurde. – Letztere Überlegungen verweisen darauf, daß die Divergenzen im republikanischen Lager sich in entscheidender Weise um soziale und ökonomische Aspekte drehten, um die Frage von Eigentum oder Enteignung im revolutionären oder reformistischen Kontext des Bürgerkrieges.

5. DIE SOZIOÖKONOMISCHE DIMENSION: REVOLUTION UND REAKTION

Im Kontext des Spanischen Bürgerkrieges kann (für beide Lager) die Bedeutung sozioökonomischer Aspekte kaum überschätzt werden; allerdings lassen sich ebensowenig die gewaltigen Unterschiede zwischen den beiden Kriegszonen überbewerten. Wenn im folgenden der Schwerpunkt der Darstellung eindeutig auf dem republikanisch gebliebenen Teil liegt, so spiegelt diese Prioritätensetzung den Stand der Historiographie zu diesem Themenbereich wider.

Im republikanischen Lager wurde fast während des gesamten ersten Kriegsjahres die Wirtschafts-„Politik" nicht so sehr von der Regierung in Madrid/Valencia als vielmehr von den revolutionär entstandenen Machtorganen und Wirtschaftskomitees bestimmt. Charakteristisch für die ersten Kriegsmonate waren zum einen die allgegenwärtige Macht der Arbeiterschaft, zum anderen die spontane Enteignung und Übernahme von Landwirtschaftsgütern, Industriebetrieben und Dienstleistungsunternehmen und deren Selbstverwaltung durch die Arbeiter. Denn: Der Militäraufstand vom 17./18. Juli 1936 war für große Teile der spanischen Arbeiterschaft Katalysator und auslösende Bedingung einer Revolution, die innerhalb weniger Wochen auf lokaler und regionaler Ebene das bestehende politische, soziale und ökonomische System weitgehend abschaffte, die wirtschaftliche und politische Macht an neue soziale Gruppen überführte und das traditionelle System der Herrschaft von Grund auf veränderte.

Diese von den Anarchosyndikalisten schon seit Jahrzehnten, von den Linkssozialisten seit ihrer Radikalisierung während der Zweiten Republik angekündigte 'Soziale Revolution' richtete sich keineswegs nur gegen den Militäraufstand, sondern darüber hinaus gegen die Grundlagen der bestehenden kapitalistischen Ordnung, den Großgrundbesitz und das Privateigentum an Produktionsmitteln. Sofort nach der Niederschlagung des Putsches kam es in bestimmten, hauptsächlich CNT-beherrschten Landesteilen zu einer spontanen Kollektivierungsbewegung in der Landwirtschaft, der Industrie und den Dienstleistungsunternehmen, die sich auf dem Land schon seit den Volksfrontwahlen vom Februar 1936 angekündigt hatte und vom linken Largo Caballero-Flügel in der sozialistischen Gewerkschaft gefördert worden war, die nun aber wie selbstverständlich auf die Industriebetriebe Kataloniens übergriff und politisch parallel lief zum Ausbau eines Selbstverwaltungssystems, das räteähnliche Macht- und Verwaltungsorgane an die Stelle der früheren Machthaber setzte.

Die 'Soziale Revolution', die sich innerhalb kürzester Zeit über weite Gebiete des republikanisch gebliebenen Landesteils ausbreitete, hat eine erstaunliche historiographische Behandlung erfahren: Zuerst blieb sie jahrzehntelang in Wissenschaft und Öffentlichkeit weitgehend *terra incognita*. Hierfür lassen sich mehrere Gründe anführen: Während des Bürgerkrieges war es vor allem die Totschweige-Politik der Kommunisten, die ein Bekanntwerden des sozialrevolutionären Experiments durch Anwendung strenger Zensurmaßnahmen für ausländische Journalisten verhinderte. Um ein Bekanntwerden der sozialrevolutionären Experimente zu verhindern, wurden die ausländischen Journalisten durch den kommunistenfreundlichen Sozialisten Julio Alvarez del Vayo, der an der Spitze der obersten republikanischen Zensurbehörde stand, einer strengen Kontrolle unterworfen. Liston M. Oak, Leiter der Propagandaabteilung für England und die USA im spanischen Außenministerium, läßt keinen Zweifel am selektiven Zensurcharakter der Maßnahmen Alvarez del Vayos aufkommen: „Während der drei Monte, in denen ich unter Alvarez del Vayo Leiter der Propagandabteilung für die USA und England war [...], hatte ich den Auftrag, kein einziges Wort über diese Revolution im Wirtschaftssystem des republikanischen Spanien zu berichten. Auch keinem anderen Auslandskorrespondenten in Valencia wurde es gestattet, frei über die Revolution zu schreiben, die stattfand."[1] Und 1939 bereits beklagte Karl Korsch die „Verschwörung des Schweigens und der Entstellung [...], die den wirklich revolutionären Aspekt der jüngsten spanischen Ereignisse fast völlig ausgelöscht hat"[2].

Neben den Kommunisten waren es vor allem die bürgerlichen Parteien sowie die republikanische Regierung, die durch Insistieren auf der demokratisch-parlamentarischen Legitimität des republikanischen Systems und der Legalität aller sozioökonomischen Veränderungen auf „loyalem" Territorium dazu beitrugen, daß die ausländische Öffentlichkeit nur äußerst unzulänglich über die Realisierungen der 'Sozialen Revolution' informiert wurde.

[1] Liston M. Oak, Balance Sheet of the Spanish Revolution, in: Socialist Review VI/2 (1937), S. 7.
[2] Karl Korsch, Die Kollektivierung in Spanien, in: Ders., Schriften zur Sozialisierung, hrsg. v. E. Gerlach, Frankfurt a. M., 1969, S. 118 f.

Waren es während des Bürgerkrieges vor allem die stalinistischen Kommunisten und die bürgerlichen Parteien, die die weitere Ausdehnung der Kollektivierungen und das Bekanntwerden des revolutionären Charakters der sozioökonomischen Transformation zu verhindern suchten, so ließ nach 1939 das franquistische Siegerregime keine wissenschaftliche Beschäftigung mit dieser Thematik zu. Die Geschichte des Bürgerkrieges hatte aus der nationalistischen Sicht des *Alzamiento Nacional* als Kampf des „wahren" Spaniens gegen Kommunismus und Atheismus dargestellt zu werden; die wissenschaftliche Analyse möglicher Alternativen zum faktischen Kriegsausgang mußte unterbleiben. Erst in den 60er Jahren machte die zeitgeschichtliche Forschung in und über Spanien einen bemerkenswerten Wandel durch. Im Zusammenhang mit einer gewissen Liberalisierung der Wissenschaftspolitik, der Öffnung bestimmter Archive und der (auch öffentlich geführten) Diskussion über abgewürgte Alternativen demokratischer Entwicklung verschob sich – auch unter dem Einfluß der katalanischen Schule von Jaime Vicens Vives – das Forschungsinteresse auf Fragen der Gesellschafts- und Wirtschaftsgeschichte, der Arbeiterbewegung und der sozialen Fragen. Während in den ersten Jahrzehnten nach dem Bürgerkrieg nahezu alle Forschungsansätze die ideologisch-politische Spaltung des Landes wiedergaben und die geschlagenen Narben häufig noch vertieften, indem sie die militärisch unterlegene Republik auch moralisch disqualifizierten, gab die spanische Historiographie der 60er Jahre allmählich ihre regimelegitimierende Funktion nationalistischer Ausrichtung auf, um einer ausgewogeneren Darstellungsweise Platz zu machen.

In den 70er Jahren erlebte sodann die Bürgerkriegsforschung einen neuen Höhepunkt. Als sich nach Francos Tod eine gewisse Anarchismus-Renaissance anzubahnen schien, erlebten auch die Studien über die libertäre Bewegung im Bürgerkrieg einen Aufschwung. Vor allem spanische Forscher steuerten viele Lokal- und Regionalstudien bei. Trotz mancher fortbestehender Lücken kann die 'Soziale Revolution' heute als ein relativ gut erforschter Teil der Bürgerkriegsgeschichte gelten. Dabei hat sich die Historiographie des letzten Jahrzehnts immer deutlicher von der Polemik der vorhergehenden Phase gelöst, in der anarchistische, kommunistische oder 'bürgerliche' Autoren die Verantwortung am Untergang der Republik den früheren ideologischen Gegnern im eigenen Bürgerkriegslager zugeschoben hatten;[3] zu den umstrittensten Themenbereichen gehören alle

---

[3] Zur historiographischen und politisch-ideologischen Debatte über die

Fragen, die sich mit Konzeption und Realisierung der 'Sozialen Revolution' beschäftigen.

Die aus verschiedenen „Revolutionstheorien" resultierende unterschiedliche Interpretation des sozioökonomischen Wandels in der republikanischen Zone konfrontierte schon kurz nach Kriegsbeginn die Verfechter einer „sozialen" mit den Verteidigern der „bürgerlich-demokratischen" Revolution und ließ die Kollektivierungsbewegung in die Auseinandersetzungen zwischen Anarchisten, Linkssozialisten und Marxisten (POUMisten) einerseits mit den Republikanern, gemäßigten Sozialisten und stalinistischen Kommunisten des Volksfrontlagers andererseits geraten.[4] Der allgemeinste, zugleich aber auch bedeutendste Bedingungskontext der divergierenden „Revolutionstheorien" ist der Zusammenhang von Krieg und Revolution, der für Verlauf und Niedergang der Revolution von größerer Bedeutung war als die unterschiedliche Einschätzung des spezifischen Entwicklungsgrades der spanischen Gesellschaft während der Bürgerkriegsjahre.

Anarchisten, die Hauptträger des revolutionären Geschehens, sahen in der sozioökonomischen Umwälzung eine soziale, genauer: *die* Soziale Revolution. Im Gegensatz zur kommunistischen Revolutionsinterpretation gingen die Anarchisten davon aus, daß es zur Erreichung des idealen Endziels keiner Zwischenstufen bedurfte; auffällig sind demgegenüber das starke Vertrauen in die „Machbarkeit" von Revolutionen sowie die zahlreichen Entwürfe abstrakter Sozialutopien, die primär die Zielvorstellung einer herrschaftsfreien Gesellschaftsordnung, jedoch kaum einmal die Bedingung und Voraussetzung zur Realisierung dieses Ziels zum Inhalt haben.[5] Die führende Rolle in der Revolution wurde der ländlichen Kommune *(Municipio Rural)* zugesprochen. Der auf „freien Munizipien" basierende, Autarkie anstrebende wirtschaftliche Kommunalismus blieb bis zum Bürgerkrieg die Leitvorstellung des maximalistischen Kreises des spani-

---

Soziale Revolution vgl. Bernecker 1977 sowie ders., Colectividades y revolución social. El anarquismo en la guerra civil española, 1936–1939, Barcelona 1982, S. 13–60.

[4] Zu den verschiedenen Revolutionstheorien vgl. Bernecker 1978, S. 27–44; speziell zur kommunistischen vgl. ders., Die Sicht der Orthodoxie, in: Tranvía 16 (1990), S. 41–48.

[5] Zur Revolutionskonzeption der Anarchisten vgl. Congreso de Constitución de la CNT, Toulouse 1959; Antonio Elorza, La utopía anarquista bajo la Segunda República Española, Madrid 1973.

schen Anarchismus, der sich um das theoretische Organ ›La Revista Blanca‹ gruppierte.

Bis zum Bürgerkrieg blieb die Revolutionsvorstellung der spanischen Anarchisten primär von der Bakuninschen „Theorie-Praxis-Identität" geprägt, was nicht zuletzt in dem „Konföderalen Konzept über den freiheitlichen Kommunismus" des Zaragoza-Kongresses vom Mai 1936 deutlich wurde. In idealistischer Weise wurde auf dem Kongreß eine illusionäre Gegenwelt als Bund freier und autonomer Industrie- und Agrarassoziationen aufgebaut, ohne daß sich die Delegierten um die Realisierungschancen dieser auf der Basis des Syndikats und der autonomen Kommune ruhenden Gesellschaft ohne Staat, Privateigentum, Autoritätsprinzip und Klassen bemüht hätten. Die CNT vertrat zwar die Meinung, daß die erforderlichen Vorbedingungen für den erfolgreichen Verlauf einer Revolution im Spanien des Sommers 1936 gegeben waren (Zusammenbruch der kapitalistischen „Ethik", wirtschaftlicher Bankrott des Regimes, Scheitern der politischen Erscheinungsform des kapitalistischen Systems), unterzog jedoch keine dieser Voraussetzungen einer kritischen Analyse. Die anarchosyndikalistische Gewerkschaft ging vielmehr davon aus, „daß der glühende Wunsch der spanischen Arbeiterklasse die Abschaffung des gegenwärtigen politischen und sozialen Systems ist" – wie es im Gründungsmanifest der CNT von 1910 bereits hieß. Die 'Soziale Revolution' werde eine neue Form des Zusammenlebens schaffen, die „durch die freie Entscheidung der frei versammelten Arbeiter" bestimmt werde.

In der auffälligen Zusammenhanglosigkeit zwischen der Kritik an den bestehenden sozialen, wirtschaftlichen und politischen Verhältnissen einerseits und der prophetisch ausgemalten anarchistischen Zukunftsgesellschaft andererseits kam ein Revolutionsbegriff zum Ausdruck, der die restriktiven Bedingungen der Gesellschaftsveränderung unterschätzte und Revolution als jederzeit abrufbar postulierte. So entschieden der republikanische Staat und das parlamentarische System abgelehnt wurden, so unbestimmt und verschwommen blieb die Ausformulierung von Strategie und Taktik zum Erreichen des „positiven" Gegenprogramms. Aufgrund der neueren Forschung muß diese Aussage allerdings etwas relativiert werden: Xavier Paniagua hat vor einigen Jahren den Versuch unternommen, das wirtschaftliche Denken des spanischen Anarchismus in den 30er Jahren zu rekonstruieren.[6] Er nimmt insofern eine Teilrevision früherer Erkenntnisse vor,

---

[6] Paniagua 1982.

als er darauf verweisen kann, daß der Anarchismus während der Zweiten Republik durchaus zusammenhängende Wirtschaftsvorstellungen entwickelte und die anarchistischen Theoretiker bemüht waren, ihre ökonomische Analyse der republikanischen Realität anzupassen. Andererseits lassen neuere Regionalstudien – etwa die von Julián Casanova für Aragonien[7] – nicht nur die Schwierigkeiten der Umsetzung des libertären Wirtschaftskonzepts in die Praxis der Bürgerkriegsexperimente erkennen, sondern auch deutlich werden, daß die CNT zu Beginn des Krieges auf die vollständige Realisierung ihres Konzeptes implizit bereits verzichtet hatte. Die Studien von José Manuel Macarro Vera über die revolutionäre Utopie in Sevilla während der zweiten Republik und von Jacques Maurice über den ruralen Anarchismus ermöglichen diese Aussage auch für den Regionalfall Andalusien.[8]

Die Entwicklung des anarchistischen Revolutionsbegriffes, die vor allem von CNT und FAI vorgetragene Forderung nach Wiederaufnahme gemeinschaftlich-genossenschaftlicher Tradition sowie das Programm einer umfassenden Kollektivierung des Landes waren unmittelbar auf die sozioökonomische Struktur des Agrarsektors am Vorabend des Bürgerkrieges zurückzuführen.[9] Die republikanische Regierung Giral versuchte zwar, auch nach Kriegsbeginn die Maßnahmen auf wirtschaftlichem Gebiet zu kontrollieren und zu beeinflussen, doch verlief die Entwicklung auf dem Agrarsektor in den ersten Monaten nach dem 19. Juli nahezu unbeeinflußt von Regierungsverordnungen. Sobald dann aber Anfang September 1936 der Kommunist Vicente Uribe in der Regierung des Linkssozialisten Largo Caballero das Landwirtschaftsministerium übernahm, begannen die bis zum Ende des Bürgerkrieges sich hinziehenden Auseinandersetzungen zwischen der Regierungspolitik einerseits und den Agrarmaßnahmen der gewerkschaftlich organisierten Landarbeiter und Kleinbauern andererseits. Die Entwicklung der Landwirtschaft 1936–1939 ist zu einem nicht geringen Teil Folge der ständigen, mitunter gewaltsam ausgetragenen Auseinandersetzungen zwischen den

[7] Casanova 1985 und neuerdings 1988.

[8] José Manuel Macarro Vera, La utopía revolucionaria. Sevilla en la Segunda República, Sevilla 1985; Jacques Maurice, Recherches sur l'anarchisme rural en Andalousie de 1868 à 1936, Besançon (Université de Franche-Comté) 1985.

[9] Auf eine detaillierte Darstellung der Agrarstruktur und der Ausgangslage auf dem Land zu Kriegsbeginn muß hier verzichtet werden. Vgl. hierzu Malefakis 1970; Brenan 1943.

bedeutendsten politischen Gruppen und Interessenvertretungen der republikanischen Zone: der Anarchisten und Syndikalisten von FAI und CNT; der Sozialisten von PSOE und UGT; der Kommunisten von PCE, die die Agrarpolitik der Regierung bestimmten; sowie in Katalonien des mittelständischen Pächterverbandes *Unió de Rabassaires* (UdR; Bund der Winzer); und der autonomen Landesregierung *Generalitat*. Deren Positionen zur Agrarfrage sollen im folgenden kurz skizziert werden.

In den ersten Bürgerkriegswochen wurde die CNT von der Dynamik der Kollektivierungsbewegung ihrer eigenen Mitglieder überrascht. Bald jedoch formulierten die zahlreichen Kongresse und Tagungen der CNT ein anarchosyndikalistisches Agrarprogramm, das z. T. auf Forderungen der Republikjahre zurückgriff, zum Teil eine Anpassung an die objektiv neue Situation auf dem Agrarsektor darstellte. Die erstrebte Agrarreform verstand sich als eine Strategie der Umwandlung und Ablösung der traditionellen Agrarstrukturen durch Maßnahmen wie Umverteilung des Bodens, des Einkommens und der politischen Macht, Praktizierung kollektivwirtschaftlicher Betriebsformen, Bildung eines neuen Betriebssystems, Ermöglichung einer durchlässigen und dynamischen Sozialstruktur bzw. – in einer Übergangsphase – eines Gefüges offener sozialer Klassen. Die CNT hatte als Maßstab für Erfolg oder Mißerfolg des intendierten Wandels auf dem Agrarsektor nicht nur die Erhöhung der landwirtschaftlichen Produktion und Produktivität, sondern besonders die sozialstrukturelle und sozialethische Seite des Landwirtschaftsproblems im Auge.

Infolge des massiven und organisierten, vom PCE und anderen Volksfrontparteien unterstützten Widerstandes der ländlichen Mittelschichten sahen sich die Anarchisten zu einer Revision ihres kollektivwirtschaftlichen Agrarprogramms gezwungen, das schließlich die Zwangskollektivierung des Großgrundbesitzes und eine freiwillige Kollektivierung des Kleinbesitzes vorsah. Die Anarchisten ließen jedoch keinen Zweifel daran, daß sie als Endziel die Sozialisierung – d. h. die totale Kollektivierung – oder die Kommunalisierung – d. h. die Übertragung des Bodens an die „revolutionären Kommunen" – der Landwirtschaft anstrebten. In Anbetracht der Schwierigkeiten, ihr anarchokollektivistisches Agrarprogramm zu realisieren, gingen die Anarchisten seit Herbst 1936 an eine doppelte Absicherung ihrer Landwirtschaftskollektive: zum einen durch den Abschluß von Abkommen und Pakten mit den übrigen Organisationen des republikanischen Spanien, zum anderen durch koordinierende Zusammenfassung der Agrarkollektive. Die CNT gründete fünf Regionalföderationen landwirtschaftlicher Kollektive (Aragonien, Kastilien, Levante, Andalusien, Katalonien). Die koordinierende Zusammenfassung der Kollektivwirtschaft erlegte den einzelnen *colectividades* Einschränkungen auf, die im Widerspruch zu anarchistischen Grundpostulaten standen. Die CNT mußte einsehen, daß ihre Vorstellungen einer sich selbst regulierenden, die Bedürfnisse aller Individuen befriedigenden Wirtschaft unter den Bürgerkriegsverhältnissen nicht in Erfüllung gehen konnten. Der Konzeptionswandel vom Zaragoza-Kongreß im Mai 1936 zur Valencia-Versammlung im Juni 1937 stellte innerhalb der CNT einen kontinuierlichen Prozeß von der Utopie einer rätedemokratisch organisierten Wirtschafts- und Gesellschaftsordnung zur Realität eines staatlichen Interventionen unterliegenden Wirtschafts- und hierarchisch strukturierten Gesellschaftsaufbaus dar – ein Wandel, der nicht nur auf immanente Konzeptionsschwächen eines in sich nicht konsistenten Organisationsentwurfs zurückzuführen war, sondern wesentlich mit der ideologisch-politischen Gegnerschaft aller maßgeblichen Volksfrontorganisationen und der exogen bedingten Anpassung an Bürgerkriegsverhältnisse zusammenhing.

Die sozialistische UGT vertrat als Gesamtorganisation nicht vorbehaltlos den von ihrem linken Flügel propagierten Kollektivierungskurs. Die zwischen CNT und PCE schwankende Haltung der UGT läßt sich seit Beginn des Bürgerkrieges nachweisen: Während sie zum Beispiel für die Provinz Badajoz die Kollektivierung des Bodens forderte, bekräftigte die unter starkem kommunistischem Einfluß stehende katalanische UGT gleichzeitig ihren kollektivierungsfeindlichen Kurs. In dem gemeinsamen CNT-UGT-Abkommen vom 18. März 1938 konnten die Sozialisten die „Nationalisierung" des Bodens als Programmpunkte durchsetzen. Auch die übrigen UGT-Forderungen wurden von der politisch geschwächten CNT akzeptiert: Intensivierung der Agrarproduktion, Minimallohn für Landarbeiter, preisliche Anpassung der Agrarprodukte an Industriegüter, Förderung der Agrargenossenschaften und Legalisierung bestehender Kollektive. Die Anarchosyndikalisten erhielten in diesem Abkommen zwar die Unterstützung der Sozialisten in ihrem Bemühen, den Bestand der Kollektivwirtschaften garantieren zu lassen, mußten jedoch ihrerseits auf die Forderung nach „Kommunalisierung" oder „Sozialisierung" des Bodens verzichten und somit von einem ihrer Hauptprogrammpunkte abweichen.

Auch der PCE trat für die entschädigungslose Enteignung der Güter von Personen ein, „die direkt oder indirekt an der Aufstandsbewegung gegen die Republik teilgenommen haben" – wie es im Enteignungsdekret vom 7. Oktober 1936 hieß. Die Kommunisten wandten sich aber zugleich gegen die Kollektivierungsvorstöße der lohnabhängigen Landarbeiter und die Politik der Gewerkschaften. Nach kommunistischer Überzeugung stellten die Genossenschaften eine der Säulen der sozioökonomischen Entwicklung des ländlichen Bereichs dar; sie sollten den Erfordernissen einer teilsozialistischen Zentralverwaltungswirtschaft untergeordnet werden. Die kommunistische Agrarpolitik zielte darauf ab, den organisatorischen Apparat der mit Genossenschaftsfunktionen ausgestatteten „Agrarsyndikate" als Instrument des staatlichen Verteilungssystems zu verwenden. Die Agrarkollektive wurden einer komplizierten Legalisierungsprozedur unterworfen, mit legalistischen Mitteln an ihrer Entfaltung gehindert und in mehreren Fällen – wie z. B. im August 1937 in Aragonien – militärisch zerstört. Dabei förderte das unter kommunistischer Leitung stehende „Institut für Agrarreform" durchaus die (staatlich kontrollierten!) Enteignungs- und Ansiedlungsmaßnahmen. Im Juli 1937 waren bereits nahezu 4 Mio. Hektar Land enteignet. Auch heute noch bezeichnen Kommunisten das Nationalisierungsdekret vom 7. Oktober 1936 als die „revolutionäre und demokratische Lösung des jahrhundertealten Landproblems" und als „Waffe der einzigen tatsächlichen Agrarrevolution, die es in Spanien je gegeben hat".[10] Die Agrarpolitik des PCE-Landwirtschaftsministers Uribe wollte ein vom Staat geleitetes und den Zwecken eines zentral geplanten Wirtschaftssystems angepaßtes partielles Kollektivsystem fördern, bekämpfte jedoch die spontanen (und damit sich ihrer Kontrolle entziehenden) Kollektivierungen der ersten Kriegsmonate mit staatlichen Repressionsmitteln.

In Katalonien sahen sich die Kollektivbetriebe nicht nur durch die Gegnerschaft der Kommunisten, die sich dort im *Partit Socialista Unificat de Catalunya* (PSUC) zusammengeschlossen hatten, sondern außerdem durch die genossenschaftlichen Bestrebungen der einflußreichen Kleinpächter-Organisation *Unió de Rabassaires* behindert. Die politisch von der Regierungspartei *Esquerra Republicana de Catalunya* (ERC) vertretene *Unió* widersetzte sich bald nach Kriegsbeginn dem Prinzip der Kollektivierung und trat für die Aufteilung des Bodens, die Annulierung des Pachtzinses und die Schaffung von Familienbetrieben ein. Die Politik des katalanischen UdR-Landwirtschaftsministers Josep Calvet war stark zentralverwaltungswirtschaftlich akzentuiert und erstrebte eine vollständige Kontrolle der katalanischen Landwirtschaft. Durch die Politik Calvets avancierten die *rabassaires*

---

[10] Guerra y revolución II, S. 62, 66.

sehr schnell zur „Agrarbourgeoisie", die sich jeglicher Änderung des Eigentumsrechtes widersetzte und sich der Politik des kommunistischen PSUC annäherte.[11]

Der katalanischen Regionalregierung gelang es bereits wenige Monate nach Kriegsbeginn, ihre Position wieder so zu stärken, daß sie zuerst neben dem anarchistisch beherrschten Zentralkomitee der Antifaschistischen Milizen eine Art Doppelherrschaft errichten und Ende September, nach dem Eintritt der Anarchisten und Kommunisten in die *Generalitat* und der Auflösung des Milizkomitees, die gesamte Gewalt wieder übernehmen konnte. Sobald die Regierung Companys die anarchosyndikalistische Gewerkschaft in den Hintergrund gedrängt und seit Juni 1937 nahezu ausgeschaltet hatte, erließ sie eine Reihe von Agrardekreten, die die spontan erfolgten Kollektivierungsmaßnahmen legalisierten, bestehenden Agrarkollektiven vom Landwirtschaftsministerium ausgearbeitete Statuten aufnötigten und die Genehmigung zur Neugründung landwirtschaftlicher Kollektive von Auflagen abhängig machten, die die Kollektivierungsbewegung einer komplizierten gesetzgeberisch-bürokratischen Prozedur unterwarfen. Die Agrarpolitik der *Generalitat* verfolgte dabei zwei Ziele: Einerseits ging es ihr darum, durch zunehmende Verwaltungsmaßnahmen und Verschärfung der zur Legalisierung erforderlichen Auflagen die Kollektivierungen in den Griff zu bekommen und einzudämmen, andererseits versuchte sie, durch Förderung der Familienbewirtschaftung, Verstaatlichung möglichst großer Ländereien und deren Dauerüberlassung an die arme Agrarbevölkerung der „Revolution von unten" eine „Revolution von oben" entgegenzusetzen und dadurch den Einfluß der *Generalitat* auf die bäuerlichen Schichten zu verstärken.

[11] Zur UdR vgl. Albert Balcells, El problema agrari a Catalunya 1890–1936, Barcelona 1968; zur Entwicklung während des Bürgerkrieges vgl. Josep María Murià, La Révolution dans la Campagne Catalane, Paris 1937. Neuerdings hat Stefan Loibl eine Studie zu einem bisher weitgehend vernachlässigten Gemeinschaftskonzept vorgelegt: den Kooperativen der Genossenschaftsbewegung, die im Katalonien der Bürgerkriegsjahre mit dem anarchistischen Kollektivismus konfrontiert wurden. Er kann nachweisen, daß das katalanische Genossenschaftswesen einen eher konservativen Verlauf nahm und primär auf den materiellen Vorteil seiner Mitglieder ausgerichtet, somit weniger an gesellschaftsverändernden Perspektiven interessiert war. Genossenschaften und Kollektivwirtschaften ergänzten sich im Krieg auch nicht, erstere wurden nicht in die Revolution „integriert". Hierzu Stefan Loibl, Kollektiv oder kooperativ? Genossenschaften und Kollektive in Katalonien, Berlin 1988.

Die Bildung von Agrarkollektiven nach dem 19. Juli 1936 war insofern eine „spontane" Bewegung, als unabhängig von den eben skizzierten Positionen, ohne Richtlinien, theoretische Vorbereitung und praktische Anleitung, überall in der republikanischen Zone Kollektive und Komitees aus den Bedürfnissen des revolutionären Augenblicks heraus, nachdem die Grundbesitzer geflohen oder ermordet worden waren, entstanden.[12] Von Bedeutung für die rasche Ausdehnung der Bewegung war zweifellos die im Kollektivbewußtsein des landlosen Agrarproletariats noch stark verwurzelte, in die Zeit vor Einbruch der liberal-kapitalistischen Rechts- und Sozialverhältnisse um die Mitte des 19. Jahrhunderts zurückreichende Tradition des Agrarkollektivismus. Im Winter 1936/37 gab es über 1500 landwirtschaftliche Kollektive, von denen 450 in Aragonien lagen und dort ca. 300 000 Personen (70% der Bevölkerung) umfaßten. In Andalusien gab es zwischen 250 und 300, in Kastilien und Katalonien je 200 bis 300 Agrarkollektive. In der Levante, wo (besonders um Valencia) Eigenbewirtschaftung bei intensivem Bewässerungsfeldbau die Regel war, sind für Ende 1937 über 400 nachweisbar; 1938 sollen es nach Vernon Richards über 500, nach Gaston Leval 900 gewesen sein. Im August 1938 waren nach Angaben des Instituts für Agrarreform 2213 Kollektive legalisiert. Nach späteren anarchistischen Angaben gab es in Aragonien, Katalonien und der Levante 2700, in beiden Kastilien 340 Kollektive. Insgesamt beteiligten sich im republikanischen Spanien 3 Mio. Menschen an den kollektivwirtschaftlichen Experimenten.

Die Ergebnisse der neueren Lokal- und Regionalstudien lassen deutlich werden, daß man nicht von einem einheitlichen „Kollektivierungsmodell" ausgehen kann; die Kollektivierung war vielmehr ein komplexer und heterogener Prozeß, bei dem jede Region gewissermaßen ihr eigenes „Modell" besaß. Andalusien und Extremadura sind in den letzten Jahren relativ gründlich untersucht worden. Die Studien von Luis Garrido González, José Luis Gutiérrez Molina, Francisco Moreno Gómez und Antonio Nadal Sánchez ermöglichen eine detaillierte Einschätzung des Kollektivierungsprozesses im andalusischen Hinterland[13]; folgt man diesen Untersuchungen, so war es vor

---

[12] Zu folgendem vgl. ausführlicher Bernecker 1978, S. 45–136; ders. (Hrsg.) 1980, S. 192–301; Mintz 1977, passim.
[13] Den neueren Forschungsstand zur Agrarkollektivierung fassen zusammen Luis Garrido González u. a., Las colectivizaciones en la Guerra Civil. Análisis y estado de la cuestión historiográfica, in: Aróstegui (Hrsg.) II, S. 63–134; zu Jaén vgl. Garrido González 1979; zu Córdoba s. José Luis Gu-

allem auf die Kollektivierung zurückzuführen, daß im Süden Spaniens in den ersten Kriegsmonaten die Wirtschaftsproduktion nicht ganz zusammenbrach; andererseits waren die andalusischen Anarchisten nicht stark genug, um eine vollständige Sozialisierung des Bodens durchzusetzen, so daß neben den enteigneten und kollektivierten Ländereien stets auch individuell und privat bewirtschafteter Boden bestehen blieb. In Extremadura scheinen die Kollektivierungsmaßnahmen vor allem von der sozialistischen Agrargewerkschaft *Federación Española de Trabajadores de la Tierra* (FETT) durchgeführt worden zu sein, während viele Kleinbesitzer in der CNT organisiert waren. In zahlreichen Kollektivwirtschaften hielten sich Flüchtlinge auf, was ihnen – neben der relativen Nähe zur Front – ein eigenes Gepräge gab.

Die aragonesischen Kollektivwirtschaften sind – außer von zeitgenössischen Beobachtern wie Gaston Leval oder Augustin Souchy – vor allem von Julián Casanova untersucht worden, der darauf verwiesen hat, daß zu Beginn des Krieges der gewerkschaftliche Organisationsgrad auf dem aragonesischen Land nicht sehr hoch war und die soziale Konfliktivität keineswegs revolutionäre Ausmaße erreicht hatte. Die Kollektivwirtschaften entstanden in einer besonderen Konjunktur, nachdem der Militäraufstand die bestehende sozioökonomische und politische Struktur zum Einsturz gebracht hatte und damit die Notwendigkeit bestand, an die Stelle der alten eine neue Struktur treten zu lassen. Die Auseinandersetzungen zwischen „Individualisten" und „Kollektivisten" standen in engem Zusammenhang mit dem Kampf um die Kontrolle der politischen und militärischen Macht in der Region. Hierbei spielten die katalanischen Milizen eine herausragende Rolle, die im östlichen Teil Aragoniens den Militäraufstand zum Scheitern gebracht hatten und häufig bei der Entstehung der Kollektivwirtschaften mitwirkten.

Zum Verständnis der Entwicklung der aragonesischen Kollektivierungen im Verlauf des Bürgerkrieges müssen drei Faktoren berücksichtigt werden: die Politik des regionalen „Verteidigungsrates", die

---

tiérrez Molina, Reforma y revolución agraria en el campo andaluz, Córdoba 1930–1939, in: Gerald Brey u. a., Seis estudios sobre el proletariado andaluz (1868–1939), Córdoba 1984, S. 213–244; s. auch Moreno Gómez 1985; zu Málaga 1984. Als Beteiligter vgl. Antonio Rosado López, Tierra y Libertad. Memorias de un campesino anarcosindicalista andaluz, Barcelona 1979; Luciano Suero Serrano, Memorias de un campesino andaluz en la revolución española, Madrid 1982.

Bildung des „Regionalbundes der Kollektivwirtschaften" und das Abkommen vom Februar 1937 zwischen CNT und UGT. Da der Verteidigungsrat anarchistisch majorisiert war, vertrat er in der Landwirtschaftspolitik einen kollektivwirtschaftlichen Kurs. Allerdings verfügten die Kollektive nicht über ein regionales Leitungs- und Koordinationsorgan, was die ohnehin schon zahlreichen Schwierigkeiten weiter vergrößerte. Daher beschloß der 1. außerordentliche Kollektivwirtschaftskongreß im Februar 1937 die Bildung eines Regionalbundes *(Federación Regional de Colectividades Agrícolas de Aragón)*, dessen wichtigste Funktion in der Verteidigung der Interessen der in den Kollektivwirtschaften zusammengeschlossenen Arbeiter bestand. Von Anfang an kam es im Zusammenhang mit Kompetenzfragen zu Spannungen zwischen der kollektivwirtschaftlichen Föderation und dem regionalen Verteidigungsrat, was eine optimale Nutzung der knappen menschlichen und ökonomischen Ressourcen verhinderte. Im August 1937 erarbeiteten die CNT und der Verteidigungsrat ein neues Reglement für die Kollektivwirtschaften, in dem der „Respekt vor den individuellen Lösungen" stärker berücksichtigt wurde. Diese neue Phase des aragonesischen Agrarkollektivismus wurde allerdings noch im gleichen Monat durch die gewaltsame Auflösung des Verteidigungsrates wieder unterbrochen. Damit befand sich die Revolution in Aragonien in der Defensive; der Rückzug dauerte bis März 1938, als die gesamte Region von franquistischen Truppen besetzt wurde, die alle noch verbliebenen revolutionären Ansätze zunichte machten.

In der „Region Zentrum" – wie Kastilien genannt wurde – lassen sich, folgt man den Untersuchungen von José Luis Gutiérrez Molina und Natividad Rodrigo González, zwei Charakteristika der Agrarkollektivierung herausstreichen[14]: zum einen das Vorhandensein landwirtschaftlicher Kollektivwirtschaften schon lange vor dem Bürgerkrieg (seit den beiden Reformjahren der Zweiten Republik), zum anderen der hohe Grad an struktureller Ähnlichkeit zwischen den fünf kastilischen Provinzen. Die Übereinstimmungen beziehen sich sowohl auf Fragen interner Organisation als auch auf die ähnlich gelagerte Politik der Gewerkschaften CNT und UGT. Außerdem konzentrierte die Kollektivierungsbewegung sich auf den landwirtschaftlichen Bereich, da von Industrie in der „Region Zentrum" kaum gesprochen

---

[14] José Luis Gutiérrez Molina, Colectividades Libertarias en Castilla, Madrid 1977; Natividad Rodrigo González, Colectividades Agrarias en Castilla-La Mancha, Toledo 1985.

werden konnte und der Dienstleistungsbereich primär auf den Landwirtschaftssektor ausgerichtet war.

Auch die Mittelmeerregion um Valencia ist gut aufgearbeitet. In der Studie von Frank Mintz werden sämtliche CNT- und UGT-Kollektivwirtschaften Levantes aufgelistet; Terence M. Smyth untersucht Organisation, Struktur und Stärke der CNT in den Ortschaften des ‹País Valencià›.[15] Das von Alfons Cucó geleitete Werk[16] analysiert das Wirken der sozialistischen und der anarchistischen Gewerkschaften in den Volkskomitees sowie bei der Gründung und Entwicklung der wichtigsten valencianischen Kollektivwirtschaft im Dienstleistungssektor: des „Vereinigten Levanterates für Landwirtschaftsexport" (*Consejo Levantino Unificado de Exportación Agrícola*, CLUEA). Die umfangreichsten Studien zum ‹País Valencià› stammen von Aurora Bosch und Albert Girona.[17] Erstere hat ihre Untersuchungen auf die Kollektivierungen in den Provinzen Alicante, Castellón und Valencia konzentriert und errechnet, daß die Agrarkollektivierung im ‹País Valencià› nur 4,1% des gesamten enteigneten Bodens umfaßte. Offensichtlich konnten sich die Kollektivierungsanhänger nicht gegen die zahlreichen Befürworter der Individualbewirtschaftung durchsetzen. Im Frühjahr 1937 nahmen sodann die Schwierigkeiten in der kollektivierten Wirtschaft zu, als nach der Bildung der Regierung Negrín die Auseinandersetzungen zwischen Kollektivisten und „Individualisten" schlagartig anstiegen.

Sieht man von örtlichen Varianten ab, so läßt sich sagen, daß Agrarkollektive sich entweder durch Enteignung der Ländereien geflohener Großgrundbesitzer oder durch freiwilliges Zusammenlegen der Landparzellen kleiner Grundbesitzer, (Halb-)Pächter und Landarbeiter konstituierten. An vielen Stellen blieben neben dem „freien Kollektiv" Privatwirtschaften der Kleineigentümer bestehen, die jedoch häufig nach einer gewissen Zeit dem Kollektiv beitraten. Fördernd auf den Entschluß zum Eintritt mögen die unzweifelhaften Vorteile vor allem auf sozialem, bildungspolitischem und dem Gebiet des Gesundheitswesens sowie die Einrichtungen der kollektiven Daseinsvorsorge gewirkt haben. Das lokale Verhältnis zwischen „Individualisten" und „Kollektivisten" war zumeist reglementiert und in den sog.

[15] Mintz 1977; Terence M. Smyth, La CNT al País Valencià, Valencia 1973; vgl. auch die Lokal- und Provinzstudien von Vicente Ramos, La guerra civil 1936–1939 en la provincia de Alicante, 3 Bde., Alicante 1973/74; Rafael Coloma, Episodios alcoyanos en la Guerra de España 1936–1939, Alicante 1980; Alberto Navarro Pastor, Historia de Elda, 2 Bde., Alicante 1981.

[16] Alfons Cucó u. a., La questió agrária al País Valencià, Barcelona 1978.

[17] Bosch 1980 und 1983; Girona 1986.

Kollektivstatuten niedergelegt, die auf einer der ersten Vollversammlungen diskutiert und verabschiedet worden waren. Die in der ersten Phase des Bürgerkrieges (bis Spätherbst 1936) entstandenen Agrarkollektive verfolgten auf lokaler Ebene das Ziel, als Ganzes eine vollständig ausgebildete ländliche „Gemeinschaft" (im Sinne von F. Tönnies) unter Einbeziehung der Gewerbetreibenden, der im privaten und öffentlichen Dienstleistungssektor Beschäftigten sowie der lokalen Kleinindustrie zur Verarbeitung landwirtschaftlicher Produkte zu bilden. Dabei läßt sich der im Hinblick auf die Anzahl der Mitglieder zumindest quantitative Erfolg der Kollektivwirtschaften keineswegs nur aus der anarchistischen Romantisierung des kollektiven Bauernlebens als einer sozialethisch besonders wertvollen Daseinsform erklären. Das Agrarkollektiv wollte das Individuum vielmehr gesellschaftlich in eine Gemeinschaft integrieren und es an den sozialen und wirtschaftlichen Prozessen teilhaftig werden lassen. Die neuen Wirtschaftseinheiten stellten eine Lebensform dar, in der die Kontrolle, die jedes einzelne Mitglied über das Geschäftsgebaren und die Leitungsgremien ausübte, gleichsam im Rahmen der allgemeinen und durchgängigen „Sozialkontrolle" erfolgte. Für viele der gemeinschaftsstrukturierten Kollektive kann als charakteristisch erachtet werden, daß der Lebenszuschnitt der einzelnen Mitglieder nicht allzu sehr voneinander abwich, die Wert- und Erwartungsvorstellungen im Prinzip für alle Genossen ähnlich waren, im Hinblick auf die Beziehung der Mitglieder zum gemeinsamen Kollektivbetrieb das unmittelbare Verhältnis der Kollektivisten zu „ihrer" Wirtschaft kennzeichnend war und der einzelne Kollektivist bereitwillig einen Beitrag zur Selbstverwaltung des Kollektivs leistete.

Bezeichnend für das Verhalten der Mitglieder und Kollektive untereinander war die von der CNT stets geförderte, durch die Ausnahmesituation des Bürgerkrieges noch verstärkte gegenseitige Solidarität, deren sichtbarster Ausdruck freiwillige Leistungen, Spenden und Verpflegungssendungen an die Front waren. Wirtschaftliche Entwicklung wurde von den Anarchisten außerdem in funktionalem Zusammenhang mit gesellschaftlichem Strukturwandel gesehen. Die *Colectividades* verstanden sich in ihrer überwiegenden Mehrheit als libertärkommunistische Organisationen und Keimzellen eines neuen Gesellschaftsaufbaus, die sich anfangs häufig am idealtypischen Prinzip: „Jeder nach seinen Fähigkeiten, jedem nach seinen Bedürfnissen" zu orientieren suchten. Bei vollständiger Abschaffung des Geldes übernahm das Kollektiv dem Individuum gegenüber sämtliche sozialen Verpflichtungen; bei Verwendung von Lokalgeld wurden wirtschaftliche

Transaktionen mit anderen Kollektiven entweder über Tauschhandel oder unter Rückgriff auf die offizielle Landeswährung abgewickelt. Nach Leistung gestaffelter Individuallohn wurde durch an Bedürfnissen ausgerichteten Familienlohn ersetzt. Dabei gingen die Anarchisten allerdings nicht selten von einer erwünschten, faktisch jedoch nicht vorhandenen Übereinstimmung der Bedürfnisse der Individuen mit den Notwendigkeiten der Kriegswirtschaft aus. Institutionalisierte Ausgleichskassen sollten den bei rentabel wirtschaftenden Kollektiven entstandenen „Neokapitalismus" bekämpfen, konnten jedoch nicht verhindern, daß zwischen den einzelnen Kollektiven nicht unerhebliche Wohlstandsgefälle und zum Teil beträchtliche Lohndifferenzen bestehen blieben.

Trotz der von ihnen stets betonten Selbständigkeit konnten sich die Agrarkollektive ihrer schließlichen „Legalisierung" und Kontrolle, Normierung und Vereinheitlichung nicht entziehen. Zur Steigerung der Effektivität übertrugen die meisten Kollektive gewisse „autonome" Rechte an übergeordneten Instanzen, z. B. an die von der CNT organisierten Regionalföderationen. Sowohl die Zentralregierung in Madrid und Valencia als auch die Regionalregierung in Barcelona vertraten immer deutlicher eine Politik der zentralisierten Kriegswirtschaft, der sich die CNT nicht erfolgreich widersetzen konnte.

Direkte Pressionen zum Eintritt in ein Kollektiv sind wahrscheinlich nur selten ausgeübt worden – wenn auch diese Frage in der Literatur heftig umstritten ist und nicht nur die kommunistische Forschung von „Zwangskollektivierung" spricht. Sicherlich ließen das große Übergewicht von CNT-Mitgliedern oder die Anwesenheit anarchosyndikalistischer Milizeinheiten nicht immer unbefangene Entscheidungen zu. Neben der von Anarchisten favorisierten Kollektivbewirtschaftung blieben jedoch stets Individual- und Familienbewirtschaftung bestehen. Agrarkollektive gründeten zumeist ihnen angeschlossene Kauf- und Verkaufgenossenschaften, die den lokalen und regionalen Warenaustausch organisierten. Das Gesamtkollektiv entschied auf Vollversammlungen über alle wichtigen Fragen; es wählte seine zumeist mit imperativem Mandat versehenen und (theoretisch) jederzeit absetzbaren Vertreter, die zusammen mit den gewählten Gruppendelegierten zwischen den Vollversammlungen alle exekutiven, legislativen und administrativen Funktionen übernahmen. Unabhängig vom rein ökonomischen Sektor erzielten die Agrarkollektive besondere Erfolge im sozial-humanitären und kulturell-bildungspolitischen Bereich. 1938 hatte jedes Kollektiv in der

Levante seine eigene Schule. Programme der Alphabetisierung und technischen Ausbildung von Jugendlichen und Erwachsenen trugen zur Anhebung des allgemeinen Bildungsniveaus der Landbevölkerung bei. Gleichzeitig wurde für eine möglichst vollständige Erfassung aller schulpflichtigen Kinder gesorgt. Ein umfangreiches Versicherungsprogramm und zahlreiche Sozialleistungen garantierten den im Kollektiv tätigen Arbeitern und ihren Familienangehörigen ein sicheres Auskommen.

Da in den Kollektivwirtschaften eine Rechnungslegung entweder überhaupt nicht existierte oder sehr ungenau war, läßt sich die Frage nach der Wirtschaftlichkeit der agrarischen Kollektivbetriebe nur schwer beantworten. Die anarchistischen Beschreibungen sind zwar sehr darstellungs-, aber nicht sehr datenfreudig und erschweren dadurch die Erarbeitung einer Typologie sowie eine betriebswirtschaftliche Erfolgsrechnung. Die Betrachtung ökonomischer Faktoren erleichtert zwar – im Gegensatz zu den schwer meßbaren sozialen Indikatoren – die Operationalisierung, führt jedoch bei einer Konzentration in der Erfolgsmessung auf die überwiegend wachstumsorientierte ökonomische Kosten-Nutzen-Analyse in der konkreten Bürgerkriegssituation zu wenig greifbaren Ergebnissen.

Da die Bewegung von der Makroperspektive her gesehen kein einheitliches Urteil zuläßt, auf der Mikroebene sich jedoch hoffnungsvolle Ansätze zeigten, liegt es nahe, die Gründe für die zahlreichen Schwierigkeiten primär in dem partiellen Umfang, in dem die Maßnahmen durchgeführt wurden, der geringen Zeitdauer und den exogenen Hindernissen zu suchen, die dafür verantwortlich zu sein scheinen. In Aragonien mag die Bereitschaft zur Durchführung kollektivwirtschaftlicher Maßnahmen mit der Bedürfnislosigkeit der Agrarbevölkerung, der Anwesenheit anarchistischer Milizeinheiten und der libertären Grunddisposition des Landproletariats zusammengehangen haben. In Andalusien waren die sozialstrukturellen und sozialpsychologischen Voraussetzungen für eine Durchführung der Kollektivierung ebenfalls gegeben. Der militärische Verlauf des Krieges unterband jedoch die ungestörte kollektivistische Entwicklung im Süden des Landes. Demgegenüber waren in Katalonien und der Levante die wirtschaftlichen, soziologischen und sozialpsychologischen Voraussetzungen der Kollektivierung weit weniger geeignet als im zentralen und südlichen Landesteil; der Widerstand gegen die CNT-Maßnahmen im Osten Spaniens erscheint bei der Betrachtung unter regionalem Aspekt durchaus verständlich.

Nur wenige Kollektive können als voller Mißerfolg bezeichnet werden, wenn auch der Entfaltung der Agrarkollektive große Hindernisse im Wege standen. Zu den exogenen Hauptschwierigkeiten zählten vor allem der Kriegsverlauf, sodann der Mangel an Devisen zum Kauf erforderlicher Düngemittel und Maschinen, der Verlust des größten Teils des spanischen und außerspanischen Absatzmarktes, die von der Regierung geförderte Unsicherheit über den Rechtsstatus und die Legalisierung der Agrarwirtschaften sowie der zunächst verdeckte, später offene Kampf nahezu aller politisch einflußreichen Gruppierungen gegen die Realisierungen der CNT-Mitglieder; die Uneinigkeit der Industrie- und Landarbeiter verhinderte außerdem ein gemeinsames Vorgehen aller Kollektivierungsbefürworter. Zu den exogenen kamen die endogenen Schwierigkeiten, deren Grund häufig in der mangelhaften Vorbereitung, dem nichtvorhandenen technisch-ökonomischen Know-how und der fehlenden Erfahrung der Kollektivisten lag.[18]

Das vorläufige Ergebnis der sich 1936/37 über weite Teile des republikanischen Spanien ausbreitenden Agrarrevolution war das Ende der archaischen Agrarverhältnisse, die Zerstörung der überkommenen Grundeigentumsverteilung, die Auflösung bestehender personalökonomischer Abhängigkeiten und ein sozialer Umsturz zugunsten der Masse der landlosen Agrarproletarier sowie der an ihrer überlieferten familiären Eigenbedarfswirtschaft hängenden Klein- und Zwergbauern; parallel dazu wurde eine Reihe betriebswirtschaftlicher Reformen in die Wege geleitet. Die Situation der spanischen Landwirtschaft in den kollektivierten Gegenden war gekennzeichnet durch einen zwar nicht kontinuierlichen, aber deutlich wahrnehmbaren Übergang von einer arbeitsteilig wenig differenzierten, sozial ungleichen kapitalistischen Agrargesellschaft zu einer sozial mobileren, arbeitsteilig differenzierteren, technisch entwickelteren „sozialistischen" Gesellschaft, wobei allerdings noch eine Anzahl vorindustriell-agrarischer Sozialstrukturen, Wertvorstellungen und Verhaltensweisen, Produktions- und Arbeitsbedingungen fortdauerten und die Jahre 1936–1939 als eine Übergangsphase erscheinen ließen.

Auch im Industriebereich dominierten die 'Mischformen', die Kompromißlösungen. Außerdem konzentrierten sich die industriewirt-

---

[18] Zu einer Evaluierung der Agrarkollektivierung vgl. Bernecker 1978; Gaston Leval, Das libertäre Spanien. Das konstruktive Werk der spanischen Revolution (1936–1939), Hamburg 1976; Augustin Souchy, Anarchosyndikalisten über Bürgerkrieg und Revolution in Spanien. Ein Bericht, Darmstadt 1969; Mintz 1977.

schaftlichen Veränderungen auf Katalonien, was zum einen mit der Präponderanz der Anarchisten in Nordostspanien, zum anderen mit der Frontferne dieser Region zu erklären ist. In Fortführung seiner schon während der Zweiten Republik begonnenen autonomistischen Finanz- und Wirtschaftspolitik entwickelte Katalonien auf ökonomischem Sektor ein eigenständiges Regierungsprogramm[19] und führte im Zusammenhang mit der neugeschaffenen Kriegsindustrie und der Reform des Kreditwesens einen neuen Begriff von „öffentlichem Sektor" in die Wirtschaftspolitik Spaniens ein. Die neuen Organisationsformen der Wirtschaft – hierauf hat in mehreren Untersuchungen Josep M. Bricall hingewiesen[20] – zeitigten als vorläufiges Ergebnis eine „dualistische" Wirtschaftsstruktur, in der kapitalistisch-privatwirtschaftliche und kollektivistisch-sozialisierte Produktionseinheiten nebeneinander bestanden und ein bis dahin unbekanntes ökonomisches System sui generis bildeten. Diese Neustrukturierung der katalanischen Wirtschaft ist als Kompromiß zwischen den Anarchosyndikalisten und Marxisten (CNT, FAI, POUM) einerseits sowie den Staatsrepräsentanten, dem liberalen Bürgertum und den orthodoxen Kommunisten (ERC, UdR, PSUC) andererseits zu bezeichnen.

Das von der *Generalitat* regierte Territorium war – neben dem Baskenland – das bedeutendste Industrierevier Spaniens und nach dem Fall Bilbaos (im Juni 1937) die wirtschaftliche Hauptstütze der Republik. Die Industriestruktur Spaniens am Vorabend des Bürgerkrieges war durch ihre nahezu ausschließliche Konzentration auf die Peripherie des Landes gekennzeichnet. Rund 80% der Gesamtindustrie waren in Rand-, nur 20% in Innerspanien lokalisiert; allein Barcelona besaß über 40% der spanischen Industrie. 78% der Wollindustrie und 97,7% der Baumwollindustrie befanden sich in Randspanien, vor allem in Katalonien, fast die Hälfte der Holzindustrie hatte ihren Standort im Mittelmeerküstengebiet. Die Hälfte des spanischen Imports und ein Drittel des Exports gingen über Barcelona.[21]

Die in der ersten Hälfte der 30er Jahre aufgetretenen Wirtschaftsprobleme wurden nach Kriegsbeginn zum Teil potenziert, zum Teil auf

---

[19] Hierzu José Arías Velasco, La Hacienda de la Generalidad, 1931–1938, Barcelona 1977.
[20] Bricall 1970, 1972, 1979; s. auch Bricalls Beitrag über die Wirtschaft im Sammelband: Tuñón de Lara u. a. 1987, S. 536–624.
[21] Vgl. Román Perpiñá Grau, Der Wirtschaftsaufbau Spaniens und die Problematik seiner Außenhandelspolitik, in: Weltwirtschaftliches Archiv 41 (1935), S. 61–131.

andere Sektoren verlagert. Während der Kriegszeit mußte sich die Wirtschaftspolitik an drei Bezugsfaktoren orientieren: an den vorgegebenen Bedingungen der Industriestruktur, an den kriegsbedingt neuentstandenen Wirtschaftsproblemen und an den zu Beginn der Revolution von Arbeitern spontan durchgeführten Betriebsübernahmen. Ähnlich wie auf dem Agrarsektor, verlief auch in der Industrie die Entwicklung in den ersten Monaten nicht so sehr nach bereits vorhandenen oder rasch ausgearbeiteten Programmen der Parteien, Gewerkschaften oder Regierung; diese sahen sich vielmehr zur Anpassung ihrer Wirtschaftskonzeptionen nicht nur an die strukturbestimmten und kriegsbedingten, sondern vor allem auch an die revolutionär geschaffenen Verhältnisse gezwungen. Die neuen Schwierigkeiten lagen vor allem auf dem Gebiet der Rohstoffbeschaffung und des Produktionsabsatzes, der steigenden Inflation sowie des drastischen Rückgangs der (binnen- und außenwirtschaftlichen) Handelstätigkeit.[22]

Für die ersten zwei Kriegsmonate, in denen revolutionärer Aktivismus und unsichere Versuche die wirtschaftliche Szenerie charakterisierten, kann man kaum von einer überschaubaren Wirtschaftsentwicklung sprechen. In einer zweiten Phase, die bis Ende Oktober 1936 reichte, wurde das katalanische Wirtschaftsleben, das inzwischen zu einem beträchtlichen Teil in die Führungsgewalt der Arbeiter übergegangen war, allmählich wieder „normalisiert". Eine dritte Phase, die bis zum Frühjahr 1938 reichte, wurde von den Restriktionen im Rohstoffnachschub und der kriegsbedingten Unmöglichkeit, ein einigermaßen funktionierendes Marktsystem aufrechtzuerhalten, beherrscht; in diesen Monaten zeigte sich immer deutlicher die Erforderlichkeit einer zentralisierten Kriegswirtschaft. Seit Sommer 1938 ließen die Haltung des Auslandes, der weitere Importrückgang, die blockadebedingten Handelsrestriktionen, die Schwierigkeiten auf

---

[22] Einen ausgezeichneten Überblick über die Wirtschafts- und Finanzprobleme, denen sich Katalonien in den ersten neun Kriegsmonaten ausgesetzt sah, sowie über die Finanzpolitik der Generalitat in diesem Zeitraum vermitteln die beiden von der Forschung bisher nahezu unbeachtet gebliebenen Bände, die die katalanische Regionalregierung unter der verantwortlichen Leitung von Josep Tarradellas zur Rechtfertigung ihrer Kriegspolitik und der z.T. einschneidenden Maßnahmen auf finanzpolitischem Sektor herausgeben hat: Generalidad de Cataluña. Departamento de Hacienda: La política financiera de la Generalidad durante la revolución y la guerra, Bd. 1: 19 julio–19 noviembre (1936), Barcelona 1936; Bd. 2: 20 noviembre 1936–30 abril 1937, Barcelona 1937. Ein Exemplar dieser sehr selten anzutreffenden Bände befindet sich im Bürgerkriegsarchiv in Salamanca.

finanzpolitischem Sektor und vor allem der militärische Kriegsverlauf das baldige Ende der Republik erahnen. Diese litt seit Oktober 1936 unter Versorgungsschwierigkeiten, die im weiteren Kriegsverlauf ständig zunahmen. Im Juli 1937 mußte in Katalonien die allgemeine Lebensmittelrationierung eingeführt werden. Parallel dazu erfuhr die republikanische Pesete eine drastische Kursverschlechterung, die in Katalonien eine monatliche Preissteigerungsrate von durchschnittlich 6–7% und in deren Gefolge Tauschwirtschaft, Schwarzhandel und Spekulation mit sich brachte. Um Preise und Löhne unter Kontrolle zu halten, griff die katalanische Regionalregierung zu interventionistischen Maßnahmen: Im September 1937 setzte sie eine Preisregulierungskommission, wenige Tage danach eine Lohnregulierungskommission ein, deren Aufgabe in der Festsetzung oder Änderung von Preisen und Löhnen entsprechend der konjunkturellen Entwicklung bestand. Unmittelbar nach der Niederschlagung des Militäraufstandes äußerte sich die Initiative der Arbeiter außerhalb eines formal-institutionellen Rahmens in einem spontanen, zerstörerischen und zugleich aufbauenden Impuls. Ausdrucksformen dieser spontanen Handlungen waren die Besetzung und Kollektivierung der Betriebe. In Barcelona besetzten die Arbeiter außerdem alle bedeutenden städtischen Dienstleistungsunternehmen (Stadtwerke und Verkehrsmittel), Hotels und Warenhäuser – nicht jedoch die Banken, an denen die Anarchisten in ihrer traditionellen Verachtung für Geld kein Interesse zeigten – und führten sie nach der *incautación* (Beschlagnahme) durch gewählte Komitees weiter.[23] In den meisten Fällen stießen die Arbeiter auf nur geringen Widerstand seitens der Unternehmer, die häufig entweder geflohen oder von ihren Posten abgesetzt worden waren.

Zusammensetzung und Funktion der in den ersten Kriegswochen gebildeten Betriebs- und Kontrollkomitees wiesen mannigfache Variationen auf. Kleinere Betriebe und Fabriken volksfrontfreundlicher Besitzer wurden nicht in allen Fällen beschlagnahmt. Nachdem aber sehr bald die Zweckmäßigkeit einer organisierten Überwachung der gesamten Industrieproduktion deutlich wurde, bildeten die Arbeiter auch in weiterhin privatkapitalistisch wirtschaftenden Betrieben

---

[23] Die Kollektivierung der Straßenbahnen hat eine gründliche Untersuchung erfahren: Walter Tauber, Les tramways de Barcelona collectivisés pendant la révolution espagnole (1936–1939), in: Fondation Internationale d'Etudes Historiques et Sociales sur la Guerre Civile d'Espagne de 1936–1939: Bulletin d'Information 2 (1977), S. 8–54 und 3 (1980), S. 19–85.

Comités de Control (Kontrollkomitees) mit unterschiedlichen Kompetenzen. Man sprach in solchen Fällen von *intervención* (Eingriff). Mitunter war die Tätigkeit der Kontrollkomitees nur eine Vorstufe zur vollständigen Betriebsübernahme. Die Einsetzung mitverwaltender Kontrollkomitees in Privatunternehmen neben selbstverwaltenden Betriebskomitees in Kollektivunternehmen entsprang der Einsicht, sich den Erforderlichkeiten des Augenblicks anpassen zu müssen. Bei den (zahlreichen) Betrieben mit ausländischem Kapital hätte die vollständige Enteignung zu einer starken Belastung zwischen der Republik und dem geschädigten Land geführt; Arbeiter und Gewerkschaften begnügten sich in solchen Fällen zumeist mit einer „Kontrolle" des Unternehmens.

Spontaneität und Improvisation bestimmten die Vielfalt der Organisationsformen und Gremien, die in den ersten Kriegswochen unkoordiniert entstanden. Die Betriebs- und Kontrollkomitees der ersten Revolutionstage waren mitunter nichts anderes als die Institutionalisierung bereits vorher bestehender, nicht formalisierter Vertrauensmänner-Ausschüsse und insofern eher „syndikalistisch" delegierte als von der Betriebsbelegschaft gewählte Komitees. In der ersten, revolutionären Phase blieb das Funktionieren der Arbeitsabläufe vor allem durch die sofortige Intervention der spontan gebildeten Betriebs- und Kontrollkomitees gewährleistet, deren Leistung darin bestand, in einer Periode allgemeiner Verwirrung und Desorganisation die Leitung der Industriebetriebe und Dienstleistungsunternehmen ganz oder teilweise übernommen und damit die Fortführung der Produktion und die Aufrechterhaltung des öffentlichen Lebens ermöglicht zu haben.

Der Mangel eines einheitlichen Plans zur Anpassung der Wirtschaft an die Erfordernisse der Kriegssituation ließ die politischen und gewerkschaftlichen Organisationen innerhalb kurzer Zeit Wirtschaftsprogramme ausarbeiten, die Ausdruck der differierenden Interessenlagen der verschiedenen gesellschaftlichen Schichten waren. Die Kommunisten des PCE und PSUC forderten die Nationalisierung der Grundindustrien, die Errichtung von Genossenschaften, die Kommunalisierung der städtischen Dienste und die privatwirtschaftliche Weiterführung der Klein- und Mittelbetriebe; darüber hinaus setzten sie sich von Anfang an für die Organisierung und Entwicklung einer zentralisierten und militarisierten Kriegsindustrie ein.

Dem kommunistischen Programm standen anfangs die CNT-Vorstellungen einer von Syndikaten „sozialisierten" Wirtschaft, der Kollektivierung sämtlicher Betriebe und der Nutznießung der Produktionsmittel durch die Gewerkschaften gegenüber. Mangelnde programmatische Klarheit, vor allem jedoch die Erfordernisse einer koordinierten Kriegswirtschaft trieben die Anarchisten sehr bald in einen kasuistischen Wirtschaftsinterventionismus und ließen sie schließlich einen Großteil des kommunistischen Nationalisierungs- und Zentralisierungsprogramms übernehmen. Die Entwicklung der Wirtschaftsvorstellungen der CNT im Verlauf des Bürgerkrieges wurde zu einem kontinuierlichen Rückzugsgefecht von ursprünglich genuin anarchistischen Positionen. Im September 1937 forderten CNT und FAI die Verstaatlichung der Grundindustrien und die Beibehaltung des Privateigentums in einigen Sektoren; die Anarchisten hatten sich damit unverkennbar von ihrem Zaragoza-Programm vom Mai 1936 abgekehrt. Das „Erweiterte Nationale Wirtschaftsplenum" der CNT leitete im Januar 1938 mit der Einsetzung von Arbeitsinspektoren, gewerkschaftlichen Kontrollkomitees, Räten für Technik und Verwaltung, Beauftragten für die Arbeitsverteilung, bevollmächtigten Leitern und Wirtschaftsräten eine Entwicklung ein, die die Gewerkschaft schließlich zu einer bürokratisch-zentralistischen Organisation werden ließ, die die ursprünglich verfochtenen Prinzipien der Basisautonomie und eigenverantwortlichen Entscheidung der Produzenten zugunsten hierarchischer Strukturierung und wirtschaftlicher Gesamtplanung zumindest teilweise aufgab. Der Kongreß beschäftigte sich fast ausschließlich mit der übergeordneten Frage, wie eine möglichst wirksame Effektivierung der Wirtschaft erzielt werden könnte; er beschloß außerdem die Gründung einer Gewerkschaftsbank, die in CNT-Kreisen schon lange als erforderlich angesehen worden war.

Die Industriepolitik der *Generalitat* während des Bürgerkrieges läßt sich, in Übereinstimmung mit Josep M. Bricall, in drei chronologische Abschnitte untergliedern. Bis Ende Oktober 1936 ging es der katalanischen Regionalregierung um die „Normalisierung" der Industriewirtschaft, d.h. um die Aufrechterhaltung und Fortführung der Industrieproduktion. Von Oktober 1936 bis Juni 1937 hatte die CNT das Wirtschaftsministerium inne; ihre Politik basierte auf einem System von Betriebsräten mit starker syndikalistischer Vertretung, das Ministerium sollte nur mehr Koordinationsorgan der sich selbst verwaltenden Industriekollektive sein. In der letzten Phase, die bis zum Ende des Bürgerkrieges reichte, war das Ministerium in Händen eines Kommunisten des PSUC (Joan Comorera), dessen Ziel die Errichtung einer zentralisierten Planwirtschaft und die Eindämmung des gewerkschaftlichen Einflusses war. In den ersten zwei Kriegsmonaten nahm die CNT die Dekrete der *Generalitat* zum Anlaß, die Regionalregierung heftig zu attackieren; sobald jedoch ihre eigenen Vertreter in der Regierung saßen, scheuten auch sie nicht vor Eingriffen in den Wirtschaftsmechanismus zurück.

Die Wirtschaftpolitik der katalanischen und der Zentralregierung verfolgte zwei Ziele: Neben den wirtschaftsspezifischen Intentionen ging es ihnen darum, durch partielle Akzeptierung des von den Arbeitern geschaffenen Fait accompli sowie durch Legalisierung der revolutionären Errungenschaften die kollektivistische Bewegung einzudämmen und durch Unterstellung vieler kriegswichtiger Betriebe unter Staatskontrolle die spontanen (und somit unkontrollierbaren) Aktionen der Arbeiterschaft in den Griff zu bekommen. Die dirigistischen Tendenzen der Zentralregierung machten sich noch früher als die der *Generalitat* bemerkbar. Ein Madrider Dekret vom 25. Juli 1936 etwa schuf ein staatliches Industrie-Interventions-Komitee, das Industriebetriebe „kontrollieren" oder (falls erforderlich) „leiten" sollte. Ein Dekret vom 2. August 1936 unterstellte sodann alle Betriebe, die von ihren Besitzern verlassen worden waren, staatlicher Kontrolle, und durch eine Reihe weiterer Verordnungen und Dekrete griff der Staat interventionistisch in den Wirtschaftsablauf ein.

Weit mehr als die Zentralregierung wurde jedoch die *Generalitat* gezwungen, den in Katalonien viel radikaleren sozialen und wirtschaftlichen Wandel in der Gesetzgebung zu berücksichtigen. Schon bald nach Kriegsbeginn stimmten nahezu alle Beobachter der wirtschaftlichen Szene Kataloniens darin überein, daß die Produktion koordiniert und den Kriegserfordernissen angepaßt sowie eine Regelung der Güterverteilung organisiert werden müßte. Am 11. August 1936 setzte die *Generalitat* einen aus Vertretern der gewerkschaftlichen und politischen Organisationen bestehenden „Wirtschaftsrat" *(Consejo de Economía)* ein, der in enger Zusammenarbeit mit dem Wirtschaftsministerium als ökonomisches Leitungsgremium operieren sollte. Erste und wichtigste Aufgabe des neugeschaffenen Wirtschaftsrates im Rahmen einer allgemeinen Koordinierung des Wirtschaftslebens war die Überwachung der Produktion; hierzu war es erforderlich, in die Vielfalt von Betriebs-, Kontroll-, Arbeiter- und Fabrikkomitees mit den verschiedensten Tendenzen Ordnung zu bringen. Das Programm des Wirtschaftsrates war mit seinem Nebeneinander allgemeiner Planentwürfe und immediat-praktischer Maßnahmen Ausdruck der Improvisation und des Kompromisses zwischen den verschiedenen Organisationen, die in ihm vertreten waren. Dem *Consejo de Economía* lag kein ausgearbeitetes wirtschaftspolitisches Konzept zugrunde; er ließ sich vielmehr von der Notwendigkeit leiten, die sich aus der Revolution ergebenden praktischen Aufgaben zu meistern. Der Wirtschaftsrat, der im weiteren Kriegsverlauf die eigentliche Entscheidungsinstanz für alle Wirtschaftsfragen Kataloniens wurde, übernahm die Funktion eines zentralen Lenkungsorgans, wodurch das schon zuvor gegründete Zentralkomitee der Antifaschistischen Milizen seine Kompetenzen immer mehr auf das rein militärische Gebiet konzentrieren konnte. Sein Kompromißcharakter kam auch darin zum Ausdruck, daß er zwar von der Regierung eingesetzt wurde und der jeweilige Wirtschaftsminister den Vorsitz führte, die Arbeiterorganisationen jedoch über ein solches Übergewicht verfügten, daß sie ihre Vorstellungen einer weitgehend sozialisierten Wirtschaft als Programm (das allerdings nie vollständig realisiert wurde) durchsetzen konnten.

Als im September 1936 der Anarchosyndikalist Joan Fàbregas Wirtschaftsminister der *Generalitat* wurde, befand sich die katalanische Industrie in einer außerordentlich prekären Lage. Fàbregas sah seine unmittelbare Aufgabe einerseits in der Neuordnung der katalanischen Wirtschaft, andererseits in der juristischen Absicherung bisheriger revolutionärer Errungenschaften. Bereits am 24. Oktober 1936 erließ die autonome Regionalregierung das von Mitgliedern aller im Wirtschaftsrat vertretenen Organisationen ausgearbeitete Kollektivierungsdekret, das am ausführlichsten von Albert Pérez-Baró untersucht worden ist.[24] Die Kriterien, nach denen die Kollektivierung vorgenommen werden sollte – das hieß vor allem: die Stellung des selbständigen Kleinbürgertums –, waren im Wirtschaftsrat von Anfang an heftig umstritten. Während die politische Vertretung der Mittelschichten, unterstützt durch den PSUC und die kommunistenfreundliche katalanische UGT, nur die Kollektivierung der Großindustrie, d. h. von Unternehmen mit mehr als 250 Arbeitern, zulassen wollten, plädierten der marxistische POUM und die anarchistischen Organisationen für eine Kollektivierung aller Industriebetriebe mit mehr als 50 Arbeitern. Die Rücksicht auf die kleinbürgerlichen Schichten ist in der endgültigen Fassung des Dekretes deutlich wahrnehmbar. Es stützte sich auf vier Grundprinzipien: Jedes nicht aus Arbeit resultierende Einkommen sollte abgeschafft, Einzel- zu Kollektivbesitz werden; die Arbeiter sollten selbst die Leitung der kollektivierten Betriebe übernehmen; kleinere Unternehmen und Konsumgüter verblieben in Privatbesitz.

[24] Pérez-Baró 1974; der Text des Gründungsdekrets dt. in Bernecker (Hrsg.) 1980, S. 326–336.

Im Gefolge des Kollektivierungsdekrets bildete sich in Katalonien ein von den Syndikaten „koordiniertes", vom Staat „orientiertes" Wirtschaftssystem heraus, das während des ganzen Krieges einer dynamischen Entwicklung unterworfen blieb und bis zuletzt eine dualistische Struktur beibehielt, in der kapitalistische und sozialisierte Produktionseinheiten nebeneinander bestehen blieben. Das Ergebnis dieser Entwicklung läßt sich auf der Ebene der Produktionseinheiten in fünf „Idealtypen" zusammenfassen:

a) In den *kollektivierten Betrieben* lag die gesamte wirtschaftliche Macht bei den Arbeitern. In den ersten drei Monaten wiesen die Selbstverwaltungskomitees kollektivierter Betriebe in ihrer Zusammensetzung und Funktion mannigfache Variationen auf; erst das Kollektivierungsdekret vom 24. Oktober 1936 legte die Kompetenzen der Vollversammlung, des Betriebskomitees und des Direktors fest. Alle neugeschaffenen Organe der kollektivistischen Wirtschaft waren sowohl ihren Wählern (auf Betriebsebene: der Belegschaft) als auch der ihnen unmittelbar übergeordneten Instanzen (dem Generalrat des Industriezweigs) Rechenschaft schuldig.

b) *Kontrollierte Betriebe* waren Privatbetriebe, in denen neben die Besitzer und Direktoren ein aus Arbeitern zusammengesetztes Kontrollkomitee getreten war; zur Vermeidung außenpolitischer Konflikte wurde die „Kontrolle" vor allem in Betrieben mit ausländischem Kapital angewandt. Die umfangreiche Verordnung vom 18. Januar 1937 regelte für Katalonien die Kompetenzen der Kontrollkomitees.

c) Die Kriegsindustrie-Kommission richtete ab August 1936 *nationalisierte Betriebe* ein, die nach dem Erlaß des ›Dekrets für besondere Eingriffe‹ vom November 1937 und der „Militarisierung" der Kriegsindustrien durch die Zentralregierung im Oktober 1938 zunahmen.

d) *Kommunalisierte Betriebe* waren vor allem die öffentlichen Dienste in den katalanischen Kleinstädten. Die Stadtverwaltungen erhielten durch die Kommunalisierung bestimmter Dienstleistungssektoren nicht nur eine bessere Kontrollmöglichkeit über das Budget ihres Ortes; sie konnten außerdem die Übermacht der Gewerkschaften zu neutralisieren versuchen.

e) Die *Gruppierungen* resultierten aus der Zusammenfassung mehrerer oder sämtlicher Unternehmen einer Branche oder Ortschaft zu kollektivierten „Kartellen"; sie sollten einen höheren Grad an Produktivität erreichen und gesamtwirtschaftlicher Planung unterliegen. Bis Oktober 1937 waren in Katalonien ca. 1000 Gruppierungen legalisiert.

Auf der den Produktionseinheiten übergeordneten Ebene bestand (in Katalonien) die Funktion der Wirtschafts-Industrie-Föderationen in der Zusammenfassung verschiedener Industriesektoren, deren reibungslose Produktion garantiert werden sollte; das Ende des Krieges verhinderte eine volle Realisierung dieses Plans. Die Generalräte der Industrie übernahmen ab Herbst 1937 die Leitung der Industrien; sie waren für alle überbetrieblichen Fragen und den Ablauf des gesamtwirtschaftlichen Prozesses verantwortlich. Die im November 1937 gegründete Industrie- und Handelskreditkasse sollte die Überschüsse kollektivierter Unternehmen zur Produktionssteigerung einsetzen, defizitäre Industrien subventionieren und eventuell die Entschädigung enteigneter Betriebe übernehmen.

Diesem (hier nur knapp skizzierten) Strukturplan zufolge lag seit Mitte 1937 die Leitung der Wirtschaft weitgehend in den Händen der Regierung. Durch das direkte Abhängigkeitsverhältnis der verschiedenen Wirtschaftsinstitutionen von den Beschlüssen der Industrie-Generalräte, die wiederum den Anweisungen des Wirtschaftsrates und somit der Regierung unterstanden, hatte sich in Katalonien bereits ein Jahr nach Beginn des Bürgerkrieges die Struktur einer Zentralverwaltungwirtschaft herausgebildet. Im Gegensatz zu einer streng zentralistisch-hierarchischen Ordnung bewahrte sie jedoch als komplementäres Strukturmerkmal eine partiell eigenverantwortliche Leitungs- und Planungstätigkeit der Betriebe sowie eine spezifische Form des betriebsdemokratischen Aufbaus. In einer Ende 1937 einsetzenden zweiten Phase organisatorischer Entwicklung wies die Industriestruktur als Eigenart ein Nebeneinander von dezentralisierter Selbstverwaltung in Form kollektivierter Betriebe einerseits, zentralisierter Planung und Leitung in Form nationalisierter Unternehmen andererseits auf.

Die erste, von Struktur- und Disziplinlosigkeit geprägte Phase der Kollektivierung war eine Periode der spontanen Konstituierung und allmählichen Konsolidierung eines neuen Wirtschaftssystems gewesen, das sich aus der Verbindung von Arbeiterselbstverwaltung und staatlicher Orientierung herausbildete. Das unkoordinierte Nebeneinander der verschiedensten Komitees hatte mit dem Erlaß des Kollektivierungsdekrets, das in Katalonien Höhepunkt und zugleich Peripetie der revolutionären Umwälzung bedeutete, sein Ende gefunden. Das Dekret bedeutete zwar die Legalisierung der sozioökonomischen Umwälzung auf katalanischem Gebiet und stellte für einen bedeutenden Bereich der katalanischen Wirtschaft das Ende kapitalistischer Produktionsformen dar, führte aber gleichzeitig zur Festsetzung des wiedererstarkenden Staates in der Wirtschaft und leitete eine Entwicklung ein, die schließlich in der nahezu totalen Abhängigkeit der Wirtschaft vom Staat endete. Nach dem Erlaß des Kollektivierungsdekrets kann nicht mehr von Arbeiterselbstverwaltung gesprochen werden; damals begann vielmehr für die Industriearbeiter die Phase der gemeinsamen Verwaltung in enger Verbindung mit dem Staat, der seine Oberaufsicht und Interventionsbefugnis immer deutlicher hervorkehrte.

Die sozialistisch-anarchistische „Revolution von unten" war von der *Generalitat* in geschickter Weise aufgefangen und „von oben" fortgeführt worden. Der Kollektivierungsvorstoß der Anarchosyndikalisten wurde durch die Kodifizierung kanalisiert und in kontrollierbare Bahnen gelenkt. Das Ergebnis entsprach bei weitem nicht den vor 1936 programmatisch artikulierten Vorstellungen der CNT; die schließlich erreichte Kollektivierung war, nachdem der anfängliche Basisimpuls ohne die erforderliche machtpolitische Absicherung die gesellschaftspolitischen Vorstellungen der Anarchosyndikalisten nur sehr partiell realisieren konnte, eher eine „staatliche" als eine „gesellschaftliche" Maßnahme, was vor allem auf den permanenten Einfluß- und Machtverlust von CNT und FAI zurückzuführen war.

Bei der Frage nach „Erfolg" oder „Mißerfolg" der katalanischen Industriekollektivierung zwischen 1936 und 1939 wird zunächst auf die restriktiven Realisierungsbedingungen, die strukturellen Vorbelastungen und die konkreten Situationszwänge dieses Experiments hingewiesen werden müssen. Bürgerkrieg, ausländische Intervention, internationaler Boykott auf der einen Seite, die relativ kurze Spanne des Kollektivierungsexperiments, die latente Opposition Kataloniens zur Zentralregierung und die innerrepublikanischen Gegensätze auf der anderen Seite zwingen zu Zurückhaltung bei der rein ökonomischen Bewertung der Kollektivierungen. Wie bei der Agrarkollektivierung, würde jedoch auch bei den revolutionären Vorgängen in der Industriewirtschaft die Beschränkung der Betrachtung auf eine ökonomische Problemstellung eine perspektivische Einengung bedeuten, die angesichts der außergewöhnlichen kriegsbedingten Umstände zu nur unzureichenden Ergebnissen führen kann. Die ständige Verschlechterung der militärischen Situation, anfangs auch revolutionärer Übereifer und Organisationsmängel führten in den meisten Branchen zu einem deutlichen Produktionsrückgang, der sich nur in der Metallindustrie in erträglichen Grenzen hielt und bei einer ausschließlich wirtschaftlichen Input-Output-Analyse das Scheitern der Kollektivierungsmaßnahmen feststellen müßte. Die Produktionsindizes einiger Industriesektoren während der ersten anderthalb Kriegsjahre demonstrieren deutlich den Verfall der katalanischen Wirtschaft: Hatte für die Metallindustrie der Index (Januar 1936 = 100) zu Kriegsbeginn noch 85 Punkte betragen, so konnte er sich (mit Schwankungen) ein ganzes Jahr auf diesem Niveau halten; erst danach sank er bis Ende 1937 auf 62 Punkte ab. Demgegenüber lag der Produktionsindex der Bauwirtschaft Ende 1937 bei 44, der Chemiewirtschaft bei 31, der Textilwirtschaft bei nur 20 Punkten.

In Erweiterung der ökonomischen Problemstellung verdient jedoch auch in der Industrie die Frage nach der sozialethischen Seite Beachtung. Schon immer war umfassende Partizipation eine der sozialen Grundforderungen der spanischen Anarchosyndikalisten gewesen: Partizipation verstanden sowohl als Teilnahme am zentralen gesellschaftlichen Willensbildungsprozeß und in einzelnen gesellschaftlichen Teilbereichen als auch im Sinne von Mitbestimmung und Mitverantwortung im ökonomischen Sektor. Durch die Übernahme und Selbst- bzw. Mitverwaltung der Betriebe hatte die Arbeit für einen Teil der Produzenten einen neuen, nicht mehr durch ihren Gegensatz zum Kapital gekennzeichneten Charakter erhalten. Die kollektive Selbstorganisation bedeutete für die Arbeiter eine Erweiterung ihres Freiheits- und Selbstbestimmungsraumes, wenn auch der weitere Kriegsverlauf eine zunehmende Einschränkung der Basiskompetenzen mit sich brachte. Das vor allem am Anfang ausgeprägte neue Verwantwortungsbewußtsein der Arbeiter blieb in den ersten Monaten zwar auf den eigenen Betrieb konzentriert, führte hier allerdings häufig zur Selbstoptimierung der Produktion.

Soweit es um die Lösung begrenzter Aufgaben ging, haben sich die Betriebskomitees als durchaus effektiv erwiesen. Das Ziel, die „Entfremdung" der Arbeiter durch radikale Veränderung der Herrschaftsstruktur und Arbeitsorganisation in der Industriewirtschaft aufzuheben, konnten sie allerdings nicht erreichen; die Einsetzung von Kontroll- und Betriebskomitees und die Wahl eines Arbeitsdirektors führten nicht zur gänzlichen Beseitigung, wohl aber zur Auflockerung der Herrschaftsstruktur des Industriebetriebs. Der anfängliche Fehler des Selbstverwaltungssystems bestand darin, die gesamtwirtschaftlichen Interessen weitgehend außer acht gelassen und zu lange einem egoistischen Betriebspartikularismus gehuldigt zu haben. Hierzu trug auch das in nahezu allen Fällen bis zum Kriegsende unspezifizierte Verhältnis zwischen Gewerkschaften und Betriebskomitees bei. Mangelnde Kompetenzabgrenzung bei extensiver Interpretation des gewerkschaftlichen Interventionsanspruchs durch die Syndikate und restriktiver Auslegung durch die Betriebskomitees führte zu Spannungen und erleichterte staatliche Eingriffe, deren Tendenz in der zweiten Kriegshälfte auf eine zentral geleitete, Kriegsbedürfnissen angepaßte Planwirtschaft hindeutete. Ab Oktober 1936 war nicht mehr zu übersehen, daß der staatliche Druck, die Bürokratisierungsmaßnahmen der Regierung und die Kompetenzbeschneidungen der Selbst- und Mitverwaltungsräte immer mehr zunahmen, bis schließlich dieses Experiment einer sozioökonomischen Umwälzung – gemessen an den programmatischen Intentionen der Anarchosyndikalisten – bereits durch die Behinderungen aus dem eigenen Lager bis zur Unkenntlichkeit verstümmelt worden war, bevor der Ausgang des Krieges alle Sozialisierungsmaßnahmen auf republikanischer Seite zum Scheitern verurteilte.

Der Versuch einer Gesamteinschätzung der 'Sozialen Revolution' im Spanischen Bürgerkrieg muß zuerst darauf verweisen, daß diese Revolution in ihrem theoretischen Vorentwurf gegen Staat und Privateigentum gerichtet war; Gewerkschaften als Sammelbecken klassenkämpferischer Kräfte sollten sie durchführen und in der nachrevolutionären Phase neben der freien Kommune das entscheidende Organisationszentrum zur Neustrukturierung der herrschaftsfreien Gesellschaft bilden. Als jedoch die revolutionären Aktionen nach dem 19. Juli 1936 mit elementarer Wucht einsetzten, konnten die Syndikate der ihnen zugedachten Regulierungs- und Koordinierungsfunktion nicht nachkommen, da sie von der Spontaneität ihrer Mitglieder überrollt worden waren. Deren Zielrichtung wiederum tendierte, in Ermangelung einer klaren Führung und programmatischen Orientierung, nicht so sehr auf die Abschaffung des Staates als vielmehr auf die Übernahme der Wirtschaft und allenfalls die Ausschaltung einzelner Staatsrepräsentanten auf lokaler Ebene. Sowohl durch den kriegsbedingten Rekurs auf hierarchische Organisationselemente als auch infolge der Beibehaltung des Staatsapparates fehlten von anfang an zwei wichtige Voraussetzungen zum Gelingen der Revolution. Auch im ökonomischen Sektor blieben die Anarchisten hinter ihren Zielen zurück. Ihr Konzept eines „syndikalistischen" Wirtschaftsaufbaus wurde nur ansatzweise, und auch dann lediglich vorübergehend, realisiert. Jenen Angehörigen der Mittelschichten, die sie zunächst für sich gewonnen, aber größtenteils sehr bald wieder an die Kommunisten verloren hatten, mußten sie das Recht auf Privateigentum (auch an Produktionsmitteln) zugestehen.

In der ersten Phase waren die sozialrevolutionären Kräfte davon überzeugt, daß Krieg und Revolution gleichzeitig zu führen seien und nur gemeinsam siegreich beendet werden könnten. Erst allmählich

Die sozioökonomische Dimension   183

wurde ihnen bewußt, daß der Krieg, der als exogener Bedingungsfaktor die Revolution ermöglicht hatte, zugleich deren volle Durchführung verhinderte. Angesichts restriktiver politischer und militärischer Bedingungen sind die Chancen zur Durchsetzung des anarchistischen Revolutionsprogramms als äußerst gering anzusetzen. Die Anarchisten mußten bald erkennen, daß ihre Prinzipien in der konkreten Bürgerkriegssituation keine Realisierungschancen hatten. Sie versäumten es, die von ihrer Anhängerschaft erkämpften Errungenschaften auszubauen und abzusichern; statt dessen griffen sie auf das Mittel der „Legalisierung" zurück, ohne rechtzeitig zu bemerken, daß die staatliche Kontrolle schließlich zur Niederschlagung der Revolution führen würde. Diese erreichte zwar in den ersten Monaten einige Nahziele, verlor dann aber in führenden Exponenten den revolutionären Elan und mündete in eine Ordnung ein, die nach einer nur vorübergehenden Modifizierung des Herrschaftsapparates die freiheitlichen Hoffnungen und emanzipatorischen Ideale der Massenbasis unrealisiert ließ. Die Volksfrontparteien engten den demokratischen Aktionsraum auf dem Niveau der Mikrostruktur der Gesellschaft (im Betrieb, der Kommune, dem Kollektiv) über kriegsbedingte Erfordernisse hinaus systematisch ein, die anarchistischen Organisationen allerdings nutzten ihn nicht voll aus. Diese Chance, den Gedanken einer mit sozialem Inhalt angefüllten Demokratie an der gesellschaftlichen Basis konsequent in die Praxis umzusetzen, war zugleich das Versäumnis der Sozialen Revolution im Spanischen Bürgerkrieg.

Ging es in der republikanischen Zone um das Verhältnis von Krieg und Revolution, so war die nationale Zone vom Verhältnis zwischen Krieg und Reaktion geprägt. Im Bereich der Aufständischen blieb das zu Kriegsbeginn herrschende soziale und ökonomische System während der folgenden drei Jahre bestehen; die Reformen der Republikjahre wurden allerdings sofort rückgängig gemacht. Bei Kriegsbeginn lagen die großen Agrarregionen in der von den Aufständischen kontrollierten Zone. Sie umfaßten über zwei Drittel der Weizenproduktion, die Hälfte des Mais-, einen beträchtlichen Teil des Kartoffel- und fast den gesamten Zuckeranbau. Auch die Mineralvorkommen befanden sich in der aufständischen Zone. Die relativ große Bedeutung der landwirtschaftlichen Produktion ermöglichte somit die Verpflegung der Bevölkerung in der (eher schwach besiedelten) Zone der Aufständischen; und die Mineralerze fanden wegen der deutschen Aufrüstung und des britischen Bedarfs leichten Absatz. Die kontinuierliche Eroberung neuer Landstriche erlaubte auch eine Anpassung der Produktionsstruktur, ohne daß – wie in der republikanischen Zone – allzu sehr improvisiert werden mußte.

Die ökonomischen Probleme der aufständischen Zone resultierten primär aus dem Fehlen von industrieller Produktion. Ein Großteil industrieller Kriegsprodukte mußte daher importiert werden, und erst nach der Besetzung Bilbaos verfügte die nationale Zone über eine eigene Industrieproduktion. Für die Zeit danach läßt sich allerdings eine schnelle „Normalisierung" feststellen, nachdem die gesamte Industrieproduktion einer Militärkommission mit dem Ziel unterstellt worden war, den Produktionsprozeß sicherzustellen und Arbeitskräfte zu mobilisieren. Im Jahr 1938 übertraf die Eisen- und Stahlproduktion von Vizcaya sowie die Eisenerz- (Vizcaya) und Kohleförderung (Asturien) bereits die Vorkriegszahlen.

Im Hinblick auf die Organisation von Industrie und Arbeit lassen sich auch in der Zone der Aufständischen Phasen der Ungewißheit und der anfänglichen Zurückhaltung feststellen. Im Juni 1937 ordnete die „Regierung" *(Junta Técnica)* – unter Hinweis auf Erfordernisse des Außenhandels – den obligatorischen Zusammenschluß der Unternehmen in einer Reihe von Industriezweigen an; seit Erlaß des ›Fuero del Trabajo‹ im März 1938 läßt sich ein systematischer Interventionismus in der Industrieorganisation und im Arbeitsbereich feststellen.

Die Ideologien in der aufständischen Zone entsprachen primär agrarischen Interessen; mögliche Umformungen in der Landwirtschaft – wie sie von der Falange gefordert wurden – sollten allerdings nicht stattfinden. Im September 1936 bereits wurden den früheren Besitzern alle Landgüter wieder übereignet, die nach den Volksfrontwahlen besetzt worden waren. Während des gesamten Krieges (und darüber hinaus) wurde die Annullierung der Agrarreform und die Rückgabe der Ländereien fortgesetzt. Produktion und Verteilung von Agrarprodukten wurden durch Gesetzesdekrete geregelt. Der 'Nationale Weizendienst' kaufte sämtlichen überschüssigen Weizen zu einem offiziellen Preis auf, bestimmte über die anzubauende Fläche und hatte das Verkaufsmonopol an Müller inne. Damit wurde der Preis von (eigentlich nicht rentablem) Weizen bezuschußt, was einem Schutz der Agrarinteressen entsprach.

Die beiden Bürgerkriegszonen waren nicht nur politisch-ideologisch und wirtschaftlich-militärisch, sondern auch finanz- und währungstechnisch getrennt. Bereits im November 1936 führte Franco für die in seinem Herrschaftsbereich zirkulierenden Noten den Abstempelungszwang ein; im März 1937 ließ er neue „nationale" Banknoten emittieren. Die republikanische Pesete war einer dauernden Kursverschlechterung unterworfen, die verschiedene Ursachen hatte: Die republikanischen Regierungen setzten die Außenhandels- und Devisenkontrolle nicht ausreichend zur Kursstützung ein; sie betrieben die Kriegsfinanzierung (weit mehr als Franco) mit dem Mittel der Notenausgabe, ersetzten im Oktober 1936 die umlaufenden Silbermünzen durch „Silberzertifikate" in unbegrenzter Emissionshöhe und wirkten dem Mangel an Scheidegeld durch Ausgabe neuer Münzen entgegen. Hinzu traten die Notgeldemissionen lokaler Stellen. Der Banknotenumlauf nahm im republikanischen Gebiet von 3,4 auf 16,6 Mrd. Peseten zu, während gleichzeitig der Goldvorrat von 2,2 Mrd. auf Null sank. Demgegenüber verstanden es die nationalen Machthaber, durch Devisenbewirtschaftung, Außenhandelsüberwachung, Verbot der Ein- und Ausfuhr von Banknoten und des Hortens von Silbermünzen sowie durch Beschlagnahme von Devisen und ausländischen Wertpapieren, durch weitgehendes Festhalten an Vorkriegspreisen und strikte Kontrolle der Notenausgabe eine Stabilisierung der „nationalen Pesete" herbeizuführen.[25] Als die beiden Lager sich auf den verschiedenen Kriegsschauplätzen noch militärisch zerfleischten, war währungs- und finanzpolitisch an den internationalen Börsen der Kampf für Franco schon gewonnen.

Ein Vergleich der sozioökonomischen Aspekte in der republikanischen und in der nationalen Zone läßt erkennen, daß die Erforschung der aufständischen Zone bis heute zu den Desideraten der Historiographie gehört. Die bisherige Geschichtswissenschaft hat den Veränderungen in der republikanischen Zone viel größeres Interesse als denen in der Zone der Aufständischen entgegengebracht. Immer noch fehlen solide Studien zur Unterstützung der Rebellen durch das Volk (wo, in welchem Umfang, mit welchen Mitteln, mit welcher Begründung erfolgte eine Unterstützung?), zur Rückgängigmachung der republikanischen Reformen in der Landwirtschaft, zu den hinter den Rebellen stehenden sozialen Kräften, zur sozioökonomischen Basis des 'Neuen Staates' oder zu den soziopolitischen Rücksichtnahmen, die

---

[25] Zur Finanzpolitik des nationalen Lagers vgl. die ältere Studie von C. Delclaux Oráa, Datos para el estudio de la financiación de nuestra última guerra (1936–1939), in: Boletín de estudios económicos 23 (1951), S. 103–117 und J. R. Hubbard, How Franco financed his war, in: The Journal of Modern History 25 (1953), S. 390–406 sowie die neuere von Robert Whealey, How Franco Financed his War – Reconsidered, in: Journal of Contemporary History 12 (1977), S. 133–152. Auf außenwirtschaftliche Zusammenhänge verweist ders. 1989, passim.

die Militärs auf die einzelnen sozialen Schichten nehmen mußten, von denen sie mitgetragen wurden. Auch ideologisch-politische Auseinandersetzungen im Lager des Siegers sind bisher keineswegs erschöpfend behandelt worden. Derartige Untersuchungen dürften im Ergebnis wahrscheinlich ein viel breiteres Spektrum des Siegerlagers zeichnen als bisher angenommen worden ist.

6. DIE IDEOLOGISCHE DIMENSION: KIRCHE UND KULTUR

War der Spanische Bürgerkrieg für große Teile der Arbeiterschaft ein Klassenkrieg, so interpretierte ihn die katholische Rechte als einen Religions- und Glaubenskrieg. Nach 1939 hat sich die katholische Kirche auch als eine Märtyrerorganisation des Bürgerkrieges verstanden und für die Leiden und Verluste an Kirchengut und Priestern vom Staat erhebliche Konzessionen im Bereich von Gesellschaft und Erziehung einräumen lassen. Immerhin war seit Beginn des Krieges der größte Teil der Amtskirche eine tragende Säule der Aufständischen gewesen. Im Selbstverständnis der Kirche und der nationalen Seite insgesamt war der Bürgerkrieg ein „Kreuzzug".

Franco bezeichnete die Auseinandersetzung als einen „Religionskrieg", der gegen Atheismus und Materialismus gerichtet sei. Noch 1958 führte der damalige Primas von Spanien, Kardinal Enrique Pla y Deniel, aus: „Die Kirche hätte weder einen bloßen Militärputsch noch eine Partei im Bürgerkrieg gesegnet. Sie segnete einen Kreuzzug."[1]

Obwohl der religiöse Aspekt zweifellos zu den wichtigsten Polarisierungsmomenten auf beiden Seiten der Kriegsführung gehörte, hat das Thema Kirche in der bisherigen Historiographie relativ wenig Beachtung gefunden[2]; dies ist um so erstaunlicher, als Historiker und Sozialwissenschaftler bis heute den Bürgerkrieg auch als Glaubenskrieg – Guy Hermet spricht sogar vom „letzten europäischen Religionskrieg" – interpretieren. Eine Durchsicht der vorliegenden Literatur läßt drei Schwerpunkte in der bisherigen Behandlung des Themas erkennen:

---

[1] Zit. nach Victor Manuel Arbeloa, Aquella España católica, Salamanca 1975, S. 248.

[2] Vgl. die gute bibliographische Übersicht bei Vicente Cárcel Ortí, La Iglesia en la II República y en la guerra civil (1931–1939), in: Historia de la Iglesia en España, Bd. V, Madrid 1979. Besonders wertvoll ist die mehrfach untergliederte Bibliographie von Hilari Raguer, L'església i la guerra civil (1936–1939). Bibliografia recent (1975–1985), in: Revista Catalana de Teología XI/1 (1986), S. 119–252. Die neueste Darstellung ist Sánchez 1987.

a) In der republikanischen Zone kam es zu Kriegsbeginn zu einer blutigen Kirchenverfolgung, deren Hintergrund die Einordnung der Kirche als historisch reaktionäre Institution durch die revolutionären Kräfte war, die in der Kirche außerdem eine säkulare Stütze der Monarchie und Mitinitiatorin des antirepublikanischen Aufstandes sahen. Daß die spanischen Bischöfe ihren kollektiven Hirtenbrief vom 1. Juli 1937 damit begannen, ihre Beteiligung an den Vorbereitungen des Militärputsches zu leugnen, stellte die Antwort auf die verbreitete Anschuldigung durch die republikanische Seite dar.

b) Ein weiterer Schwerpunkt ist die Militanz der Kirche auf nationaler Seite, die als Legitimationsinstanz für den Aufstand fungierte und eine manichäistische Interpretation des Krieges als Kampf zwischen dem Guten und dem Bösen lieferte. Damit stellt die „religiöse Frage" ein ideologisches Hauptmoment des Bürgerkrieges dar, was wiederum aus den ständigen Auseinandersetzungen zwischen Kirche und Republik in den Vorkriegsjahren resultierte.

c) Der dritte Schwerpunkt sind die offizielle Haltung des Vatikans gegenüber den kriegführenden Parteien und die Beziehungen zwischen der republikanischen bzw. der nationalen Regierung und dem Heiligen Stuhl.

Problematischer als bei anderen Aspekten des Bürgerkriegs erweist sich bei der Untersuchung der religiösen Fragen das Quellenproblem: Ein Großteil der kirchlichen (Diözesan-)Archive ist der historischen Forschung bisher verschlossen. Ausgewertet sind vor allem das Privatarchiv von Kardinal Gomá (durch Rodríguez Aísa), das von Kardinal Vidal i Barraquer (durch Muntanyola und Raguer), das von Vikar Torrens aus Barcelona und von Religionsminister Irujo (durch Raguer). Nach wie vor unzugänglich sind aber so wichtige Archive wie die von Kardinal Segura und des Bischofs von Salamanca, Enrique Pla y Deniel. Vor allem sind immer noch die vatikanischen Archive für die Zeit des Bürgerkrieges der Forschung unzugänglich. Auch wenn möglicherweise keine sensationellen Funde zu erwarten sind, dürfte die Öffnung dieser und anderer Archive doch zu einer genaueren Interpretation und damit zu einer präziseren Einschätzung der religiösen Problematik im Bürgerkrieg führen.

Ad a): Der vor allem von konservativen Zeitgenossen und der frühen Bürgerkriegshistoriographie am häufigsten betonte Aspekte der religiösen Frage waren die antiklerikalen Ausschreitungen auf republikanischer Seite. In den ersten Kommentaren und Darstellungen ist die Zahl der Opfer religiöser Verfolgungen – ebenso wie der der Kriegsopfer insgesamt – gröblich verzerrt worden. Kardinal Gomá sprach in einem Hirtenbrief von Januar 1937 von einer Million Opfern, Serrano Suñer bezifferte im Juni 1938 diejenigen Spanier, die durch die „Feinde Gottes" das Martyrium erlitten hatten, auf 400 000, der ›Osservatore Romano‹ berichtete im März 1937 von 16 750 ermordeten Priestern.

Einen entscheidenden Fortschritt erzielte die Forschung über die religiöse Verfolgung im Bürgerkrieg durch die Studie von Antonio Montero, die bis heute das Standardwerk zu diesem Thema geblieben ist.[3] Der Autor gelangt zu dem Ergebnis, daß die Kirchenverfolgung ein kalkuliertes politisches Ziel anvisierte: die Eliminierung des kirchlichen Einflusses, ja: der Kirche selbst aus der spanischen Gesellschaft. Es handelte sich, dieser Deutung zufolge, weniger um einen „kriegstypischen" Haßausbruch als vielmehr um eine Folge der Ideologien, die von den republikanischen Regierungen vertreten wurden. Diese Interpretation hat, ihrer Einseitigkeit und reduktionistischen Verengung wegen, heftige Reaktionen ausgelöst, die auf die Unhaltbarkeit von Monteros Schlußfolgerungen hinweisen. Solide sind demgegenüber seine Zahlen: Er spricht von 6832 aus religiösen Gründen Getöteten, von denen 4184 dem weltlichen Klerus (jeder siebte Weltgeistliche) und 2648 dem Ordensklerus (jeder fünfte Ordensgeistliche) angehörten; außerdem wurden 13 Bischöfe umgebracht.

Einige Diözesen hatten besonders viele Opfer zu beklagen: In Barbastro wurden 87,8% des Weltklerus ermordet, in Lérida 65,8%, in Tortosa 61,9%, in Segorbe 55,4%, in Menorca 48,7%, in Málaga 47,6%. In der neueren Historiographie – etwa bei Hilari Raguer, José M. Margenat Peralta oder José M. Sánchez[4] – wird die tragische Dimension der Kirchenverfolgungen insofern relativiert, als einerseits die zeitliche Konzentration der religiösen Verfolgungen in den ersten Kriegsmonaten herausgestellt, andererseits die Bemühung der republikanischen Regierung um ein geregeltes Auskommen mit der Kirche betont wird. Der Höhepunkt der antiklerikalen Verfolgungen lag eindeutig zwischen Juli und September 1936; ab Januar 1937 waren die Verfolgungen und Morde ein quantitativ zu vernachlässigendes Phänomen.

Einzelne Aspekte der religiösen Problematik im Bürgerkrieg sind

---

[3] Montero 1961.
[4] Raguer 1977; José M. Margenat Peralta, Manuel de Irujo: la política religiosa de los gobiernos de la República en la guerra civil (1936–1939), in: Cuadernos de Historia Moderna y Contemporánea 4 (1983), S. 175–193; Sánchez 1987, S. 1–18.

in den letzten Jahren einer historiographischen Revision unterzogen worden. Vor allem wird die Haltung der Republik zur Kirche heute viel differenzierter als in der Kriegszeit und in den ersten Jahren danach gesehen. Mit Sicherheit läßt sich inzwischen sagen, daß die Haltung der republikanischen Regierungen gegenüber der Kirche sich im Verlauf des Krieges änderte. Ein Vergleich zwischen den beiden aufeinanderfolgenden, für Kirchenfragen zuständigen Justizministern Juan García Oliver und Manuel de Irujo läßt den Wandel deutlich werden: Ersterer war Anarchist und extrem antiklerikal, letzterer ein konservativ-katholischer Baske des *Partido Nacionalista Vasco*, der alles daransetzte, die Kirchenverfolgung zu beenden, möglichst viele Geistliche zu retten und die diplomatischen Beziehungen mit dem Heiligen Stuhl wiederherzustellen.[5]

Auch das Schicksal des oftmals zitierten Erzbischofs von Tarragona, Francesc Vidal i Barraquer, zwingt zu einer Differenzierung der republikanischen Position in Kirchenfragen.[6] Die Biographie von Ramón Muntanyola läßt erkennen, daß die republikanischen Behörden in der Anfangsphase des Krieges die Situation nicht unter Kontrolle hatten und den antikirchlichen Leidenschaften nicht Einhalt gebieten konnten; zugleich wird deutlich, daß die *Generalitat* versuchte, die Rechte der Kirche zu verteidigen und diese Haltung im weiteren Kriegsverlauf verstärkte; schließlich steht Vidal i Barraquer für jenen (kleinen) Teil der Kirche, der keine militante, sondern eine versöhnende Haltung gegenüber beiden Kriegsparteien einnahm. (Das franquistische Regime verzieh ihm diese Haltung nie und verhinderte nach dem Krieg seine Rückkehr auf den Bischofssitz von Tarragona.)

Auch die Haltung der katholischen Basken zugunsten der Republik und die Erschießung baskischer Geistlicher durch Franquisten zerstört das dichotomische Schema „Franquismus/Katholizismus" versus „Republik/Antiklerikalismus", das herkömmlicherweise zur Charak-

---

[5] Zur Haltung von García Oliver vgl. dessen Memoiren: El eco de los pasos, Barcelona 1978; zum Versuch der Wiederherstellung der diplomatischen Beziehungen zwischen der Republik und dem Heiligen Stuhl vgl. Palacio Atard 1973 und die Memoiren von Manuel de Irujo, Memorias. Un vasco en el Ministerio de Justicia, Buenos Aires 1976.

[6] Die beste Studie ist die von Ramón Muntanyola, Vidal i Barraquer, el cardenal de la paz, Barcelona 1971. Besonders erwähnenswert ist die Veröffentlichung der umfangreichen Korrespondenz Vidals in den Republikjahren: Victor Manuel Arbeloa/Miguel Batllori (Hrsg.), Arxiu Vidal i Barraquer. Esglesia i Estat durant la Segonya Republica Espanyola, 1931–1936, 4 Bde., Montserrat 1971, 1976.

terisierung der beiden Kriegsseiten bemüht wurde. Sowohl der unzweifelhaft katholisch orientierte *Partido Nacionalista Vasco* als auch der eng mit seiner sozialen Basis verflochtene baskische Klerus schlugen sich auf die Seite der republikanischen Legalität[7]; andererseits kam es auch zu Priestererschießungen durch die Franquisten, die dem baskischen Klerus Unterstützung der „roten" Republik vorhielten. Die neuere Forschung hat immer mehr jene Position aufgegeben, die in der Republik die Verfolgerin und in der franquistischen Seite die Verteidigerin der Kirche sah; die heutige Historiographie argumentiert demgegenüber bedeutend differenzierter.

Untersucht man die gesetzlichen Maßnahmen der republikanischen Regierungen gegenüber der Kirche, so ist auf die Studie von Ramón Salas zurückzugreifen, der sich ausführlich mit der regierungsamtlichen Kirchenpolitik beschäftigt hat.[8] Dieser Darstellung zufolge hing die Behandlung der Kirche durch die republikanischen Regierungen von der militärischen Lage ab: Dies gilt ebenso für die Dekrete Girals, was die Beschlagnahme von Gebäuden religiöser Gemeinschaften betrifft (Juli 1936), wie für die Schließungsanordnung aller religiösen Institutionen, deren Angehörige sich am Militäraufstand beteiligt hatten.

Ad b): Betonten franquistische Darstellungen des Bürgerkrieges vor allem die Kirchenverfolgung im republikanischen Lager, so hoben republikfreundliche Interpreten das enge Zusammenwirken zwischen Amtskirche und nationaler Seite hervor. Sehr früh schon identifizierte sich (fast) die (gesamte) kirchliche Hierarchie mit dem *Alzamiento Nacional*, wenn auch in den ersten Proklamationen der Aufständischen religiöse Anspielungen noch fehlten; von den Gruppierungen, die von Anfang an den Aufstand unterstützten, brachten nur die Karlisten explizit eine religiöse Motivation zum Ausdruck.[9] Zeitgenossen und kritische Biographen haben immer wieder darauf hingewiesen, daß Franco, Mola und andere Generäle der Kirche und religiösen Gefühlen bis 1936 sehr distanziert gegenüberstanden. Nicht Verteidigung

---

[7] Bis heute gibt es keine überzeugende Studie zum baskischen Problem im Bürgerkrieg. Nach wie vor brauchbar ist Juan de Iturralde (d. i. Juan José Usabiaga), El catolicismo y la cruzada de Franco, Toulouse 1955 (neu aufgelegt u. d. T.: La guerra de Franco, los vascos y la Iglesia, 2 Bde., San Sebastián 1978).

[8] Ramón Salas, Situación de la Iglesia en la España Republicana durante la guerra civil, El Escorial 1983.

[9] Blinkhorn 1979.

der Religion, sondern Rettung des Vaterlandes wurde anfangs als Begründung für die Notwendigkeit eines Aufstandes angeführt. Sehr schnell wurde dann aber der Begriff Kreuzzug *(Cruzada)* zur Bezeichnung des Aufstandes verwendet; manchmal war auch von Religionskrieg oder *Reconquista* die Rede,[10] wobei vor allem letzterer Terminus stets in seiner historisch-religiösen (nicht etwa in territorialer) Bedeutung Verwendung fand. Das Kreuz wurde zum Identifikationssymbol des nationalen Lagers. Gefestigt wurde das Bündnis zwischen Amtskirche und Aufständischen noch durch die Abwehrhaltung gegen den haßerfüllten Antiklerikalismus, der zu Beginn des Bürgerkriegs zerstörerisch aufbrach. Die Erinnerung an den Krieg als glorreichen Kreuzzug wurde sodann zu einem Dauerthema der Amtskirche nach 1939. In der nationalen Zone ging die *Junta de Defensa* sehr schnell daran, den sozialen Einfluß der Kirche (vor allem im Bildungsbereich), den die Republik drastisch beschnitten hatte, wiederherzustellen. Im Mai 1938 wurde auch der Jesuitenorden erneut zugelassen; im Februar 1939 wurde der juristische Status aller religiösen Orden wiederhergestellt. Die republikanische Gesetzgebung über Ehescheidung und standesamtliche Eheschließung, über die Säkularisierung von Friedhöfen und die Beschränkungen für katholische Beerdigungen wurde außer Kraft gesetzt.

In einem nicht unbeträchtlichen Teil der Historiographie wird immer wieder versucht, das militante Engagement der kirchlichen Hierarchie abzuschwächen und führende Prälaten weniger als Protagonisten denn als „Zeugen" der ideologischen Auseinandersetzung zu präsentieren. Von wenigen Ausnahmen abgesehen waren die Bischöfe allerdings keineswegs nur Zeugen des Krieges; sie übernahmen vielmehr im nationalen Lager eine führende Rolle im ideologischen Bereich.[11] Von zentraler Bedeutung war Kardinalprimas Isidro Gomá, dem mehrere Studien gewidmet sind.[12] Er erarbeitete

[10] Vgl. José Andrés Gallego, El nombre de «Cruzada» y la guerra de España, in: Aportes. Revista de Historia Contemporánea 8 (1988), S. 65–71.

[11] Hilari Raguer, Los obispos españoles y la guerra civil, in: Arbor 439/440 (1982), S. 296–320; vgl. auch das (knappe) Bürgerkriegskapitel in José Manuel Cuenca Toribio, Sociología de una élite de poder de España: la jerarquía eclesiástica (1789–1965), Córdoba 1976; M. L. Rodríguez Aisa, Las conferencias de metropolitanos durante la guerra, in: Hispania Sacra 34/70 (1982), S. 491–518.

[12] María Luisa Rodríguez Aisa, El Cardenal Gomá y la guerra de España. Aspectos de la gestión pública del primado, 1936–1939, Madrid 1981; Anastasio Granados, El Cardenal Gomá, Primado de España, Madrid 1969;

einen Großteil der kirchlichen Doktrin, verfaßte den kollektiven Hirtenbrief der spanischen Bischöfe und prägte wesentlich die manichäistische Sicht von den sich gegenüberstehenden Lagern im Bürgerkrieg. Außerdem stellten seine „Berichte" an den Heiligen Stuhl die wichtigste Informationsquelle für Rom dar und bestimmten somit die vom Vatikan eingenommene Haltung. Schließlich fungierte Gomá als agglutinierende Kraft im spanischen Episkopat, auf den er enormen Einfluß ausübte.

Eines der bemerkenswertesten Beispiele für diesen Einfluß ist jener vom Primas verfaßte und am 1. Juli 1937 vom gesamten spanischen Episkopat (von wenigen Ausnahmen abgesehen) veröffentlichte gemeinsame Hirtenbrief (›Carta Colectiva‹) an die Bischöfe der ganzen Welt,[13] der praktisch eine politische Stellungnahme, eine deutliche Rechtfertigung des Militäraufstandes und dessen theologische Sanktion bedeutete. Die Bischöfe sahen – nach der (äußerst negativ gezeichneten) antiklerikalen Phase der Zweiten Republik – im Krieg eine Konfrontation zwischen Gut und Böse, des „gesunden Volkes" gegen die fremde und gottlose Einmischung des Kommunismus; sie stellten damit die unversöhnliche Dualität Spaniens fest, die in moralischen Kategorien begriffen wurde. Die Auseinandersetzung nahm für sie die Form einer fundamentalen metaphysisch-ethischen Konfrontation gegensätzlicher Werte an, wobei die Kirche sich gemäß dieser Vorstellung nur auf die Seite des Guten stellen konnte. Die Begriffe Vaterland und Religion, nationale Tradition und katholischer Glaube wurden vermischt; der andere Teil Spaniens wurde als „antispanisch" und „antichristlich" bezeichnet.

Der kollektive Hirtenbrief übte in der katholischen Welt eine außerordentliche Wirkung aus; mindestens 580 Antwortbotschaften aus aller Welt trafen beim spanischen Episkopat ein. Vor allem die lateinamerikanischen Bischöfe, aber auch viele andere machten sich in exponierter Form die Haltung ihrer spanischen Kollegen zu eigen; zweifellos gehört damit der Hirtenbrief zu den wirkungsvollsten Pro-

---

Ramón Comas, Isidro Gomá, Francesc Vidal i Barraquer. Dos visiones antagónicas de la iglesia española de 1939, Salamanca 1977. Gomás Hirtenbriefe während des Bürgerkriegs sind publiziert: Isidro Gomá, Pastorales de la guerra de España, Madrid 1955. Als weitere Biographie eines einflußreichen Prälaten vgl. die Studie über den Sevillaner Erzbischof: Ramón Garriga, El Cardenal Segura y el nacional-catolicismo, Barcelona 1977.
[13] Dt. Fassung: Rundschreiben der spanischen Bischöfe an die Bischöfe der ganzen Welt über den Bürgerkrieg in Spanien, Graz 1937.

pagandamitteln, mit denen das nationale Spanien seine Position in der internationalen Öffentlichkeit vertrat.

Daß Franco auf die Amtskirche als Legitimationsinstanz seines Aufstandes zurückgriff, mag mit dem Erfordernis zusammengehangen haben, die moralische Unterstützung einer bedeutenden Institution für den antirepublikanischen „Kreuzzug" zu erhalten. Daß der Katholizismus im franquistischen Regime sodann eine derart dominierende Position einnahm und zu den Charakteristika des Regimes gehörte, hatte allerdings noch einen weiteren Grund:

Raúl Morodo hat darauf hingewiesen, daß die politisch-intellektuelle Gruppe *Acción Española* das eigentliche Transmissionsglied des ideologischen und institutionellen Einflusses war, den die „gemäßigte" Diktatur Primo de Riveras (1923-1930) auf die „harte" Diktatur Francos ausübte.[14] Unter Rückgriff auf reaktionär-spanisches Gedankengut verkündete *Acción Española* eine Staatstheorie, die auf katholischem Integrismus, traditioneller Monarchie und faschistischem Korporativismus gründen sollte. Zentrale Begriffe der reaktionären Gedankenwelt von *Acción Española* sollten als Legitimation für den Militäraufstand, den Bürgerkrieg und den „Neuen Staat" fungieren: militanter Katholizismus, imperialer Messianismus, Kreuzzugsgedanke. Der Nationalkatholizismus war von *Acción Española* bereits vorgezeichnet worden; ihr politisches Credo kann daher auch als ideologischer Ursprung des Franquismus bezeichnet werden.

Gegen Ende des Krieges lobten die spanischen Bischöfe und die katholische Presse Franco in theologisch-messianischen Tönen als Retter der Nation und Vorkämpfer religiöser und kirchlicher Rechte. Der *Caudillo* wurde als Bewahrer der christlichen Zivilisation verstanden und zu einem religiös-mythischen Messias stilisiert, der das Reich Gottes in Spanien wiederherstellte. Dieser Ideologie zufolge war die aus dem Krieg hervorgegangene katholische Restauration die Verwirklichung des Gottesreichs auf Erden; darin lag letztendlich der tiefste Grund, der die Legitimation des Regimes durch die Kirche erklärt.

Das politisch-religiöse System des „Neuen Staates" berief sich einseitig auf die „glorreiche" Vergangenheit unter Verdrängung und Verleugnung anderer Traditionen. Die gegenreformatorischen und kämpferischen Züge der Vergangenheit wurden wiederbelebt, um das Einheitsideal des Systems reinzuhalten; katholisches Bewußtsein

---

[14] Raúl Morodo, Los orígenes ideológicos del franquismo: Acción Española, Madrid 1986.

wurde daher auch mit patriotisch-nationalem Sinn identifiziert. Im Werk von José Pemartín wurde der neue Nationalkatholizismus auf den Begriff gebracht. Die katholische Konfessionalität des Staates erhielt metaphysischen Charakter zugesprochen, da durch sie Nation und Katholizismus zu „einem Wesen" verschmolzen wurden. Die Berufungen der Regime-Ideologen auf die Vergangenheit als Modell für die Gegenwart waren eine Mischung von Nostalgie und Triumphalismus.[15] Der aus dem Bürgerkrieg resultierende ideologische Synkretismus zeichnete sich durch die Fusion von Nationalismus und Katholizismus als Formel von Sozialdisziplinierung und politischer Legitimierung aus. Die bürgerliche Konterrevolution, die der frühe Franquismus darstellte, bedurfte einer Ideologie nationalistischer und katholisierender Ingredienzien, deren Mischung den Nationalkatholizismus ergab.

Die grundlegende Beziehung zwischen „Religion und Vaterland" kam auch in der (während der gesamten Franco-Ära bei offiziellen Anlässen üblichen) gefühlsbetonten Anrufung derer, die „für Gott und für Spanien" gestorben waren *(Caídos por Dios y por España)*, deutlich zum Ausdruck.

Antonio Fernández García hat die Frage aufgeworfen, ob die eindeutige Stellungnahme des spanischen Episkopats im Bürgerkrieg nicht über ideologische Parteinahme zugunsten eines Lagers hinausgehe und allgemeinere Probleme aufwerfe.[16] Möglicherweise sei sie ein Kapitel in der Geschichte der Mentalitäten. Es gelte, die Ideologie der Kirchenspitze in einer wenig entwickelten Gesellschaft zu untersuchen, in der die Kirche als Institution eine soziale Rolle spielte, die weit über Glaubensfragen hinausreichte. Diese Institution beobachtete mit großer Sorge die Veränderungen, die auch ihren sozialen Status in der Gesellschaft modifizierten. Somit müsse die Korrelation zwischen Ideologie und Status untersucht werden.

Ad c): Die Untersuchung der vatikanischen Politik gegenüber dem Spanischen Bürgerkrieg ist vor allem im letzten Jahrzehnt durch eine Reihe gründlicher Studien vorangetrieben worden.[17] Viele Aspekte

---

[15] Vgl. hierzu Juan González-Anleo, Catolicismo nacional: nostalgia y cristis, Madrid 1975. Zur politischen Rolle der Kirche vgl. auch Juan José Ruiz Rico, El papel político de la Iglesia Católica en la España de Franco (1936–1971), Madrid 1977.

[16] Antonio Fernández García, La Iglesia española y la Guerra Civil, in: Studia Historica (Salamanca), Bd. III, Nr. 4, 1985, S. 37–74.

[17] Das Standardwerk zu den spanisch-vatikanischen Beziehungen ist Mar-

werden heute äußerst differenziert betrachtet; dies bezieht sich vor allem auf die Auseinandersetzungen zwischen der nationalen Seite und dem Vatikan. Seit Beginn des Krieges waren die Beziehungen des republikanischen Spanien mit dem Vatikan faktisch unterbrochen. Sie konnten trotz der Bemühungen des Ministers Manuel de Irujo und der christdemokratischen katalanischen Partei *Unió Democrática de Catalunya*[18] nicht wiederhergestellt werden. Der Vatikan vermied anfangs allerdings eine klare politische Stellungnahme zugunsten einer der beiden kriegführenden Seiten. Ende Juli 1936 richtete er seinen ersten energischen Protest an die Regierung der Republik wegen der antiklerikalen Übergriffe und des von der Regierung verfügten Verbots, öffentlich Gottesdienste abzuhalten; insgesamt war der Heilige Stuhl aber sichtlich darum bemüht, sich vorerst ohne eindeutige Parteinahme aus dem spanischen Konflikt herauszuhalten – sicherlich auch, um keinen Anlaß zu weiteren Verfolgungsmaßnahmen auf republikanischem Territorium zu geben. Erst nach dem Dezember 1936 wurden – unter dem deutlichen Einfluß von Kardinal Gomá, der klar polarisierend wirkte – die Stellungnahmen des Vatikans eindeutiger. In jenem Monat ernannte er Kardinalprimas Gomá zum „vertraulichen und offiziösen Vertreter" des Papstes bei der nationalen Regierung, im September 1937 wurde Monsignore Ildebrando Antoniutti Geschäftsträger des Heiligen Stuhls in Spanien, und im Mai 1938 entsandte der Papst Gaetano Cicognani als seinen Nuntius nach Salamanca, was die diplomatische Anerkennung der franquistischen Regierung bedeutete.

Damit hatte der Vatikan zwar eindeutig Partei ergriffen; trotzdem blieben zahlreiche Probleme zwischen dem Heiligen Stuhl und Burgos/Salamanca bestehen. Zum einen befürchtete Pius XI., in Anbetracht des deutschen Einflusses, eine totalitäre Ausrichtung des „Neuen Staates". Es kommt sicher nicht von ungefähr, daß die päpstliche Enzyklika ›Mit brennender Sorge‹ von März 1937 im nationalen Spanien nicht publiziert wurde. Zum anderen waren keineswegs alle

---

quina 1983; vgl. auch die zusammenfassenden Aufsätze von Vicente Cárcel Ortí, Antonio Marquina Barrio und Giorgio Rumi, in: Consejo Superior de Investigaciones Científicas (Hrsg.) 1986; s. außerdem Hilari Raguer, El Vaticano y la Guerra Civil Española (1936–1939), in: Cristianesimo nella Storia 3 April (1982), S. 137–209; Peter C. Kent, The Vatican and the Spanish Civil War, in: European History Quarterly 16/4 (1986), S. 441–464.

[18] Zu dieser Partei vgl. die solide Untersuchung von Hilari Raguer, La Unió Democrática de Catalunya i el seu temps (1931–1939), Montserrat 1976.

Vertreter des nationalen Lagers – etwa viele Militärs oder Falangisten – überzeugte Katholiken; des weiteren verfolgte die franquistische Seite mit aller Härte den baskischen und katalanischen Klerus, dem separatistische Neigungen und seine Unterstützung der „roten" Republik vorgehalten wurde; das baskische Problem war ohnehin – bis Juni 1937, als Vizcaya fiel – Anlaß ständiger Divergenzen zwischen dem Vatikan und Franco; schließlich kam es wegen der kirchlichen Ansprüche an den „Neuen Staat" (Abschaffung der Steuern, Aufhebung der republikanischen Gesetze in Kirchenfragen, Wiederherstellung sämtlicher kirchlicher Sonderrechte, Einführung des Religionsunterrichts, Kontrolle über die Zensur) und der franquistischen Wünsche (Übertragung des Patronatsrechts an Franco) zu zahlreichen Friktionen.

Auch im republikanischen Lager waren die Religionspolitik und die Haltung gegenüber dem Vatikan ständigen Veränderungen unterworfen. Manuel de Irujo arbeitete als Justizminister im Frühjahr 1937 ein Dekret aus, demzufolge der öffentlichen Kultus wieder zugelassen, die Kirchen wieder geöffnet und ein Konfessionsregister angelegt werden sollten; der republikanische Ministerrat ließ sich aber nur zur Genehmigung privater Gottesdienste bewegen. Immerhin bewirkte die Religionspolitik Irujos – zusammen mit den Befürchtungen, die der Papst wegen des zunehmenden faschistischen Einflusses in der nationalen Zone hatte –, daß der Vatikan während des gesamten Jahres 1937 eine weiterhin vorsichtige Haltung einnahm und die franquistische Regierung nicht anerkannte. Im April 1938 verkündete die Regierung Negrín ihre als ›13 Punkte‹ bekanntgewordenen Kriegsziele; in dieser Erklärung garantierte der republikanische Staat seinen Bürgern die Gewissensfreiheit sowie die freie Ausübung aller Glaubens- und Religionsbekenntnisse. Als daraufhin Irujo in Barcelona die Wiedereröffnung einer Kirche betreiben wollte, widersetzte sich der Generalvikar in der Stadt dem Ansinnen mit dem Argument, es handle sich dabei um eine politische und nicht um eine religiöse Maßnahme.[19]

Im Jahr 1938 wurden noch weitere Schritte zu einer „Normalisierung" der religiösen Frage unternommen: Im Sommer bat die Regierung Negrín den Vatikan – allerdings erfolglos – um die Wiederaufnahme diplomatischer Beziehungen; im Herbst versuchte Kardinal

---

[19] Albert Manent/Josep Raventos, L'esglesia clandestina a Catalunya durant la guerra civil (1936–1939), Barcelona 1984 untersuchen das „Überleben" des Katholizismus im Katalonien der Revolutionsjahre.

Vidal i Barraquer, mit Kenntnis des Heiligen Stuhls, eine Vermittlung zwischen beiden kriegführenden Lagern herzustellen, die vor allem wegen des geschlossenen Widerstands der nationalen Seite und der spanischen Bischöfe zum Scheitern verurteilt war; im Dezember schuf die republikanische Regierung das „Generalkommissariat für Kultus". All diese Maßnahmen konnten allerdings nicht verhindern, daß – parallel zu den militärischen Siegen Francos auf den Schlachtfeldern – die Allianz zwischen Vatikan und „Neuem Staat" bestehen blieb. Nach dem Ende des Krieges gratulierte der Papst – es war inzwischen Pius XII. – den Siegern: „Mit größter Freude wenden wir uns an Euch, geliebteste Kinder des katholischen Spanien, um Euch unseren väterlichen Glückwunsch für den Frieden und den Sieg auszusprechen, mit dem Gott gnädigerweise das christliche Heldentum Eures Glaubens und Eurer Barmherzigkeit gekrönt hat [...] Der katholische Glaube hat soeben den Anhängern des materialistischen Atheismus unseres Jahrhunderts den erhabensten Beweis dafür geliefert, daß die ewigen Werte der Religion und des Geistes über allem stehen."

Manuel Tuñón de Lara faßt die Haltung der Kirche folgendermaßen zusammen: „Die Kirche identifizierte sich nicht nur mit dem Aufstand und dem franquistischen Lager, sondern sie stellte ihm auch ihren weitreichenden ideologischen Apparat zur Verfügung, benutzte ihren Einfluß auf große Schichten der Bevölkerung, legitimierte den Aufstand und gab ihm ihren Segen."[20]

Hilari Raguer hat in seinen zahlreichen Studien darauf hingewiesen, daß die Haltung des Vatikans im Spanischen Bürgerkrieg keineswegs mit der Haltung der spanischen Bischöfe gleichgesetzt werden darf; der Vatikan sprach sich stets – auch nach 1939 – viel zurückhaltender gegenüber dem franquistischen Lager aus. Unter der sichtbaren Oberfläche der vatikanischen Unterstützung der Aufständischen gab es zahlreiche Spannungen und Konflikte mit der nationalen Regierung. Die Politik Pius' XI. im Bürgerkrieg läßt sich eher in negativen als in positiven Zielen formulieren: Der Papst wollte vor allem verhindern, daß Spanien kommunistisch oder faschistisch werde. Aus dieser Zielsetzung erklärt sich auch, daß der Heilige Stuhl 1937/38 – nachdem die Verfolgungswelle in der republikanischen Zone beendet war – zwar in unterschiedlicher Form, aber weit differenzierter als früher angenommen mit beiden Seiten Kontakte unterhielt.

Die manichäistische Unterscheidung in Spanien und Anti-Spanien,

---

[20] Tuñón de Lara u. a. 1987, S. 438.

die in den kirchlichen Texten so klar zum Ausdruck kam, machte sich auch in den militärischen Proklamationen der nationalen Seite von Anfang an bemerkbar. Die Argumente für die ideologische Untermauerung des Aufstandes waren stark dichotomisch geprägt: Es ging um die Gegenüberstellung von Anarchie und Ordnung, von Spanien und Bolschewismus, von Zivilisation und Barbarei – letzteres Gegensatzpaar wurde übrigens, spiegelbildlich verkehrt, von beiden Seiten verwendet. In dem epischen Gedicht ›Poema de la Bestia y el Angel‹ von José María Pemán ist das gesamte ideologische Repertoire der Aufständischen skizziert; es handelt sich um eine geradezu theologische Sicht der Auseinandersetzung zwischen Gut und Böse, die in der Ideologiegeschichte des Spanischen Bürgerkrieges einen herausragenden Platz einnimmt.

Die Spaltung des Landes läßt sich auch an der Gegenüberstellung der verschiedenen Grundvorstellungen und Leitideen aufzeigen.[21] So überwog in den „kulturellen" Texten der franquistischen Seite die katholisch-traditionelle, nationalistisch-imperiale und hierarchische Haltung, während in den republikanischen Texten immer wieder der Gedanke aufschien, daß die Kultur ihre tiefsten Wurzeln im Volk habe, daß sie dem Volk zurückgegeben werden müsse und kein Klassenprivileg sein dürfe.

Auch die kulturideologischen Wortführer beider Seiten beteiligten sich an der Polarisierung der beiden „Kulturmodelle". Die franquistischen Intellektuellen – etwa Eugenio D'Ors – starteten einen Generalangriff gegen die Rationalität und die Werte einer bürgerlich-liberalen Gesellschaft und verherrlichten Kampf, Soldatentum und Pflicht; in der Falange-Zeitschrift ›Jerarquía‹, die im nationalen Lager als Keimzelle für Ideologiebildung eine herausragende Rolle spielte,

---

[21] Im folgenden wird ausschließlich auf spanische Beispiele kultureller Manifestationen eingegangen; die äußerst umfangreiche internationale Kulturproduktion in Zusammenhang mit dem Spanischen Bürgerkrieg bleibt bewußt unberücksichtigt. Als Zusammenfassung kultur- und ideologiegeschichtlicher Aspekte des Bürgerkrieges vgl. Tuñón de Laras Beitrag in ders. u. a. 1987, S. 408–535. Eine ausgezeichnete Zusammenstellung spanischer und internationaler Zeugnisse aus sämtlichen Bereichen von Kunst und Kultur (Musik, Theater, Literatur, Malerei, Graphik etc.) enthält der Katalog: Für Spanien. Internationale Kunst und Kultur zum spanischen Bürgerkrieg. Zum Gedenken an den 50. Jahrestag des Anfanges des spanischen Bürgerkrieges, Museum Bochum 1986. Zur Analyse verschiedener Aspekte spanischer Kultur vgl. auch die Sondernummer 35, Bd. 16, 1986 der Zeitschrift ›Letras de Deusto‹ (Bilbao).

finden sich viele Beispiele für diese Grundvorstellungen. Um diese Zeitschrift – sowie später um ›Escorial‹, das Sprachrohr des „liberalen Falangismus" – gruppierten sich die (wenigen) Intellektuellen und Künstler, die sich für die Aufständischen engagierten – Dionisio Ridruejo, Luis Rosales, Luis Felipe Vivanco, Leopoldo Panero, Ignacio Agustí, Gonzalo Torrente Ballester, Antonio Tovar, Pedro Laín Entralgo und einige mehr.

Neben die physische Repression trat in der nationalen Zone ein ideologischer Krieg gegen „antispanische" Weltanschauungen, deren angebliche Zersetzungskraft zerstört werden sollte. Schon früh begann die franquistische Seite mit der kulturellen „Rekonstruktion" Spaniens. Im Dezember 1936 bereits verabschiedeten die Rebellen ein Dekret, das die Produktion, den Verkauf und die Verbreitung pornographischen, sozialistischen, kommunistischen, libertären, d. h. „zersetzenden" Druckmaterials verbot. Die Bibliotheken wurden von all dem gesäubert, was „Mangel an Respekt vor der Würde unseres glorreichen Militärs darstellt, einen Anschlag auf die Einheit des Vaterlandes, die Geringschätzung der katholischen Religion und all dessen, was sich dem Sinn und Zweck unseres großen nationalen Kreuzzugs entgegenstellt".[22] Unter das Verbot fielen auch alle Zeugnisse der Regionalkulturen, die ja dem Separatismus Vorschub leisten konnten: Bibliotheken wurden nach ihnen durchforstet, Institute zum Studium des Regionalismus (in irgendeiner Ausprägung) geschlossen, regionalistische Denkmäler abgetragen, Straßen- und Geschäftsnamen ins Kastilische übertragen, der Gebrauch der Regionalsprachen in der Öffentlichkeit untersagt.

Alicia Alted Vigil hat in ihrer grundlegenden Untersuchung über die Bildungspolitik des „Neuen Staates" im Bürgerkrieg als Ideologie des reformierten Erziehungswesens im Sekundarschulbereich ein elitäres Bildungskonzept mit durchgehender klassisch-humanistischer Ausrichtung herausgearbeitet[23]; und Manuel de Puelles hat in seiner Studie über Erziehung und Ideologie darauf hingewiesen, daß an die Stelle des Begriffs der Gegnerschaft die totalitäre Konzeption Carl Schmitts von der Dualität zwischen Freund und Feind trat.[24] Die

---

[22] Zit. nach Ramón Gubern, La censura. Función política y ordenamiento jurídico bajo el franquismo (1936–1975), Barcelona 1981, S. 23.

[23] Alicia Alted Vigil, Política del Nuevo Estado sobre el patrimonio cultural y la Educación durante la guerra civil española, Madrid 1984.

[24] Manuel de Puelles, Educación e ideología en la España contemporánea, Barcelona 1980.

Grundvorstellung der nationalen Erziehungspolitik läßt sich mit dem Begriff der „christlichen Zivilisation" umschreiben, die eine Verherrlichung des Glaubens, der Hierarchie und der Ordnung zum Inhalt hatte. Seit Februar 1938 unterstand das nationale Unterrichtsministerium dem der *Acción Española* nahestehenden katholischen Monarchisten Pedro Sainz Rodríguez, der das extrem konservative Geschichtsbild seines Lehrers Marcelino Menéndez Pelayo zur Grundlage der neuen Bildungs- und Kulturpolitik machte.

Parallel zu der erzwungenen kulturellen Uniformität verlief der Versuch des Regimes, zum „wahrhaft spanischen Wesen" zurückzukehren, eine spanisch-imperiale und katholisch-moralische Kultur zu etablieren. Spanische Kultur und Geschichte wurden umgedeutet und zur Legitimierung der „glorreichen Bewegung" herangezogen.

Zu den Grundvorstellungen auf republikanischer Seite gehörte demgegenüber schon bald die Gleichsetzung von Volk und Kultur. Die Zeitschriften ›Hora de España‹ und ›Nueva Cultura‹ dienten der Verbreitung dieser Entwürfe. Die Grundvorstellung von der Verwurzelung der Kultur im Volk fand unterschiedliche Ausdrucksformen. In ›Hora de España‹ etwa war die Grundlage der beabsichtigten Botschaft die Begriffseinheit „Volk – Arbeiter – Vaterland", der als Gegenpol die Assoziation „Señorito – Müßiggänger – Alte Welt" diente. Begriffe wie Vaterland oder Tradition wurden folglich vor dem Hintergrund demokratischer Wertvorstellungen definiert. Zwischen Kunst und Kultur auf der einen sowie politischem Engagement und Massenpartizipation auf der anderen Seite wurde ein Zusammenhang hergestellt und bewußt gefördert.[25]

Auf republikanischer Seite beteiligten sich auch viele Intellektuelle an der Ausgestaltung der ideologischen Grundlagen. Bei Antonio Machado etwa kann man häufig kaum zwischen den philosophischen, den dichterischen und den ideologischen Elementen unterscheiden. Zwei durchgängig feststellbare Grundideen waren die der Wiederversöhnung – eine Idee, die auch bei Staatspräsident Manuel Azaña immer wieder anzutreffen war – und die, daß die Trennungslinie zwischen den Spaniern nicht identisch mit dem Verlauf der Schützengräben war.

Die unterschiedlichen Wertvorstellungen schlugen sich auch in den verschiedenen Formen von Bildungs- und Erziehungspolitik nieder.

---

[25] Hierzu Manuel Aznar, Pensamiento literario y compromiso antifascista de la inteligencia española republicana, Barcelona 1978 und Christopher H. Cobb, La cultura y el pueblo. España, 1930–39, Barcelona 1981.

In der von der Militärjunta beherrschten Zone wurde im August 1936 bereits ein Dekret erlassen, demzufolge der Unterricht den „nationalen Erfordernissen" zu entsprechen habe. Koedukation und laizistische Erziehung wurden verboten. Die Schulbücher mußten der „christlichen Moral" entsprechen, Religionsunterricht und Bibelgeschichte wurden als Schulfächer wieder eingeführt. Eine regelrechte Flut von Anordnungen regelte in den Kriegsjahren den katholischen Charakter des Schulunterrichts. Der Präsident der Kultur- und Unterrichtskommission, José María Pemán, definierte die ideologische Ausrichtung des Grundschulunterrichts: „Diese umfassende Ausbildung muß einem vertikalen und missionarischen Begriff von Kultur dienen. Geradezu paradox ist dieser Respekt vor dem Spontanen und Ursprünglichen [...] Der 'Neue Staat' vertraut auf einige grundlegende Werte – Glaube, Vaterland, Autorität –, die das Fundament unserer Zivilisation sind."[26]

Während eine Säuberungswelle die Reihen der alten Lehrerschaft dezimierte, wurde der Primarunterricht Pfarrern und schnell ausgebildeten erzkonservativen Aushilfslehrern übertragen. Fast das gesamte Sekundarschulwesen mußte wegen des Mangels an qualifizierten Lehrern den religiösen Orden überlassen werden, war fortan folglich kostenpflichtig.

Auf republikanischer Seite wurde die kultur- und bildungspolitische Tradition der Republik fortgesetzt, ja: das Bemühen um eine Verbreitung von Kultur und Bildung wurde noch verstärkt. 1937 wurden über 2000 und 1938 noch einmal rund 1000 neue Schulen gegründet; 1936 mußte bereits Schulunterricht für 50 000 evakuierte Kinder improvisiert werden. José Manuel Fernández Soria hat errechnet, daß die republikanische Regierung während des Bürgerkriegs 5413 Schulen einrichtete, während die katalanische Regierung für ihren Verwaltungsbereich über 130 000 neue Schulplätze schuf.[27] Und Claudio Lozano betont den Willen – zugleich das Dilemma – der Republik, einen Krieg führen zu müssen und zugleich das Bildungswesen auszubauen.[28] Zu den Reformmaßnahmen gehörte auch die Schaffung von Sekundarschulen für Arbeiter mit der Möglichkeit, nach zwei Jahren ein Kurzabitur abzulegen.

[26] Zit. nach Tuñón de Lara u. a. 1987, S. 456.
[27] José Manuel Fernández Soria, Educación y Cultura en la guerra civil (España, 1936–1939), Valencia 1984, S. 28; (für Katalonien:) E. Fontquerni/ M. Ribalta, L'ensenyament a Catalunya durant la Guerra Civil, Barcelona 1982.
[28] Claudio Lozano, La Educación republicana, Barcelona 1980.

Die republikanische Seite hatte viel weniger Mobilisierungs- und Säuberungsprobleme, da der größte Teil der Lehrerschaft – wenn auch in politisch und ideologisch heterogener Form – die Republik unterstützte. Das bildungspolitische Konzept einer „Kultur für das Volk" machte es erforderlich, daß schon bald wichtige Einrichtungen zur Vermittlung dieser Kultur entstanden: Lesungen, Kurse, Vorträge, Rundfunkprogramme, Wandmalereien, Alphabetisierungskampagnen bei den Fronteinheiten und viele weitere Programme. In der umfangreichen Studie von Hipólito Escolar werden zahlreiche Daten zusammengetragen, die erkennen lassen, daß die pädagogische Absichten der Republik während des Krieges in erstaunlichem Umfang (und trotz schwieriger Bedingungen) in die Tat umgesetzt werden konnten.[29] Die von der laizistischen *Institución Libre de Enseñanza* stark beeinflußte Bildungsreform legte besonderes Gewicht auf den ländlichen Sektor. Die kulturelle Offensive der Republik machte sich auch dadurch bemerkbar, daß mehr als 100 Bezirks-, Gemeinde-, Stadtteil- und Schulbüchereien neu eröffnet und vor allem die militärischen Einheiten mit Tausenden von Zeitungen, Zeitschriften und Büchern versorgt wurden, wobei rollende Büchereien eine nicht unbeträchtliche Rolle spielten.

Auch in der Art, wie die jeweilige Kultur vermittelt und verbreitet wurde, unterschieden sich beide Seiten deutlich. In der franquistischen Zone waren der „Soziale Hilfsdienst" *(Auxilio Social)* mit seinen verschieden Kursen und Lehrgängen sowie die „Frauenabteilung" der Falange *(Sección Femenina)* mit den von ihr eingerichteten Schulen die wichtigsten Träger für die Verbreitung der Kultur; auf republikanischer Seite wurde demgegenüber die kulturelle Betätigung als fester Bestandteil in das reguläre Heer eingegliedert, wobei die Demokratisierung der Kultur als eines der Kriegsziele galt. Das wichtigste Organ zur Verbreitung von Bildung war *Cultura Popular*, eine schon vor dem Krieg von Volksfrontorganisationen gegründete Institution, die während des Krieges in nahezu allen Bereichen (Bibliotheken, Presse, Schallplatten, Filme, Veröffentlichungen ...) tätig war; in der Armee waren die „Kulturmilizen" die umfassendste Organisation zur Verbreitung von Kultur.

Der unterschiedliche Stellenwert, den man der Kultur (und damit auch den Büchern) in beiden Lagern beimaß, kam auch in den Publikationszahlen zum Ausdruck: Auf republikanischer Seite sollen 2400, im Franco-Lager 1250 Bücher veröffentlicht worden sein. Besonders

---

[29] Escolar 1987.

beachtlich ist die außerordentliche Auflagenhöhe zahlreicher Druckwerke, die im republikanischen Lager in die Hunderttausende ging. Die kulturellen Impulse der republikanischen Regierungen waren somit – trotz unterschiedlicher politischer Ausrichtungen – zugleich Ursache und Folge einer beispiellosen Lesekultur, die weder zuvor noch danach je wieder erreicht worden sein dürfte. Auf nationaler Seite bestand demgegenüber kein Interesse an kulturellen Aktivitäten, durch welche die Kluft zwischen Massen- und Elitekultur verringert worden wäre. – In der republikanischen Zone waren die Veröffentlichungen aller Art auch viel differenzierter und ideologisch breiter gefächert als im franquistischen Lager. Allerdings herrschte auch auf der republikanischen Seite eine strenge Zensur, mit der vor allem die Anarchisten und der POUM oft in Konflikt gerieten.

Presse und Rundfunk gehörten – auf beiden Seiten – zu den wichtigsten Instrumenten zur Übermittlung der Ideologien; auch Plakat, Film und Theater waren bedeutende Massenkommunikationsmittel, auf die von den Propagandisten immer wieder zurückgegriffen wurde.[30]

In der Presse kam der „Kampf der Ideologien" wohl am besten zum Ausdruck. In der aufständischen Zone mußten alle Zeitungen, die verdächtigt wurden, mit der Volksfront sympathisiert zu haben, ihr Erscheinen einstellen; in der republikanischen Zone widerfuhr der rechten Presse ein ähnliches Schicksal. Die nationalen Machthaber konnten immerhin mit der karlistischen, der falangistischen und vor allem der zahlreichen konservativen Presse mit ihren hohen Auflagenzahlen rechnen. Der Presse- und Propagandadienst der Aufständischen unterstand anfangs General José Millán Astray, später übte *Acción Española* (José María Pemán, José Pemartín) Einfluß aus. Nach der Bildung der ersten Regierung im Januar 1938 wurde die Propa-

---

[30] Vgl. die Beiträge von José Antonio Pérez Bowie, Carmen Grimau, Carmelo Garitaonandía, Dolores Sáiz (mit den entsprechenden Literaturhinweisen) in Aróstegui (Hrsg.) 1988, Bd. I, S. 353–415. In der Studie von Reinhold Görling, «Dinamita Cerebral». Politischer Prozeß und ästhetische Praxis im Spanischen Bürgerkrieg (1936–1939), Frankfurt a. M. 1986, geht es um das Verhältnis zwischen politischem Prozeß und ästhetischer Praxis, um die Beziehung zwischen Kultur und Revolution im Bürgerkrieg. In der revolutionären Bewegung als Akt der Kommunikation fielen – so Görling – Kunst und Politik zusammen; der Bürgerkrieg war das erste Ereignis, bei dem man sich der neuen visuellen Massenkommunikationsmittel international in großem Maßstab bediente. An den Beispielen Film (Malraux) und Photographie (Capa) untersucht er das Verhältnis von Wirklichkeit und ästhetischer Form.

gandaabteilung dem Innenministerium unter dem Falangisten Ramón Serrano Suñer unterstellt. Das Pressegesetz von April 1938 legalisierte die (auch bis dahin schon praktizierte) strenge Zensur. Javier Terrón Montero hat in seiner Untersuchung über die Presse diese Art der Meinungskontrolle (unter Rückgriff auf Poulantzas) als notwendiges Mittel eines „kapitalistischen Ausnahmestaats" bezeichnet, um die ideologische Vorherrschaft neu zu organisieren.[31]

Auch im republikanischen Lager wurden die Presseerzeugnisse der gegnerischen Seite verboten; einer Zensur unterworfen wurden aber auch die Zeitungen jener ideologischen Gruppierungen der eigenen Seite, die nicht (mehr) die zusehends von Kommunisten diktierte Regierungslinie der Volksfrontpolitik guthießen. Trotzdem blieb das politische Spektrum des republikanischen Lagers bis zuletzt viel breiter als auf nationaler Seite[32]: Parteien hatten ihre eigenen Zeitungen, Gewerkschaften, (Kultur-)Milizen und Jugendorganisationen, die Internationalen Brigaden *(El Voluntario de la Libertad),* der Schriftstellerverband *(El Mono Azul),* einzelne Kampfeinheiten (1936 schon über 150!). Von der Regierung abhängig war eine Art Presseagentur (›Servicio Español de Información‹), die Meldungen verschiedenster Art an die Presse weiterleitete. Als Folge der Annahme, daß zur Erhaltung der Truppenmoral vor allem Überzeugungsarbeit geleistet werden müsse, entstand das Phänomen der Frontzeitungen, für die bekannte Schriftsteller wie Rafael Alberti, Miguel Hernández, Antonio Machado und viele andere immer wieder schrieben.

Zu den fast alltäglichen Phänomenen gehörten auch Propaganda-Plakate, die auf beiden Seiten massiv Verwendung fanden. Seit langem herrscht Übereinstimmung darüber, daß quantitativ, vor allem aber qualitativ – nicht nur wegen der besseren technischen Möglichkeiten der grafischen Reproduktion – die republikanischen Plakate ihrer „Konkurrenz" aus dem nationalen Lager, wo Carlos Sainz de Tejada der bedeutendste Plakatkünstler war, deutlich überlegen waren. Besonders berühmt geworden ist José Renau, der Leiter der Kunstakademie,[33] über den John Heartfields Fotomontage-Tech-

---

[31] Vgl. Javier Terrón Montero, La prensa de España durante el régimen de Franco, Madrid 1981.
[32] Vgl. die detaillierten Analysen der Jugend- und Studentenzeitschriften und -zeitungen verschiedener Organisationen in Aróstegui (Hrsg.) 1988, Bd. III, S. 229–398.
[33] Hierzu María Ruipérez, Renau-Fontserré: Los carteles de la guerra civil, in: Tiempo de Historia 49 (1978), S. 10–25.

niken in Spanien eingeführt wurden. In der Studie von Carmen Grimau über das republikanische Plakat[34] wird der ideologische Hintergrund der Plakatkunst analysiert und hervorgehoben, daß die Plakate alsTräger von Botschaften die politisch-soziale Wirklichkeit übersetzten und die Volksfrontpolitik veranschaulichten. In der Zone der Aufständischen fehlten in den ersten Kriegsmonaten bildnerisch-plakative Darstellungen; zuerst gab es lediglich an den Häuserwänden Kreuze, das Falange-Emblem oder später Abbildungen Francos. Erst als Dionisio Ridruejo im Januar 1938 die Verantwortung für die nationale Propaganda übertragen erhielt, erschienen auch in der franquistischen Zone Plakate, die zwischen Realismus und religiösem Kitsch angesiedelt waren.

Schematismus und Schwarz-Weiß-Malerei waren keineswegs nur in der nationalen Zone anzutreffen. So übernahmen etwa fast alle Schriftsteller und Intellektuellen, die sich der Republik anschlossen, den Grundgedanken vom Bürgerkrieg, der sich in einen Invasionskrieg und folglich in einen Unabhängigkeitskrieg verwandelt hatte. Auch dieses Denkschema ging zwar von der Wirklichkeit aus, übersteigerte sie jedoch – ähnlich wie auf der gegnerischen Seite die Einschätzung des Krieges als „Kreuzzug" – und verdrängte somit wichtige Aspekte der sozialen und politischen Auseinandersetzung. Der Kommunist Jesús Hernández, der von September 1936 bis April 1938 Minister für Volksbildung war, hat von seinem Ministerium aus mit allem Nachdruck diese Sicht und Interpretation des Bürgerkrieges in der Schulpolitik und unter den Intellektuellen durchzusetzen versucht; sein ideologischer Dirigismus hat ihn oft genug mitVertretern anderer soziopolitischerTendenzen in Konflikt gebracht – vor allem mit Anarchisten, die jenseits von der staatlichen Schulpolitik ihre Bildungsideale in rationalistischen Schulen mit „ganzheitlichem" Bildungsangebot zu realisieren versuchten.

Bárbara Pérez-Ramos hat in ihrer Studie über ›Intelligenz und Politik‹ im Bürgerkrieg die „innerrepublikanischen Machtkämpfe

---

[34] Carmen Grimau, El cartel republicano en la guerra civil, Madrid 1979; Jutta Held (Hrsg.), Der Spanische Bürgerkrieg und die bildenden Künste, Hamburg 1989; vgl. auch Höhere Schule für Gestaltung Zürich (Hrsg.), Katalog zur Plakatausstellung Spanischer Bürgerkrieg, Zürich 1986 und die Sondernummer ›Spanien‹ der Zeitschrift K+U (Kunst und Unterricht) 62, August 1980. In der Plakatsammlung des Zürcher Kunstgewerbemuseums befinden sich über 200 Plakate aus dem Bürgerkrieg. (Insgesamt dürften 1200–1500 gedruckt worden sein.)

zwischen – sehr grob formuliert – Kommunismus und Anarchismus, Staatsautorität und Revolution" untersucht; ihre Antworten sucht sie fast ausschließlich mit den Methoden der Literaturwissenschaft. Es geht um die Frage, inwieweit der innerrepublikanische Konflikt zwischen den einzelnen „linken" Gruppierungen für Stellungnahme und Selbstverständnis der Intelligenz im politischen Spannungsfeld des Krieges prägend war; konkret fragt die Studie danach, wie das politische Engagement der republikanischen Intelligenz „in erster Linie zur Akklamation der Regierungspolitik" werden konnte, nachdem eben jenen Kulturschaffenden der Gegensatz von einerseits Revolution, die mit dem Anarchismus und dem „Volk" identifiziert wurde, und andererseits der zunehmend kommunistisch, d. h. nicht- oder sogar antirevolutionär beeinflußten Regierungspolitik doch hätte bewußt sein müssen. In der Lyrik läßt sich nachweisen, daß politische Äußerungen auf poetischer Ebene Mitte 1937 abbrachen – zu jenem Zeitpunkt somit, der von Historikern allgemein als das Ende der Revolution identifiziert worden ist. Spätestens damals dürfte den Dichtern die Bindung der Poesie an die Regierungspropaganda fragwürdig geworden sein, da sie nicht mehr an die „konfliktlose Vereinbarkeit von Politik und Poesie" glaubten.

Der Autorin gelingt es, den Mythos von der Einheit der antifaschistischen Schriftsteller zu zerstören. Über eine Problematisierung der Begriffe Gesellschaft, Nation, Volk und Masse kommt sie zu differenzierten Aussagen über die staatsaffirmative Rolle der republikanischen Intelligenz. Auf die Frage, wie es möglich war, daß Literaturschaffende, die ihre moralische Sensibilität gegenüber dem Militäraufstand artikulierten, nicht bereit (geschweige denn in der Lage) waren, dem um sich greifenden Stalinismus einen vergleichbaren Widerstand entgegenzusetzen, sieht Pérez-Ramos einen möglichen Erklärungsansatz in der Tradition der literarischen Opposition, die trotz aller Mobilisierung nicht über den Oppositionsliberalismus hinausgekommen sei; Begriffe wie „revolutionär" oder „antifaschistisch" seien eigentlich nur als neue Etikette alter Protestformen anzusehen. Politisch sei die Intelligenz – im Namen des Antifaschismus – antirevolutionär geblieben.[35]

Auch Günther Schmigalle stellt die Frage, wieso die auf seiten der Republik engagierten Intellektuellen fast ausnahmslos einem antifaschistischen Konformismus verfielen, der sie der Kritikfähigkeit und der adäquaten Wahrnehmung der sozialen und politischen Wider-

---

[35] Pérez-Ramos 1982.

sprüche im eigenen Lager weitgehend beraubte.[36] Er sieht einen Erklärungsansatz in der von der Kommunistischen Partei seit Ende der 20er Jahre praktizierten Bündnispolitik unter den Intellektuellen, deren Organisation die „Internationale Vereinigung Revolutionärer Schriftsteller" war. Die Protokolle der im Zeichen der Volksfront organisierten Schriftstellerkongresse – der Zweite Internationale Schriftstellerkongreß zur Verteidigung der Kultur fand im Sommer 1937 in Madrid, Valencia und Barcelona statt – zeigen zwar, daß sich an der kommunistischen „Intelligenzfront" viele der besten Autoren aller Länder zusammenfanden; sie zeigen aber zugleich eine bedenkliche Verbindung von Elitarismus, Konformismus und Bereitschaft zur Verdammung Andersdenkender.[37] Die Dichter, die bis heute das „fortschrittliche" Spanien der 30er Jahre repräsentieren, waren Berufsdichter, die im Bürgerkrieg regierungstreu und der Kommunistischen Partei zumindest nahestehend waren; sie spielten – materiell abgesichert durch die *Alianza de Intelectuales Antifascistas* – die Rolle geistiger Repräsentanten des republikanischen Spanien; sie kontrollierten auch die reiche Produktion volkstümlicher Literatur während der Bürgerkriegsjahre.

Abschließend sei noch knapp auf eine weitere Rolle der Intellektuellen eingegangen. Man hat wiederholt vom „Verrat" oder zumindest von der „Desertion" der Intellektuellen zu Beginn des Bürgerkrieges gesprochen und als herausragendes Beispiel Miguel de Unamuno genannt, der sich zuerst auf die Seite der Aufständischen schlug, bevor er im Oktober 1936 doch noch – mit jenem berühmt gewordenen Satz: „Ihr werdet siegen, aber nicht überzeugen" – gegen die Franquisten Stellung bezog.[38] Viele Intellektuelle flüchteten aus der bedrohten Hauptstadt oder verließen das Land und bildeten im Ausland jenes „dritte Spanien", das – in manchmal naiver Form – eine Mittel- und Mittlerposition zwischen den beiden kriegführenden Seiten einzunehmen versuchte. (Übrigens dürfte die Gründung von Kulturzeitschriften wie ›Hora de España‹, die vor allem auf Kommunisten

---

[36] Günther Schmigalle, Anarchistische Lyrik im Spanischen Bürgerkrieg, in: Helmut Kreuzer (Hrsg.), Spanienkriegsliteratur, Göttingen 1986, S. 68–93 (= H. 60, Jg. 15, 1985 der ›Zeitschrift für Literaturwissenschaft und Linguistik‹).

[37] Luis Mario Schneider/Manuel Aznar Soler (Hrsg.), II Congreso Internacional de Escritores Antifascistas (1937), 3 Bde., Barcelona 1978.

[38] Elías Díaz, Unamuno y el alzamiento militar, in: Aróstegui (Hrsg.) 1988, Bd. II, S. 331–349.

zurückzuführen war und in der so bekannte Namen wie José Bergamín, María Zambrano und Antonio Machado mitarbeiteten, Teil jener „kulturellen Gegenoffensive" gewesen sein, durch die der negative Eindruck ausgeglichen werden sollte, der aus der – auch physischen – Abseitshaltung vieler Intellektueller, vor allem im Ausland, entstanden war.) Viele Vertreter dieses „dritten Spanien" durften nach 1939 – trotz (oder wegen?) ihrer versuchten Neutralität während des Konflikts – nicht nach Spanien zurückkehren. Zweifellos bildete der Bürgerkrieg damit auf kulturellem Gebiet eine entscheidende Zäsur in der spanischen Geschichte des 20. Jahrhunderts, denn zusammen mit jener Flut an Schriftstellern und Intellektuellen, die sich 1939 exilieren mußten und als *España peregrina* vor allem in (Latein-) Amerika wirkten, verlor das Land etwa 90% seiner Intelligenz! Das intellektuelle und wissenschaftliche Spanien wurde – so hat es León Felipe ausgedrückt – „stumm". Juan Marichal zählt auch den republikanischen Staatspräsidenten Manuel Azaña, den Intellektuellen und Schriftsteller, zu jenem „dritten Spanien", der nicht auf eine weitere Polarisierung hinwirkte, sondern als seine oberste Verpflichtung die Verurteilung der Gewalt betrachtete; sein Ziel war daher auch eine versuchte Vermittlung zwischen den beiden Seiten. Versöhnung und Ausgleich als notwendige Fundamente jeder spanischen Politik nach dem Bürgerkrieg sind die Grundelemente, die seine öffentlichen Reden während des Krieges auszeichneten; charakteristisch hierfür ist eine Passage aus der Ansprache zum zweiten Jahrestag des Kriegsbeginns: „Wenn der Krieg so endet, wie wir wollen, daß er zu Ende geht, dann ist es moralische Verpflichtung besonders derjenigen, die ihn erleiden, die bestmögliche Lehre aus dem abschreckenden Beispiel zu ziehen. Und wenn die Fackel in andere Hände übergeht, dann sollen diese anderen Männer und Generationen im Rückblick, sobald sie wieder einmal das aufwallende Blut in sich sieden fühlen und das spanische Wesen von neuem in Intoleranz, Haß und Zerstörungslust rast, an die Toten denken und ihre Lehren hören: Die Lehre dieser Männer, die kämpfend in der Schlacht gefallen sind, die edelmütig für ein großartiges Ideal stritten und die jetzt, im Schutze der mütterlichen Erde, keinen Haß mehr fühlen, keine Rachegedanken mehr hegen, die uns mit den Strahlen ihres Lichtes, das ruhig und fern wie ein Stern leuchtet, die Botschaft der ewigen Heimat an alle ihre Kinder übermitteln: Friede, Mitleid, Vergebung." [39]

---

[39] Manuel Azaña, Obras completas, hrsg. von Juan Marichal, 4 Bde., México 1966–1968, hier Bd. 3, S. 378.

7. SCHLUSSBETRACHTUNG: GESAMTEINSCHÄTZUNG UND FOLGEN

Der Bürgerkrieg bedeutete für die spanische Gesellschaft zweifellos eine traumatische Zäsur; er war das wichtigste Ereignis in der spanischen Geschichte des 20. Jahrhunderts. Der Krieg vereitelte die Möglichkeit einer proletarischen, anarchistisch-sozialistisch ausgerichteten Revolution; er setzte aber auch den Möglichkeiten einer demokratisch-reformistischen Politik, wie sie von bürgerlich-republikanischen und sozialdemokratischen Kräften versucht worden war, ein Ende. Die antireformistische und restaurative Zielsetzung der Aufständischen bestand darin, die alten Formen sozialer Herrschaft wiederherzustellen.

Daß der Versuch des Staatsstreichs des Militärs im Juli 1936 fehlschlug und sich zu einem Bürgerkrieg ausweitete, hängt wesentlich damit zusammen, daß das Militär gespalten war; es konnte zwar den Aufstand einleiten, ihn wegen innerer Uneinigkeit aber nicht erfolgreich zu Ende führen. Auch eine zweite Bedingung für einen Bürgerkrieg war gegeben: Die Gesellschaft insgesamt war zutiefst gespalten, und Aufrufe sowie Parolen der Anführer beider Lager fielen sofort auf fruchtbaren Boden. Der Krieg von 1936 kann daher nicht als ein Kampf des Militärs gegen die zivile Gesellschaft bezeichnet werden; ohne die (zwar sehr ungleiche, aber auf beiden Seiten feststellbare) gesellschaftliche Unterstützung hätte sich der Aufstand nicht zu einem Bürgerkrieg ausweiten können.

Um den Preis dieses Krieges konnte so dann die spanische Hegemoniekrise der 30er Jahre beendet werden; die „soziologische Rechte", der Machtblock aus Großgrundbesitz, Finanzoligarchie und Großbourgeoisie, erhielt die Vorherrschaft zurück. Zum ersten Mal seit Jahrzehnten hatte der Machtblock auch wieder die ideologische Vorherrschaft inne, und zur politischen Dominanz gesellte sich die ökonomische. Heer und Kirche verkörperten den Unterdrückungs- bzw. den Ideologisierungsapparat.

Der Bürgerkrieg besiegelte das Scheitern des modernisierend- „europäisierenden" Reformismus. In der Zone der Aufständischen wurde der soziopolitische Prozeß auf eine Lösung der Krise hin orientiert, die die soziöökonomischen Verhältnisse wiederherstellte, wie

Schlußbetrachtung 211

sie lange vor der Ausrufung der Republik geherrscht hatten. Erstrebt wurde die Rückkehr zu Strukturen ideologischer und sozialer Beherrschung der Restaurationsära. Es ging nicht nur um die Beendigung der Revolution in der republikanischen Zone, sondern um die endgültige Eliminierung des Erbes der liberalen Tradition. Darin sahen die Sieger den eigentlichen Sinn des Bürgerkrieges, dessen Ergebnis zu einem sofortigen Ende der Modernisierungsimpulse der Zweiten Republik führte. Der historische Blick zurück auf den Bürgerkrieg läßt allerdings erkennen, daß das konterrevolutionäre Gesellschaftsmodell, wie es den Aufständischen von 1936 vorschwebte, sich in Spanien nicht durchgesetzt hat – ebensowenig wie im restlichen Europa. Die gewaltsame Lösung der spanischen Krise konnte zwar die überkommene soziale Ordnung erhalten und die Hegemonie des traditionellen Machtblocks neu etablieren; die Lösung war aber alles andere als dauerhaft. Bezeichnend hierfür ist – neben vielen anderen Belegen, die angeführt werden könnten – die Tatsache, daß ihm Jahr 1990, als der 50. Todestag Azañas (1880–1940) begangen wurde, alle politischen Lager des heutigen Spaniens das politische Credo des ehemaligen, von der franquistischen Seite so erbittert bekämpften Staatspräsidenten für sich reklamierten. In der Tradition des Franquismus will sich heute aber niemand mehr sehen.

Die Folgen des Krieges waren verheerend. An seinem Ende war Spanien ein in jeder Hinsicht verwüstetes Land. Besonders hoch waren die Menschenverluste, wenn auch die genaue Anzahl der Toten bis heute zu den umstrittensten Problemen der Kriegsgeschichtsschreibung gehört. Schon früh ist man allerdings davon abgekommen, jene – durch den Roman von José María Gironella so verbreitete – runde Zahl von „einer Million Toten" für glaubwürdig zu halten. Hugh Thomas hat in der ersten Auflage seines Buches von 500000 Toten gesprochen – eine Zahl, die sich keineswegs nur auf die im direkten Kampfgeschehen Gefallenen beziehen kann. Ramón Salas ist in seiner vieldiskutierten quantitativen Zusammenstellung auf rund 270000 Tote gekommen – eine Zahl, welche die im Kampf Gefallenen und die durch Repression auf beiden Seiten Umgekommenen zusammenfaßt. Salas' Zahlen waren in den letzten Jahren heftiger Kritik ausgesetzt, wobei vor allem seine Berechnungsmethode Zielscheibe der Angriffe war. Als Folge der republikanischen Repression sollen etwa 72000 Menschen gestorben sein, während dieser Deutung zufolge der nationalistischen Repression (bis Kriegsende) nur 35000 Personen zum Opfer gefallen wären. Später erhöhte Salas die Zahl der nationalistischen Opfer auf rund 58000, aber auch diese Zahl dürfte, folgt man neueren Regionalstudien, noch viel zu gering angesetzt sein.

Gabriel Jackson hat geschätzt, daß im Zuge der Kampfhandlungen 100000–150000 Menschen gefallen sind, Manuel Tuñón de Lara spricht von 300000. Eine außerordentlich große Zahl dürfte politischem und Justizmord zum Opfer gefallen sein. Nach offiziellen spanischen Angaben waren Ende 1939 rund 270000 Menschen in Gefangenschaft, weit über 100000 außerdem in Lagern und „Arbeitsbataillonen". Jackson geht davon aus, daß der massiven Repression im Herrschaftsbereich der Nationalisten bis zum Ende des Zweiten Weltkriegs 150000–200000 Menschen zum Opfer fielen, mit oder ohne Kriegsgerichtsurteil. Der Spanien-Korrespondent von ›Associated Press‹, Charles Foltz, hatte schon im Jahr 1944 von einem Beamten des spanischen Justizministeriums erfahren, daß in den fünf Jahren seit Ende des Bürgerkrieges angeblich über 190000 Menschen hingerichtet worden seien. Auch wenn genaue Zahlen – die ohnehin an der historischen Bewertung der Nachkriegsverbrechen nichts ändern würden – nicht vorliegen, läßt sich zweifelsfrei sagen, daß die Rache der Sieger in den ersten Nachkriegsjahren einen in der spanischen Geschichte einmaligen Höhepunkt erreichte.

Auch das Exil, das Hunderttausende erleiden mußten, gehört zur sozialen Realität Franco-Spaniens und ist als besonderer Aspekt der Repressionspolitik zu werten. Die größte Welle der Flüchtlinge ergoß sich nach Frankreich, wo die Exilierten in schnell errichteten Auffanglagern eher das kümmerliche Schicksal von Gefangenen denn von politischen Asylanten fristeten. Offizielle Angaben des französischen Innenministeriums sprachen von 441000 Spaniern, die bis April 1939 die Pyrenäengrenze überquert hatten. Da viele bald wieder zurückkehrten, schätzt Tuñón de Lara die Zahl der Exilierten auf 300000, während Javier Rubio García-Mina die Zahl der Daueremigranten auf 162000 geschätzt hat, was eine deutliche Reduktion gegenüber anderen Annahmen bedeutet. Hastig organisierte Hilfsdienste konnten zwar eine beträchtliche Anzahl von Republikanern noch vor dem deutschen Überfall auf Frankreich nach Lateinamerika – vor allem nach Mexiko – evakuieren, litten jedoch unter Eifersüchteleien und gegenseitigen Vorbehalten, die eine optimale Hilfsaktion verhinderten. Viele Republikaner wurden von der Vichy-Regierung oder den deutschen Besatzern an Franco ausgeliefert. Tausende von spanischen Republikanern kämpften im *Maquis* und fanden dabei den Tod, Zehntausende überlebten deutsche Konzentrationslager (vor allem Mauthausen) nicht.

Wirtschaftlich betrachtet wurde durch den Bürgerkrieg der größte Teil der Produktionsanlagen zerstört. 1940 war das Volkseinkommen auf den Stand von 1914 zurückgefallen, die erwerbstätige Bevölkerung durch den Krieg um weit über eine halbe Million gesunken. Der republikanische Staat hatte zur Kriegsfinanzierung 510 Tonnen Gold in einem Wert von 575 Millionen Dollar ausgegeben. Die Kriegskosten beider Seiten beliefen sich auf 300 Milliarden (Peseten von 1963). Rund 8% aller Wohnungen waren beschädigt oder zerstört, über 40% aller Lokomotiven und Waggons unbrauchbar geworden. Die Handelsmarine büßte 225 000 Bruttoregistertonnen, d. h. über 30% ihres Gesamtbestandes, ein. Die Industrieproduktion sank von 1935–1939 um 31%, die Agrarproduktion um etwas über 21%, das Volksvermögen um 25,7%, das durchschnittliche Pro-Kopf-Einkommen um 28,3%. Das Pro-Kopf-Einkommen erreichte erst 1952 wieder den Stand der Vorkriegszeit.

Wichtiger als die materiellen waren die ideologischen und psychologischen Folgen des Krieges. Die Niederlage von 1939 markierte im Handeln und im politischen Bewußtsein der Arbeiterbevölkerung, vor allem in den ländlichen Gegenden, einen tiefen historischen Bruch und hinterließ ein geschichtliches Trauma, das die Arbeiteröffentlichkeit vieler (insbesondere andalusischer) Gemeinden bis zum Ende des Franquismus prägte. Die entpolitisierenden Folgen dieses Traumas konnten erst im Verlauf der 70er Jahre allmählich überwunden werden. Das wichtigste Vermächtnis des Krieges von 1936 war die auf ihn folgende Spaltung der spanischen Gesellschaft in zwei Lager: das der Sieger und das der Besiegten. Für das Lager der „Nationalen" stand von Anfang an fest, daß die Sieger regieren und die Früchte der Macht genießen würden. Die Besiegten, die in den Augen Francos das absolut Böse verkörpert hatten, sollten zahlen und büßen.

Die Vergeltung der Sieger war ungeheuerlich, die blutige Repression erreichte im ersten Jahrzehnt nach 1939 einen in der spanischen Geschichte wohl einmaligen Höhepunkt. Erst allmählich ging das Regime, nachdem es sich definitiv konsolidiert hatte, zu differenzierteren, weniger brutal-terroristischen Methoden über. Über Hungertote und „Verschwundene" liegen keine verläßlichen Zahlen vor, doch belegen inzwischen viele erschütternde Berichte die unvorstellbaren Lebensbedingungen politischer Gefangener und ihrer Angehörigen, ihre systematische Benachteiligung (etwa bei der Essensmarkenzuteilung) und ständige Demütigung, ihre andauernde Angst vor Verfolgung und Inhaftierung.

Die angebliche Versöhnungspolitik Francos hat sich in all den bombastisch hochstilisierten „Friedensjahren" nie dazu überwinden können, den Verlierern des Bürgerkrieges eine umfassende Generalamnestie zu gewähren; nur spektakulär aufgemachte Einzelamnestien ermöglichten sorgfältig Ausgewählten den Weg in die Freiheit. Die fürchterliche Repression der 40er Jahre vertiefte die vorhandenen Gräben weiter, als diejenigen, die (bewußt oder weil ihnen keine andere Möglichkeit blieb) die Republik der Volksfront unterstützt hatten, verfolgt, gefoltert, erschossen oder verbannt wurden. Die Inhaber der Macht dachten nach 1939 nicht an eine Wiederversöhnung; ihnen ging es vor allem um Rache. Der 1. April – der Tag, an dem der Bürgerkrieg für beendet erklärt wurde – war nicht etwa ein „Tag des Friedens"; er wurde in der Franco-Ära vielmehr als „Tag des Sieges" begangen und erinnerte damit Spanien Jahr für Jahr an die Zweiteilung des Landes in Sieger und Besiegte.

Natürlich schwächte sich jene manichäistische Spaltung im Laufe der Zeit ab, stetig aufgeweicht durch vielfältige persönliche Beziehungen. Sie konnte aber jahrzehntelang vor allem deshalb fortbestehen, weil Franco entschlossen war zu erreichen, daß niemand den Bürgerkrieg vergaß, da ja sein Sieg über das „Anti-Spanien" die eigentliche Legitimation seiner Herrschaft darstellte. Für Franco verlor jene Schwarz-Weiß-Sicht auch im Laufe der Jahre kein Körnchen Kraft. Aber nicht nur Franco allein war entschlossen, in der spanischen Gesellschaft die Trennungen des Bürgerkrieges aufrechtzuerhalten, sondern ganz allgemein die Rechte. Für diese war der Sieg von 1939 der Zugang zu Macht und Einfluß. Ihr durch den Sieg hervorgerufener Enthusiasmus war sozusagen das Wesenszentrum ihrer Gefühle, und die allgegenwärtige Kriegsmystik des nationalen Spanien setzte sich die 40er Jahre hindurch fort und wurde von den Organisationen ehemaliger Frontkämpfer des Bürgerkrieges aufrechterhalten.

Die Folgen dieser Siegermentalität waren die gesamte Franco-Ära über zu spüren. Erst nach dem Tode des Diktators durfte in Dörfern und Städten an Massengräber gerührt werden, in die im April 1939 und danach Tausende hingerichteter Republikaner geworfen wurden. Viele der Toten duldete Francos Racheregime nur als „Verschwundene" oder „Vermißte", um die Schreckensbilanz der Abrechnung zu verschleiern. Hinrichtungen und „Säuberungen" haben bis ans Ende der Franco-Ära im Volk die Erinnerung an die Spaltung in „zwei Spanien" aufrechterhalten, trotz aller bombastischen Propaganda des Regimes über den „Frieden Francos" oder die „Einigkeit unter Franco".

Für viele Spanier dauerte der 1939 offiziell für „beendet" erklärte Bürgerkrieg bis 1975, bis zum Todesjahr des Diktators. Erst danach wurde dem ehemals unterlegenen „linken" in einem neuen, demokratischen Spanien Existenz- und Gleichberechtigung zugestanden.

8. DER BÜRGERKRIEG
UND DIE SPANISCHE GESELLSCHAFT –
50 JAHRE DANACH

Seit dem Bürgerkrieg sind inzwischen über 50 Jahre vergangen. Nach dem Ende der Franco-Ära konnte das Land erstaunlich schnell und reibungslos den Übergang in die Demokratie bewältigen. Während des Franquismus und danach war der Bürgerkrieg im politischen und historischen Diskurs stets obligater Bezugspunkt; kaum jemand versäumte es, auf den Ursprung des Franco-Regimes im Krieg hinzuweisen. Und der nach 1975 einsetzende Boom an Bürgerkriegsliteratur entsprach einem verbreiteten Bedürfnis in weiten Bevölkerungskreisen nach Information und Aufklärung, nachdem in den Jahrzehnten zuvor die Geschichtsschreibung vielfach zur Legitimation des Siegerregimes instrumentalisiert worden war. Historiker und Publizisten waren sich stets darin einig, daß erst in einem demokratischen Staat, ohne intellektuelle Gängelung oder politische Zensur, die vollständige Aufarbeitung der Bürgerkriegsgeschichte oder der besonders dunklen Jahre des frühen Franquismus erfolgen würde.

Es stand zu erwarten, daß zum 50. Jahrestag des Kriegsbeginns (1986) sowie des Kriegsendes (1989) verstärkte Aktivitäten stattfinden würden, um dem Informationsbedürfnis der Bürger nachzukommen. Zweifellos gab es 1986 auch öffentliche Veranstaltungen, die an den Bürgerkriegsbeginn erinnerten (während der Jahrestag des Kriegsendes 1989 praktisch unbeachtet verstrich); aber gemessen an der überragenden Bedeutung, die dieser Krieg für das Spanien der Gegenwart hat, hielten sich die Rückblicke eher in Grenzen. Die meisten Veranstaltungen waren ohnehin in die eher „entschärfte" Domäne der Historiker übergegangen. Denn darin waren sich nahezu alle politisch und wissenschaftlich Verantwortlichen einig: Die Gedenkveranstaltungen sollten der früheren folkloristisch-propagandistischen Funktionen entkleidet werden und „streng" wissenschaftlichen Charakter erhalten; keine erneuten Rechtfertigungen, sondern Erklärungen waren gefragt; nicht die Opas, die den Krieg geführt hatten, sondern die jungen Akademiker, die ihn nur über Quellen und Literatur kennen, waren die Protagonisten der Veranstaltungen. Und auf diesen selbst wurde immer wieder mahnend dazu aufgefordert, „objektiv" und „historisch distanziert" zu argumentieren, da man doch über ein längst vergangenes Ereignis spreche, das seit langem schon Teil der „Geschichte" sei.

Ergebnis dieser Tagungen und Kongresse waren mehrere Sammelbände, die ein weitgehend ausgewogenes Bild des Bürgerkrieges präsentieren; verbreitete historische Zeitschriften (etwa ›Historia 16‹) und Tageszeitungen mit hohen Auflagen (›El País‹ u. a.) brachten vielfältige Bürgerkriegsbeiträge.[1] Im Gegensatz zu diesen historiographischen Beiträgen ließ sich das „offizielle" Spanien so gut wie nicht vernehmen. Im Juni 1986, wenige Wochen vor dem eigentlichen Jahrestag des Bürgerkriegbeginns, standen Parlamentswahlen auf der politischen Tagesordnung, bei denen es für die regierende Sozialistische Partei um den Erhalt ihrer absoluten Mehrheit ging, und in dieser politisch heiklen Situation durften Wähler der Mitte und der gemäßigten Rechten nicht verunsichert oder gar verschreckt werden, indem öffentlich und über Massenmedien auf die Spaltung der spanischen Gesellschaft in den 30er Jahren hingewiesen wurde. Damals war ja die Sozialistische Partei eindeutig in dem linken Spektrum des politischen Lebens angesiedelt gewesen. Außerdem wäre wohl eine öffentliche Debatte nicht zu verhindern gewesen, in der auch die Mitverantwortung der stärksten Arbeiterpartei am Scheitern der spanischen Demokratie diskutiert worden wäre.

Die einzige Verlautbarung aus dem Moncloa-Palast – Ministerpräsident Felipe González verkündete sie als Regierungschef aller Spanier, nicht als Generalsekretär der Sozialistischen Partei – besagte, der Bürgerkrieg sei „kein Ereignis, dessen man gedenken sollte, auch wenn er für die, die ihn erlebten und erlitten, eine entscheidende Episode in ihrem Leben darstellte". Inzwischen sei der Krieg jedoch „endgültig Geschichte, Teil der Erinnerung und der kollektiven Erfahrung der Spanier"; er sei „nicht mehr lebendig und präsent in der Realität eines

---

[1] Vgl. etwa die monographischen Sondernummern zum Spanischen Bürgerkrieg folgender Zeitschriften: Cuenta y Razón Nr. 21, Sept.–Dez. 1985; Arbor Nr. 491/492, 1986; Studia Historica Nr. 4, Bd. III, 1985; Letras de Deusto, Bd. 16, Nr. 35, Mai–Aug. 1986; Aportes Nr. 8, Juni 1988; als Tagungsbände vgl. Universitat de València, Facultat de Geografia i Història: Estudis d'Història Contemporània del País Valencià, Valencia o. J.; Julio Aróstegui (Hrsg.) 1988; als Sammelbände vgl. Manuel Tuñón de Lara (u. a.) 1987; Ramón Tamames (u. a.), La guerra civil española. Una reflexión moral 50 años después, Barcelona 1986.

Landes, dessen moralisches Gewissen letztlich auf den Prinzipien der Freiheit und der Toleranz basiert".[2]

Sicherlich sind derartige Äußerungen in Zusammenhang mit dem demokratischen Neuaufbau nach 1975 und dem Schlüsselwort beim Abbau der Diktatur zu sehen: *consenso,* Zusammenwirken aller. Die traumatische Erfahrung von Bürgerkrieg, brutalster Gewaltausübung und gesellschaftlicher Spaltung dürfte unausgesprochen den Hintergrund vieler Haltungen und Maßnahmen in der Übergangsphase zur Demokratie gebildet haben: für die Akzeptierung der Monarchie durch die republikanischen Sozialisten, für die gemäßigten Positionen der Kommunisten, für das Zusammenwirken aller politischen Kräfte bei der Ausarbeitung der neuen Verfassung. Die neue Demokratie sollte nicht von einem Teil gegen den Willen des anderen, sondern möglichst unter Mitwirkung aller politischen Lager aufgebaut werden. Voraussetzung hierfür aber war die Wiederversöhnung aller ehemals verfeindeten Lager. Nicht alte, noch ausstehende Rechnungen sollten beglichen, sondern ein endgültiger Schlußstrich unter die Kämpfe und Feindschaften der Vergangenheit gezogen werden. Dieser Wunsch nach Aussöhnung und die Angst davor, alt-neue, nicht verheilte Wunden wieder aufzureißen, mögen die regierenden Sozialisten – die zu den Hauptverlierern des Bürgerkrieges gehörten! – mitbewogen haben, den Jahrestag 1986 offiziell nicht zur Kenntnis zu nehmen, ja: zu verdrängen, und außerdem politisches Verständnis für die ehemals „andere" Seite zu zeigen. Weiter heißt es nämlich in der Moncloa-Erklärung, die Regierung wolle „die Erinnerung an all jene ehren und hochhalten, die jederzeit mit ihrer Anstrengung – und viele mit ihrem Leben – zur Verteidigung der Freiheit und der Demokratie in Spanien beigetragen haben"; zugleich gedenke sie „respektvoll jener, die – von anderen Positionen aus als denen des demokratischen Spanien – für eine andere Gesellschaft kämpften, für die viele auch ihr Leben opferten". Die Regierung hoffe, daß „aus keinem Grund und keinem Anlaß das Gespenst des Krieges und des Hasses jemals wieder unser Land heimsuche, unser Bewußtsein verdunkle und unsere Freiheit zerstöre. Deshalb äußert die Regierung auch ihren Wunsch, daß der 50. Jahrestag des Bürgerkrieges endgültig die Wiederversöhnung der Spanier besiegle."

Die heute regierenden Sozialisten greifen auf die Erblast der Angst als Folge des Krieges zurück, um ihre politische Vorsicht abzusichern,

[2] «Una guerra civil no es un acontecimiento conmemorable», afirma el Gobierno, in: El País vom 18.7.1986, S. 17.

um keine radikalen Veränderungen vorzunehmen, die möglicherweise die Stabilität des Systems gefährden könnten. Welcher Richter, welcher Staatsanwalt, welcher Polizist, welcher General ist nach 1975 oder nach der Machtübernahme durch die Sozialisten für Vergehen während der Franco-Diktatur seines Amtes enthoben oder gar bestraft worden? Die heute erreichte Stabilität hat ihren politischen und moralischen Preis, der soziopolitische Friede will erkauft sein. Ein Großteil der älteren Militärs dürfte sich bis heute mehr oder weniger mit seiner franquistischen Vergangenheit identifizieren. In manchen offiziellen Heerespublikationen nehmen Francos Bilder und seine Titel eine wichtigere Stelle als die heutigen staatlichen Würdenträger ein. In Militärkreisen und Kasernen wird noch immer vom „Kreuzzeug" gesprochen; allerdings dürfte es sich inzwischen um das Vokabular einer Minderheit unter den Militärs handeln. Das Überleben des franquistischen Symbolsystems erinnert daran, daß die politische Reform aus einem Pakt hervorging, der innerhalb der autoritären Institutionen ausgearbeitet worden ist und schließlich zum „Übergang in die Demokratie" führte. Diesem Übergangscharakter entsprechend gingen die Streitkräfte ohne jegliche Art von Säuberung von der Diktatur in den Postfranquismus über.

Die Tatsache, daß es keinen klaren demokratischen Bruch mit der franquistischen Diktatur gab, hat einen Schatten auf jene Bereiche der Vergangenheit geworfen, die in der französischen Historiographie die „Orte des Gedächtnisses" genannt werden. Die *transición* stellte eine Art Ehrenabkommen dar, durch das die Kompensation der Franquisten für die Übergabe der Macht in der Praktizierung einer kollektiven Amnesie erfolgte. Dies gilt nicht nur für die konservativen Übergangsregierungen der Jahre 1977–1982; dies ist nicht weniger gültig für den *Partido Socialista Obrero Español*: Mit ihrer Geschichtslosigkeit setzt die spanische Sozialdemokratie den in der Franco-Zeit erzwungenen Gedächtnisverlust des Volkes fort. In beiden Fällen diente die Marginalisierung und Verdrängung von Geschichte der Stabilisierung bestehender Machtverhältnisse.

Während der gesamten Franco-Ära hatte das Regime durch *damnatio historiae* versucht, jegliche historische Erinnerung, die sich nicht in die Tradition des Aufstandes vom 17./18. Juli 1936 einreihen ließ, auszuschalten: physisch durch Ermordung aller exponierten Kräfte der republikanischen Seite, politisch durch kompromißlose Machtaufteilung unter den Siegern, intellektuell durch Zensur und Verbote, propagandistisch durch einseitige Indoktrinierungen, kulturell durch Eliminierung der Symbole jenes angeblichen „Anti-Spanien", das in zermürbender Langsamkeit drei Jahre lang bis zur bedingungslosen Kapitulation bekämpft worden war. Zur Zerstörung der Erinnerung an jenes unterlegene Spanien „des Hammers und des Meißels" (Antonio Machado) kam bald die Notwendigkeit, die Spur der eigenen Verbrechen aus dem Gedächtnis der Menschen tilgen zu müssen. Die Auswahl des aus dem kollektiven Gedächtnis zu Streichenden war ein Prozeß negativer Selektion, der vom Zentrum der Macht aus gesteuert wurde. Ganz im Gegensatz zu dieser Haltung des Sieger-Regimes haben die Regierungen der *transición* keinen übermäßigen Eifer an den Tag gelegt, die Symbole des Franquismus aus der Öffentlichkeit zu entfernen. Einige sind bis heute anzutreffen.

Ein weiterer wichtiger Grund für die offizielle Verdrängung des Bürgerkrieges dürfte in dem ideologischen Konsens liegen, der seit einigen Jahren die spanische Gesellschaft zu bestimmen scheint und der auf die Begriffe Modernisierung und Europäisierung gebracht werden kann. Hintergrund der Fortschrittsgläubigkeit, des extrovertierten Konsumrausches und der ungezügelten Europa-Euphorie ist ein tiefsitzender Minderwertigkeitskomplex gerade in bezug auf diesen Fortschritt und dieses Europa, von dem das Franco-Regime sich zuerst bewußt abgekoppelt hatte („Spanien ist anders") und von dem es zuletzt aus politischen und ökonomischen Gründen ferngehalten worden war. Philosophen, Schriftsteller und Politiker haben sich bis in die unmittelbare Gegenwart immer wieder die Frage nach den Gründen für Spaniens „Rückständigkeit" gestellt, und bis heute ist der Entwicklungsvorsprung Europas gegenüber Spanien ein in Publizistik, Literatur und Philosophie häufig anzutreffendes Thema. Der Bürgerkrieg gilt in dieser Debatte als das historische Ereignis, durch das die Rückständigkeit der Spanier am klarsten zum Ausdruck kam, der Schlußpunkt in einer ganzen Reihe fehlgeschlagener Modernisierungsversuche.

Die Folge des Bürgerkrieges, die Installierung des Franco-Regimes, führte nach 1945 zum Ausschluß Spaniens aus der internationalen Staatengemeinschaft, zur Ächtung und zum wirtschaftlichen Boykott. Das Land wurde auf sich selbst zurückgeworfen; die Außenbeziehungen konzentrierten sich lange auf die arabischen Länder und Lateinamerika, was auf der Pyrenäischen Halbinsel das Gefühl des Unterentwickeltseins weiter verstärkte. Minderwertigkeit, Isolierung und Spaltung in Sieger und Besiegte wurden in Spanien mit dem Bürgerkrieg und seinen Folgen assoziiert. Die Öffnung des Landes zur Demokratie, zu Fortschritt und zu Europa ist eine bewußte Abkoppelung von dieser unerwünschten Vergangenheit.

In nahezu allen Kommentaren über das Bewußtsein der spanischen Bevölkerung in bezug auf den Bürgerkrieg wird auf die Indifferenz der Jugend gegenüber der jüngsten Vergangenheit hingewiesen. Amtliche Stellen zeigen ein auffälliges Desinteresse, diesen Zustand zu ändern: König und Regierung sprachen in den letzten Jahren nur von Wiederversöhnung, staatliche Instanzen predigen unaufhörlich das Thema Europa, eine dauernde Werbeberieselung intensiviert die ohnehin schon überbordende Konsumneigung, das ganze Land ist mental auf Modernisierung und Fortschritt eingestellt. Im Jahr 1986 beging Spanien nicht nur den 50. Jahrestag des Bürgerkriegsbeginns; es war auch das Jahr, in dem das Land Vollmitglied der Europäischen Gemeinschaften wurde und sich endgültig für den Verbleib in der NATO entschied. Hatte der Bürgerkrieg den (erneuten) Beginn eines historischen „Sonderwegs" markiert, so stellte spätestens das Jahr 1986 die Rückkehr Spaniens zur europäischen „Normalität" dar.

Sicher hängt die Geschichtslosigkeit der jüngeren Generationen auch mit der jahrzehntelangen Instrumentalisierung von Geschichte im Franquismus zusammen, die im Nach-Franquismus in Gleichgültigkeit oder sogar in Ablehnung umgeschlagen ist. In diesem Zusammenhang verdienen die Überlegungen des Philosophen José Luis L. Aranguren referiert zu werden, der davon spricht, daß die heutige spanische Gesellschaft eine neue Beziehung zu ihrer Geschichte eingegangen sei, daß sie keine Dogmen mehr übernehme, sich von der Vergangenheit distanziere (im Gegensatz zur früheren Identifizierung) und in ihrer kollektiven Erinnerung eine Wende vollzogen habe.[3] Diese „historische Mutation" hänge damit zusammen, daß die Spanier bisher vom Gewicht eines „Volkes mit Universalgeschichte" erdrückt worden seien; stets sei ihnen die Orthodoxie einer Kontinuität mit der spanischen Weltgeschichte gepredigt worden, von der sich nur einige wenige heterodoxe Kräfte distanzieren konnten, die sich gegen die dominierenden Nostalgiebestrebungen wandten.

Die vorherrschende spanische Kultur war zu Beginn der Neuzeit, im literarisch glänzenden «Siglo de Oro», eine Kultur der Gegenreformation, später dann eine Kultur der Antimodernität. Da die weltgeschichtliche Größe Spaniens mit dem kulturellen Aufschwung des gegenreformatorischen Katholizismus zusammenfiel, wurde lange Zeit ein unauflöslicher Zusammenhang zwischen spanischer Kultur und

---

[3] José Luis L. Aranguren, Por qué nunca más, in: Ramón Tamames (u. a.), La guerra civil española. Una reflexión moral 50 años después, Barcelona 1986, S. 171–184.

Widerstand gegen die Kräfte der Moderne gesehen. Der nostalgische Rückblick auf ein imperial-katholisches Spanien dominierte, das wiederum als „ewiges Spanien" und „geistliche Reserve des Abendlandes" betrachtet wurde.

Der Franquismus kann als letzter Versuch betrachtet werden, zumindest in seiner Frühphase sich in diese Tradition der Antimodernität einzureihen. Die „revolutionären" Erneuerungsmomente der ursprünglich faschistischen Falange waren für das Regime stets weit weniger bedeutend als die Kontinuitätselemente traditionalistischer, national-katholischer und militärischer Provenienz. Diese „prämodernen" Kulturelemente gingen in der Spätphase des Franquismus, seit dem Wirtschaftsboom der 60er Jahre, rapide verloren. Der Verlust erzeugte nicht so sehr einen expliziten Anti-Franquismus als vielmehr einen Nicht-Franquismus, eine Skepsis gegenüber der Politik, die zwar in den ersten Jahren nach 1975 einem bewußten Engagement wich, sehr schnell jedoch wieder zur distanzierten Skepsis wurde, als die Hauptziele des friedlichen Wandlungsprozesses – die Sicherung der Demokratie und eine Übertragung der Macht an die linke Mitte – erreicht zu sein schienen. Eine klare politische Alternative war in den 80er Jahren weder auf der Linken noch auf der Rechten in Sicht; das dadurch erzeugte Gefühl der Paralyse schlägt sich nicht nur auf das politische, sondern auch auf das historische Bewußtsein nieder und fördert jene Einstellung, die längst nicht mehr auf „Differenz" als vielmehr auf „Indifferenz" und Entpolitisierung abzielt.

Auf der Grundlage derartiger Überlegungen könnte es für das offizielle Verdrängen des Bürgerkrieges und das äußerst laxe Umgehen mit den franquistischen Symbolen im Übergangsprozeß in die Demokratie somit auch eine weit einfachere als die politisch-ideologische Erklärung geben: Es stellt sich die Frage, ob die vom Franquismus propagierten Werte in der spanischen Gesellschaft überhaupt je Fuß gefaßt haben, ob die Symbole und die Ästhetik des Regimes mehr als resigniert-unbeachtet hingenommene Oberflächensymptome waren. Die Ideologie des Regimes – wenn es sie denn je gegeben hat – war spätestens seit dem Ende der 50er Jahre einem steten Auflösungsprozeß unterworfen gewesen; in den Schlußjahren der Diktatur war sie praktisch inexistent. Eine gewaltsame Auseinandersetzung mit dieser Ideologie, mit den Symbolen und den äußeren Merkmalen des franquistischen Regimes war nach 1975 deshalb nicht nötig; es handelte sich ohnehin nur noch um inhaltsleere Hüllen, die kaum jemand mehr ernst nahm. Auch das erklärt die Art, wie die spanische Gesellschaft mit ihrer diktatorischen Vergangenheit umging und umgeht. Sie betrachtet sie als überlebt und gibt sie dem Vergessen anheim.

Über den Bürgerkrieg, noch mehr sogar über die ersten Jahre der Franco-Ära, scheint sich eine Decke des Schweigens gelegt zu haben, möglicherweise da die heutigen Generationen es nicht für ratsam erachten, auf eine derart konfliktgeladene Epoche zurückzublicken; die heute von staatlicher Seite auf den „Fortschritt" gelegte Betonung läßt es dysfunktional erscheinen, die als „negativ" bewerteten Epochen in Erinnerung zu rufen. Auf dem Altar der Ausgleichsmentalität sind auch jene Gedenkveranstaltungen geopfert worden, die viele von der Regierung 1986 bzw. 1989 erwartet hatten. Statt dessen lautete die offizielle, nach beiden Seiten hin gleichermaßen abgesicherte Parole: „Nie wieder!" Der Bürgerkrieg wurde als „Tragödie" bewertet, als Krise, die den Zusammenbruch aller Werte des Zusammenlebens heraufbeschwor; nicht von den Gründen und Verantwortlichkeiten für diese Tragödie war die Rede – also vom Bestreben der Aufständischen und ihrer Helfershelfer, die demokratischen Errungenschaften wieder abzuschaffen –, sondern von den Folgen der „tragischen Krise".

Einige Beobachter sehen hinter dem offiziellen Verhalten der heutigen spanischen Regierung zu den Bürgerkriegs-Jahrestagen eine überlegte und präventive Strategie der Machtkonsolidierung. Wenn dies stimmt, so muß danach gefragt werden, wie in der spanischen Öffentlichkeit heute der Bürgerkrieg gesehen wird. Im Sommer 1983 ließ die Zeitschrift ›Cambio 16‹ eine repräsentative Umfrage über den Bürgerkrieg durchführen.[4] Danach bezeichneten 59% der Befragten den Bürgerkrieg als ein Thema von Interesse, und 57% hielten den Krieg für das wichtigste Ereignis zum Verständnis des gegenwärtigen Spanien; zugleich hielten sich aber 76% für schlecht informiert. Fast drei Viertel aller Befragten (73%) sahen im Bürgerkrieg eine beschämende Epoche in der Geschichte Spaniens, die besser vergessen werden sollte; genau die Hälfte der Befragten war der Meinung, daß auf beiden Seiten für die Freiheit und den Fortschritt Spaniens gekämpft worden war, und ganze 48% stimmten der Auffassung zu, daß alle Handlungen Francos ihren Beweggrund in seiner großen Liebe zu Spanien hatten. Auf die Frage: „Wenn Sie heute Partei ergreifen müßten: Für welche von beiden Seiten wären Sie zu kämpfen bereit?", antwortete fast die Hälfte (48%): für keine von beiden.

Die Antworten dieser Umfrage lassen das Ausmaß deutlich werden, in dem der Krieg das Bewußtsein der Nachfolgegenerationen

---

[4] Cambio 16 Nr. 616–619 v. 26. 9.–10. 10. 1983.

geprägt hat, die ihn längst nicht mehr erlebt haben. Zum Zeitpunkt der Umfrage bestand die große Mehrheit des spanischen Volkes aus jenen, die den Krieg nur in seinen Folgen erlitten hatten. Und jene überwältigenden 73%, die den Krieg für eine beschämende Epoche hielten, die besser vergessen werden sollte, drücken mit dieser Meinung ihr Interesse daran aus, nicht auf die alten Kriegsgeschichten zurück-, sondern von der versöhnten Gegenwart aus in die europäische Zukunft vorauszublicken.

ANHANG

TENDENZEN
UND DESIDERATE DER FORSCHUNG

Der Aufschwung der (vor allem) spanischen Bürgerkriegshistoriographie in den Jahren nach 1975 hat die nach wie vor bestehenden großen Lücken in der Forschung aufgedeckt und deutlich werden lassen, daß ein Großteil der älteren Geschichtsschreibung ideologisch stark eingefärbt und quellenmäßig wenig abgesichert war. Die zahlreichen, vor allem jüngeren Historiker haben die Herausforderung, die diese Forschungssituation für die spanische Geschichtswissenschaft bedeutet, angenommen und begonnen, die Forschungslücken zu füllen. Dabei liegt ein Schwerpunkt der laufenden Untersuchungen in dem Bereich, den man – etwas verallgemeinernd – als „Sozialgeschichte des Bürgerkriegs" bezeichnen könnte: Gefragt wird nach den Bedingungen des Krieges im Hinterland, nach der (ideologischen und militärischen) Mobilisierung des Volkes, nach der (nicht institutionellen, sondern gesellschaftlichen) 'Genese' des 'Neuen Staates' im Krieg. Berücksichtigt werden Gruppen, Schichten und Organisationen, die in der älteren Forschung ein eher marginales Dasein gefristet haben, zum Beispiel Frauen und Jugendliche.

Einzelne Frauenorganisationen – etwa die anarchistische oder die sozialistische im republikanischen oder die falangistische «Sección Femenina» im nationalen Lager – haben bereits solide Untersuchungen erfahren; weitere Studien beschäftigen sich mit der Situation der Frau im Hinterland, in der Kriegswirtschaft oder in bezug auf ihre neue Rolle in der Familie.[1] Von den Jugendorganisationen (auf beiden Seiten) haben bisher nur die „Vereinigte Sozialistische Jugend" in ihrer Entstehungsphase, die katalanische „Vereinigte Sozialistische Jugend" im Krieg und neuerdings die Libertäre Jugendorganisation in

---

[1] 1989 fand in Salamanca mit Beständen aus dem Archivo Histórico Nacional, Sección «Guerra Civil» eine Ausstellung zum Thema Frau und Bürgerkrieg statt. Vgl. den Katalog (mit einem guten Essay von Mary Nash und den wichtigsten bibliographischen Titeln zum Thema): Ministerio de Cultura (Hrsg.), Las Mujeres en la Guerra Civil, Madrid 1989. Aus dem dt. Sprachraum sei verwiesen auf Cornelia Krasser/Jochen Schmück (Hrsg.), Frauen in der Spanischen Revolution 1936–1939, Berlin 1984.

der Forschung Berücksichtigung gefunden.[2] Damit ist auf diesem Gebiet lediglich ein Anfang gemacht.

Neben die sozialrevolutionären Aspekte im engeren Sinne ist in den letzten Jahren ein bisher vernachlässigtes Untersuchungsgebiet getreten, das als Gesellschaftsgeschichte im weiteren Sinne bezeichnet werden könnte. Gegenstand dieser Darstellungen sind die Lebensverhältnisse der breiten Masse der Bevölkerung unter den durch Krieg, Revolution und Repression geschaffenen Verhältnissen. Ronald Fraser hat die Methodik der *Oral History* seiner Untersuchung zugrunde gelegt und ein beeindruckendes Bild von der Stimmungslage, den Empfindungen, Wünschen, Sehnsüchten und Hoffnungen in der Bevölkerung, kurz: von der Alltagsgeschichte zeichnen können.[3] Rafael Abella geht in seinen verschiedenen Publikationen dem „Alltagsleben" während des Krieges nach[4]; er schildert die Sorgen der Bevölkerung, die wirtschaftlichen Schwierigkeiten, die Probleme bei der Nahrungsmittelbeschaffung, die Praxis des Schulalltags, die Unsicherheiten, die Furcht. Die Studie von Joan Villarroya i Font betritt mit der Untersuchung der materiellen und psychologischen Folgen der Bombardements für die Bevölkerung Neuland.[5]

Eines der umstrittensten und bis heute am wenigsten aufgearbeiteten Phänomene ist die Frage der Repression im Hinterland beider Kriegszonen. Bisher liegt die solide Untersuchung von Alberto Reig Tapia vor,[6] die das Funktionieren und die Folgen dessen untersucht, was der falangistische Innenminister Ramón Serrano Suñer zutreffend „die verkehrte Justiz" genannt hat, das heißt jenes System der „Nationalen", das die Verteidiger der republikanischen Legalität in Staatsverräter verwandelte und sie einer gnadenlosen Repression aussetzte. Reig Tapia belegt und beklagt die ideologische Manipulation, der franquistische Historiker das dunkle Kapitel der Repression unterworfen haben. Er weist auf die Schließung der Archive im Franquismus hin, auf das Verschwinden von Dokumenten, auf administra-

---

[2] Ricard Viñas, La formación de las Juventudes Socialistas Unificadas (1934–1936), Madrid 1978: Ramón Casterás, Las JSUC: ante la guerra y la revolución (1936–1939), Barcelona 1977; Jesús L. Santamaría, Juventudes Libertarias y Guerra Civil (1936–1939), in: Studia Historica (Salamanca), Historia Contemporánea, Bd. 1, Nr. 4, 1983, S. 215–222.
[3] Fraser 1979.
[4] Abella 1974/75.
[5] Joan Villarroya i Font, Els bombardeigs de Barcelona durant la guerra civil (1936–1939), Barcelona 1981.
[6] Reig Tapia 1985.

tive Schwierigkeiten beim Versuch, weiterführende Daten ausfindig zu machen, auf die politische Instrumentalisierung der Geschichte durch Pseudo-Historiker wie Ricardo de la Cierva. (In diesem Sinne ist Reig Tapia in der entlarvenden Tradition eines Herbert Southworth zu sehen, der vor nunmehr bereits einem Vierteljahrhundert in ›El mito de la cruzada de Franco‹ die franquistische Historiographie erbarmungslos decouvrierte.)

Der Autor rechnet nicht quantitativ die Repressionen beider Seiten gegeneinander auf, wenn er auch die Mangelhaftigkeit bisheriger quantitativer Studien (wie die von Ramón Salas Larrazábal[7]) deutlich aufzeigt. Er betont vielmehr die qualitativen Unterschiede zwischen dem Terror in der franquistischen und dem in der republikanischen Zone; dabei geht er auch ausführlich auf die Mechanismen der Prozeßführung, das heißt auf die „legalisierte" Repressionsform ein. Im Lager der späteren Bürgerkriegssieger stand hinter dem Terror eine Ideologie; die Repression ging von oben aus und wurde Teil der Funktionsweise des entstehenden „Neuen Staates", der meinte, das gegnerische „Anti-Spanien" (auch physisch) vernichten zu müssen, um selbst bestehen zu können. Verurteilungen des Terrors, wie sie im republikanischen Lager Azaña, Irujo, Prieto, Peiró und viele andere vortrugen, die sich gegen den Ausbruch von angestautem, gewalttätigem Haß der säkular unterdrückten Unterschichten wandten, hat es bei den Siegern nicht gegeben. Je mehr im Kriegsverlauf die Republik die Kontrolle über die Staatsorgane zurückgewann und die ohne staatliche Sanktionierung begonnenen Exzesse kontrollierte, desto systematischer wurde im Lager der Sieger der (Staats-)Terror gegen die Besiegten angewandt. Reig Tapia weist auch auf die Gefahren jenes „Schweigepaktes" hin, der im Übergang zur Demokratie implizit geschlossen wurde und zur Ausklammerung der Repressionsdebatte aus dem politischen Diskurs führte. So wichtig es war, die *transición* friedlich zu bewerkstelligen, so unentbehrlich ist andererseits die Kenntnis der Repressionsmechanismen und -bilanz des letzten halben Jahrhunderts spanischer Geschichte.

In beiden Zonen wurden während des ganzen Krieges die Verhaftungen fortgesetzt. Die Standgerichte in der einen, die Volksgerichte in der anderen Zone und die verschiedenen (mehr oder minder offiziellen) Polizeiorganisationen, die nach Abtrünnigen oder Überläufern fahndeten, schufen in breiten Teilen der Bevölkerung ein

---

[7] Salas Larrazábal 1980; vgl. auch ders., Pérdidas de la guerra, Barcelona 1977.

Klima der Angst und Unsicherheit. Bis heute stellt die Frage der Repression besonders große Probleme im Hinblick auf jeglichen Quantifizierungsversuch; aber auch die aufgeworfenen soziologischen, soziohistorischen und ethischen Fragen sind bis heute weitgehend unbeantwortet geblieben, wobei ein Hauptproblem der Mangel an zuverlässigem Quellenmaterial, vor allem aus der „nationalspanischen" Zone ist. Auch auf diesem Gebiet dürften lokale und regionale Untersuchungen – wie die Pionierstudien von Francisco Moreno Gómez über die Provinz Córdoba, die von Josep M. Solé i Sabaté über Katalonien, die von Joan Villarroya i Font über Badalona und die von Antonio Hernández García über La Rioja und Soria[8] – aussagekräftige Ergebnisse erbringen, die es ermöglichen, das Phänomen der Repression quantitativ und qualitativ zu bewerten. Die erwähnten Studien stellen einen Anfang auf diesem Forschungsgebiet dar.

Auch im Hinblick auf die internationale Dimension des Bürgerkrieges läßt sich feststellen, daß in den letzten Jahren eine deutliche Schwerpunktverlagerung stattgefunden hat. Es lassen sich zumindest drei Trends ausmachen:

Zum einen werden immer häufiger jene Länder untersucht, die während des Bürgerkrieges und in der historiographischen Debatte der letzten 50 Jahre keinen zentralen Rang eingenommen haben, etwa die Schweiz, Österreich oder lateinamerikanische Staaten.[9] Für die

[8] Francisco Moreno Gómez, La guerra civil en Córdoba (1936–1939), Madrid 1985; Josep M. Solé i Sabaté, La repressió franquista a Catalunya 1938–1953, Barcelona 1985; Joan Villarroya i Font, Revolució i Guerra Civil a Badalona 1936–1939, Badalona 1986; Antonio Hernández García, La represión en La Rioja durante la guerra civil, Logroño 1984; Gregorio Herrero Balsa/Antonio Hernández García, La represión en Soria durante la guerra civil, Soria 1982. Später hat in seiner Monographie über Navarra Ramón Salas, Los fusilados en Navarra en la guerra de 1936, Madrid 1983 seine früheren, zu niedrig angesetzten Zahlen für die franquistische Repression um über 20% nach oben korrigiert.

[9] H. Spiess (Hrsg.), „... daß Friede und Glück Europas vom Sieg der spanischen Republik abhängt". Schweizer im Spanischen Bürgerkrieg, Zürich 1986; vgl. auch die ältere Studie von H. Zschokke, Die Schweiz und der spanische Bürgerkrieg, Zürich 1976. Zur Zeit wird eine Dissertation (in Bern) über die Schweiz und den Spanischen Bürgerkrieg erstellt. Dokumentationsarchiv des österreichischen Widerstandes (Hrsg.), Für Spaniens Freiheit. Österreicher an der Seite der Spanischen Republik 1936–1939. Eine Dokumentation, Wien 1986. Österreicher im Spanischen Bürgerkrieg. Interbrigadisten berichten über ihre Erlebnisse 1936–1945, hrsg. von der „Vereinigung österreichischer Freiwilliger in der spanischen Republik 1936 bis 1939 und der Freunde

Schweiz ist eine Zusammenstellung von Texten ehemaliger Spanienkämpfer oder Sympathisanten (Briefe, Tagebuchnotizen, Artikel) erschienen. Für Österreich sind zwei wertvolle Dokumentensammlungen veröffentlicht worden. Auch zum Beitrag der Australier liegt inzwischen eine umfangreiche Studie vor.[10] Die Auswirkungen des Bürgerkrieges auf die Innen- und Außenpolitik (latein)amerikanischer Staaten ist erst ansatzweise analysiert. Der von Mark Falcoff und Frederic B. Pike herausgegebene Sammelband untersucht verschiedene lateinamerikanische Länder sowie die USA. Die Ausgangsthese der einzelnen Länderbeiträge lautet, daß die lateinamerikanischen Reaktionen auf den Bürgerkrieg in Spanien sich deshalb von denen in Europa und den USA unterschieden, weil viele der spanischen Konfliktachsen in den lateinamerikanischen Staaten in ähnlich virulenter Form bestanden. Bedauerlicherweise wird diese anregende Überlegung nicht als Ausgangspunkt systematisch angelegter komparativer Studien verwendet; die qualitativ sehr unterschiedlichen Beiträge bilden eher die Grundlage (als das fertige Ergebnis) vergleichender Untersuchungen. Als einziges lateinamerikanisches Land hat Mexiko eine eindeutig prorepublikanische Haltung eingenommen und die legale Regierung in Madrid nach Kräften unterstützt. Die Studie von Thomas G. Powell untersucht den „patriotischen Mythos" der mexikanischen Hilfe für die Republik, läßt allerdings viele Fragen offen. – Trotz aller Einschränkungen lassen die aufgeführten Titel erkennen, daß neuerdings die kleineren Mächte immer häufiger ins Blickfeld der Historiker geraten.

Zum anderen konzentriert sich das Interesse immer mehr – nachdem die „offizielle" Regierungspolitik der Großmächte weitgehend bekannt ist – auf die Reaktionen innerhalb der Gesellschaft, und das heißt in vielen Fällen auf die Freiwilligenbewegungen zugunsten der Republik. Für Großbritannien liegen bereits die ersten Ergebnisse vor: Die solide Studie von Jim Fyrth über die ›Spanish Aid Move-

---

des demokratischen Spaniens", Redaktionskomitee unter Leitung von A. Peter, Wien 1986. Einer der Mitarbeiter an diesem Band ist Josef Schneeweiß, der seine Erinnerungen in einem gesonderten Band publiziert hat: J. Schneeweiß, Keine Führer, keine Götter. Erinnerungen eines Arztes und Spanienkämpfers, Wien 1986. M. Falcoff/F. B. Pike (Hrsg.), The Spanish Civil War, 1936–1939: American Hemispheric Perspectives, Lincoln 1982. Th. G. Powell, Mexico and the Spanish Civil War, Albuquerque 1981.

[10] Amirah Inglis, Australians in the Spanish Civil War, Sydney/London 1987.

ment‹, die detailliert die Hilfsaktionen (Geld, Verpflegung, Material, ärztliche Unterstützung) für die Republik untersucht; eine noch unpublizierte Dissertation von Tom Buchanan hat die Haltung der britischen Gewerkschaften gegenüber dem Bürgerkrieg zum Gegenstand; derselbe Autor untersucht auch die Rolle der britischen Arbeiterbewegung in dem ›Basque Children's Committee‹, während Dorothy Legarreta in ihrer Studie vor allem die Bedeutung des mittelständischen britischen "National Joint Committee for Spanish Relief" hervorhebt. Die Studie von M. McDonald ist der 1953 von Nancy McDonald gegründeten Hilfsorganisation "Spanish Refugee Aid" gewidmet, die es sich zum Ziel setzte, den immer noch in äußerster Bedrängnis lebenden 10 000 spanischen Flüchtlingen zu helfen.[11]

Zum dritten schließlich entfernt sich der Trend immer mehr von globalen Untersuchungen, während Detailstudien an Quantität und Qualität zunehmen. Für das Thema der Internationalen Brigaden bedeutet das, daß die „nationalen Einheiten" wieder stärker in den Mittelpunkt der Betrachtung rücken. Das britische Bataillon hat im Werk von Bill Alexander, der selbst als "commander" in den Internationalen Brigaden mitkämpfte, eine ausgewogene Darstellung erhalten. Der Schwerpunkt der Darstellung von Carl Geiser, der ebenfalls in Spanien mitkämpfte, schildert das Schicksal der US-Interbrigadisten, die Franco in die Hände fielen. Die gut recherchierte Studie von Patrik von zur Mühlen untersucht die „deutsche Linke im Spanischen Bürgerkrieg" und wendet sich damit von der Fixierung auf die „rechte" Seite und deren Unterstützung durch Hitler ab.[12] Arno Lustiger hat den jüdischen Spanienkämpfern eine minuziös erarbeitete Studie gewidmet.[13]

---

[11] J. Fyrth, The Signal was Spain: The Spanish Aid Movement in Britain, 1936–39, London 1986; T. Buchanan, British Trade Union Internationalism and the Spanish Civil War, unpubl. DPhil. thesis, Oxford 1987; T. Buchanan, The Role of the British Labour Movement in the Origins and Work of the Basque Children's Committee, 1937–9, in: European History Quarterly 18 (1988), S. 155–174; D. Legarreta, The Guernica Generation – Basque refugee children of the Spanish Civil War, Reno (Nevada) 1984; N. MacDonald, Homage to the Spanish Exiles. Voices from the Spanish Civil War, New York 1987.

[12] B. Alexander, British Volunteers for Liberty: Spain 1936–1939, London 1986 (Erstaufl. 1982); C. Geiser, Prisoners of the Good Fight. The Spanish Civil War, 1936–1939. Americans Against Franco Fascism, Westport 1986; Mühlen 1983.

[13] Arno Lustiger, Schalom Libertad! Juden im spanischen Bürgerkrieg, Frankfurt a. M. 1989.

Unabhängig von diesen Tendenzen der neueren Bürgerkriegshistoriographie, deren Schwerpunkt verständlicherweise im Ausland liegt, geht der Haupttrend der Forschung heute – vor allem unter spanischen Historikern – in Richtung Lokal- und Regionalstudien. Hier liegen bereits überzeugende neue Ergebnisse vor – insbesondere zum Baskenland, zu Andalusien und Katalonien –, und weitere stehen zu erwarten. Die veränderte politische Situation nach 1975, das gewachsene Regional- und Autonomiebewußtsein in allen Teilen Spaniens und die Öffnung zahlreicher, früher nicht zugänglicher Lokal- und Regionalarchive erklärten den regionalistischen Forschungsboom, der noch lange Zeit anhalten dürfte.[14]

Betrachtet man die vorliegenden Ergebnisse und die aufgezeigten Trends der Forschung, so lassen sich folgende Desiderate formulieren (die Reihenfolge entspricht der Kapiteleinteilung des vorliegenden Bandes):

Ad 1.: Im Bereich der „Vorgeschichte" des Bürgerkrieges leiden viele Studien unter einem Mangel, der nicht nur für Darstellungen zur neueren Geschichte Spaniens allgemein, sondern insbesondere für Untersuchungen der Zweiten Republik gilt: Die Analysen sind zumeist auf den Bürgerkrieg hinorientiert und interessieren sich somit primär für die Frage nach den Gründen für das Scheitern der sozialliberal-parlamentarischen Republik. Diese wird als gescheiterte Regierungsform, als durch ihr Scheitern auslösendes Moment des Bürgerkrieges gedeutet. Jede Geschichte wird so zur Bürgerkriegs-Vorgeschichte und hier wiederum häufig zur Geschichte von Parteien, die in ihrem jeweiligen Führer repräsentiert sind. Die personalisierend-reduktionistische Betrachtungsweise herrscht vor, die spezifische Realität der Republik als solche geht unter. Dies geht so weit, daß viele Darstellungen, deren Untersuchungszeitraum nur die Republik ist, diese im eigentlichen Titel gar nicht erwähnen.

Der personalisierende Ansatz ist in vielen Studien feststellbar. So weiß man etwa viel über die Politik oder die Politiker der Parteien – etwa der Kommunistischen Partei in der Zeit von Republik und Bür-

---

[14] Um die „Territorialstudien", also die Untersuchungen mit lokaler und regionaler Schwerpunktsetzung, zu fördern, ist bereits eine erste, äußerst brauchbare Bibliographie erstellt worden, deren Einteilungskriterien die heutigen Autonomen Gemeinschaften und die (in ihren Grenzen seit dem 19. Jahrhundert unveränderten) Provinzen waren: Albert Girona u. a., Estado actual de la bibliografía territorial sobre la guerra civil, in: Aróstegui (Hrsg.), 1988, Bd. III, S. 401–452.

gerkrieg –, aber sehr wenig über die Parteien selbst. Wie verlief zum Beispiel der Prozeß, der die KP von einer Sekte zur Massenpartei werden ließ? Oder: Bis heute gibt es keine überzeugende Geschichte der großen Gewerkschaftsverbände: Wer waren ihre Mitglieder, wie lebten sie, wie organisierten sie sich? Wie funktionierten die Leitungsmechanismen der anarchosyndikalistischen CNT? Wie waren die republikanischen Parteien strukturiert, welche Interessen vertraten sie, aus welchen sozialen Schichten rekrutierten sie sich? Dringend erforderlich ist eine Abwendung von den „großen" Themen der Politik und eine Hinwendung zu den „niederen" Ebenen. In einem Stufenschema lassen sich derartige Desiderate an einem Beispiel klarmachen: Über Prieto und Largo Caballero weiß man mehr als über den PSOE oder die UGT; über die Partei und die Gewerkschaft wiederum weiß man mehr als über ihre konkrete Praxis; deren Praxis wiederum ist noch besser bekannt als ihre Ausführenden; von den Ausführenden schließlich weiß man immer noch mehr als von der Klasse, der sie angehörten. Weniger Ideologiestudien der Arbeiter*bewegung* als vielmehr sozial fundierte Strukturanalysen der Arbeiter*schaft* sind erforderlich. Die Klassen, aus denen sich die Volksbewegungen rekrutierten und deren Bewußtsein sie reflektierten, gehören zu den großen Lücken in der Historiographie über die Zweite Republik. Dies ist um so erstaunlicher, als die Republik nicht nur die verschiedensten Varianten sozialer Bewegungen aufzuweisen hatte, sondern sich als eine Epoche darstellt, in der alte Machtbeziehungen barsten und neue Schichten in das öffentliche Bewußtsein und die politische Alltagspraxis eindrangen. Hier ginge es um die Erforschung der konkret-empirischen Beziehungen zwischen Klasse, Volksbewegung und politischen Parteien. Für die Sozialisten sind in den letzten Jahren einige Studien erschienen, die diesen Ansatz bereits berücksichtigten.[15] Ähnliche Verflechtungsanalysen müßten (außer für die Parteien und Gewerkschaften) für die Kirche, das Militär und andere soziale Großgruppen angefertigt werden.

Ad 2.: Die militär-historischen Studien über den Bürgerkrieg leiden darunter, daß die umfangreichsten monographischen Untersuchungen zum Thema – die ›Monografías de la guerra de España‹, die unter der Leitung von José Manuel Martínez Bande vom «Servicio Histó-

---

[15] Vgl. hierzu Santos Juliá, Il socialismo spagnolo durante la repubblica e la guerra civile: una rassegna bibliografica, in: Dimensioni e problemi della ricerca storica. Rivista del Dipartimento di Studi Storici dal Medioevo all'Età contemporanea dell'Università ‹La Sapienza› di Roma 1 (1989), S. 55–77.

rico Militar» in Madrid herausgegeben worden sind – zugleich die offizielle Militärgeschichte der Sieger sind. Die politische Rechtslastigkeit dieser Monographien ist – bei aller technischen Präzision, die sie aufweisen – unübersehbar. Das Privileg, praktisch ohne Beschränkungen Zugang zu den Militärarchiven zu erhalten, hat keine andere Person oder Institution erhalten; somit fehlt bis heute eine umfassende Militärgeschichte aus „republikanischer" Perspektive. Außerdem bedarf es im Bereich der Militärgeschichte noch gründlicher Studien zur Marine und Luftwaffe. Vor allem die Forschungslücken im Bereich der Marine sind erstaunlich, da die Seeschlachten im Mittelmeer, die Blockade republikanischer Häfen oder die Expansionspolitik Mussolinis auf dem Meer von unzweifelhafter Bedeutung für den Kriegsverlauf waren. Insbesondere müßten die ausländischen Seestreitkräfte quantifiziert werden (was für die Bodentruppen und zum Teil für die Luftwaffe bereits geschehen ist). Weiter stehen zwei Detailaspekte auf der Liste der Desiderate: Auf „nationaler" Seite müßte der Anteil der marokkanischen Truppen (der „Mauren") am Sieg Francos untersucht werden; auf republikanischer Seite bedürfte es einer Studie über die militärstrategische Intervention der Russen, über das Ausmaß, in dem sie ihre Flugzeuge und Kampfwagen unter eigener Kontrolle hatten, über die russisch-spanische Zusammenarbeit im Generalstab. Schließlich sei noch darauf hingewiesen, daß die Militärakten in den «Servicios Documentales» von Salamanca noch keineswegs vollständig ausgewertet worden sind; bei der Fülle an dort lagerndem Material dürfte auch für den Militärhistoriker noch manch lohnender Fund zu machen sein.

Ad 3.: Bei der Untersuchung der internationalen Dimension des Bürgerkrieges sind auf der Seite der intervenierenden Mächte vor allem die „außenpolitischen" Ziele der Intervention behandelt worden; neuerdings läßt sich eine Tendenz in der Forschung registrieren, die den Entschluß der einzelnen Mächte zur (Nicht-)Intervention aus innenpolitischen Konstellationen, aus dem Zusammenhang von Außenpolitik und gesellschaftlichem System zu erklären versucht. Im italienischen Fall etwa dürfte der Zwang zu einer innerfaschistischen Systemstabilisierung über das Mittel nationaler Mobilisierung von Bedeutung gewesen sein; solche Aspekte sind – auch für die anderen Staaten – noch nicht ausreichend untersucht worden. – Ein zweites Desiderat ist die Politik der Sowjetunion gegenüber Spanien. Hierauf wurde bereits weiter oben hingewiesen. Es steht zu erwarten, daß unter den veränderten politischen Bedingungen in der Sowjetunion die Archive nunmehr zugänglich gemacht werden und diese

Lücke geschlossen werden kann. – Ein dritter Schwerpunkt dürfte in der Zukunft bei Studien liegen, die sich mit der Außenfinanzierung des Krieges und der Analyse der Mechanismen beschäftigen, die zur Überwindung der aus Devisenmangel resultierenden wirtschaftlichen Probleme angewandt wurden, bedurfte es zur Einfuhr von Kriegsmaterial und anderen notwendigen Industriegütern doch vor allem der knappen Devisen. Bis heute gibt es keine überzeugende Analyse der spanischen Wirtschaft am Vorabend und im Verlauf des Bürgerkrieges. Der Krieg unterbrach die bestehenden interregionalen und internationalen Wirtschaftsbeziehungen; die Produktions- und Verteilungsmechanismen mußten sich ab Sommer 1936 den Erfordernissen der Kriegswirtschaft unterordnen, die auf beiden Seiten immer weiter um sich griff. Gerade die Durchsetzung und Entwicklung der Kriegswirtschaft ist bisher nicht hinreichend untersucht.

Ad 4.: Im Bereich der politischen Geschichte müßten zukünftige Studien detaillierter die Binnenentwicklung der Parteien und anderer Organisationen, ihre internen Spannungen und Differenzen sowie ihr Verhältnis zum Staat untersuchen. Hans Schafranek etwa hat in seiner Studie über Kurt Landau minuziös die marxistischen, nichtstalinistischen Gruppen analysiert. Ein Schwerpunkt des Spanien-Teils seiner Studie liegt auf der Erarbeitung des Verhältnisses zwischen POUM, den Trotzkisten und der Kommunistischen Partei sowie der Infiltrationsmechanismen wichtiger Sektoren des republikanischen Staatsapparats durch Mitglieder oder Anhänger der spanischen Kominternsektion.[16] Vergleichbare Untersuchungen zu anderen Organisationen versprechen wertvolle Erkenntnisse zum politischen Prozeß in der republikanischen Zone.

Eine Forschungslücke besteht auch in der Perzeption, den Interpretationen, den Reaktionen auf die Politik der Mächte durch die franquistische Regierung während des Bürgerkrieges. Diese Aspekte können in Zukunft bedeutend genauer als bisher untersucht werden, da die entsprechenden Dokumente des spanischen Außenministeriums zugänglich sind. Immer mehr dürften in Zukunft Fragen der internen Meinungsbildungsprozesse, des Entscheidungsspielraums beider Bürgerkriegslager im Vordergrund stehen: Fragen nach außenpolitischen Alternativen der Regierung von Burgos; nach deren Reaktion auf italienische Versuche, die Grundzüge der Politik mitzubestimmen; nach der sich verändernden Taktik des „Neuen Staates"

---

[16] Hans Schafranek, Das kurze Leben des Kurt Landau. Ein österreichischer Kommunist als Opfer der stalinistischen Geheimpolizei, Wien 1988.

gegenüber seinen Helfern und Steigbügelhaltern in der Schlußphase des Bürgerkrieges (nach dem Münchner Abkommen); nach internen Auseinandersetzungen in beiden Regierungslagern.

Schließlich ist noch darauf zu verweisen, daß zu einzelnen Politikern gute Biographien ausstehen. Dies gilt vor allem – nachdem soeben eine solide Untersuchung zu Manuel Azaña erschienen ist[17] – für Juan Negrín, da seine Person besonders umstritten ist und daher dringend einer seriösen Darstellung bedarf.

Ad 5.: Die Forschungsdesiderate zu sozioökonomischen Aspekten des Bürgerkrieges ergeben sich aus einem Vergleich zwischen der aufständischen und der republikanischen Zone: Die bisherige Geschichtswissenschaft hat den Veränderungen im republikanischen Machtbereich viel größeres Interesse als dem in der Zone der Aufständischen entgegengebracht. Immer noch fehlen solide Studien zur Unterstützung der Rebellen durch das Volk (wo, in welchem Umfang, mit welchen Mitteln, mit welcher Begründung erfolgte eine Unterstützung?), zur Rückgängigmachung der republikanischen Reformen in der Landwirtschaft, zu den hinter der Rebellion stehenden sozialen Kräften, zur sozioökonomischen Basis des 'Neuen Staates' oder zu den soziopolitischen Rücksichtnahmen, die die Militärs auf die einzelnen sozialen Schichten nehmen mußten, von denen sie mitgetragen wurden. Auch ideologisch-politische Auseinandersetzungen im Lager der Sieger sind bisher keineswegs erschöpfend behandelt worden. Derartige Untersuchungen dürften im Ergebnis wahrscheinlich ein viel breiteres Spektrum des Siegerlagers zeichnen als bisher angenommen worden ist.

Ad 6.: Im Bereich von Ideologie und Kultur gibt es besonders viele Lücken. Ideologiekritische Studien zu beiden Bürgerkriegslagern sind nach wie vor rar gesät, wenn auch die Forschungen der letzten Zeit erkennen lassen, daß diesem Bereich allmählich ein verstärktes Interesse der Historiker gilt.[18] Vor allem mangelt es – jenseits apologetischer Darstellungen – an gut recherchierten Untersuchungen zur Bedeutung der Kirche. Die Schwierigkeit des Zugangs zu kirchlichen und vatikanischen Archiven dürfte der Hauptgrund für diese Lücke in der Bürgerkriegsforschung sein, die erst neuerdings mit einigen soliden Studien allmählich gefüllt wird.

---

[17] Santos Juliá, Manuel Azaña. Una biografía política, Madrid 1990.
[18] Vgl. hierzu neuerdings Garitaonandía (Hrsg., u. a.) 1990.

HILFSMITTEL: ARCHIVFÜHRER, LEXIKA, BIBLIOGRAPHIEN

Im folgenden werden die wichtigsten Hilfsmittel vorgestellt, deren sich Historiker, die sich mit dem Spanischen Bürgerkrieg befassen, bedienen. Bei der Präsentation der Archivführer geht es nicht darum, die Archivbestände selbst einer kritischen Diskussion zu unterziehen. Dies wäre bei dem zur Verfügung stehenden Raum unmöglich gewesen; diese Aufgabe wird außerdem, zumindest ansatzweise, in den vorgestellten Archivführern geleistet. Es werden auch nicht alle Archive aufgeführt, in denen Materialien zum Bürgerkrieg zu finden sind – dies käme der Erstellung eines neuen Archivführers gleich –, sondern lediglich vorliegende Archivführer (in Form selbständiger Publikationen oder als Beiträge in Sammelbänden) vorgestellt.

Wegen der spezifischen Probleme, die sich für die Archivsituation aus Bürgerkrieg und jahrzehntelanger Diktatur ergaben, konnte der Aufbau bzw. Wiederaufbau vieler Archive und Bibliotheken erst nach Francos Tod beginnen. Diese politischen Umstände erklären, weshalb zahlreiche Archive auch heute noch in der Aufbauphase begriffen sind. Einige weitere Charakteristika kommen hinzu: Die Materialien von Parteien und Gewerkschaften waren zum großen Teil nach dem Bürgerkrieg von Exilanten ins Ausland in Sicherheit gebracht worden, zumeist nach Frankreich, Mexiko oder die Sowjetunion. Soweit sie in Forschungseinrichtungen erhalten waren (bzw. sind), wird seit Jahren versucht, diese Quellen zurückzuerhalten. Außerdem versuchen Archivare und Historiker, in Spanien selbst von ehemaligen Gewerkschaftern und Parteifunktionären Dokumente zu erhalten, die jahrzehntelang in Privatbesitz waren und auch heute nur zögerlich der Allgemeinheit zugänglich gemacht werden. Schließlich werden zunehmend Archivalien zugänglich, die aus politischen Gründen Spanien nie verlassen haben (oder verlassen konnten) – etwa Gerichts- und Polizeiakten oder die beschlagnahmten Organisationsakten –, da das Franco-Regime sie zur Verfolgung seiner Gegner verwendete.

Das z. Z. für die Bürgerkriegshistoriker wohl beste Hilfsmittel ist der von Juan García Durán bearbeitete Band über Bürgerkriegsarchive, Bibliographien und Filmographien.[1] Er stellt rund 100 nationale und internationale Archive vor, die für die Geschichte des Bürgerkrieges von Bedeutung sind, beschreibt ihren Inhalt, ihren Umfang, die in ihnen enthaltene Dokumentation, verweist auf besonders wertvolle Bestände und gibt vielerlei praktische Tips sowie Benutzungshinweise. Auch Bibliotheken und Museen mit relevantem Material werden aufgeführt. Sehr wertvoll ist die „Filmographie", in der Filmsammlungen aus verschiedenen Ländern über den und zum Bürgerkrieg vorgestellt und die Filme einzeln aufgelistet werden.

Zu dem bedeutendsten spanischen Archiv für die Jahre 1936–1939, der Bürgerkriegssektion des Historischen Nationalarchivs in Salamanca, liegen einige knappe Führer vor,[2] deren Gebrauchswert allerdings dadurch eingeschränkt wird, daß die Archivbestände noch lange nicht geordnet und klassifiziert sind. Die Materialien dieses Archivs, die sich auf die libertäre Bewegung beziehen, sind von der Stiftung Salvador Seguí gesondert inventarisiert worden;[3] z. Z. werden die anarchistischen Bestände im Archiv selbst geordnet, so daß binnen kurzem mit weit besseren Arbeitsbedingungen als bisher zu rechnen ist.

Die wichtigsten spanischen Archive für die Bürgerkriegszeit werden auch kurz in einem vom Kulturministerium herausgegebenen Band über den Bürgerkrieg vorgestellt[4]: das bereits genannte Archiv in Salamanca, der *Servicio Histórico Militar* in Madrid,[5] der

---

[1] Juan García Durán, La guerra civil española: fuentes (Archivos, bibliografía y filmografía), Barcelona 1985.

[2] María Teresa Díez de los Ríos San Juan, La Sección Guerra Civil del Archivo Histórico Nacional, in: Fundación Francisco Largo Caballero: Archivos para la Historia del Movimiento Obrero Español, Madrid 1985, S. 23–34; dies., Estado actual de la Sección Guerra Civil del Archivo Histórico Nacional, in: Studia Historica, Bd.3, Nr.4, 1985, S. 129–135; Ministerio de Cultura, La Guerra Civil Española, Madrid 1980, S. 117–125.

[3] Fundación de Estudios Libertarios «Salvador Seguí»: Materiales Libertarios en el Archivo Nacional, Sección Guerra Civil Salamanca, in: Perspectiva Contemporánea, España, Siglo XX, hrsg. von SEGUEF, Bd.1, Nr.1, 1988, S. 195–239. Außer dem Bürgerkriegsarchiv von Salamanca verfügen das *Centro de Documentación Histórico-Social* in Barcelona und das *Centro de Investigación y Estudios Históricos y Sociales* in Madrid über die umfangreichsten Bestände zur Geschichte des spanischen Anarchismus; dort sind auch Nachlässe ehemaliger Aktivisten einzusehen.

[4] Ministerio de Cultura. Dirección General del Patrimonio Artístico, Archivos y Museos: La Guerra Civil Española, Madrid 1980, S. 117–125.

[5] Für die Bürgerkriegsarchivalien im *Servicio Histórico Militar* ist ein (rudi-

zur Erforschung der Seekriegsführung wichtige *Servicio Histórico del Estado Mayor de la Armada* sowie das für den Luftkrieg interessante *Archivo General e Histórico del Aire*. Auch in dem Sonderheft ›Espagne 1900–1985‹ der Zeitschrift ›Materiaux pour l'Histoire de notre temps‹ werden mehrere Archive (*Archivo Histórico Nacional*, Militärarchive, Stifung Largo Caballero, Stiftung Pablo Iglesias) vorgestellt.[6]

In den letzten Jahren sind immer mehr Partei- und Organisationsarchive der Forschung zugänglich gemacht worden, etwa das Historische Archiv des Zentralkomitees der Kommunistischen Partei Spaniens, in dem es außerordentlich wichtige Materialien zum Bürgerkrieg gibt[7]; das Archiv hat eine bewegte Geschichte hinter sich, war nach 1939 über verschiedene europäische Länder, Lateinamerika und die Sowjetunion verstreut und ist in der heutigen Form erst 1980 zusammengestellt worden. Auch die Sozialistische Partei und Gewerkschaft haben inzwischen ihre Archive aufgearbeitet und der Forschung zugänglich gemacht. Die Stiftung Pablo Iglesias verwaltet das Archiv des Parteivorstandes (PSOE) für die Jahre 1931–1940 und des Gewerkschaftsvorstandes (UGT) während des Bürgerkrieges. Die historisch äußerst wertvollen Materialien kehrten nach 1981 aus der Sowjetunion nach Spanien zurück; auch heute noch lagert ein Teil des Partei- und Gewerkschaftsarchivs in der sowjetischen Hauptstadt. In dem vor kurzem publizierten Archivführer werden in rund 3900 Eintragungen die Materialien des Parteivorstandes (rund 70% des gesamten Bestandes) und des Gewerkschaftsvorstandes aufgeführt.[8] Ein weiterer Archivführer listet die Dokumente des UGT-Vorstandsmitglieds Amaro del Rosal auf, die vor einiger Zeit ebenfalls der Stiftung Pablo Iglesias überantwortet wurden.[9] Neben dem Privatarchiv von Amaro

mentärer) Führer erstellt worden: Archivos del Servicio Histórico Militar, El de la Guerra de Liberación, in: Revista de Historia Militar 24 (1968), S. 161–170.

[6] BDIC (Hrsg.), Materiaux pour l'Histoire de notre temps, Sonderheft ›Espagne 1900–1985‹, Dezember 1985.

[7] Eine gute Inhaltsbeschreibung des Archivs enthält der Beitrag von Victoria Ramos u. a., in: Aróstegui (Hrsg.), Historia y Memoria de la Guerra Civil II, S. 9–47.

[8] Fundación Pablo Iglesias, Catálogo de los Archivos de Guerra Civil de las Comisiones Ejecutivas del Partido Socialista Obrero Español y de la Unión General de Trabajadores, bearbeitet unter der Leitung von Martín Nájera, Madrid 1988.

[9] Fundación Pablo Iglesias, Catálogo de los Archivos donados por Amaro

del Rosal inventarisiert dieser Führer das Archiv der UGT-Leitung (Exekutivkommission, Nationalkomitee, Kongreß) und der UGT-Branchengewerkschaften Banken, Holz und Schauspiel.

In einem von den Stiftungen Pablo Iglesias und Francisco Largo Caballero herausgegebenen Archivführer werden die wichtigsten Archive für die Geschichte der spanischen Arbeiterbewegung, der Arbeiterorganisationen und der Arbeiterparteien aufgeführt sowie ihre Bedeutung für die Forschung diskutiert.[10] Die Archive zur Geschichte des spanischen Sozialismus werden außerdem in einem Artikel von Aurelio Martín Nájera in einem dem Sozialismus in Spanien gewidmeten Sammelband vorgestellt.[11]

Jaume Sobrequés hat einen Archivführer zur Geschichte des katalanischen Nationalismus erarbeitet.[12] Einen Überblick über die verschiedenen katalanischen Archive und Bibliotheken liefert Klaus-Jürgen Nagel.[13] – Eine Übersicht über das graphische und photographische Bürgerkriegsmaterial im *Instituto Municipal de Historia* von Barcelona enthalten die Beiträge von Javier Doltra Tapiola und Carmen Rius Serra.[14]

Einen Überblick über Archive und Bibliotheken in zehn verschiedenen Ländern mit Beständen zum Bürgerkrieg enthält das von James W. Cortada herausgegebene ›Historical Dictionary of the Spanish Civil War‹.[15] Außerhalb Spaniens besitzt das Archiv des *Internatio-*

---

del Rosal Díaz, bearbeitet unter der Leitung von Aurelio Martín Nájera, Madrid 1986.

[10] Archivos para la historia del movimiento obrero español, Madrid 1985.

[11] Aurelio Martín Nájera, Archivos, in: El socialismo en España. Desde la fundación del PSOE hasta 1975, Madrid 1986 (= Anales de Historia 1 [1986]).

[12] Jaume Sobrequés, Els arxius per a la història del nacionalisme català, Barcelona (Generalitat de Catalunya) 1982.

[13] Klaus-Jürgen Nagel, Öffentliche Archive und Bibliotheken zur Geschichte Kataloniens im späten 19. und 20. Jahrhundert, in: Arbeitskreis Sozialwissenschaftliche Forschung über Spanien und Portugal: Spanien/Portugal-Informationen 3 (1986), S. 17–24.

[14] Javier Doltra Tapiola, Materiales sobre la guerra civil española conservados en el instituto municipal de historia. Materiales gráficos, in: Cuadernos de Historia Económica de Cataluña 11 (1974), S. 133–153; Carmen Rius Serra, Archivos fotográficos, in: Ebd., S. 131 f. Zum Institut allgemein vgl. Jaume Sobrequés i Callicó u. a., Guia de l'Institut Municipal d'Història, Barcelona 1982.

[15] James W. Cortada (Hrsg.), Historical Dictionary of the Spanish Civil War, Westport 1982, S. 537–543.

Hilfsmittel: Archivführer, Lexika, Bibliographien 243

nalen Instituts für Sozialgeschichte in Amsterdam (IISG) die umfangreichsten Bestände zum spanischen Anarchismus (vor allem in den Bürgerkriegsjahren): nach dem Bürgerkrieg hatte die CNT ihr Archiv, um es vor Francos Truppen zu retten, nach Amsterdam gesandt, wo es immer noch lagert.[16] Einen Überblick über die im IISG lagernden spanischen Periodika hat Marta Bizcarrondo erstellt.[17] – Die "Bolloten Collection" der *Hoover Institution on War, Revolution and Peace* (Stanford/California) enthält – neben dem Nachlaß von Joaquín Maurín, einem der Gründer des POUM – eine enorme Sammlung von Dokumenten, Zeitungsausschnitten, Mikrofilmen, Manuskripten und Broschüren vor allem zur soziopolitischen Situation in der republikanischen Bürgerkriegszone.[18]

Die Bestände des *Humanities Research Center* der University of Texas in Austin (Zeitungsausschnittsammlung, Broschüren, Reden, Plakate, Fotos) werden in einem Aufsatz vorgestellt und beschrieben.[19] – Die umfangreichen Materialien zum spanischen Anarchismus – vor allem zeitgenössische Broschüren – des Lausanner *Centre International de Recherches sur l'Anarchisme* (CIRA) werden in den regelmäßig von dieser Institution herausgegebenen Bulletins vorgestellt.[20] – Die in der *Marx Memorial Library* in London deponierten Archive der "International Brigade Association", der Vereinigung der ehemaligen britischen Interbrigadisten, enthält Dokumente, die sich nicht nur auf die Internationalen Brigaden beziehen, sondern viele Aspekte des Kriegsgeschehens miteinschließen.[21]

---

[16] Vgl. hierzu Rudolf de Jong, Archivos del Movimiento Libertario Español, in: CIRA: Bulletin 33/34 (1977), S. 16.

[17] Marta Bizcarrondo, Periódicos españoles en el Instituto de Historia Social de Amsterdam, in: Estudios de Historia Social 2/3 (1977), S. 289–355. Dubletten spanischer Zeitungen aus dem IISG wurden an das Institut zur Geschichte der Arbeiterbewegung an der Ruhr-Universität Bochum abgegeben. Vgl. ›Mitteilungen der Bibliothek zur Geschichte der Arbeiterbewegung‹ 2, Bochum 1977.

[18] Burnett Bolloten, Los fondos de la guerra civil española en la "Hoover Institution", in: Hispania XLV/159 (1985), S. 206f.

[19] Paul Patrick Rogers, The Spanish Civil War Collection, in: The Library Chronicle of the University of Texas at Austin 7 (1974), S. 87–101.

[20] Centre International de Recherches Sur l'Anarchisme (CIRA): Bulletin (Genève/Lausanne), letzte Nr. 46 (1990).

[21] Román Alvarez Rodríguez/Ramón López Ortega: Análisis de *The International Brigade Association Archive* (*Marx Memorial Library*, Londres), in: Aróstegui (Hrsg.) 1988, II, S. 49–60.

Für die Pressebestände liegt neuerdings ein sehr wertvolles Hilfsmittel vor: der dritte Band von ›Historia y Memoria de la Guerra Civil‹ ist ausschließlich der Vorstellung von Zeitungsarchiven gewidmet.[22] Er enthält einen umfangreichen Katalog von Periodika aus der nationalistischen Zone (mit ihren Fundorten und Angaben weiterführender Hilfsmittel) sowie einen zweiten, ebenso ausführlichen Teil, in dem die Presse der Jugendorganisationen beider Seiten katalogisiert, vorgestellt und zum Teil schon thematisch analysiert wird. Erfaßt ist die Presse der Jugendorganisationen der Falangisten, der Katholiken, der Republikaner, der Syndikalisten, der Kommunisten, der Anarchisten und der Studentenorganisationen. Einen Überblick über die Bürgerkriegspresse der republikanischen Seite hatte vor einigen Jahren schon Serge Salaün veröffentlicht.[23] Über spanische Presse in französischen, englischen und US-amerikanischen Bibliotheken und Archiven informieren einige zeitungsbibliographische Beiträge.[24] Alle pressegeschichtlichen Arbeiten werden in Zukunft auf diese Hilfsmittel zurückgreifen müssen.

Bei den neueren Nachschlagewerken sei auf zwei Lexika verwiesen: Beide beschäftigen sich ausschließlich mit dem Spanischen Bürgerkrieg und lassen damit erkennen, daß viele Aspekte mittlerweile als wissenschaftlich gesichert gelten können, der Bürgerkrieg sich außerdem im Laufe der letzten Jahrzehnte zu einem derart umfassenden Forschungsgebiet entwickelt hat, daß monographische Enzyklopädien entstehen können. Das von James W. Cortada herausgegebene und beeindruckend aufgemachte ›Historical Dictionary‹[25] listet über 800 Schlagwörter auf (Personen, Organisationen, Orte, Ereignisse etc.), ist in Zusammenarbeit mit zahlreichen Bürgerkriegsspezialisten erstellt worden und enthält mehrere nützliche Anhänge (Chronologie, Regierungen, Archive und Bibliotheken, Bibliographien).

[22] Aróstegui (Hrsg.) 1988, Bd. III.
[23] Serge Salaün, Prensa republicana en la guerra civil. Reseña bibliográfica, in: Estudios de Historia Social 24/25 (1983), S. 475–544.
[24] Marta Bizcarrondo, Periódicos españoles en bibliotecas y archivos de París, in: Estudios de Historia Social 4 (1978), S. 241–257; dies., Periódicos españoles anteriores a 1939 en la British Library, in: Ebd. 1 (1977), S. 241–260; Miquel Berga i Bagué, La Hemeroteca española de la British Library de Londres, in: Quaderns d'Història Econòmica de Catalunya 21 (1980), S. 167–195; Periódicos españoles en la Universidad de Berkeley (California), in: Estudios de Historia Social 7 (1978), S. 331–340.
[25] James W. Cortada (Hrsg.), Historical Dictionary of the Spanish Civil War, 1936–1939, Westport 1982.

Länge und Qualität der (mit Literaturhinweisen versehenen) Schlagwörter variieren; die längeren, von Spezialisten verfaßten Artikel sind durchweg gut, geben den Forschungsstand wider und stellen eine auf knappem Raum konzentrierte Analyse dar. Problematisch wird das ›Historical Dictionary‹ bei der Fülle an kürzeren Eintragungen, die zum überwiegenden Teil vom Herausgeber selbst verfaßt wurden.

Die gegenüber dem ›Historical Dictionary‹ vorgebrachten Bedenken treffen in vollem Umfang auch auf das zweite Nachschlagewerk zu, auf das von Manuel Rubio Cabeza allein (!) angefertigte, zweibändige ›Diccionario de la Guerra Civil Española‹, das einige tausend, zumeist kurze Eintragungen präsentiert.[26] Die von Rubio Cabeza angewandte Methode zur Bewältigung der für eine Einzelperson unlösbaren Aufgabe war einfach: Er hat einige wenige „Standardwerke" zur Hand genommen und seitenweise wörtlich zitiert oder paraphrasiert. Dementsprechend sieht auch das Ergebnis aus: keinerlei Auseinandersetzung mit der Forschung, keine Diskussion kontrastiver Standpunkte, vollständige Vernachlässigung der nichtspanischen (und der nicht ins Spanische übersetzten) Literatur. In vielen Fällen entsprechen die Ausführungen längst nicht mehr dem Forschungsstand. Kriterien, nach denen die Stichwörter ausgewählt wurden, sind nirgends erläutert, ein Register fehlt. Auffällig ist, daß eher „neutrale" oder „profranquistische" Autoren deutlich bevorzugt werden.

Wer in der Flut an Literatur über den Bürgerkrieg Orientierung sucht, kann zuerst zu Forschungsberichten, Sammelrezensionen[27]

---

[26] Manuel Rubio Cabeza, Diccionario de la Guerra Civil Española, 2 Bde., Barcelona 1987.

[27] Nur wenige zusammenfassende Berichte des letzten Jahrzehnts seien herausgegriffen. Der Forschungsstand bis Ende der 70er Jahre ist enthalten in Manuel Tuñón de Lara u. a., Historiografía española contemporánea, Madrid 1980; Kay Lundgreen-Nielsen, Den spanske borgerkrig 1936–1939. En oversigt over den nyere Forskning, in: Historisk Tidsskrift, Bd. 87, H. 1, 1987, S. 39–79; Stanley G. Payne, Recent Historiography on the Spanish Republic and Civil War, in: Journal of Modern History 60 (1988), S. 540–556; vgl. die historiographischen Beiträge in Studia Historica (Salamanca), Bd. III, Nr. 4, 1985; die Überblicke über die deutsche, sowjetische, französische und italienische Bürgerkriegshistoriographie in Aróstegui (Hrsg.) 1988, Bd. I, S. 31–106; Enzo Collotti, Sotto il cielo di Spagna. Publicistica in lingua tedesca sulla guerra civile, in: Belfagor (Firenze) Fascicolo II (1987), S. 125–158; Janet M. Hartley, Recent Soviet Publications on the Spanish Civil War, in: European History Quarterly 18 (1988), S. 243–248.

und (kommentierten) Bibliographien greifen, die teilweise auch in deutscher Sprache vorliegen. Die von Ricardo de la Cierva und Juan García Durán herausgegebenen Bibliographien[28] waren lange Zeit unentbehrliche Hilfsmittel, die inzwischen allerdings von der mustergültig bearbeiteten und kommentierten kritischen Quellenkunde unter der Leitung von Vicente Palacio Atard[29] sowie (für den Bereich der Arbeiterbewegung) durch das Sammelwerk von Emilio Giralt i Raventós[30] ergänzt worden sind. Umfassende «Bibliographies raisonnées» liegen in den Werken von Herbert Southworth[31] und (für die Soziale Revolution) in meiner eigenen Darstellung[32] vor. Überblicke über eine ganze Anzahl spanischer und ausländischer, allerdings nicht deutscher Bibliographien enthalten das bereits erwähnte Nachschlagewerk von Juan García Durán und das von James W. Cortada herausgegebene ›Historical Dictionary of the Spanish Civil War‹.

Eher eklektizistisch und unsystematisch ist die neuere zweibändige Bibliographie von Klaus-Jörg Ruhl[33]; die Kriterien der Titelauswahl werden inkonsequent und widersprüchlich gehandhabt, Auslassungen und formale Mängel erschweren die Benutzung. Eine weitere neuere Bibliographie ist die von Elke Nicolai; erschienen ist diese ›Auswahlbibliographie der internationalen Literatur zum Spanienkrieg‹ zusammen mit einer von Peter Monteath angefertigten Übersicht über die Literatur des Dritten Reiches zum Spanischen Bürger-

---

[28] Bibliografía general sobre la Guerra de España 1936–1939 y sus antecedentes históricos. Fuentes para la historia contemporánea de España. Introducción general y dirección de Ricardo de la Cierva, Madrid 1968; Juan García Durán, 1936–1939. Bibliography of the Spanish Civil War. Bibliografía de la guerra civil española. Bibliographie de la guerre civil espagnole, Montevideo 1964. Zur Kritik an R. de la Cierva vgl. H. R. Southworth, Los bibliófobos. Ricardo de la Cierva y sus colaboradores, in: Cuadernos de Ruedo Ibérico 28/29 (1971), S. 19–45.

[29] Cuadernos bibliográficos de la guerra de España 1936–1939. Ed. por la Cátedra de Historia Contemporánea de España de la Universidad de Madrid, 6 ser., Madrid 1966–1970.

[30] Bibliografía dels moviments socials a Catalunya, País Valencià i les illes. Dirigida per Emilio Giralt i Raventós, Barcelona 1972.

[31] Herbert R. Southworth, El mito de la cruzada de Franco. Crítica bibliográfica, Paris 1963.

[32] Bernecker 1977.

[33] Klaus-Jörg Ruhl, Der Spanische Bürgerkrieg. Literaturbericht und Bibliographie, Bd. 1: Der politische Konflikt, München 1982; Bd. 2: Der militärische Konflikt, Koblenz 1988.

krieg.[34] Während Monteaths Tour d'horizon „Tendenzen und allgemeingültige Merkmale" der nationalsozialistischen Literatur zum Spanienkrieg aufzeigt und insgesamt trotz einiger Schwächen mit Gewinn zu lesen ist, muß bei Nicolais Bibliographie – noch mehr als bei Ruhl – nach den (nirgends explizierten) Auswahlkriterien gefragt werden; die Selektion der ca. 1300 Titel ist willkürlich und somit desorientierend.

Am brauchbarsten (für die deutschsprachige Literatur) ist die von Willy Buschak zusammengestellte ›Bibliographie der deutschsprachigen Veröffentlichungen zum Spanischen Bürgerkrieg‹,[35] die in zwölf Rubriken die gesamte einschlägige, bis Ende 1986 erschienene deutschsprachige Literatur zu erfassen versucht. In diese (von einigen kleineren Mängeln abgesehen) gelungene Zusammenstellung sind auch Aufsätze, Manuskripte und abgelegene Publikationen aufgenommen, so daß für die deutschsprachigen Veröffentlichungen zum Bürgerkrieg eine vollständige und weitestgehend zuverlässige Bibliographie vorliegt.

[34] Peter Monteath/Elke Nicolai, Zur Spanienkriegsliteratur. Die Literatur des Dritten Reiches zum Spanischen Bürgerkrieg. Mit einer Bibliographie zur internationalen Spanienkriegsliteratur, Frankfurt a. M. 1986.
[35] Willy Buschak, Bibliographie der deutschsprachigen Veröffentlichungen zum Spanischen Bürgerkrieg, in: Ruhr-Universität Bochum (Hrsg.), Mitteilungsblatt des Instituts zur Erforschung der europäischen Arbeiterbewegung Nr. 8, Bochum 1987, S. 68–109.

ABKÜRZUNGSVERZEICHNIS

CEDA	Confederación Española de Derechas Autónomas
CENS	Centrales de Empresarios Nacional-Sindicalistas
CESO	Confederación Española de Sindicatos Obreros
CLUEA	Consejo Levantino Unificado de Exportación Agrícola
CNT	Confederación Nacional del Trabajo
CONS	Centrales Obreras Nacional-Sindicalistas
CTV	Corpo Truppe Volontarie
ERC	Esquerra Republicana de Catalunya
FAI	Federación Anarquista Ibérica
FET	Falange Española Tradicionalista
FETT	Federación Española de Trabajadores de la Tierra
HISMA	Compañía Hispano-Marroquí de Transportes Ltda.
JONS	Juntas de Ofensiva Nacional-Sindicalista
MAOC	Milicias Antifascistas Obreras y Campesinas
PCE	Partido Comunista de España
PNV	Partido Nacionalista Vasco
POUM	Partido Obrero de Unificación Marxista
PSOE	Partido Socialista Obrero Español
PSUC	Partit Socialista Unificat de Catalunya
ROWAK	Rohstoff- und Wareneinkaufsgesellschaft m.b.H.
SIM	Servicio de Investigación Militar
SOFINDUS	Sociedad Financiera Industrial Limitada
UdR	Unió de Rabassaires
UGT	Unión General de Trabajadores

LITERATUR

In das folgende Verzeichnis sind all jene Titel nicht mehr aufgenommen worden, die in einer Anmerkung bereits mit allen bibliographischen Angaben aufgeführt worden sind.

Abella, Rafael: La vida cotidiana durante la guerra civil, Bd. 1: La España nacional, Barcelona 1974; Bd. 2: La España republicana, Barcelona 1975.
Abendroth, Hans-Henning: Hitler in der spanischen Arena, Paderborn 1973.
–: Mittelsmann zwischen Franco und Hitler. Johannes Bernhardt erinnert 1936, Marktheidenfeld 1987.
Alba, Víctor/Marisa Ardevo: El proceso del POUM. Documentos judiciales y policiales, Barcelona 1989.
Alba, Víctor/Stephen Schwartz: Spanish Marxism versus Soviet Communism: A History of the P.O.U.M., New Brunswick 1988.
Alcofar Nassaes, José Luis: C.T.V. Los legionarios italianos en la guerra civil española 1936–1939, Barcelona 1972.
Alexander, Bill: British Volunteers for Liberty: Spain 1936–1939, London 1986.
Alexander, Martin S./Helen Graham (Hrsg.): The French and Spanish Popular Fronts. Comparative Perspectives, Cambridge 1989.
Almendros, Joaquín: Situaciones españolas: 1936/1939. El PSUC en la Guerra Civil, Barcelona 1976.
Alpert, Michael: El Ejército republicano en la guerra civil, Barcelona 1977.
–: La reforma militar de Azaña, Madrid 1982.
–: La guerra civil española en el mar, Madrid 1987.
Aróstegui, Julio (Hrsg.): Historia y Memoria de la Guerra Civil. Encuentro en Castilla y León, 3 Bde., Valladolid 1988.
Bardi, Ubaldo: La guerra civile di Spagna. Saggio per una bibliografia italiana, Urbino 1974.
Ben-Ami, Shlomo: Fascism from Above, Oxford 1983.
Bernecker, Walther L.: Die Soziale Revolution im Spanischen Bürgerkrieg. Historisch-politische Positionen und Kontroversen. Mit einer Bio-Bibliographie, München 1977.
–: Anarchismus und Bürgerkrieg. Zur Geschichte der sozialen Revolution in Spanien 1936–1939, Hamburg 1978.
– (Hrsg.): Der Spanische Bürgerkrieg. Materialien und Quellen, Frankfurt a. M. 1986.
Blinkhorn, Martin: Carlismo y contrarrevolución en España 1931–1939, Barcelona 1979.

Blinkhorn, Martin (Hrsg.): Spain in Conflict 1931–1939. Democracy and its Enemies, London 1986.
–: Democrary and Civil War in Spain 1931–1939, London 1988.
Bolloten, Burnett: The Spanisch Revolution. The Left and the Struggle for Power during the Civil War, Chapel Hill 1979.
–: La guerra civil española. Revolución y contrarrevolución, Madrid 1989.
Borrás Llop, José María: Francia ante la guerra civil española: Burgesía, interés nacional e interés de clase, Madrid 1981.
Bosch Sánchez, Aurora: Colectivistas (1936–1939), Valencia 1980.
–: Ugetistas y libertarios. Guerra civil y revolución en el país valenciano 1936–1939, Valencia 1983.
Brenan, Gerald: The Spanish Labyrinth. An Account of the Social and Political Background of the Civil War, Cambridge 1943.
Bricall, Josep María: Política econòmica de la Generalitat (1936–1939). Evolució y formas de la producció industrial, Barcelona 1970.
–: Política econòmica de la Generalitat (1936–1939), Bd. 2: El sistema financer, Barcelona 1979.
–: L'Expérience Catalane d'Autogestion Ouvrière devant la guerre civil 1936–1939, in: Economies et societés. Cahiers de l'Institut de science économique appliquée (I.S.E.A.), Serie H.S., Nr. 15, Bd. VI, 9–10, 1972, S. 1935–2012.
Brunn, Gerhard: Die Organisationen der katalanischen Bewegung 1859–1959, in: Theodor Schieder//Otto Dann (Hrsg.), Nationale Bewegung und soziale Organisation, München 1978, S. 281–571.
Buschak, Willy: Bibliographie der deutschsprachigen Veröffentlichungen zum Spanischen Bürgerkrieg, in: Ruhr-Universität Bochum (Hrsg.), Mitteilungsblatt des Instituts zur Erforschung der europäischen Arbeiterbewegung, Bochum 1987, S. 68–109.
Busquets, Julio: Pronunciamientos y Golpes de Estado en España, Barcelona 1982.
–: El militar de carrera en España, Barcelona 1984.
Carr, Edward Hallett: The Comintern and the Spanish Civil War, London 1984.
Casanova, Julián: Anarquismo y revolución en la sociedad rural aragonesa, 1936–1938, Madrid 1985.
– (Hrsg.): El Sueño Igualitario. Campesinado y colectivizaciones en la España republicana 1936–1939, Zaragoza 1988.
Casas de la Vega, Rafael: Las milicias nacionales en la guerra de España, Madrid 1974.
Casassas Ymbert, Jordi: La dictadura de Primo de Rivera (1923–1930). Textos, Barcelona 1983.
Castello, Andreu: Las Brigadas internacionales de la guerra de España, Barcelona 1974.
Cátedra de «Historia contemporánea de España» de la Universidad de Madrid (Hrsg.): Cuadernos bibliográficos de la guerra de España, 1936–1939, Serie 1: Folletos e impresos menores; Serie 2: Periódicos, Madrid 1966–1970.

Cattell, David T.: Communism and the Spanish Civil War, Berkeley/Los Angeles 1955 (ND New York 1971).
–: Soviet Diplomacy and the Spanish Civil War, Berkeley/Los Angeles 1957.
Cierva, Ricardo de la: Cien libros básicos sobre la guerra de España, Madrid 1966.
–: Bibliografía general sobre la Guerra de España y sus antecedentes históricos, Madrid/Barcelona 1968.
Consejo Superior de Investigaciones Científicas, Centro de Estudios Históricos (Hrsg.): Italia y la Guerra Civil Española, Madrid 1986.
Cortada, James W. (Hrsg.): Historical Dictionary of the Spanish Civil War, 1936–1939, Westport 1982.
Coverdale, John F.: Italian Intervention in the Spanish Civil War, Princeton 1976.
Cruz, Rafael: El Partido Comunista de España en la II República, Madrid 1987.
Cuenca Toribio, José Manuel: Aproximación a la historia de la Iglesia contemporánea en España, Madrid 1978.
–: Iglesia y burguesía en la España liberal, Madrid 1979.
–: Relaciones Iglesia–Estado en la España contemporánea (1833–1985), Madrid 1985.
Díaz Plaja, Fernando (Hrsg.): La guerra de España en sus documentos, Barcelona 1969.
Dokumentationsarchiv des österreichischen Widerstandes (Hrsg.): Für Spaniens Freiheit. Österreicher an der Seite der Spanischen Republik 1936–1939. Eine Dokumentation, Wien 1986.
Edwards, Jill: The British Government and the Spanish Civil War, 1936–1939, London 1979.
Einhorn, Marion: Die ökonomischen Hintergründe der faschistischen deutschen Intervention in Spanien 1936–1939, Berlin ²1976.
Ellwood, Sheelagh: Prietas las filas. Historia de Falange Española, 1933–1983, Barcelona 1984.
Escolar, Hipólito: La cultura durante la guerra civil, Madrid 1987.
Españoles y franceses en la primera mitad del siglo XX, Madrid 1986.
Francis, Hywel: Miners against fascism: Wales and the Spanish Civil War, London 1981.
Fraser, Ronald: Blood of Spain. The Experience of Civil War. 1936–1939, London 1979 (sp.: Recuérdalo tú y recuérdalo a otros. Historia oral de la guerra civil española, 2 Bde., Barcelona 1979).
Der Freiheitskampf des spanischen Volkes und die internationale Solidarität. Dokumente und Bilder zum national-revolutionären Krieg des spanischen Volkes 1936–1939, Berlin 1956.
Für Spanien. Internationale Kunst und Kultur zum spanischen Bürgerkrieg. Zum Gedenken an den 50. Jahrestag des Anfanges des spanischen Bürgerkrieges, 28.9.–23.11.1986, Bochum 1986.

Fyrth, Jim: The Signal was Spain: The Spanish Aid Movement in Britain, 1936–39, London 1986.
Garcíca Delgado, José Luis: La crisis de la Restauración: España entre la Primera Guerra Mundial y la Segunda República, Madrid 1986.
– (Hrsg.): La Segunda República Española. El primer bienio, Madrid 1987.
– (Hrsg.): La II República española. Bienio rectificador y Frente Popular, 1934–1936, Madrid 1988.
García Durán, Juan: 1936–1939. Bibliography of the Spanish Civil War. Bibliografía de la guerra civil española. Bibliographie de la guerre civile espagnole, Montevideo 1964.
García-Nieto, María Carmen/Javier María Donezar (Hrsg.): La guerra de España 1936–1939, Madrid 1976.
Garitaonandía, Carmelo/José Luis de la Granja (Hrsg.): La guerra civil en el País Vasco. 50 años después, Bilbao 1987.
Garitaonandía, Carmelo (Hrsg., u. a.): Comunicación, Cultura y Política durante la II República y la Guerra Civil, 2 Bde., Bilbao 1990.
Garrido González, Luis: Colectividades agrarias en Andalucía: Jaén (1931–1939), Madrid 1979.
Geiser, Carl: Prisoners of the Good Fight. The Spanish Civil War, 1936–1939, Westport 1986.
Gerassi, John: The premature antifascists: North American volunteers in the Spanish Civil War 1936–39: an oral history, New York 1986.
Girona, Albert: Guerra y Revolució al País Valencià (1936–1939), Valencia 1986.
González Calbet, María Teresa: La Dictadura de Primo de Rivera, Madrid 1987.
González Casanova, José Antonio: Federalismo y autonomía. Cataluña y el Estado español 1868–1938, Barcelona 1979.
Guerra y Revolución en España 1936–1939, 3 Bde., Moskau 1967/1971.
Harper, Glenn T.: German economic policy in Spain during the Spanish Civil War, 1936–1939, Paris 1967.
Huhle, Rainer: Die Geschichtsvollzieher. Theorie und Politik der Kommunistischen Partei Spaniens 1936 bis 1938, Gießen 1980.
Iturralde, Juan de (d. i. Juan José Usabiaga): La guerra de Franco, los vascos y la Iglesia, 2 Bde., San Sebastián 1978.
Jackson, Gabriel: Breve historia de la guerra civil de España, Paris 1974 (engl.: A Concise History of the Spanish Civil War, London 1974).
–: La república española y la guerra civil 1931–1939, Barcelona 1979.
Juliá Díaz, Santos: La izquierda del PSOE (1935–1936), Madrid 1977.
–: Orígenes del Frente Popular en España (1934–1936), Madrid 1979.
–: Madrid, 1931–1934. De la fiesta popular a la lucha de clases, Madrid 1984.
Kleine-Ahlbrandt, William Laird: The Policy of Simmering. A Study of British Policy During the Spanish Civil War 1936–1939, Den Haag 1962.
Kühne, Horst: Revolutionäre Militärpolitik 1936–1939. Militärpolitische Aspekte des national-revolutionären Kriegs in Spanien, Berlin 1969.

–: Krieg in Spanien 1936–1939, Berlin 1986.
Leval, Gaston: Colectividades libertarias en España, Madrid 1977.
Little, Douglas: Malevolent Neutrality. The United States, Great Britain, and the Origins of the Spanish Civil War, Ithaca 1975.
MacDonald, Nancy: Homage to the Spanish Exiles. Voices from the Spanish Civil War, London 1987.
Maier, Klaus A.: Guernica, 26. April 1937. Die deutsche Intervention und der Fall Guernica, Freiburg 1975.
Malefakis, Edward: Agrarian Reform and Peasant Revolution in Spain: Origins of the Civil War, New Haven 1970.
Marquina, Antonio: La diplomacia vaticana y la España de Franco (1936–1945), Madrid 1983.
Martínez Paricio, Jesús I.: Los papeles del general Rojo, Madrid 1989.
Merkes, Manfred: Die deutsche Politik im Spanischen Bürgerkrieg 1936–1939, Bonn ²1969.
Mintz, Frank: La autogestión en la España revolucionaria, Madrid 1977.
Monteath, Peter/Elke Nicolai: Zur Spanienkriegsliteratur. Die Literatur des Dritten Reiches zum Spanischen Bürgerkrieg. Mit einer Bibliographie zur internationalen Spanienkriegsliteratur, Frankfurt a. M. 1986.
Montero, Antonio: Historia de la persecución religiosa en España. 1936–1939, Madrid 1961.
Montero, José Ramón: La CEDA: el catolicismo social y político en la II República, 2 Bde., Madrid 1977.
Moreno Gómez, Francisco: La Guerra Civil en Córdoba (1936–1939), Madrid 1985.
Morrow, Felix: Revolution und Konterrevolution in Spanien. Einschließlich: Der Bürgerkrieg in Spanien, Essen 1976.
Mühlen, Patrik von zur: Spanien war ihre Hoffnung. Die deutsche Linke im Spanischen Bürgerkrieg 1936 bis 1939, Bonn 1983.
Muntanyola, Ramón: Vidal i Barraquer. El Cardenal de la Paz, Barcelona 1971.
Palacio Atard, Vicente: Cinco historias de la República y la guerra, Madrid 1973.
Paniagua Fuentes, Xavier: La sociedad libertaria. Agrarismo e industrialización en el anarquismo español (1930–1939), Barcelona 1982.
Payne, Stanley, G.: Politics and the Military in Modern Spain, Stanford 1967.
Pérez Baró, Albert: 30 meses de colectivismo en Cataluña (1936–1939), Barcelona 1974 (katal.: 30 meses de collectivisme a Catalunya, Barcelona 1970).
Pérez-Ramos, Bárbara: Intelligenz und Politik im Spanischen Bürgerkrieg 1936–39, Bonn 1982.
Peter, A. (Hrsg.): Österreicher im spanischen Bürgerkrieg. Interbrigadisten berichten über ihre Erlebnisse 1936 bis 1945, Wien 1986.
Pike, David W.: Les Français et la guerre d'Espagne 1936–1939, Paris 1975.
Powell, Thomas G.: Mexico and the Spanish Civil War, Albuquerque 1981.

Preston, Paul: The Coming of the Spanish Civil War: Reform, Reaction and Revolution in the Second Republic, London 1973.
– (Hrsg.): Revolution and War in Spain 1931–1939, London 1984.
–: The Spanish Civil War 1936–39, London 1986.
Proctor, Raymond L.: Hitler's Luftwaffe in the Spanish Civil War, Westport 1983.
Puhle, Hans-Jürgen: Baskischer Nationalismus im spanischen Kontext, in: Heinrich August Winkler (Hrsg.), Nationalismus in der Welt von heute, Göttingen 1982, S. 51–81.
Puzzo, Dante A.: Spain and the Great Powers, 1936–1941, New York/London 1962.
Raguer, Hilari: La Espada y la Cruz (La Iglesia, 1936–1939), Barcelona 1977.
Reig Tapia, Alberto: Ideología e historia (Sobre la represión franquista y la guerra civil), Madrid 1985.
Rial, James H.: Revolution from Above. The Primo de Rivera Dictatorship in Spain, 1923–1930, London 1986.
Robinson, Richard Alan: The Origins of Franco's Spain. The Right, the Republic and Revolution 1931–1936, Pittsburgh 1970.
Rodríguez Aisa, María Luisa: El Cardenal Gomá y la guerra de España. Aspectos de la gestión pública del primado, 1936–1939, Madrid 1981.
Rubio, Javier: La emigración de la guerra civil de 1936–1939, 3 Bde., Madrid 1977.
Rubio Cabeza, Manuel: Diccionario de la Guerra Civil Española, 2 Bde., Barcelona 1987.
Ruhl, Klaus-Jörg: Der Spanische Bürgerkrieg. Eine Bibliographie, München 1982/1988.
Salas Larrazábal, Jesús: La guerra de España desde el aire. Dos ejércitos y sus cazas frente a frente, Barcelona ²1972 (dt.: Das Flugzeug im Spanischen Bürgerkrieg 1936–1939. Flieger auf beiden Seiten, Stuttgart 1973).
Salas Larrazábal, Ramón: Historia del ejército popular de la República, 4 Bde., Madrid 1973.
–: Los datos exactos de la guerra civil, Madrid 1980.
Sánchez, José María: The Spanish Civil War as a religious tragedy, Notre Dame 1987.
Seco Serrano, Carlos: Militarismo y civilismo en la España contemporánea, Madrid 1984.
Semprún-Maura, Carlos: Revolución y contrarrevolución en Cataluña (1936–1937), Barcelona 1978.
Southworth, Herbert Rutledge: Guernica! Guernica! A Study of Journalism, Diplomacy, Propaganda, and History, Berkeley 1977.
Schieder, Wolfgang: Spanischer Bürgerkrieg, in: Sowjetsystem und Demokratische Gesellschaft VI (1972), S. 74–94.
Schieder, Wolfgang/Christof Dipper (Hrsg.): Der Spanische Bürgerkrieg in der internationalen Politik (1936–1939). 13 Aufsätze, München 1976.

Schmidt, Bernhard: Spanien im Urteil spanischer Autoren. Kritische Untersuchungen zum sogenannten Spanienproblem 1609–1936, Berlin 1975.
Schmigalle, Günther (Hrsg.): Der Spanische Bürgerkrieg. Literatur und Geschichte, Frankfurt a. M. 1986.
Tamames, Ramón: La guerra civil española. Una reflexión moral 50 años después, Barcelona 1986.
Taylor, Jay F.: The United States and the Spanish Civil War, New York 1956 (ND 1971).
Thomas, Gordon/Max Morgan-Witts: The Day Guernica Died, London 1975 (dt.: Der Tag, an dem Guernica starb. Eine Tragödie der europäischen Geschichte, Zug 1978).
Thomas, Hugh: Der spanische Bürgerkrieg, Berlin/Frankfurt a. M. 1972 (engl. Neuausg.: The Spanish Civil War, New York 1986).
Torcellan, Nanda: Gli italiani in Spagna. Bibliografia della guerra civile spagnola (Presentazione di Enzo Collotti), Milano 1988.
Tosstorff, Reiner: Die POUM im spanischen Bürgerkrieg, Frankfurt a. M. 1987.
Traine, Richard P.: American Diplomacy and the Spanish Civil War, Bloomington 1968.
Tuñón de Lara, Manuel, u. a.: Historiografía española contemporánea. X Coloquio del Centro de Investigaciones Hispánicas de la Universidad de Pau. Balance y resumen, Madrid 1980.
–: Der Spanische Bürgerkrieg. Eine Bestandsaufnahme, Frankfurt a. M. 1987.
Vilar, Pierre: Kurze Geschichte zweier Spanien. Der Bürgerkrieg 1936–1939, Berlin 1987.
Viñas, Angel: El oro español en la guerra civil, Madrid 1976.
–: La Alemania nazi y el 18 de julio, Madrid ²1977.
–: El oro de Moscú. Alfa y omega de un mito franquista, Barcelona 1979.
Waldmann, Peter: Ethnischer Radikalismus. Ursachen und Folgen gewaltsamer Minderheitenkonflikte am Beispiel des Baskenlandes, Nordirlands und Quebecs, Opladen 1989.
Watkins, K. W.: Britain Divided. The Effect of the Spanish Civil War on British Political Opinion, London 1963.
Whealey, Robert H.: Hitler and Spain. The Nazi Role in the Spanish Civil War 1936–1939, Lexington 1989.
Zaragoza, Cristóbal: Ejército Popular y militares de la República (1936–1939), Barcelona 1983.

PERSONENREGISTER

Der Name *Francisco Franco* wurde nicht in das Register aufgenommen.

Abad de Santillán, Diego 40
Aguirre, José Antonio de 131
Agustí, Ignacio 200
Alberti, Rafael 205
Alexander, Bill 232
Alvarez del Vayo, Julio 154
Antoniutti, Ildebrando 196
Aragon, Louis 96
Arana, Sabino de 9
Aranguren, José Luis L. 221
Araquistáin, Luis 138. 149
Azaña, Manuel 15f. 18f. 22. 35f.
140. 151. 201. 209. 211. 229. 237

Bakunin, Michail 157
Baldwin, Stanley 83. 91
Bergamín, José 209
Bernhardt, Johannes 53. 57f.
Besteiro, Julián 36
Bloch, Jean Richard 96
Blomberg, Werner von 53
Blum, Léon 51. 72. 90–97
Bonnet, Georges 97
Bowers, Claude G. 88f.
Bullejos, José 141

Cabanellas, Miguel 37. 115
Calvet, Josep 161
Calvo Sotelo, José 17
Canaris, Wilhelm 54
Cantalupo, Roberto 71
Capa, Robert 204
Casado, Segismundo 36f.
Casares Quiroga, Santiago 22. 129
Ceretti, Giulio 96
Chamberlain, Neville 85. 87

Chapaprieta, Joaquín 23
Chautemps, Camille 96f.
Ciano, Galeazzo 47. 68f. 75
Cicognani, Gaetano 196
Codovila, Vittorio 143
Comorera, Joan 175
Companys, Luis 134. 162
Costa, Joaquín 8. 18
Cot, Pierre 91
Cristofol 94
Cusin, Georges 94

Daladier, Edouard 92. 97
Darlan, François 98
Delbos, Yvon 51. 92f.
Delgado, Enrique 105
Díaz, José 142
Dollfuß, Engelbert 21
Domingo, Marcelino 18
D'Ors, Eugenio 199
Durruti, Buenaventura 40

Eden, Anthony 80. 84–86. 91. 101f.
Ehrenburg, Ilja 104
Eisner, Alexej 104
Ercoli, M. (s. Togliatti Palmiro)

Fàbregas, Joan 177
Farinacci, Robert 75
Faupel, Wilhelm 50. 59
Faure, Paul 97
Felipe, León 209
Fernández Cuesta, Raimundo 124
Foltz, Charles 212
Franco, Nicolás 78
François-Poncet, André 51

García Oliver, Juan 40. 190
Geiser, Carl 232
Gerö, Ernö 143
Gil Robles, José María 20f. 23
Giral, José 90. 129. 132. 140. 158. 191
Gironella, José María 211
Goebbels, Joseph 49
Gomá, Isidro 188. 192f. 196
Gómez Jordana, Francisco 97
González, Felipe 217
González, Valentín „El Campesino" 39. 105
González Bueno, Pedro 126
González Peña, Ramón 148. 150
Göring, Hermann 53–58. 60
Gracia, Anastasio de 150
Grandi, Dino 67

Hassell, Ulrich von 52. 70
Heartfield, John 205
Hedilla, Manuel 118–120
Hernández, Jesús 105. 143. 206
Hernández, Miguel 205
Herrera, Angel 20
Hitler, Adolf 47–59. 62. 68–70. 81. 102f. 106. 108f. 116. 128. 232
Hoßbach, Friedrich 70

Irujo, Manuel de 188. 190. 196f. 229

Jiménez Fernández, Manuel 20
Juan Carlos de Borbón 221

Kagan, Samuel 101
Kantorowicz, Alfred 2
Katholische Könige 10
Kindelán Duany, Alfredo 65
Koltsov, Michael 103f.
Krivitsky, Walter 105

Laín Entralgo, Pedro 200
Lamoneda, Ramón 150
Landau, Kurt 236
Langenheim, Adolf P. 53

Largo Caballero, Francisco 22. 42f. 45. 109. 129. 138. 140. 148–151. 153. 158. 234
Ledesma Ramos, Ramiro 116. 118
Léger, Alexis (d. i. Saint-John Perse) 93
Leo XIII. 20
Líster, Enrique 39
Lougnet, Jean 97
Lukacs (General) 104

Machado, Antonio 201. 205. 209. 220
Maciá, Francesc 9
Maiskij, Ivan M. 101–103
Malraux, André 93. 96. 204
March, Juan 78
Martín Artajo, Alberto 128
Martínez Barrios, Diego 129. 131
Marty, André 113
Maurín, Joaquín 243
Menéndez Pelayo, Marcelino 201
Mera, Cipriano 39
Miaja, José 29. 35
Millán Astray, José 204
Modesto, Juan 39
Mola, Emilio 27. 29. 31. 37. 39. 48. 65. 71. 191
Montseny, Federica 132
Moreau, Rudolf v. 64
Moscardó, José 29
Moulin, Jean 95
Mussolini, Benito 13. 68f. 71–75. 77. 81. 103. 108. 128

Napoleon I. 11
Negrín, Juan 36. 42. 45. 109. 129. 133. 140. 148–152. 166. 197. 237
Neurath, Konstantin von 52. 59
Nin, Andreu 147

Oak, Liston M. 154
Orlow, Alexander 105
Orwell, George 146

Panero, Leopoldo 200
Peiró, Juan 229
Pemán, José María 199. 202. 204
Pemartín, José 195. 204
Phipps, Eric 70
Picasso, Pablo 62
Pius XI. 196–198
Pius XII. 198
Pivert, Marceau 97
Pla y Deniel, Enrique 187f.
Plymouth, Ivor 101. 102
Prieto, Horacio M. 131
Prieto, Indalecio 22. 35. 139f. 148. 150f. 229. 234
Primo de Rivera, José Antonio 71. 115–118. 124
Primo de Rivera, Miguel 11–14. 116f. 194

Queipo de Llano, Gonzalo 29. 37

Redondo, Onésimo 116. 118
Regler, Gustav 105
Renau, José 205
Ribbentrop, Joachim von 54
Richthofen, Wolfgang von 55. 63
Ridruejo, Dionisio 200. 206
Roatta, Mario 75
Rojo, Vicente 35. 45
Roosevelt, Franklin D. 82. 88
Rosado López, Antonio 165
Rosal, Amaro del 241
Rosales, Luis 200
Ruiz de Alda, Julio 118

Sabath, Hermann Friedrich 59
Sainz de Tejada, Carlos 205
Sainz Rodríguez, Pedro 201
Salazar, Antonio de Oliveira 78f.
Sanjurjo, José 30
Schmitt, Carl 200
Segura Sáenz, Pedro 188
Serrano Suñer, Ramón 128. 189. 205. 228
Sperrle, Hugo 55. 64f.
Spitzy, Reinhard 54
Stalin, Josef 102–104. 107–109
Suero Serrano, Luciano 165

Tarradellas, Josep 172
Togliatti, Palmiro 113. 141–143
Tönnies, Ferdinand 167
Torrens (Vikar) 188
Torrente Ballester, Gonzalo 200
Tovar, Antonio 200
Trotzki, Leo 147

Unamuno, Miguel de 13. 208
Uriarte, Castor de 64
Uribe, Vicente 158. 161

Vaillant-Couturier, Paul 96
Vidal i Barraquer, Francesc 188. 190. 198
Vigón, Juan 64
Vivanco, Luis Felipe 200
Volkmann, Hellmuth 55

Zambrano, María 209
Zyromski, Jean 97